David Stafford

Tio dagar till Dagen D

Nedräkningen till Europas befrielse

Översättning Bengt Ellenberger

Wahlström & Widstrand

Originalets titel: Ten Days to D-Day
Copyright © David Stafford 2003
First published in Great Britain in 2003 by Little, Brown
Tryckt hos Nørhaven Paperback A/S, Danmark 2005
ISBN 91-46-21195-0

Till mina föräldrar i kärleksfull hågkomst,
och i tacksamhet till alla dem i Dagen D-generationen
som med sina uppoffringar bidrog till
att skapa en bättre framtid för vår.

En sommardag – det sjette Juni var,
Man bör bestämma, såsom jag förmenar,
Ej endast tidehvart, men år och dar,
Ty data äro ett slags hvilostenar,
Der verldshistorien nya hästar tar,
Och sedan öfver land och riken skenar.

BYRON, DON JUAN
[ÖVERS. C. V. A. STRANDBERG]

I fredstid finns det ingenting som pryder
en man som måttfullt lugn och ödmjukhet,
men blåser krigets stormar i vårt öra,
var lika grymma som en tiger då!
Spänn varje muskel, mana hat i blodet,
hölj blid natur i vildsint raseri …

WILLIAM SHAKESPEARE, HENRIK V
[ÖVERS. ALLAN BERGSTRAND]

D AGEN D – den sjätte juni 1944 – ändrade historiens gång
i ett världskrig, och i ett sekel. När morgonrodnaden
nådde Engelska kanalen inleddes det stora slutangreppet på det nazistiska Tyskland med att över 150 000 allierade soldater landsattes på stränderna i Normandie.

Dessa landstigningar är fortfarande det största anfall över havet som någon någonsin vågat sig på, en triumf i fråga om planering och briljant genomförande som ännu efter sextio år är hisnande i sina dimensioner. »Krigshistorien har aldrig skådat en så storslagen operation«, konstaterade den sovjetiske diktatorn Josef Stalin, som själv inte var främmande för storstilade projekt. »Själve Napoleon gav sig aldrig på något sådant.«

Ändå kunde det lätt ha misslyckats. Historien vimlar av katastrofala försök att landsätta trupper på starkt försvarade stränder. Hitler satte sitt hopp till denna våghalsiga balansgång mellan seger och nederlag. Om de allierade kastades tillbaka i havet på Dagen D, då skulle detta, lovade han, få konsekvenser långt bortom västfronten. Generalfältmarskalk Erwin Rommel, handplockad av honom för att skydda Tredje riket längs Atlantvallen, förutspådde i ett berömt uttalande att det både för axelmakterna och de allierade skulle bli »den längsta dagen«. De hade båda rätt. Om de allierade i väst hade misslyckats med att få fotfäste på stränderna i Normandie skulle den sjätte juni 1944 ha blivit ett fasansfullt blodbad och ett allvarligt nederlag. Hitler skulle haft rådrum att inrikta sin kraft på att slå tillbaka Röda armén på östfronten. Europas fängslade folk skulle ha fått avtjäna ännu ett år av nazisternas regim och ss-männens skräckvälde. Krigets hela förlopp och utgång skulle ha blivit radikalt och oförutsägbart annorlunda.

Men invasionen lyckades faktiskt. Inom några veckor skulle general Charles de Gaulle och hans fria franska armé under vilda jubelscener marschera nedför Champs-Élysées i Paris. Sedan var det Bryssels och belgarnas tur att fira. I oktober 1944 intog allierade trupper Aachen, den första tyska stad som föll i deras händer, och den första mars 1945 gick de över Rhen. Mindre än ett år efter Dagen D var Hitler död för egen hand. Hans avskyvärda »tusenåriga rike« var borta, dess huvudstad hade lagts i spillror, och hans folk vacklade under hunger och förtvivlan.

Ända sedan Dagen D har historikerna fördjupat sig i detta storslagna företag, de har om och om igen berättat en historia som brukar börja med att de första fallskärms- och glidflygsförbanden landar i mörkret före gryningen, och som slutar med de allierades slutliga genombrott i Normandie sent i juli 1944. De har skildrat drabbningarna, redogjort för de enskilda armékårernas, regementenas, bataljonernas och plutonernas bedrifter, de har analyserat generalernas ledarskap, diskuterat den allierade och den tyska strategin, granskat båda sidornas misstag och svagheter som i en domstol, och utkämpat slaget på nytt med hela den flödande entusiasm och det försteg som efterklokheten ger.

Detta är inte ytterligare en sådan bok. Numera står det klart för alla som trotsar en bister aprilstorm som piskar in över Omaha Beach från Engelska kanalen att krigskyrkogårdarna i Normandie inte enbart besöks av fälttågsfantaster, med skrynkliga kartor i händerna för att snabbt orientera sig på slagfältet. Inte heller hör man bland gravarna bara sorgen hos veteraner som letar efter stupade kamrater, eller efter de ställen där de utförde sin ungdoms bragder. Det kommer också andra, yngre generationer, som vill uppleva skådeplatsen, visa sin aktning för dem som tryggade den frihet de nu åtnjuter, och försöka förstå vidden av den uppgift som konfronterade dem som överlevde Dagen D, och dem som inte gjorde det. Bland besökarna från Storbritannien, USA och Kanada, och en liten skara från samväldesländer som Australien, Nya Zeeland och Sydafrika, finner vi representanter för länder som befriades som en följd av Dagen D, inte bara Frankrike utan också Belgien, Nederländerna, Danmark och Norge, och vidare från ockuperade länder som Polen och Tjeckoslovakien, vars medborgare utgjorde ett så betydelsefullt inslag i de allierade styrkorna på Dagen D. Även tyskar kommer hit, för deras sorg och smärta lever också kvar. Även de har sina minnen och sina kyrkogårdar, och de besegrades gravar är kanske ännu mer patetiska än segrarnas.

I denna bok finns en del berättelser från enskilda soldater, men det här är inte blott och bart en bok om de stora invasionsarméerna, eller deras generaler och politiska ledare. Den handlar också om lottan som arbetade hemma i England med sina kodmeddelanden och signaler, om motståndsmannen och hans hemliga nätverk, den hemliga agenten som kapar telefonkablar bakom fiendens linjer, den politiska fången i Gestapos cell, underrättelseofficeren som förmedlar vilseledande uppgifter till fienden, juden som gömmer sig för nazisterna i en vindskupa i Paris. För dem utgjorde det som hände den sjätte juni 1944 en lika avgörande ändring i livet som för dem som befann sig i frontlinjen. Var och en på sitt sätt var de delaktiga i det som Eisenhower kallade »det stora korståget«. Berättelsen om Dagen D tillhör många nationer, den berör civila och familjer lika starkt som männen och kvinnorna i vapen – som, det får vi inte glömma, i fredstid oftast själva var civila – och utgör en avgörande del i européernas upplevelse av 1900-talet.

Alla visste att invasionen var förestående. Över hela världen, och i synnerhet i det ockuperade Europa, spekulerade tidningar och radio kring den i oändlighet. Skulle väntan vara över tidigt på våren, eller kanske lite senare, till exempel i juli? Invasionen diskuterades av experterna, utlovades av Roosevelt och Churchill och förutspåddes av Hitler; överallt, på båda sidor, ville man att den skulle börja, för att få slut på den nervpåfrestande spänningen.

Vi är nu ganska väl insatta i detaljerna kring den väldiga ansamlingen av fartyg och Operation Neptune, kring luftlandsättningen, och hur soldaterna ålade från stränderna upp bland häckarna på denna »den längsta dagen«. Vad som hände under de korta viktiga dagarna *före* den ödesdigra sjätte juni är inte alls lika klarlagt. Hur påverkades de vanliga männen och kvinnorna av hopp, förväntningar och fruktan? Den stora obesvarade frågan var inte *om*, utan *när*, och viktigare *var*, de allierade skulle landstiga.

Det sistnämnda var krigets mest omsorgsfullt bevarade hemlighet, ännu värdefullare än Ultra, de allierades betydelsefulla resurs för forcering av chiffer och insamling av information. Och även det fåtal som kände till datum och plats hade ingen aning om huruvida invasionen skulle lyckas. Efterklokhet kan vara ett hinder för vår förståelse; ingen av de medverkande kunde ju vara säker på vad som skulle komma. General Dwight D. Eisenhower, de allierades överbefälhavare, gav den slutliga ordern om anfall, och klottrade sedan med blyerts ned några ord på en papperslapp. Det var de ord han skulle bli tvungen att använda för att meddela miljoner människor världen över om Dagen D gick alldeles åt skogen och invasionen misslyckades. Sedan stoppade han lappen i bröstfickan på sin uniform och glömde bort den.

För att få en fullgod förståelse av Dagen D måste vi föreställa oss de människor som gjorde den framgångsrik, föreställa oss de föregående händelserna allteftersom de utvecklades, människor som inte hade hjälp av uppgifter som kom fram efter kriget, eller av vår erfarenhet av nutiden. Många på den allierade sidan fruktade det värsta, liksom många tyskar försökte inbilla sig det bästa, och i sina brev och dagböcker skrev de ofta just om det. Men i dag skyms både deras fruktan, deras optimism, och framför allt deras ovisshet, av den förkrossande allierade segern. Memoarer som skrevs långt efter striderna kan både upplysa och vilseleda oss. Minnet är, när allt kommer omkring, inte detsamma som erfarenheten, och alldeles avgjort skiljer det sig från historien; det är ju utsatt för oavlåtliga omarbetningar, förvanskningar och missuppfattningar.

De primära källor som används i denna bok är brev och dagböcker som skrevs under de tio dagar som föregick Dagen D av personer som medverkade, oavsett om de fattade beslut, i egenskap av generaler och statsmän, eller sprängde en järnväg som sabotörer. När personer som ännu är i livet har bidragit har deras erinringar så långt möjligt kontrollerats mot samtida dokument. Nytt material, särskilt underrättelsearkiv och planer för desinformation, frisläpps alltjämt från hemliga arkiv. Detta avslöjar mycket mer om varför tyskarna togs med överraskning när invasionen kom där den kom, men också om hur de blev lurade att tro att den »riktiga« invasionen ännu inte kommit, och skulle komma längre norrut i Frankrike. Gamla dagböcker kommer också fram ur sina gömställen, nu när deras avslöjanden inte längre kan skada eller kompromettera dem som ännu är i livet.

Det som här följer är en skildring av det som hände före, de avgörande dagar som ledde fram till den sjätte juni 1944, och av de förhoppningar och farhågor om Dagen D som fanns hos en stor skara av deltagande och iakttagande, inklusive ledande personer på båda sidorna av Engelska kanalen, män och kvinnor i de allierade och de tyska styrkor som beredde sig för strid, fängslade civila i Hitlers ockuperade Europa, och agenter inblandade i det hemliga krig som fördes med sabotage, underrättelseverksamhet och desinformation. Framför allt är det en skildring av människor som stod inför ett storslaget ögonblick i historien.

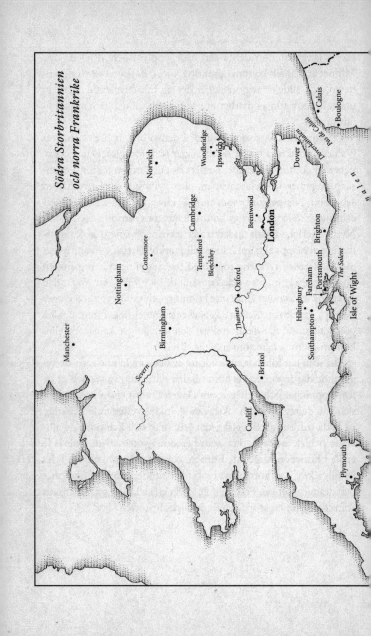

Södra Storbritannien och norra Frankrike

Manchester

Norwich

Woodbridge
Ipswich

Cambridge
Cottesmore

Nottingham

Tempsford
Bletchley

Brentwood

Oxford   **London**

Birmingham   Thames

Dover

Brighton

Calais

Boulogne

Pas de Calais

Hiltingbury
Fareham

Bristol   Portsmouth
Southampton

Cardiff

Severn

The Solent

Isle of Wight

Plymouth

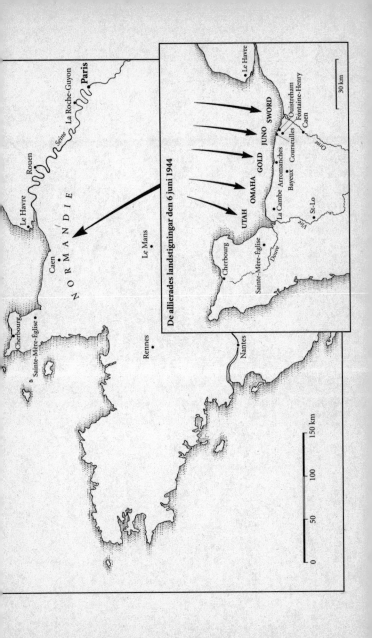

De allierades landstigningar den 6 juni 1944

1. Vad segern innebär

S ONIA D'ARTOIS hoppade ut och fångades av propeller-
strömmen som drog henne i sidled. Sedan öppnade fall-
skärmen sig, och hon svävade fritt i månskenet. Dånet från
flygplanets motorer försvann snabbt i fjärran. Flanellkjolen och
den tjocka tröjan som hon bar under sin specialoverall hade hål-
lit henne varm i det ouppvärmda planet, och hennes stiftade
gamla skidpjäxor skulle skydda henne vid nedslaget. Plötsligt
syntes träd i dunklet, marken rusade emot henne, och hon böjde
på knäna som hon fått lära sig. »Titta inte ner«, hade man varnat
henne, »då kommer du att trassla in dig i linorna.« Men hon
kunde inte låta bli. Hon kämpade fortfarande med att göra sig
loss när hon slog hårt i marken. Det gjorde ont när hon hamnade
i ett dike och fick en törn i axeln. Sedan hörde hon folk tala fran-
ska när mottagningskommittén rusade fram från träden för att
hjälpa henne. »*Mon Dieu*«, hörde hon någon säga, »det är en
kvinna bland dem.« Men allt Sonia kände var lättnad och lycka.
Äntligen var hon tillbaka i Frankrike, bakom fiendens linjer och
i tid för Dagen D.

Petter Moen stod på sin smala brits i fängelset och tog oförmärkt
bort ett litet häftstift från mörkläggningsgardinen i cellens enda
fönster. Sedan tog han ett blad av det grova brungrå toalettpapper
som hans vakter njuggt delade ut en gång om dagen. En i taget
prickade han omsorgsfullt in bokstäver på papperet tills han hade
ett ord, sedan en mening och sedan en sida. Det var ett långsamt
och tidskrävande arbete, men genom att skriva sin dagbok be-
varade han sitt förstånd. Bara så kunde han finna en mening i sitt
avbrutna liv. Fånge nummer 5842 började nu den etthundrafem-

tonde dagen av sin inspärrning. Tidigt på morgonen, när vakterna var upptagna, brukade han kika ut genom fönstret på gatan utanför och se solen nå stadens kyrka, se på bilarna som svängde i röndellen och få en skymt av en liten blå prick, en spårvagn som kämpade sig upp för en kulle i fjärran. Den starka kontrasten med hans egen isolering därinne var svår att stå ut med. Hans huvud värkte fortfarande där han dagen innan hade fått ett slag rakt i ansiktet för att han inte fort nog lydde en vakts order att sluta spela kort. »Om det är ett exempel på herrefolket«, präntade han, »då är jag hellre slav.«

När han var färdig rullade han ihop papperet hårt och sköt in det genom en ruta i ventilgallret i golvet bakom cellens enda bord. Där skulle det vara säkert. Men han måste göra det kvickt. En gång hade en vakt konfiskerat en sida i dagboken innan han haft tid att gömma den. Lyckligtvis hade man inte låtit saken gå vidare.

Hundra dagar tidigare hade Moen skrivit så här: »Det är bara de som är under Gestapos piska, som ständigt hotas av dödsstraff, som till fullo förstår vad segern innebär.«

Glenn Dickin stirrade ut genom taggtrådsstängslet som kringgärdade hans förläggning i England, och tänkte på sin familj på den kanadensiska prärien tusentals kilometer därifrån. Han var instängd i ett tält i ett läger prickigt av myriader av likadana tälttak, som rymde tusentals man, en av de hundratals tillfälliga förläggningar som täckte den engelska landsbygden. Denna låg bara några få kilometer från Engelska kanalen, omgiven av en förstadsbebyggelse med parhus i rött tegel och rader av små butiker. Hans regemente hade legat där i nästan två månader, och därifrån hade han deltagit i de stora landstigningsövningarna. Den senaste hade varit en riktig generalrepetition som varade i sex dagar. Havet hade varit upprört, och han hade varit tvungen att spy i den påse han fått för ändamålet. När han kom tillbaka hade han varit utmattad men upprymd. Sedan dess hade han genomlidit en oavlåtlig räcka av genomgångar, utdelningar av nya kläder och ny ut-

rustning, övningar med handeldvapen och fördelning av vatten-
täta fordon i lastutrymmena på de fartyg som skulle sköta över-
farten. Bortsett från det bestod livet i att vänta på den stora dag
som de alla visste skulle komma.

Lägret hade varit avskuret från världen utanför i tre dagar.
Ingen fick komma in eller ut. Bortom taggtråden fortsatte det
normala civila livet. Han kunde se husmödrar gå och handla, barn
på väg till och från skolan, då och då en buss i linjetrafik. Dickin,
en blåögd och ljushyllt löjtnant i Regina Rifles, var tjugotvå år
gammal. Som de flesta unga män långt hemifrån upprätthöll han
en sorglös fasad, och skrev ständigt till sin mor att hon inte skulle
oroa sig. Innan lägret hade stängts – och all korrespondens med
yttervärlden stoppades – skrev han till henne att han varje dag såg
armador av tunga bombplan passera ovanför, på väg från sina ba-
ser i England för att bombardera fienden. »Det är en ståtlig syn«,
skrev han entusiastiskt. »De gör i sanning ett bra jobb när de mju-
kar upp försvaret för invasionstrupperna.« Han slutade med att
lova att han skulle göra sitt bästa för att vara hemma nästa år för
att hjälpa till med vårrengöringen. Men nästa dag bad han diskret
sin syster att underrätta hans flickvän i Kanada om något hände
honom. Hon var inte närmaste anhörig, och fanns därför inte på
den officiella listan över dem som hade rätt att få höra om de
saknade, sårade eller stupade.

Bara några kilometer väster om tältlägret satt den blåögda nitton-
åringen Veronica Owen i en trädgård med solglasögon på näsan
och njöt av det härliga söndagsvädret. Klockan var fortfarande
bara nio, men hon hade stigit upp i ottan och redan gått till natt-
varden i den väderbitna gamla saxiska kyrkan på samma gata.
Liksom Glenn Dickin var hon fascinerad av bombplansarma-
dorna som passerade däruppe på den blå vårhimlen. »Stålfåglar«
kallade hon dem. Även hon skrev hem till sin familj. »Kära
Mamma och Pappa«, började hennes beskrivning av den gångna
helgen. Även om hon skulle ha uppskattat en cricketmatch ännu
mer hade hon dagen innan spelat tennis med en väninna på en pri-

vat gräsbana som en vänlig granne låtit dem få låna. Trots att hon var otränad hade hon uppskattat det. Grannens fru hade kommit med välkomna glas med lemonad till dem, gjord på färska citroner – en sällsynt lyx – och med is i. På kvällen hade en annan väninna cyklat över till henne för en timmas pratstund. Vid det här laget, när hon kommit till fjärde sidan i brevet, rullade sig bladen av värmen, och hennes svettiga händer började göra bokstäverna suddiga. Hon slutade därför sitt brev med ett »Gud välsigne er«. Senare på eftermiddagen läste hon mer i Lawrence av Arabiens brev, som hon börjat på för några veckor sedan. Sedan gick hon i aftonsången och åt en sen kvällsmåltid.

Det var en sällsynt och mycket efterlängtad ledig dag för henne. Vanligtvis tillbringade hon större delen av dygnet långt under jorden. Veronica Owen var marinlotta, en av de mer än sjuttiotusen kvinnor till lands och sjöss som arbetade som ordonnanser, radiomekaniker, teleprinteroperatörer, radarobservatörer, lägesmarkörer, biografmaskinister och kontorister. Hennes speciella uppgift var att koda och tyda signaler från fartygen. Var tredje natt hade hon vakt från klockan sju (1900 på det militära språk hon hade måst lära sig) till halv nio (0830) nästa morgon. Sedan var hon ledig till klockan 1300 nästa dag. På senaste tiden hade arbetet blivit särskilt hårt, och sådana pass som hon hade, som varade tretton och en halv timma, hade till och med föranlett frågor i parlamentet. Hon hade också en liten dagbok i fickformat, där hon antecknade sin arbetsbelastning och de ögonblick av avkoppling som kom alldeles för sällan.

Ett glas lemonad var välkommet även för en törstig ung tysk soldat som var förlagd i Frankrike, på norra delen av dess Atlantkust. Även Walter Schwender njöt av det härliga pingstvädret. I dag hade han lyckats få tag i en skrivmaskin, och liksom lottan skrev han hem. Brev och små presenter gjorde att hans familj kändes närmare. Han hade skickat dem ett paket gurkfrön, och ibland skickade han sin cigarettranson. Men de ymnigt växande smultronen måste han frossa på själv. »Kära allesamman«, började han, och slutade sedan för att ta sig ett glas vin. Men det var så hett att han hällde upp en lemonad i stället.

När han tjänstgjorde arbetade han i en av arméns reparations-verkstäder, där han lagade allt som behövde lagas, från cyklar till skrivmaskiner. Det var så han hade lyckats få tag i en maskin i dag. Ibland svarade han bara i telefon. I går hade han och hans kam-rater fått cigaretter igen, men eftersom han nuförtiden inte hade något större förtroende för postverket kunde han bli tvungen att röka dem själv i stället för att skicka dem till sin far. Han hade bli-vit besviken över ännu en försening i postgången från Tyskland. Även han fann det för hett för att skriva någon längre stund. Efter en sida undertecknade han brevet, och förklarade att han skulle gå till stranden och bada. Som alla frontsoldater visste han att breven han skickade hem blev censurerade. Han lyckades dock få med en viktig nyhet – alla permissioner för soldaterna hade blivit in-dragna. »Nåja«, lade Walter till, optimistiskt, »jag hoppas alltihop snart är över.«

Samma dag var en medelålders man, som försmäktade i hettan och var instängd i ett litet rum på sjunde våningen i ett bostadshus på Rue des Écoles i ett ockuperat Paris, alldeles utom sig av oro över sina barn. För Albert Grunberg var de allierades »stålfåglar« förvisso välkomna bundsförvanter mot tyskarna, men de kunde också utplåna hans familj. Grunberg var jude, och han hade hållit sig gömd i detta rum, som bara var ungefär två gånger tre meter, i ett och ett halvt år. 1942 hade tyskarna kommit för att deportera honom, och en vänligt sinnad portvakt i ett grannhus hade smugg-lat undan honom. Sedan dess hade han hållit sig à jour med vad som hände genom att i smyg lyssna till BBC på en gömd radio. Hans fru, som inte var judinna och alltså gick relativt säker, kom med mat till honom. Deras söner, som nu var vuxna, bodde och arbetade vid foten av de franska Alperna, i Chambéry. Men så sent som i morse hade han hört att allierade plan hade bombat stadens strategiskt viktiga rangerbangårdar.

Även Grunberg förde dagbok. Liksom Petter Moen fann han

tröst i det, den var mer för honom än bara en redogörelse för dagens händelser. Genom att ge luft åt sina känslor, lindra sorgen över de onda tiderna, och bevara de goda ögonblicken, fick han tillbaka sin sinnesro. Han hade hittat ett gömställe för dagboken ovanpå toalettcisternen i korridoren utanför hans rum.

Den eftermiddagen kom hans fru för att hälsa på honom, och stapplade upp för de sex trapporna. Trots att hennes man gjorde sitt bästa genom att fukta golvet med kallt vatten fann hon hettan kvävande, och stannade inte länge. Senare på kvällen, skrev han i sin dagbok, försökte de fortfarande förtvivlat få några nyheter. Skulle befriarna göra honom fri, men på samma gång döda deras barn?

Insidan av de allierades »stålfåglar« vara bara alltför bekant för en amerikansk fallskärmsjägare med kantigt ansikte som låg på sin tältsäng, instängd i ett tält med åtta andra mannar i en temporär amerikansk förläggning i det grönskande landskapet i Englands Midlands, så lämpligt för rävjakt. I motsats till den kanadensiske infanteristen Glenn Dickin var Bill Tucker redan en stridsvan veteran. Året innan hade han vid tjugo års ålder gjort sitt första hopp i strid, över Salerno i Italien. Han hade anmält sig som frivillig efter att hemma i Boston ha sett journalfilmer om tyska och ryska fallskärmsjägare, och räknade med att det var något han inte behövde någon collegeutbildning för.

Tältstaden han bodde i låg innanför den gamla stenmuren runt ett herresäte omkring 30 kilometer från Sherwoodskogen. Utanför den låg en pittoresk liten stad där kyrkklockorna ringde på kvällarna och umgängeslivet ägde rum på de gemytliga pubarna. Molly, en blondin från Nottingham, var trevlig att gå på bio och danstillställningar med, och då och då en picknick. Hon var provflygare för Stirlingbombarna och kontrollerade instrumenten när de kom från fabriken. Olyckligtvis hade hon en make, en jaktpilot i Royal Air Force som tjänstgjorde på Malta. Ändå var Tucker glad över att ha henne till vän.

Även Bill Tucker hade just fått veta att hans läger från och med nu var isolerat. Det gick inte längre att smita iväg och köpa fisk and chips. Det som nu gällde var att öva och vänta. Man fick inte heller göra fler övningshopp. Det var han glad över, med tanke på den trista lastbilsfärden till närmaste flygplats och på att övningarna ofta blev inställda på grund av dimma. Tristessen lindrades av en fotbollsmatch då och då, och av ett ändlöst kortspelande. Vad som helst var bättre än att åla i underkläderna genom en grop med djurkadaver, som han hade gjort under rekryttjänsten i Georgia, eller att skälva av malarian han hade ådragit sig för att han hade spytt upp de piller han fått för att bekämpa den, eller att sitta på huk i timtal över en stinkande latrin, helt förstörd av dysenteri, som han hade måst göra på en flugförpestad bas i den nordafrikanska öknen. Nykomlingarna fiskade upp flugorna ur maten med en sked innan de åt den, de som var gamla i gården bara krossade dem i såsen tills de slutade flaxa, och svalde dem sedan med maten. Åtminstone var det så det lät i skämten.

Väntan var också vad som gällde för André Heintz, en smidig ung fransk skollärare, när han cyklade hem den kvällen till Caen, Normandies gamla huvudstad, ett favorittillhåll för den hertig Vilhelm som på tiohundratalet erövrade England. Staden Caen, som dominerades av den väldiga borg som hertigen började bygga 1060, låg bara femton kilometer från Engelska kanalen, förenad med sin hamn i Ouistreham genom floden Orne och en kanal. André hade ägnat dagen åt att hjälpa sin far att så bönor på deras lilla jordplätt i utkanten av staden. Det var en av de få fattiga utvägar de hade att fylla ut sin magra veckoranson, och de bytte bort grönsakerna mot smör hos en mjölkbonde i grannskapet.

André Heintz bodde med sina föräldrar och sin syster i ett stort hus mitt i staden. Bara hundra meter bort låg det strängt bevakade högkvarteret för tyskarnas 716:e division. För att nå sitt hus måste de passera genom en spärr och visa sina identitetspapper. Varje kväll efter utegångsförbudet rullade tyska soldater ut en taggtrådsbarriär. Föregående natt hade han hört intensiva bombanfall längs kanalkusten, och det hade varit flera flyglarm i själva staden.

Utan att hans föräldrar eller syster visste om det var André aktiv i stadens *maquis*, motståndsrörelse. För det mesta hjälpte han till med att förfalska identitetskort för folk som var i knipa, till exempel män som undvek tvångsarbete i Tyskland, medlemmar i motståndsrörelsen som behövde en ny identitet, eller judar på flykt – fast av dem var det numera inte många kvar. Riskablare var hans roll i insamlandet av information om tyska militärinstallationer. Han cyklade runt i staden två gånger i veckan, observerade alla ändringar i den tyska garnisonens sammansättning, eller ny militär utrustning som levererats, och skickade sedan upplysningarna vidare till sin kontaktman. Denne var en äldre man som bodde vid kusten och hade hemliga metoder att få över materialet till London. Tidigare denna månad hade en annan man kommit från Paris och bett honom öka sina ansträngningar att hitta fler agenter för en sådan underrättelseverksamhet, och rekrytera så många ungdomar som möjligt för en aktiv motståndsgrupp som skulle träda i verksamhet på Dagen D. Sedan dess hade han utforskat landsbygden söder om Caen på spaning efter potentiella gömställen. Han hade också hållit ögonen öppna för öppna fält utan alltför många träd, fält som lämpade sig för luftlandsättningar.

Tretton mil längre söderut, nära staden Le Mans – en gång säte för ätten Plantagenet, som gett det medeltida England en lång rad kungar, nu redan världsberömd för sina motortävlingar – satt en vältränad man på vid pass trettiofem år på verandan på ett avsides liggande slott. Sydney Hudson var en brittisk agent, och han höll på att tänka igenom förberedelserna för den kommande natten. Slottsherren var samarbetsvillig, och på nätterna kände Hudson sig trygg där han sov i sitt tält, som stod dolt i skogen bakom huset. Men han hade haft några besvärliga veckor. Slottet var så pass nära kanalkusten att Gestapo var riskabelt aktivt, och det hade varit en hel del arresteringar. Lokalbefolkningen, av vilken flertalet var bönder, verkade inte alltför ivrig att bli inblandad.

Tillsammans med två andra agenter hade han hoppat »i blindo«,

utan att hälsas av någon mottagningskommitté, vid påskhelgen
ett par månader tidigare. Ändå hade de gjort vissa framsteg.
Radiotelegrafisten, en engelsman som liksom han själv talade fly-
tande franska, hade fått kontakt med London, och de hade ordnat
ett par framgångsrika nedsläpp av lådor fulla med kulsprutepisto-
ler och sprängämnen. De hade börjat bygga upp ett litet antal på-
litliga kontakter. Det han nu var i verkligt behov av var någon som
kunde fungera som kurir, så att han kunde ha regelbunden kon-
takt med dem, någon som kunde resa omkring i trakten utan att
märkas alltför mycket. Han hade arbetat med en kvinna en gång
tidigare, och sett hur mycket lättare det var för henne än för ho-
nom att röra sig utan att bli anropad. Nu när Dagen D nalkades
kunde detta visa sig livsviktigt. Några dagar tidigare hade han
skickat en signal till London, och man hade gått med på hans be-
gäran. Svaret kom i en vitsig radiokod som han hade hört i sitt tält
en kväll: »*La Marguerite cueille les marguerites*« (»Marguerite
plockar prästkragar«).

Hon skulle hoppa i kväll. Hudson skulle inte gå dit själv. Det
var för riskabelt, och i vilket fall som helst skulle han skaffa fler re-
kryter. Men han skulle dyka upp nästa morgon, när han visste att
landningen hade lyckats, och se vad London hade skickat. Eller
snarare *vem*. Han var spänd på att träffa henne.

På adressen 35 Crespigny Road, ett litet viktorianskt hus i för-
staden Hendon i nordvästra London, satt en man lutad över en
radiosändare och knackade in ett hemligt meddelande i chiffer.
Det var en bärbar tysktillverkad apparat på 100 watt. Rapporten
var riktad till Madrid, där den skulle tas emot av Ausland/Abwehr,
tyskarnas militära underrättelsetjänst. Där skulle en av dess dukti-
gaste och bäst tränade officerare studera dess innehåll. Under de
gångna två åren hade han kommit att lita på att Arabel, kod-
namnet för hans agent i London, sände förstklassig information
om de allierades kommande militära operationer. Nu när krigs-
lyckan hade vänt sig mot tyskarna var man i Berlin allt ivrigare att
samla information om dessa. Abwehr hade upprättat en särskild

avdelning för uppgifter om invasionen, och försökte energiskt infiltrera sina agenter i Storbritannien via neutrala länder som Portugal, Spanien och Sverige. När de var på plats skulle de rapportera om trupprörelser, identifiera förband, och uppge numerär och förläggning för amerikanska, brittiska och övriga allierade styrkor – kort sagt alla slags ledtrådar som kunde hjälpa till att fastställa var och när den allierade invasionen skulle komma.

Arabel hade redan varit på plats i två år. Han hade gjort ett gott arbete under Operation Torch, de engelsk-amerikanska landstigningarna i Nordafrika i november 1942, även om Berlin inte hade kunnat få någon egentlig användning för materialet. Hans kontrollofficer var en karriärsugen officer som gjorde sitt bästa för att förse Arabel med de allra senaste svårforcerade chiffren och osynliga bläcken. Han skickade honom massor av pengar både för att täcka hans utgifter och för att betala det dussintal medhjälpare han hade lyckats rekrytera. Efter att ha övervägt och utvärderat Arabels rapporter skickade han dem vidare med radio till överkommandot i Berlin. Tyvärr hade det tyska överkommandot inte alltid satt värde på dem eller påverkats av dem. På senare tid hade han dock blivit glad över att höra att Arabel betraktades som en särskilt värdefull källa. Generalfältmarskalk Gerd von Rundstedt själv, överbefälhavaren för Oberkommando West, hade bedömt en rapport som Arabel hade skickat som »särskilt viktig«. ss-chefen Heinrich Himmler, som nyligen hade övertagit underrättelsetjänsten efter det att Hitler avskedat dess mångårige chef, amiral Wilhelm Canaris, hade skickat honom ett personligt budskap för att uttrycka sin uppskattning av det arbete hans nätverk uträttade i Storbritannien.

Arabel kunde skönja en ljusning. Han stod nu under hårt tryck att få sina agenter att skaffa upplysningar om den kommande invasionen. Som förutvarande militärattaché i Paris hade han fått riklig erfarenhet av att sammanställa små bitar av information för att bygga upp en bild av motståndarens krigsmakt. Vilken status hade de allierade trupperna? Hur många divisioner, hur många man? Var var de stationerade? När skulle angreppet komma? Var?

Det var Arabel, framför allt Arabel, han förlitade sig på. Arabel skulle ta reda på detta och vidarebefordra det till honom. De senaste rapporterna från denne agent avslöjade en intressant truppkoncentration i sydöstra England – misstänkt nära sundet vid Dover, den smalaste delen av Engelska kanalen, och mitt emot Calais. Var det där angreppet skulle komma? I Madrid och Berlin försökte Arabels kontrollofficerare sätta ihop pusslet.

Ingen utom en handfull personer visste svaren på Abwehrs frågor, och absolut inte de brittiska agenterna, den franske motståndsmannen, den tyske soldaten, den engelska lottan, den amerikanske fallskärmsjägaren eller den kanadensiske infanteristen, de som alla hade sina olika roller i det storslagna drama som snart skulle utspelas. Inte heller den judiske flyktingen eller fången i Gestapos cell, de vars frihet, och sannolikt deras liv, hängde på att de stridsberedda befrielsestyrkorna nådde framgång.

Hemligheten med Dagen D var en av de viktigaste som någonsin funnits. Ändå var uppladdningen inför denna dag ett av de mest uppenbara i andra världskriget. I slutet av maj 1944 var över två miljoner man stationerade i Storbritannien, fem tusen fartyg hade samlats i hamnar och vikar längs kusten, och tusentals bombplan – som för den patriotiska unga lottan var graciösa »stålfåglar« och för den parisiske juden kanske ett varsel om hans söners död – träffade dygnet runt sina mål i Frankrike. Så sent som föregående dag hade också tusen tunga bombplan baserade i Storbritannien – Liberators och flygande fästningar – bombarderat mål i själva Tyskland. Vidare hade hundratals medelstora bombplan och jaktplan – däribland de dödsbringande nya Typhoonplanen med sina raketer – attackerat järnvägsbroar, flygfält och flygplan, jämte de radarstationer som var oundgängliga i den kedja av invasionsvarnare som tyskarna upprättat i norra Frankrike. Fallskärmsburna facklor och skenet från bombexplosioner i Boulogne och andra städer längs Kanalen var tydligt synliga från den engelska kusten. Tunga amerikanska bombplan från baser i Italien hade gått hårt åt de tyskkontrollerade oljefälten och raffinaderierna i Ploesti i Rumänien, och inriktat sig på järnvägar och flygfält längs Frankrikes medelhavskust. Tidningsartiklar talade om hela rangerbangårdar som förvandlats till skrotupplag. Detta kaos i transportväsendet orsakade allvarliga strömavbrott. För hushållen var strömmen avstängd från halv åtta på morgonen till halv nio på kvällen. I Paris var åtskilliga tunnelbanestationer stängda och tre linjer helt utan trafik. Flyglarm över den franska huvudstaden satte regelbundet stopp för alla transporter. Enligt Times var invasionen av Europas luftrum redan i full gång. När befrielsen nu var så nära förestående, uppgav källor i den franska motståndsrörelsen, var dess kämpar otåliga att spela en roll. De ville kämpa som befriare, inte bli betraktade som enbart passiva befriade.

I hela Europa var tyskarna på full reträtt. I öster hade Stalins Röda armé utnyttjat sina stora segrar vid Stalingrad och Kursk föregående år. Den avancerade nu stadigt västerut mot det tyska kärnlandet. Den hade nyss återtagit Krim och drivit ut Wehrmacht ur Ukraina. I Italien hade de allierades arméer slutligen brutit ett envist och blodigt dödläge. Även om deras landstigning på Sicilien i juli 1943 hade påskyndat störtandet av Hitlers lojale bundsförvant, Mussolini, hade de följande striderna på det italienska fastlandet gått alldeles snett. Neapel hade varit i de allierades händer i flera månader, men Rom var fortfarande ockuperat av tyskarna. General Alexanders arméer hade fastnat på Hitlers starkt försvarade Gustav-linje, och hade på sex månader inte avancerat mer än elva mil. Ett försök att göra en kringgående rörelse och landstiga vid Anzio, strax söder om Rom, hade gått i stå. Sedan februari hade de allierade styrkorna stått stilla vid det stora fästningsliknande klostret i Monte Cassino, som blockerade huvudvägen norrut till den italienska huvudstaden.

Men bara två veckor tidigare hade detta hinder äntligen undanröjts. Med polska och fria franska trupper i spetsen tog de allierade styrkorna slutligen Monte Cassino den 18 maj, och en vecka senare började deras framryckning mot Rom. Samtidigt bröt de amerikanska styrkorna sig slutligen ut ur brohuvudet vid Anzio, femtio kilometer söder om den italienska huvudstaden. Sedan dess hade de allierades förtrupper nått inom 20 kilometer från Rom. Nu dominerades rubrikerna av nyheter från den italienska fronten. Varje dag kom det nyheter om ännu en tysk reträtt i Italien, när Hitlers utmattade soldater föll tillbaka på de stödjepunkter som fanns utspridda i Albanerbergen. Över hela Balkanhalvön, i de grekiska, albanska och jugoslaviska bergen, ansattes tyskarna av gerillaarméer som band tusentals tyska soldater.

Nyheterna var lika uppmuntrande på andra håll. I Asien krympte det japanska kejsardömet snabbt. Här hade krigslyckan vänt så tidigt som på sommaren 1942, med det stora slaget vid Midway, och under den hetlevrade generalen Douglas MacArthur fortsatte amerikanerna med sina dyrköpta erövringar av den ena ön efter den andra fram till Filippinerna, och sedan mot Okinawa och själva Japan. På sista tiden hade framryckningen gått snabbare. Salomonöarna hade redan fallit, och i april hade man börjat landstiga på Nya Guinea. Så sent som föregående dag, den 27 maj, hade amerikanska trupper landstigit på den lilla ön Biak, en viktig japansk bas utanför Nya Guineas nordkust vars flygfält erbjöd ännu en språngbräda för MacArthurs triumftåg. I Ostindien hade japanerna fortfarande kontroll över Burma. Vid städerna Kohima och Imphal, alldeles innanför gränsen mellan Indien och Burma, avvärjde emellertid ett beslutsamt motstånd från indiska och brittiska stridskrafter under general William Slim ett japanskt försök att invadera själva Indien, en desperat satsning av Tokyo för att få de allierade ur balans.

I Europa visste alla att en omfattande allierad invasion av kontinenten från Storbritannien skulle komma. De brittiska öarna var nu i realiteten avskurna från världen. Var och en som reste in i eller ut ur landet utsattes för en intensiv granskning och kontroll. De säkerhetsåtgärder som skulle skydda Dagen D skulle på Churchills order vara grundliga, omfattande och långtgående. I februari hade civilpersoner helt förbjudits att resa mellan Storbritannien och Irland, för att stoppa informationsläckor via den tyska ambassaden i Dublin. All post till och från de brittiska öarna censurerades, och en månad tidigare hade restriktionerna, trots kraftfulla protester, utsträckts till att gälla all diplomatisk korrespondens till utländska regeringar, med undantag av Förenta staterna och Sovjetunionen. Sedan april hade större delen av den engelska sydkusten varit avstängd för alla besökare, liksom en strandremsa på båda sidorna av Firth of Forth i Skottland. Hotell som hade turen att ligga utanför zonen basunerade ut detta faktum, till exempel Spread Eagle Hotel i Midhurst i Sussex – »porten till South Downs« – som i Times stolt utropade att det inte låg i militärt område.

Men på andra håll fortsatte livet nästan som om kriget redan varit vunnet. När allt kom omkring var det långhelg. Mäktiga köer bildades på järnvägsstationen Paddington när folk flydde London för turistorterna västerut. Hundratals passagerare väntade i upp till sex timmar. Dagen innan hade folk börjat köa före åtta på morgonen för eftermiddagståget till södra Wales. När det till slut kom in stormades spärren av folkhopen, och polisen hade svårt att hålla den i schack. Spädbarn lyftes över folks huvuden till kvinnliga bärare, som passade dem tills mödrarna hade kommit igenom. En hel del barn kom bort. Den morgonen kungjorde tidningarna ytterligare en inskränkning i tågresorna. Antalet rabatterade biljetter som beviljades hustrurna till de inkallade skulle begränsas till två eller tre, allteftser männens tjänstegrad. Bestämmelsen skulle träda i kraft tre dagar senare, den 1 juni.

Inte att undra på att folk var irriterade. Hettan gick alla på nerverna. Pingstdagen var årets dittills varmaste dag, med fjorton soltimmar vid Dover. Termometern visade 34 grader i solen, vilket var rekord, och 26 i skuggan. Det var inte bara den tennisspelande lottan Veronica Owen, eller Walter Schwender, den tyske soldaten som skrev hem, som behövde förfriska sig. Denna helg såg trettiotusen glada cricketåskådare på Lord's i London Australien besegra »resten av världen«, i själva verket ett hopplockat lag av mestadels engelska spelare som på grund av sin ålder eller av andra anledningar inte var inkallade, till exempel de legendariska slagmännen Wally Hammond och Len Hutton. I Nottingham såg tusentals människor en basebollmatch på Notts Countys fotbollsarena mellan två lag från den amerikanska 82:a flygburna divisionen. Red Devils slog Panthers med 18–0.

Massor av folk sökte sig till biograferna i Londons West End för att se nya filmer som *Tampico*, med hårdingen Edward G. Robinson som en torpederad tankbåtskapten som misstänker att hans flickvän var den fiendeagent som förde ubåten till dess byte. På programmet stod också *Ödets bro*. Den byggde på en bästsäljare av Thornton Wilder som undersökte ödets roll bakom fem människors död när en repbro i Peru brast. »För dagens publik, som har krigsnyheter upp över öronen«, påpekade *Variety Review*, »blir denna film en välkommen avkoppling.« På teatern spelade John Gielgud titelrollen i Hamlet, medan Playhouse Theatre gav de sista föreställningarna av den våldsamt populära *Vår lilla stad*, också den av Thornton Wilder, en pjäs om livet i en amerikansk småstad, med åtskilliga amerikanska soldater bland de medverkande. Om den bara fick gå längre, skrev skådespelerskan Dame Sybil Thorndike till Times, skulle den visa sig ovärderlig för att främja förståelsen mellan Storbritannien och Förenta staterna.

Det fanns rentav en födelsedag att fira. Doktor Eduard Beneš, som varit Tjeckoslovakiens premiärminister vid tiden för München-avtalet, som 1938 hade överlämnat en stor del av hans land till Hitler, var nu ledare för exiltjeckerna och en av de framstående flyktingar från det ockuperade Europa som i dussintal levde i London. Den lilla tjeckiska byn Lidice hade blivit en internationell symbol för nazisternas brutalitet 1942, när hela dess manliga befolkning mördades, dess kvinnor och barn deporterades till Tyskland och dess hus jämnades med marken, som vedergällning för att tjeckiska motståndsmän hade mördat Reinhard Heydrich, andreman i SS och brutal härskare i det tjeckiska »protektoratet«. Beneš fyllde sextio i dag. »Jag gläder mig«, skrev Churchill, »över att det tjeckoslovakiska folket i en sådan [ödesstund i mänsklighetens historia], enade och beslutsamma under Er ledning och

trots sitt långa, fruktansvärda lidande, är redo att spela sin roll till-
sammans med oss, i nära samarbete med våra allierade i väst och
öst, för att åstadkomma att det tyska tyranniet till slut störtas … .«

Även Churchill hade en ledig helg. Som vanligt lämnade han och
hans hustru Clementine London för Chequers i Buckingham-
shire, de brittiska premiärministrarnas lantställe omkring 80 kilo-
meter norr om huvudstaden. Ett par dagar i det gamla herresätet i
korsvirke gav honom en kort andningspaus från det obevekliga
trycket i London, jämte ett tillfälle att snabbt ta hand om bråds-
kande familjeangelägenheter. Det som denna helg tyngde på hans
sinne var vad som skulle hända med hans ende son, Randolph.

Denne trettiotreårige journalist och parlamentsledamot, som
hade ärvt sin fars omättliga aptit på upplevelser och äventyr, hade
kämpat med kommandotrupperna i Nordafrika, tillsammans
med Special Air Service deltagit i en djärv räd bakom fiendens
linjer mot Benghazi, och landstigit vid Salerno. Sedan hade han
hoppat fallskärm över Bosnien för att arbeta med partisanledaren
Tito i dennes gömställe i bergen när by Drvar. »Hans arbetsrum
är behängt med fallskärmssiden och ser snarare ut som en väl-
lustig kurtisans *nid d'amour* (kärleksnäste) än som en gerilla-
ledares arbetsrum«, rapporterade Randolph till sin far, och gav
honom därmed en förbryllande inblick i psyket hos en man vars
styrkor stred mot tyskarna samtidigt som de förde ett förbittrat
inbördeskrig med sina rojalistiska konkurrenter om kontrollen
över Jugoslavien, četnikerna.

Att ständigt leva som en gerillasoldat var ett hårt liv, och
Randolph deltog på jämställd fot i strapatserna. »Han klagade
aldrig över kyla, hunger, törst, ömma fötter eller tyska kulor«,
skrev ett ögonvittne, »och bråkade bara när partisanernas barbe-
rare ville raka honom utan varmvatten.«

Churchill oroade sig ständigt för sin son. »Hälsa Randolph
från mig om han kommer i närheten«, hade han telegraferat till
Tito bara tre dagar tidigare. Just den dagen överlevde hans son
med knapp nöd ett möte med döden. Understödda av störtbom-

bare anföll tyska fallskärmsjägare Titos högkvarter, i förhoppning att kunna ta tillfånga partisanledaren, och även Randolph. Efter en hård strid hade partisanerna och Randolph undgått att bli tillfångatagna och försvunnit i bergen. Genom brittiska dechiffreringar av tyska radiomeddelanden hade Churchill blivit informerad om anfallet nästan i samma stund som det ägde rum.

I dag var det Randolphs födelsedag, och Churchill satte sig att skriva ett brev till honom. »Självklart hörde vi med åtskillig oro nyheten om anfallet på Titos högkvarter«, skrev han. »Men i dag sägs det att dessa luftburna hunner har blivit likviderade.« Efter att ha önskat sonen allt gott, och sagt honom att alla tänkte på honom, fortsatte premiärministern: »Här där vi vistas emellanåt har vi en härlig dag, och allt står i sommarens första prakt. Kriget är våldsamt och förfärligt, men bland dessa solbelysta gräsmattor och ängar med smörblommor är det svårt att föreställa sig dess fasor.« Därefter berättade han om Randolphs treårige son, Winston junior, som hade fått röda hund. »Jag skäms att nämna att jag sade honom att det var tyskarnas fel«, skämtade han, »men jag ska snart göra mitt bästa att ta honom ur denna villfarelse.« (Den engelska termen för röda hund är *German measles*. Övers. anm.)

Under tiden han skrev var Churchill bestört över rapporter från Frankrike om den materiella förstörelse och de förluster i människoliv som orsakades av den allierade bombkampanj som skulle göra tyskarna möra före Dagen D. I flera dagar hade han haft ett häftigt bråk med flygmarskalken Arthur Tedder, den ställföreträdande överbefälhavaren för invasionsstyrkorna. Var de verkligen nödvändiga, frågade Churchill. Hur många oskyldiga civila var det som dödades av dem? Skulle de inte leda till en allvarlig motreaktion mot de allierade när dessa till slut landsteg i Frankrike? Han dikterade en kortfattad not till sin utrikesminister, Anthony Eden, som delade hans oro: »Vi ska ta upp det här i morgon. Det är förfärligt det man håller på med!«

Även om helgerna på Chequers fick Churchill att lämna London var de aldrig bara en sak för familjen. I stället gav de ett tillfälle att umgås med officiella gäster från utlandet, utländska politiker, för tillfället lediga allierade befälhavare och andra vänner, kolleger och förtrogna som han ville ha hos sig. Bland hans gäster denna helg fanns general Ira Eaker, chefen för de allierade flygstyrkorna i Medelhavet, som åtog sig att ta med sig premiärministerns brev till Randolph så långt som till Kairo.

Vidare fanns där Averell Harriman, en stilig amerikansk järnvägsmagnat som blivit diplomat. Han var en nära och betrodd vän till familjen, och redan invecklad i en passionerad kärleksaffär med premiärministerns svärdotter Pamela, Randolphs hustru. Harriman, som länge fungerat som grå eminens i Washington, var nu president Roosevelts ambassadör i Moskva och på väg till den amerikanska huvudstaden för att informera honom om de samtal han nyligen haft med den sovjetiske diktatorn Josef Stalin. Det som Harriman hade att säga Roosevelt föranledde Churchill att själv skriva en rad till Stalin. Alltsedan Hitlers anfall på Sovjetunionen 1941 hade den sovjetiske ledaren otåligt krävt en andra, engelsk-amerikansk front i Frankrike, och han hade blivit informerad om den i stora drag. Men Churchill var angelägen att uppmuntra honom. Han skrev till Stalin att man i Storbritannien satsade alla resurser på Operation Overlord, det övergripande namnet för den planerade invasionen av kontinenten från Storbritannien, den som hade till främsta mål att upprätta ett brohuvud i Frankrike. Allt som stod i mänsklig makt skulle göras eller riskeras för att garantera att anfallet på Dagen D blev framgångsrikt.

Han skickade också ett budskap till sin andra mäktiga bundsförvant, Roosevelt. Ett toppmöte mellan dem på Bermuda hade legat i luften en tid, men Roosevelt hade till slut inställt det av hälsoskäl. Utan att låta sig nedslås uppmanade Churchill honom att komma till London efter Dagen D. Hittills hade presidenten inte besökt Storbritannien överhuvudtaget under kriget. I den skämtsamma ton som Churchill ofta använde när han mötte motstånd från Roosevelt tillfogade han: »Doktor Churchill rekommenderar en sjöresa i ett av era storartade nya slagskepp. Den kommer att göra er väldigt gott.« Men Churchill hade inte mycket för denna vädjan. Detta år var det presidentval i Förenta staterna, och i ett land där anti-brittiska känslor alltjämt svallade på vissa håll fann Roosevelt att hans politiska hälsa krävde att han för tillfället höll sig borta från London.

Churchill var bara alltför medveten om riskerna med Overlord. Av egen bitter erfarenhet visste han vad som kunde gå galet med amfibielandningar på fientliga kuster. Hans tidiga karriär hade nästan gått i stöpet på grund av hans roll i planeringen av det olycksaliga fiaskot vid Dardanellerna under första världskriget, när allierade styrkor hade blivit fullständigt slaktade när de försökte landstiga i Turkiet. Räden mot Dieppe på sommaren 1942 hade varit en skarp påminnelse om riskerna. Tusentals man, de flesta från Kanada, hade stupat eller blivit tillfångatagna i ett misslyckat försök att inta den franska kanalhamnen, en massaker som hade blivit en chock för alla inblandade. För att denna gång minimera riskerna, och föregripa varje tänkbar överraskning, slukade Churchill ängsligt varje gnutta av information som kom till hans skrivbord.

Hans viktigaste källa var Ultra, eller »Boniface«, som han hellre kallade den. Namnet hade någon hittat på i början av kriget för att det skulle antyda en spion någonstans högt uppe i den tyska regeringen. (Den anglosaxiske munken Bonifatius organiserade kyrkan i Tyskland i samarbete med Karl Martell och Pippin den lille. Övers. anm.) I själva verket var detta den information som insamlats av chifferforcörerna på Bletchley Park – den topphemliga forceringscentralen inte långt från Chequers – från uppsnappade tyska radiomeddelanden i ett avancerat chiffer som tyskarna felaktigt, och för dem ödesdigert, betraktade som säkra. Varenda dag fick Churchill en bunt sådana rapporter, inlåsta i en beige låda som bara han och underrättelsechefen hade nyckel till. Denne man var sir Stewart Menzies, känd på Whitehall enbart som »C«, initialen för den förste chefen för Secret Service, sir Mansfield Cumming. Fastän det var söndag och Churchill var på Chequers skickade C honom i dag tjugo sådana »särskilda meddelanden«, en eufemism avsedd att dölja den ytterst känsliga källan. Om tyskarna någonsin fick nys om hur allvarligt deras koder och krypton hade blivit komprometterade skulle de omedelbart ändra dem, och de allierade skulle famla i blindo. Som det var nu kände Churchill det ibland som om han tittade rakt ut genom ett fönster på de tyska trupprörelserna.

I dag ögnade han igenom de uppsnappade meddelandena på jakt efter något tecken på att tyskarna hade fått reda på korrekta detaljer om den förestående invasionen, alternativt om de hade svalt någon del av den noga utarbetade plan som skulle locka bort dem från spåret. Han kände sig lugnad av det han läste. I synnerhet fanns det två rapporter som var uppmuntrande. Den ena, som skickats till det tyska överkommandot av generalfältmarskalk von Rundstedt, avslöjade att det mönster som valts för allierade luftangrepp på mål i norra Frankrike framfångsrikt maskerade det område där invasionen verkligen skulle äga rum. Bombräderna, rapporterade von Rundstedt, saknade »identifierbar koncentration«; med andra ord lämnade de ingen tydlig ledtråd till var landstigningarna skulle göras. Ett annat meddelande, daterat den 27 maj, gick ännu längre. Det innehöll en tysk rapport som hävdade att allierade bombningar som riktats mot broar över Seine antydde att fienden kunde ha avsikter mot ett område som inte låg inom invasionszonen. Churchill bockade av rapporterna och återlämnade dem till sin underrättelsechef nästa morgon.

Under läsningen var det också en annan sak han kände till. Även maj månads nedsläpp av materiel till den franska motståndsrörelsen hade medvetet planerats för att locka tyskarna bort från spåret. Bara några få dagar tidigare hade han fått statistik från lord Selborne, den minister som ledde den topphemliga organisation som Churchill hade skapat i juli 1940 för att föra krig bakom fiendens linjer, *Special Operations Executive* (SOE). Förhållandet mellan leveranserna till det verkliga invasionsområdet och områdena intill det, som inte utgjorde målet, hade avsiktligt satts till ett till tre, trots att detta innebar att flygplan måste skickas in över de starkast försvarade delarna av Frankrike. Om tyskarna följde dessa plan kunde de mycket väl dra felaktiga slutsatser om det planerade invasionsområdet.

Churchill drog slutsatsen att hemligheten med Dagen D verkade tryggad, och att planen för att vilseleda fungerade. Men säker kunde han inte vara.

Medan Churchill lapade sol på Chequers njöt Adolf Hitler av den klara bergsluften i de bayerska Alperna i sin egen privata fristad, Berghof i Obersalzberg, en trakt dit han regelbundet dragit sig tillbaka sedan 1920-talet, antingen för vila och vederkvickelse eller för att samla tankarna medan han planerade viktiga åtgärder eller förberedde sina tal vid nazisternas årliga partimöte i Nürnberg.

Det var på Berghof som han några dagar före sitt angrepp på Polen, som utlöste andra världskriget, upplyste cheferna i Wehrmacht om sina krigsmål. »Vår styrka ligger i vår snabbhet och brutalitet«, hade han påmint dem. »Djingis khan drev många kvinnor och barn i döden, fullt medvetet och med glädje. Historien ser honom som en stor statsgrundare. Vad den svaga västerländska civilisationen säger om mig spelar ingen roll. Jag har utfärdat ordern – och kommer att låta skjuta alla som yttrar ett enda ord av kritik – att krigets mål inte är att uppnå bestämda gränser utan snarare fiendens fysiska förintelse. Det är därför jag har upprättat mina dödsskalletrupper.«

Berghof var ett tidigare anspråkslöst lantställe som byggts ut. Det kunde nu ståta med ett väldigt perspektivfönster i vardagsrummet som gick att höja och sänka, och som tillät magnifika vyer över Berchtesgaden, Salzburg och berget Untersberg. Där – visste sagan att berätta – sov alltjämt kejsar Karl den store, men han skulle en dag vakna för att återupprätta det tyska kejsardömets svunna storhet. »Ni ser Untersberg där borta«, brukade Hitler säga till sina gäster. »Det är ingen slump att jag har slagit mig ner mittemot det.«

Han hade flyttat hit för en tid medan hans Wolfsschanze, det väldiga högkvarter i betong som låg gömt i skogarna nära Rastenburg i Ostpreussen, förstärktes mot flyganfall. Armador av tunga allierade bombplan bombade nu regelbundet Berlin och mål längre österut. Det gamla kungliga slottet i hjärtat av Berlin hade just fått en direktträff som förstört den berömda riddarsalen och tronsalen, jämte Fredrik den stores dopkapell. Men här i de bayerska Alperna var Hitler långt borta från denna dystra verklighet, liksom från de obevekliga nyheterna från östfronten om Röda arméns framryckning.

I den tunna luften på Berghof verkade livet betryggande normalt. Hitler steg upp sent. Han avverkade raskt sina officiella ärenden och drog sig därefter tillbaka för en intim lunch med gäster och vänner. Man åt i en matsal med panel av lärkträ och klarröda läderklädda stolar, enkelt vitt porslin och matsilver med hans eget monogram. I allmänhet var man omkring tjugo personer runt bordet. På Hitlers vänstra sida satt alltid hans älskarinna sedan många år, Eva Braun. Medlemmar av hans personliga ss-livvakt fungerade som kypare, i vita västar och svarta byxor. Efteråt promenerade alla genom tallskogen till Tehuset, ett av Hitlers favoritställen, med ett storslaget panorama över dalen, för kaffe och kakor. Vid kvällsbrasan i salongen med dess praktfulla vävnader brukade han lyssna till inspelningar av Wagneroperor, och prata in på småtimmarna om allt från sina tidiga år av revolutionskamp i München till sin plan för att omskapa världen. Hans sovrum var iskallt, hans diet var vegetarisk, och han drack inte alkohol. Varje dag föreskrev doktor Theodor Morell, hans personlige läkare, piller för den tilltagande mängd krämpor som han led av. Führern såg äldre ut än sina femtiofyra år. Han hade djupa linjer i ansiktet, hans högra ögonlock hängde ofta ner, och hans rygg var krum när han gick.

Trots detta, eller kanske på grund av detta, förblev han beslutsam och trotsig rörande sina slutmål. Så sent som för två dagar sedan hade han på det närliggande Platterhof Hotel sammanträffat med en grupp högre officerare. I ett skrämmande tal, som visade att han inte hade förlorat ett dugg av sin fanatism, hade han otvetydigt sagt dem att deras öde var förenat med nationalsocialismens, och att denna var det enda som stod för de grundsatser som nu kunde rädda Tyskland – ledarskap och intolerans, vägran att kompromissa med de krafter som hotade nationens överlevnad.

Han hade talat öppenhjärtigt om den slutliga lösningen, ut-
rotningen av judarna. Kunde han ha genomfört den på ett mer
humant sätt? »Mina herrar«, sade han som svar på sin egen fråga,
»vi befinner oss i en kamp på liv och död ... vänta er inget annat
från mig än att jag skoningslöst tillvaratar nationens intressen.«
Just som de träffades, påminde han dem, fortgick utplåningen av
de ungerska judarna med full fart. Denna åtgärd hade blivit möj-
lig, underströk han, endast genom att tyska styrkor denna vår
hade gått in i Ungern.

Vad invasionen i väst beträffade vacklade han oberäkneligt
mellan att välkomna den som ett tillfälle att krossa de allierade,
och att undra om den ens skulle komma denna sommar. I båda
fallen var han säker på seger. Om de allierade landsteg skulle de
drabbas av en katastrof och aldrig våga ett nytt försök. Om de inte
gjorde det, och det som tycktes vara förberedelser bara var en
gigantisk bluff, då hade han hemliga vapen, till exempel den fly-
gande bomben och nya reaktionsdrivna plan, som skulle göra slut
på dem. Han profeterade att London skulle bli en »park full av
ruiner«. Det vill säga om de allierade inte redan hade blivit osams,
som historien visade att allierade alltid blev inom fem år; då skulle
den stora sammandrabbningen börja mellan öst och väst, och
Tyskland skulle vara räddat. Tiden – det var han säker på – stod på
Tysklands sida.

Men verkligheten trängde ibland igenom, och Hitler tvingades
tänka på det överhängande problem som von Rundstedt, och
framför allt generalfältmarskalk Erwin Rommel, stod inför i väst.
Rommel förde befäl över armégrupp B, som bestod av den 7:e
och 15:e armén och täckte området från Nederländerna i norr till
Loires utlopp i Atlanten. Om den allierade invasionen blev av, när
och var var det då mest troligt att den kom?

Som de flesta i det tyska överkommandot hade Hitler länge
förutsatt att den skulle komma någonstans vid den smalaste delen
av Engelska kanalen, norr om Seine. Strängt taget var denna
hypotes underförstådd i den order, direktiv nr 51, som han hade
utfärdat till överkommandot i november 1943 och som sedan dess

hade varit grundvalen för hela den tyska försvarsinsatsen. Men några månader senare, i april 1944, hade han plötsligt börjat tala om Normandie och Bretagne, i nordvästra Frankrike, som potentiella mål som man också borde ha i tankarna, och han hade begärt att denna del av fronten skulle förstärkas. Det fanns inget uppenbart skäl för hans åsiktsbyte. Kanske drog han slutsatsen att de allierade, med sin förkrossande överlägsenhet till sjöss, inte nödvändigtvis behövde inta någon större hamn i det första skedet av en invasion – en av de många faktorer som hade manat tyskarna att inrikta sig på den östra delen av kusten, där det fanns sådana hamnar som Calais, Le Havre och Boulogne. Rapporter från agenter som hade infiltrerat den franska motståndsrörelsen och nått en del betydande framgångar kan också ha spelat en roll. Ingen visste någonsin vilka dunkla källor Hitlers frodiga fantasi hämtade sin näring från.

Han höll också fast vid en idé han länge hade varit besatt av – att de allierade dessutom kunde slå till mot Norge, inte som huvudområde för invasionen men kanske i någon betydelsefull avledande landstigning eller räd. Norges otaliga fjordar erbjöd ett viktigt skydd för tyska ubåtar, och landet var i sin helhet användbart för att bevaka Tysklands norra flank. Av detta skäl insisterade han på att en betydande ockupationsarmé skulle hållas stationerad där. De minsta tecken på motstånd eller spionage skulle nedslås med yttersta hårdhet.

Det som hade den största betydelsen på själva Dagen D var emellertid i sista instans inte hur Hitler, utan hur hans befälhavare på fältet, Rommel, reagerade.

Château La Roche-Guyon ligger vid en flodkrök högt över Seine omkring sex mil nordväst om Paris, nära de trädgårdar vid Giverny som blev berömda efter Claude Monets impressionistiska målningar av näckrosor. Det hade en gång varit ett normandiskt fäste – ruinerna av borgen dominerade fortfarande bergknallen – och hade länge varit stamgods för hertigarna av La Rochefoucauld. En av dem hade på 1600-talet gett ut en berömd samling maximer, och hans porträtt hade en framträdande plats i slottets vapensal.

Kort efter det att Hitler i januari 1944 utsåg Rommel till att slå tillbaka invasionen hade han gjort detta slott till sitt högkvarter, men han lät hertigen och hans familj stanna i deras privata lägenhet och stod på mycket god fot med dem. Tunnlar drevs djupt in i klipporna för att ge inkvartering åt hans officerare och manskap. Hans egna rum vette ut mot en rosenträdgård, och hans arbetsrum pryddes av gobelänger och ett renässansskrivbord i intarsia. Förutom att skaffa ett par taxar som sällskap hade Rommel adopterat en stor jakthund vid namn Ajax, som skulle följa med honom på harjakter i trakten. Efter en dags hårt arbete och efter supén brukade han ta sig en kvällspromenad runt parken med sin stabschef, generallöjtnant Hans Speidel, och sin rådgivare från marinen, viceamiral Friedrich von Ruge. Hans favoritplats låg i skuggan av två stora cedrar, och därifrån kunde han blicka ut över den fridfulla Seinedalen och himlen i väster. Rommel tyckte om Frankrike – dess mat, dess vin, dess folk, dess natur. Men det var ett ockuperat land, och inte ens han kunde ignorera detta faktum. »Ett sådant hat det finns mot oss«, noterade han i sin dagbok.

Den femtioettårige generalfältmarskalken hade varit Hitlers befälhavare i Nordafrika, där han hade förskaffat sig namnet »ökenräven«. Denne flärdfrie och hårt arbetande man hade ägnat de föregående fem månaderna åt att energiskt förbereda försvarsanläggningarna i den väldiga del av Västeuropa som stod under hans befäl. »Kriget kommer att vinnas eller förloras på stränderna«, förklarade han en dag när han blickade ut över en öde strand. »Vi får bara en chans att hejda fienden, och den kommer medan han fortfarande är kvar i vattnet.«

Följaktligen var den franska västkusten nu, såväl över som under tidvattenmärkena, fylld av en förvirrande labyrint av landstigningshinder. Bland dem fanns de »belgiska portarna«, bortåt fyra meter höga ramar av järn och stål med ben som lät dem stå emot tidvattenströmmarna; de var placerade i vattnet en tre–fyrahundra meter från högvattenmärket. Där fanns de »tjeckiska igel-

kottarna«, upp till en och en halv meter höga trianglar av trä eller
stål, laddade med minor och granater; de var täckta vid hög-
vatten, så att alla farkoster som stötte mot dem skulle få ett hål
i botten. Det fanns meterhöga betongkoner, tetraedrar omvirade
med taggtråd och vassa träpålar fullhängda med minor. Och längs
hela kusten fanns med jämna mellanrum bunkrar, kanonställningar,
invecklade skyttegravssystem, dolda kulsprutevärn, befästa hus
och väldiga kasematter i armerad betong för tungt artilleri. Till-
sammans gick dessa befästningar under det storståtliga namnet
Atlantvallen.

Att övervaka det enorma arbetet med att konstruera dessa för-
svarsställningar, och kämpa med sina överordnade för förstärk-
ningar, hade gjort Rommel överansträngd. Men i dag drog till
och med han nytta av solskenet för att koppla av en aning. Han
hade själv kört sin Horch, sin motorstarka stabsbil, till den när-
belägna skogen vid Choisy, och sedan gjort ett besök hos den
bräcklige gamle markisen av Choisy, en tysksympatisör vars son
stred mot bolsjevikerna i den tyska armén på östfronten. När han
på kvällen kommit tillbaka till La Roche-Guyon satt han uppe till
sent och pratade med familjen Rochefoucauld om kriget. Även de
hade satsat på tysk seger, och kunde nu bara hoppas att deras gäst
skulle slå tillbaka varje slag av invasion. Tecknen var emellertid
inte hoppfulla. Nyligen hade de för första gången tvingats ner i
tunnlarna under slottet, medan armador av allierade flygplan flög
ovanför dem på väg mot Paris.

På andra sidan Kanalen bevakade Rommels motsvarighet noga
hemligheten med Dagen D. General Dwight D. Eisenhower
hade blivit utnämnd till överbefälhavare för samtliga allierade in-
vasionsstyrkor samma dag som Hitler hade utnämnt Rommel –
den 15 januari. Det var Roosevelt själv som hade bett Eisenhower
att åta sig posten vid ett möte i Tunis, när presidenten var på väg
tillbaka hem efter den första stora krigskonferensen med
Churchill och Stalin i Teheran. Eftersom Roosevelt hellre ville tala
om befrielse än om invasion formulerade Eisenhower sina offent-

liga bulletiner i denna anda. Generalen, som förstod sig på mass-media, visste att kampen om den allmänna opinionen var viktig i modern krigföring. Han ägnade större delen av förmiddagen åt att spela in det budskap som han skulle offentliggöra på D-dagens morgon.

Till sin hjälp hade han mediamogulen William S. Paley, ord-förande i Amerikas mäktigaste radiobolag, Columbia Broadcasting System (CBS). Till dennes stjärnreportrar hörde William L. Shirer, Eric Sevareid, Howard K. Smith och den legendariske Ed Murrow, vars raspiga rapporter från blitzen mot London under de mörka dagarna vintern 1940–1941 hade bidragit så starkt till att få opinio-nen i det neutrala Amerika att sluta upp bakom Storbritannien. Eisenhower hade först träffat Paley på Dorchester Hotel i Lon-don, tack vare en introduktion från sin marinadjutant, Harry Butcher, som själv varit lobbyist för CBS. De både männen hade omedelbart funnit varandra, och Eisenhower hade gett Paley en bil, en chaufför och en generös tilldelning av den ransonerade bensinen för att han obehindrat skulle kunna resa omkring i Storbritannien. I juni 1944 var Paley, nu i översteuniform, chef för den psykologiska krigföringen via radio vid Eisenhowers hög-kvarter. Han höll sig också med en lyxsvit på Claridge's – hotellet kallades i folkmun »Little America« på grund av sin popularitet bland amerikanska officerare – bar en identitetsbricka i guld från Cartier och hade förhållanden med Pamela Churchill, Randolphs hustru, och Edwina Mountbatten, hustru till den brittiske över-befälhavaren i Sydostasien.

»Radiosändningar är en del i krigföringen lika väl som kulor och kanoner«, deklarerade Paley. Denna morgon hjälpte han Eisenhower att formulera hans utomordentligt viktiga radio-budskap på Dagen D. När de var färdiga låste de omsorgsfullt in inspelningen i ett kassavalv.

Efter dagens arbete kopplade överbefälhavaren av i trädgården till det hus som ställts till hans förfogande i England. Telegraph Cottage var ett anspråkslöst hus med två sovrum i Kingston, strax utanför London. Eisenhower hade valt det för att hålla sig borta från London och slippa bli distraherad av ovälkomna besökare. När han arbetade gjorde han det länge och intensivt. Liksom Rommel sov han inte mycket, och steg alltid upp tidigt varje dag, en bra stund före sin stab. Även han hade tjänat sina sporrar i öknen, som befälhavare för de allierade styrkorna i Nordafrika. Bara ett år skilde de båda männen i ålder, de levde i trygga och solida äktenskap, skrev regelbundet till sina hustrur och hade var sin son. Rommels son var i Luftwaffe, vid luftvärnet, Eisenhowers var kadett vid West Point, den amerikanska arméns kadettskola.

Trädgården flammade av rhododendron, vallmo, och både skära och vita rosor. Liksom Churchill var Eisenhower en ivrig amatörmålare. Han tog fram en blyertspenna och prövade på att teckna av den stora tall som växte i trädgården, men blev missnöjd med resultatet och klottrade »skräp« på den. Hans lust att teckna, anmärkte Harry Butcher, var ännu ett bevis för att han var otålig och uttråkad av den långa väntetiden. Rubrikerna i söndagstidningarna var inte till någon hjälp – löftena om Roms förestående befrielse bara framhävde bristen på aktivitet på den egna fronten.

Eisenhower visste att ju längre man väntade desto större blev risken för att hemligheten skulle läcka ut. Med två och en halv miljoner man redo för strid kunde det knappast vara annorlunda. För att se till att alla förstod budskapet slog han hårt ned på alla läckor. En av de mest påtagliga gällde generalmajor Henry Miller, chef för materielförsörjningen vid den amerikanska 9:e flygkåren. Under ett cocktailparty på Claridge's hade Miller talat ogenerat om sina leveransproblem, men hade tillfogat att de skulle vara över efter Dagen D, som han avslöjade skulle komma före den 15 juni. Så snart Eisenhower fick höra om detta lät han degradera Miller till överste och skickade honom tillbaka till Amerika. Millers desperata vädjan till den gamle kurskamraten från West Point angående bestraffningen visade sig meningslös – bakom Eisenhower breda leende fanns en man av järn.

Strax före klockan nio denna kväll hade den unge franske skolläraren i Caen, staden som nu hade stängt för sitt nattliga utegångsförbud, en sista uppgift att fullgöra. André Heintz hyste inga varma känslor för tyskarna. Hans farföräldrar hade lämnat sina fäders Alsace i avsmak när Tyskland annekterade denna provins efter det fransk-tyska kriget 1870–1871, och hans far hade drivits bort från sitt hem i Bourgogne av tyska trupper under första världskriget. Att hans familj än en gång måste utstå ockupation av arvfienden var en förödmjukelse som André tyckte gick för långt, och han var fast besluten att göra allt han kunde för att påskynda dess slut.

Med en ursäkt till sina föräldrar försvann han ner i husets källare. Från en hylla med konservburkar tog han ner vad som enligt etiketten var en burk spenat. Han tog av locket, och inuti fanns det en liten kristallradio. Tidigare hade han hämtat ner ett par hörlurar från en låda som stod gömd på vinden. Han hade anslutit apparaten till husets elnät, och mottagningen var god. Klockan nio hörde han den karakteristiska rösten från BBC. De goda nyheter han fick därifrån om själva kriget, i synnerhet om Roms förestående fall, värmde hans hjärta.

Men egentligen var det något annat som André lyssnade efter. I början av maj hade en kvinna kommit till hans skola medan han höll på att undervisa en klass. Han hade skyndat ner för att träffa henne. Hon hade viskat sex korta meddelanden i hans öra och låtit honom upprepa dem tills han hade inpräglat dem i minnet. Det var de signaler att sätta igång som BBC skulle sända efter nyheterna för att tillkännage tidtabellen för Dagen D. Så snart han tog emot dem var det hans egen speciella uppgift att larma medlemmarna i hans grupp. Det var det han nu lyssnade efter. Liksom varje kväll efter kvinnans besök hörde han denna kväll många andra budskap avsedda för olika agenter bakom fiendens linjer, men inget som han hade lärt in. Även för honom hade livet kommit att handla om tålamod och väntan.

Senare samma kväll landade Sonia d'Artois tungt i det franska dike som gav hennes axel en så svår törn. Det falska identitetskort hon hade fått angav hennes namn som Suzanne Bonvie och hen-

48

nes hemvist som Cannes. Hon var tjugo år gammal, den yngsta kvinnliga agenten som någonsin skickats från Storbritannien till Frankrike. Mörbultad och skakad förenade hon sig i mörkret med de andra agenterna som hade hoppat med henne, båda män. Tillsammans letade de igenom fältet efter de behållare som släppts ner före dem. Efter en stund gav de upp, och lokala motståndskämpar tog dem till en gård i närheten. Här var hon mer än nöjd när hon hällde i sig ett välkommet glas calvados, det lokala äppelbrännvinet, och utmattad kunde falla i djup sömn i en bekväm säng.

Samtidigt låg Petter Moen och sov oroligt på sin brits i fängelset. Glenn Dickin och Bill Tucker hade krupit till kojs i sina tält tillsammans med sina vapenbröder. Veronica Owen sov också hon, i det fullbelagda rum hon delade med ett halvdussin andra lottor i en rekvirerad villa utanför Portsmouth. Albert Grunberg försmäktade av hettan i sin kvava vindskupa. Sydney Hudson såg till att få några timmars vila innan han cyklade ut till bondgården för att träffa Sonia. Walter Schwender sov gott efter sin dag på stranden. Och den natten förmedlade Abwehrs station i Madrid fyra meddelanden till Berlin, numrerade från 862 till 865 och innehållande information från agenten Arabel om trupprörelser i Storbritannien. På andra sidan sundet vid Dover bidrog åskväder och lätta skurar till att göra luften klarare.

2. Det kan inte dröja länge nu

Måndagen den 29 maj

DET FANNS ingen lindring från hettan. Vid niotiden på morgonen hade termometern nått 35 grader vid Dover, och vid femtiden på eftermiddagen steg den till drygt 37. Över hela Sydengland hade man inte haft en så varm annandag pingst på åratal, med en temperatur i skuggan på Regent Street i London av 32 grader, den högsta uppmätta på mer än fyrtio år. Ett fullständigt oväntat oväder svepte fram över norra England, och tre personer drunknade i en plötslig översvämning i Yorkshire.

I London fortsatte semesterstämningen. Utanför Lord's bildades en kilometerlång kö av folk som ville se England spela cricket mot Australien. När portarna till slut stängdes strax efter klockan tolv fann sig hundratals besvikna åskådarna stå på fel sida av vändkorsen. England vann matchen bara tio minuter före den överenskomna sluttiden. I Regent's Park gav Bankside Players en utomhusföreställning av Shakespeares *En vintersaga* inför en stor publik. Tusentals människor som kommit på cykel eller med häst och vagn, eller till fots, tillbringade dagen på Ascot för galopptävlingarna. Den zoologiska trädgården i Chessington var fullpackad. Folk klädde upp sig. Herrarna bar välskötta linnekostymer från före kriget, damerna sina ljusaste och luftigaste klänningar. Det var en dag för barn, medelålders och äldre. Ungdomar i tjugo- och trettioårsåldern lyste med sin frånvaro – bortsett från ett litet fåtal män och kvinnor i uniform som var glada över sin helgpermission. Det var ett förebud. London höll på att tömmas på soldater. »Det är särdeles lugnt«, anmärkte en pubägare till en av de många krigskorrespondenter som samlades i huvudstaden. »Det kan inte dröja länge nu.«

Miljontals män och kvinnor i uniform, från de allierades flottor, arméer och flygstyrkor, väntade på att det hela skulle börja. På själva Dagen D skulle 175 000 man storma iland, för att följas under resten av månaden av åtskilliga hundratusen till. De flesta skulle göra överfarten till Frankrike i specialbyggda stormbåtar, eskorterade av hundratals krigsfartyg. Denna operation, den del av Overlord som utgjordes av angreppet mot Normandie och som var avgörande för hela dess framgång, bar kodnamnet Neptune, och skulle i själva verket pågå ända till den 30 juni. Orderna för den, som hade tryckts i djupaste hemlighet på särskilda pressar, var på tusen sidor, en bunt tre tum tjock. Befälet fördes av amiralen sir Bertram Ramsay, en sextioettårig veteran som först gått till sjöss som kadett på drottning Viktorias tid, när *Britannia* och *Royal Navy* rådde över havet. Han hade planerat den heroiska evakueringen av den brittiska armén från Frankrike vid Dunkerque 1940, och hade också kommenderat de brittiska flottstyrkorna vid invasionen av Sicilien i juli 1943.

»Bertie« Ramsay slog åtskilligt hårdare än hans spensliga lekamen antydde. Att kämpa för kung och fosterland låg i blodet i familjen. Han var skotte från Berwickshire, vid gränsen till England, och yngste son till brigadgeneralen William Alexander Ramsay, som hade kommenderat 4:e husarregementet när den unge Winston Churchill var subaltern där. Båda hans bröder var i armén, och hans båda systrar hade gift sig med officerare. Själv hade han valt till hustru dottern till en arméöverste, Helen Margaret Menzies. För Ramsay hade äktenskapet kommit sent i livet, men han och Helen hade två små söner, David och Charles. Liksom de flesta som var ute i krig fann han tröst i att skriva hem, och hans nästan dagliga brev till hustrun gav honom en välkommen terapi och avkoppling.

I första världskriget hade Ramsay tjänstgjort ombord på flottans största slagskepp, HMS *Dreadnought*, och därefter kommenderat en jagare i Engelska kanalen. För evakueringen vid Dunkerque hade han blivit både prisad och adlad. Han var en oklanderligt klädd perfektionist som förväntade sig den högsta standard av officerare och manskap. En av dem mindes att han ibland var sur som ättika, men han var rättvis och hövlig, och i en kris utstrålade han alltid lugn och tillförsikt. Han glömde aldrig ett namn, och vinnlade sig om att ge erkännande åt de ansträngningar hans hårt arbetande stab gjorde, både de högre och lägre graderna, och de visade honom sin tillit och aktning. »Han var en bra människa«, mindes en av de yngre lottorna vid hans stab, »och en mycket bra chef, alltid lugn och samlad. Det finaste var det ledarskap han visade sin stab, och hans tolerans och vänlighet. Jag har aldrig träffat någon som han.«

Ramsay var en av de tre högsta allierade befälhavarna och direkt underställd Eisenhower. Liksom de alla stod han under ett enormt tryck. I sitt hem i Skottland brukade han koppla av med traktens traditionella tidsfördriv, ridning, rävjakt, golf och fiske, och han var en ivrig polospelare. Vid hans högkvarter utanför Portsmouth var hans möjligheter att välja sport emellertid begränsade. Denna eftermiddag deltog han entusiastiskt i en cricketmatch mot ett lag av lottor. Trots den stekande hettan, det oklippta gräset och den ojämna banan lyckades han bidra med sexton poäng till sitt lags seger med fem wickets. Det gav en välkommen avkoppling från det nästan förlamande ansvar som vilade på hans axlar. Dessutom var det ett karakteristiskt sätt att visa lottorna vilken hög tanke han hade om dem som deltagare i det gemensamma arbetet. Den crickettokiga lottan Veronica Owen skulle ha älskat det.

Men Veronica hade ett vaktpass på Fort Southwick strax intill Ramsays sambandscentral. Högkvarteret för kombinerade underjordiska operationer hade först varit i verksamhet under räden mot Dieppe i augusti 1942. Veronica måste ta sig ner för 166 trappsteg för att nå de tre parallella tunnlarna, fodrade med stål och tegel, som löpte trettio meter under markytan, med talrika sidopassager fullproppade med de arbetsrum, kök och sovsalar som behövdes för sambandscentralens dygnetruntbemanning. Det var en kuslig upplevelse, mindes en av hennes lottakamrater, »att gå nerför ändlösa trappor till jordens mörka innanmäte, för att finna denna väldiga organisation, en skapelse av människans uppfinningsrikedom. Den diskreta men starka belysningen kunde tävla med solskenet ovanför oss, överallt surrade det och brummade av de brådskande militära angelägenheterna. Att klättra upp igen efter avslutat pass var det mest påfrestande av allt. Framför oss sträckte sig trappa efter trappa, och när vi var trötta verkade de omöjliga att ta sig upp för. Vi brukade luta oss mot väggen två eller tre gånger och pusta, och blev allt som oftast omsprungna av någon gråhårig kommendörkapten som tog två steg i taget.«

De flesta som arbetade i den bombsäkra tunneln var meniga lottor, radiotelegrafister, kartmarkörer, telefonister, kodpersonal och ordonnanser. Det fanns en handfull sjömän och signalofficerare från flottan, och vidare några kryptotekniker som nått högre grader i lottakåren. På lugnare vaktpass fick de ta sig en lur i de tvåvåningssängar med filtar som de hade tillgång till. Det fanns också en liten kantin som serverade varm soppa och smörgåsar med corned beef. Veronica gillade inte att kanterna på dessa böjde sig när de torkade av ventilationen. Om det var mycket att göra kunde ett par lottor bli kallade till stridsledningscentralen för att arbeta där med alla högdjuren, från överbefälhavaren och nedåt.

Hennes dag hade börjat på Heathfield, ett stort hus utanför Fareham som flottan hade rekvirerat som förläggning för omkring hundra lottor. Därifrån kördes de i buss fram och tillbaka till Fort Southwick. Ägaren var en gammal dam som bodde kvar i huset. Ibland kom hon förbi Veronica och gav henne ett vänligt och tolerant leende, men annars höll hon sig undan till den grad att lottorna betraktade huset som sitt eget. I bottenvåningen fanns det ett stort vardagsrum, en matsal med långbord, och ett kök. De flesta flickorna sov sex eller åtta i ett trångt rum med våningssängar, fast Veronica hade haft bättre tur än de. Hon bodde i ett av de fyra dubbelrummen i trädgårdsmästarens hus, som hade eget badrum. Men med tiden blev de flera även i denna lilla tillflykt, de fick våningssängar, och bristen på ostördhet ledde ofta till irritation.

När Veronica inte var i tjänst ägnade hon en hel del tid åt att stoppa strumpor och laga kläder. När hon gått in i flottan fick hon inte längre några ransoneringskuponger för civila kläder, så hon måste ta vara på dem hon redan hade. Men hon fick gott om mat, äggen var äkta, inte äggpulver, och det var ingen brist på bröd eller cigaretter. I Fareham fanns det två biografer dit hon gick en eller två gånger i veckan. Sedan gick hon till ortens teservering, innan hon gick på sitt kvällspass. Hon tittade också ofta i bokhandeln, eller satt och läste på KFUK. En gång i månaden köade hon för ett paket bindor, som lottorna enligt ryktet fick från drottningen.

Efter frukosten denna morgon tog Veronica sin cykel och cyklade ett par kilometer på stora vägen till den lilla pittoreska staden Titchfield vid floden Meon, som löpte ut i Solentkanalen. Hon hade blivit vän med stadens kyrkoherde, Frank Spurway, och hans hustru, och denna vår hade hon ofta cyklat över för att tillbringa sina lediga kvällar med dem i prästgården intill den gamla kyrkan i flinta och kalksten.

Med sina elisabetanska korsvirkeshus och sjuttonhundratalshus i rött tegel var Titchfield en miniatyr av Englands historia, ett förkroppsligande av det traditionella England som Churchill ständigt frambesvärjde i sina tal under kriget. Här hade saxarna byggt en kyrka, och i *Domesday Book*, från 1086, hade normanderna noterat att det här fanns ett litet samhälle. På tolvhundratalet hade premonstratenserna grundat och byggt ett kloster, och Karl I gömde sig där innan han blev gripen under det engelska inbördeskriget. En av William Shakespeares beskyddare, den tredje earlen av Southampton, hade köpt det efter klosterupplösningen under reformationen, och enligt den lokala traditionen hade dramatikern vistats där. Väggarna i koret och det södra kapellet i St Peter's var besatta med minnestavlor för sjöofficerare, arméofficerare och guvernörer över kolonierna, som hade tjänat sitt land. Varje besök i Titchfield gav Veronica en lektion i Englands historia och en lista över de hjältar och patrioter som hade kämpat, lidit och dött för det brittiska imperiet.

Det mest symboliska, med tanke på det storslagna skådespel

i vilket hon nu spelade sin roll, var att kung Henrik V hade bott på
Titchfield Abbey medan han samlade sin stora armada på sexton-
hundra skepp i Solentkanalen för sin invasion av Frankrike och
sin historiska seger vid Agincourt 1415. Även för honom hade se-
gern hängt på att han vilseledde fienden beträffande platsen för
landstigningen. Ödet hade varit honom gunstigt, han hade tagit
fienden med överraskning och framgångsrikt stormat den stora
fästningen i Harfleur, den viktigaste hamnen i Normandie. Vart-
enda skolbarn kunde utantill Henriks upphetsande tal till trup-
perna när han manade på dem, mitt under belägringen, i varje fall
så som Shakespeare hade tänkt sig det i sin högt älskade pjäs.
»Vänner, till bräschen än en gång«, lydde dess oförgätliga in-
ledning, och talet avslutades med att han vände sig till de enkla
engelska soldater han skulle ha att tacka för segern:

> Gode bondemän,
> som har växt upp och trivts i England, visa
> att ni har råg i rygg, så vi kan svära:
> Varenda en av er är värd sin kost.
> Ty ingen av er är så låg och arm
> att inte ögat glänser stolt. Jag ser
> er stå som stövare som drar i kopplet
> för att få rusa fram. Nu går det lätt.
> Släpp modet fritt! Stäm in nu i vårt fältrop:
> »Gud för kung Harry, England och Saint George!«
>
> HENRIK V

Samtidigt som den moderna armadan samlades i Solentkanalen,
och dess befälhavare än en gång förlitade sig på överraskningsmo-
mentet, och på modet hos de enkla mannar som skulle vada iland,
rakt mot det skoningslösa kulregnet från fienden, lade man i film-
ateljéerna i Denham i rasande fart sista handen vid filmversionen av
pjäsen, med dagens ledande unge skådespelare, Laurence Olivier,
som stjärna och regissör. När den kom ut på biograferna en månad
efter Dagen D lockade den en väldig publik över hela landet.

Veronica ägnade förmiddagen åt att hjälpa till med att göra smörgåsar och förbereda maten och dukningen för eftermiddagens trädgårdsfest, och gav sig sedan iväg till sitt arbetspass. Där var arbetet hektiskt, ett tecken på den ökade flottaktiviteten i och omkring Solent och Engelska kanalen. Kanske för att hon var full av entusiasm efter sitt besök i Titchfield trakterade hon sina lottakamrater med ett kort men välformulerat tal i vilket hon klagade över att de flesta av dem inte riktigt insåg hur viktigt deras arbete var. Flottan satte en ära i att övertyga varenda lotta om att hennes insats, hur blygsam den än kunde tyckas vara, var viktig för att kriget skulle kunna vinnas. Det var tydligt att Veronica lät sig ryckas med av sin ungdomliga entusiasm, för innan passet var slut kom det upp ett anslag på tavlan som krävde tystnad under arbetet.

Utan att låta sig förskräckas återvände hon hem, och fann där ett paket från sin tvillingbror. Hugh var också i flottan; han tjänstgjorde i Medelhavet som kadett ombord på slagkryssaren HMS *Aurora*. Han brukade i olika hamnar köpa saker åt henne som hon inte kunde finna eller hade råd med i England. Hon uppskattade särskilt de silkesstrumpor som han skickade då och då. Nu var han i Alexandria och väntade på att hans fartyg skulle bli reparerat sedan det gått på en mina. Att ha en bror, till råga på allt en tvillingbror, som trotsade farorna på öppna havet sporrade henne i hennes uppgifter.

Operation Neptune hade kommit in i nedräkningsskedet. Glenn Dickin var en av de tiotusentals infanterister som armadan skulle föra till D-dagens stränder.

Läger nr 7 i Southamptons uppmarschområde C låg på Hiltingbury Common, nära byn Chandler's Ford strax norr om Southampton. Glenns läger var bara ett av tjugotvå sådana läger i området, som nu var fullt till bristningsgränsen med över femtiotusen soldater och sjutusen fordon. Varje läger var indelat i kvarter om femtio pyramidtält, i sin tur delade i »byar« om tio. I varje tält sov tolv meniga soldater. Underofficerare och officerare hade bekvämare inkvartering. Lägren var i stort sett självständiga, med sina egna kök, latriner, duschar, butiker och rekreationsutrymmen. Kamouflagenät som spänts ut över träden hjälpte till att dölja dem från snokande tyska flygplan. Vid det här laget hade Luftwaffe dock för länge sedan förlorat slaget om Storbritanniens luftrum, och spaningsflygningarna hade näst intill upphört.

Lady Diana Cooper, vars make Duff var brittisk ambassadör i Alger hos general de Gaulles fria fransmän, ägnade denna sommar sin ledighet åt att köra runt i södra England. »Alla som ser ett läger«, skrev hon, »kommer alltid att minnas den täta koncentrationen av stål, där allthop ligger öppet under en himmel som är mirakulöst fri från fiender.« Av sekretesskäl omgavs lägren av ett taggtrådsstängsel som patrullerades av amerikansk militärpolis. Enheter ur brittiska armén skötte sina hushållsbestyr. Fastspikade vid telefonstolparna på gatorna utanför fanns det skyltar som varnade: »Stanna inte här! Civila får inte tala med soldaterna.«

I dag bestämde sig Glenn för att inte skriva hem. I april hade soldaterna fått order att inte posta sina brev i civila brevlådor. I stället gick de oförslutna till arméns fältpost för censurering. Glenn kontrollerade regelbundet sina egna mäns post. De tillhörde 1:a bataljonen i Regina Rifles, ett av de många ryktbara regementena i den 3:e kanadensiska infanteridivisionen. Divisionschefen, general Keller, hade gjort ett besök i Hiltingbury för bara en månad sedan, i sällskap med kung Georg VI och befälhavaren för de kanadensiska stridskrafterna i Storbritannien, general Harry Crerar.

Så sent som för två veckor sedan hade Eisenhower själv kommit för att stärka deras kampvilja med ett tal. Efteråt bröt mannarna sin formering och samlades runt hans jeep. »Hur är käket?«, hade han skämtat, en fras han hade använt många gånger för att bryta isen när han hälsade på amerikanska soldater. Men han hade glömt att kanadensarna, liksom britterna, kallade maten »krubbet«, och han hade för ett ögonblick mötts av tomma blickar från sina respektfulla lyssnare, tills någon förklarade för dem vad han menade. Pojkarna från prärien var nordamerikaner, men de var inte jänkare. Förutom Regina Rifles fanns det i Hiltingbury folk från andra kanadensiska regementen som Ottawa Camerons, Winnipeg Rifles, Canadian Scottish från British Columbia och det fransk-kanadensiska regementet De La Chaudière från Quebec.

Kanada var Storbritanniens i särklass viktigaste allierade innan Amerika gick in i kriget i december 1941, efter angreppet mot Pearl Harbour. Över hundratusen soldater hade dessförinnan kommit från andra sidan Atlanten. Tills helt nyligen hade de varit långt fler än de amerikanska. Tusentals kanadensare flög i de allierade flygbesättningarna, och 1:a kanadensiska infanteridivisionen tog sig mödosamt fram genom Italien. I Nordatlanten spelade den kanadensiska flottan en viktig roll när det gällde att skydda konvojer och sänka ubåtar. Kanadensarna var ivriga att spela en roll i Europas befrielse, men de hade också en särskild anledning att frukta den kommande D-dagen. I augusti 1942 hade 2:a kanadensiska infanteridivisionen gått i spetsen för en allierad räd mot hamnstaden Dieppe, med fruktansvärda konsekvenser. Av de nästan femtusen man som deltog återvände bara tvåtusen; de övriga stupade, sårades eller tillfångatogs på några få timmar. Den proportionella förlusten kunde jämföras med första dagen i slaget vid Somme 1916.

Dieppe var ett fiasko inte bara som militär operation. För Kanada var det en nationell katastrof vars skugga fortfarande vilade tungt över de kanadensiska soldater som nu beredde sig för Dagen D. Skulle massakern upprepas på stränderna, eller skulle det äntligen bli tillfälle att ge igen? I sin avsikt att hämnas sina kamrater klippte en del av de kanadensiska soldaterna håret på mohikanvis och hade jaktknivar i kängorna. Nederlaget hade åtminstone en god sak med sig – den tvingande insikten att fienden, om landstigningen skulle lyckas, måste förintas eller förlamas av ett överväldigande eldunderstöd från fartygsartilleri på kort håll, av flyginsatser och stridsvagnar på stränderna. Detta ingick nu i planerna. Sammanlagt skulle soldater från fjorton kanadensiska infanteri- och sex artilleriregementen landstiga på Frankrikes stränder.

Genomgångarna hade redan börjat. Fyra dagar tidigare hade

de högre officerarna blivit insatta i de topphemliga planerna för Dagen D. I går hade Dickins plutonchef, Frank Peters, tjugoåtta år och gift, från North Battleford i Saskatchewan, fått veta allt han behövde veta om operationen. Men säkerhetsåtgärderna var nu strängare än någonsin. I stället för de riktiga namnen på sina destinationer fick de kodnamn. Först när förtöjningarna lossats skulle Dickin få veta de verkliga namnen på de landstigningsstränder och de byar han skulle befria.

Allteftersom de allierades bombkampanj mot tyska mål i Frankrike intensifierades kunde inte ens den strängt kontrollerade tyska pressen och radion bortse från känslan av upptrappning. Invasionen var på allas läppar. Det var inte bara den storskaliga bombningen av Frankrike. För första gången hade delar av den tyska nordsjökusten stängts av för civila, och trakten runt Bremen angavs som ett område med »risk för invasion«. Aldrig tidigare hade nazisterna förklarat att själva fosterlandet var i fara.

På Berghof hade Hitler ännu en lugn dag. Han tog sin dagliga promenad till Tehuset, njöt av den svala luften och åt lunch med Eva Braun. En av de högre befälhavarna i fält hade när han nyligen hälsade på i Obersalzberg funnit Führern lugn och obekymrad. »Man kan inte undgå att känna«, noterade generalfältmarskalk von Richthofen, på besök från fronten i Italien, »att detta är en man som blint följer sin kallelse och utan att tveka håller sig till den väg som stakats ut för honom, utan minsta tvivel om att det är den rätta, och om den slutliga utgången.« I Berlin distribuerade Hitlers propagandachef, dr Joseph Goebbels, ett liknande budskap till representanter för media och till militära kommentatorer. Tidningar över hela Tyskland var enstämmiga: Hitler och överkommandot hade förutsett varje möjlighet; de kontrollerade fullständigt alla händelser, och tyskarna skulle inte frukta framtiden. En korrespondent hävdade till och med att reträtten i Italien endast dikterades av behovet att hushålla med manskapet. Det var långt ifrån någon motgång; i stället hade den listigt gäckat de allierades förhoppningar att överkommandot

skulle behöva anlita sin strategiska reserv. En annan tidning me-
nade skrytsamt att tyska stridsvagnar snabbt skulle ta itu med land-
stigningar i Frankrike. Pansardivisionerna hölls avsiktligt på av-
stånd från kusten för att möta luftlandsättningar om de allierade
försökte klämma tyskarna både från havet och inlandet. Den stora
faran var de allierades överlägsenhet i luften. Men i motsats till de
öppna slätterna i Ryssland lämpade sig den franska landsbygden
för kamouflage och maskering av tyska luftvärnsbatterier, och ned-
grävda stridsvagnar skulle ta emot fienden med varma servetter.

Den nazistiska presstjänsten visade öppet hån mot de allierades
luftstridskrafter. De brittiska och amerikanska bomboffensiver
som pågick var bara »militära rabiesattacker«, fnös den, som ingen-
ting hade att göra med någon överhängande invasion. Attacker
mot »nötkreatur i Mecklenburg, höstackar i Pommern, cyklister i
Sachsen och fåraherdar i Uckermark är otrevliga för de berörda«,
kommenterade den bitande, »men har inget att göra med kampen
för ett avgörande i detta krig«. Strängt taget hade Eisenhower,
när han inte invaderade den gångna helgen, helt uppenbart »mis-
sat bussen«. Det skulle dröja en hel månad innan vädret, mån-
skenet och tidvattnet var så gynnsamma. Uppenbarligen hade han
inte genomfört sina planer, men oavsett om han påskyndade dem
eller uppsköt dem skulle han alltid bli fångad i det tyska nätet.

Alla dessa bombastiska kommentarer återspeglade Führerns
egna personliga åsikter. Detsamma gällde ett annat återkomman-
de tema. Det var de hemliga vapen som fanns i reserv. »Det är en
sak vi känner till«, hävdade en tidning i Stuttgart dunkelt. »Vi har
vissa saker på lager som, om de sätts in i rätt ögonblick, märkbart
kommer att ändra krigslyckan.« Under de kommande dagarna
skulle besökare på Berghof höra en hel del sådana hotelser.

»En outtröttlig förkämpe för Führern och Riket.« Det var så von
Rundstedt sammanfattade Rommel, med en tveeggad kompli-
mang med märkbar avsaknad av lovord för några egentliga resul-
tat. Vid ett annat tillfälle var tyskarnas överbefälhavare i väst ännu
öppenhjärtigare. Han avfärdade sin underordnade som »en nyfödd

valp, inte alls någon räv«. Förhållandet mellan de båda männen var spänt, ett potentiellt katastrofalt förspel till de allierades invasion. von Rundstedt ogillade att den yngre mannen hade fått befälet över invasionsförsvaret, och hade ringa tilltro till Rommels – och Hitlers – Atlantvall som försvarssköld. Den var, menade han, en ren inbillning.

De båda männen hade också blivit oense kring frågan om det bästa sättet att gruppera pansardivisionerna. Rommel vill att stridsvagnarna skull placeras alldeles innanför de stränder där de allierade skulle landstiga. Det var där, och inom de allra första timmarna, som han menade att slaget skulle avgöras. »Tro mig, Lang«, hade han i ett ofta citerat yttrande sagt till sin adjutant när de en dag stod och blickade ut över en öde strand, »de första tjugofyra timmarna av invasionen blir avgörande ... Både för Tyskland och de allierade blir det den längsta dagen.« von Rundstedt ansåg däremot att stridsvagnarna skulle hållas i reserv på säkert avstånd från kusten, för att slå till hårt och effektivt när den exakta platsen för attacken blev tydlig. Tvisten löstes först när Hitler ålade dem en kompromiss. Rommel fick tre pansardivisioner som han kunde stationera efter behag, och han placerade omedelbart den 21:a, som varit hans favorit i Afrika, nära Caen. De fyra återstående i Frankrike skulle förbli under överkommandots kontroll, för att sättas in av Hitler själv som han fann lämpligt. Rommel hade, kort sagt, inte ens tillgång till alla de styrkor som fanns inom hans ansvarsområde.

Trots det behöll han sin tilltro till Hitler, och skyllde i stället på Führerns rådgivare. Föregående dag hade han, på sin söndagsutflykt till Choisy, riktat sin vrede över Luftwaffes eländiga misslyckande att bemöta de allierades luftangrepp helt och hållet mot riksmarskalken Göring, Hitlers tilltänkte efterträdare. Folket kring Hitler, sade han till Lang, förmådde helt enkelt inte vara uppriktiga mot honom – med andra ord skulle det vara annorlunda, och bättre, om Hitler blev ordentligt informerad. Detta var naivt, men så var också Rommel en militär taktiker, inte någon politiker. Han svalde också fullständigt Hitlers åsikter om det stora korståg som Frankrike och Tyskland måste föra mot bolsjevismen, för att inte tala om Goebbels' propaganda om Storbritannien. Kampviljan var låg på andra sidan Kanalen, hade Rommel sagt till sin son Manfred bara en månad tidigare; man hade ju den ena strejken efter den andra. »Ropen 'Ned med Churchill och judarna' och 'Vi vill ha fred' blir allt högre – dåliga förebud för en sådan riskabel offensiv [invasion].«

Men om och när invasionen kom – därom var Rommel övertygad – skulle den komma norr om Seine, på den kuststräcka som låg närmast England. Alla antydningar om att Normandie kunde vara målet bemötte han med skepsis. Hans egen underrättelsechef, överste Anton Staubwasser, som ansågs vara expert på Storbritannien, hade inga egna oberoende källor. För Günther Blumentritt, von Rundstedts stabschef, var »den engelska sydkusten en outgrundlig sfinx«. Rommels egen stabschef, Speidel, konspirerade aktivt mot Hitler. Bakom ryggen på Rommel talade han om Hitler som »det där arslet på Berghof«.

Det var inte att undra på att den utmattade och utmanövrerade Rommel sökte tröst i att skriva dagliga brev till sin hustru, Lucie, som var kvar i deras hem i Herrlingen, nära Ulm i sydvästra Tyskland. Liksom så många andra vid fronten denna helgmåndag hade han tankarna hos sin familj – i synnerhet som han just fått höra nyheten om intensiva bombningar av Stuttgart, huvudstad i Baden-Württemberg och lite för nära hans hem för att vara riktigt behagligt. I dag skrev han till henne om de allierades bombningar över hela Frankrike; de hade lett till döden för tretusen franska civilpersoner. Han saknade henne. Han hade rentav tänkt på att överraska henne med ett besök på hennes födelsedag. Hans blänkande svarta Horch kunde föra honom dit på några timmar. Han kunde skaffa något fint åt henne i Paris. Hon skulle fylla femtio i nästa vecka, på tisdagen den 6 juni.

Någon sådan möjlighet att komma hem hade inte Walter Schwender. Alla soldater under Rommels befäl hade fortfarande indragna permissioner, som det hade varit sedan i april. Han var stationerad utanför Nantes vid Loire, en industri- och hamnstad med nära tvåhundratusen invånare vars profil markerades av lyftkranarna och traverserna vid dess hamnbassänger och skeppsvarv. *Nantes la grise* kallades den – det grå Nantes – lika mycket för dess stränga arbetsmoral som för de låga grå moln som i oändlig följd svepte in från Atlanten. När allt kom omkring var detta den stad i vilken kung Henrik IV 1598 hade utfärdat sitt berömda edikt, som gav protestanterna religionsfrihet, och en viss kärv presbyteriansk anda kändes i luften. Eftersom det fanns en stor fackföreningsansluten arbetarklass hade socialister och kommunister ett starkt fotfäste i staden. Tyskarna hade ockuperat den i juni 1940, och de första tecknen på motstånd hade dykt upp nästan omedelbart, med att trettiofem lastbilar lastade med bildäck sprängdes i luften. För det hade den skyldige blivit skjuten.

Men det var först mer än ett år senare, den 20 oktober 1941, som de nazistiska ockupanterna verkligen bekände färg. Den tyske kommendanten i staden, överste Karl Hötz, hade just kommit ut från Café du Nord på väg till sitt kansli efter sitt tidiga morgonkaffe när han blev skjuten till döds av två unga kommunistiska motståndsmän. Tyskarna hade redan tagit civila som gisslan, och nu sköts, på Hitlers order, fyrtioåtta av dem. Den yngste var en pojke på sjutton och ett halvt år. 1942 hade deportationen börjat av judar från Nantes med omgivningar. Femhundra av dem kom aldrig tillbaka. Följande år sköts fyrtiotvå motståndsmän i staden efter en rättegång i vilken de kallades »banditer«. Klyftan mellan civilbefolkningen och ockupanterna, som fick hjälp av en handfull fanatiska franska kollaboratörer, var nu tydlig. Som ett ytterligare lidande för staden dödades omkring tolvhundra civila vid amerikanska flygangrepp på hamnen. Tusentals överlevande hade satt sig i säkerhet på landsbygden.

Föga förvånande hade tyskarna en stor garnison i Nantes. Den hade nyligen fått besök två gånger av Rommel, som ville inspektera dess försvarsanläggningar. Liksom alla andra visste han att grannstaden vid Loires utlopp, hamnstaden Saint-Nazaire, hade varit målet för en djärv och effektiv räd från allierade kommandosoldater mindre än två år tidigare. Skyddade i väldiga bunkrar av armerad betong låg här dussintals av de dödsbringande ubåtar som hotade Storbritanniens livlina tvärs över Atlanten.

Ingenting i denna bistra bakgrund tycktes påverka den bekymmerslöse unge Walter. Eftersom han skrivit ett brev hem igår såg han inget behov av att skriva något i dag, och gav sig i stället iväg till stranden för att bada. Han hade alltid varit förtjust i sport och utomhusliv, särskilt cykling; det var något han hade varit särskilt glad åt i Hitlerjugend. Hans bror Karl, som var två år äldre, hade också varit medlem. Walter blev också intresserad av flygning, och så snart han slutade skolan, vid den då vanliga åldern femton, hade han blivit montörlärling vid ett företag som byggde hangarer för luftskepp. Innan han kom till Nantes hade han varit stationerad i La Rochelle, en annan hamnstad längre söderut på den franska Atlantkusten. Han tyckte om att ha nära till Nantes och till havet. Livet var härligt, det fanns gott om mat och vin, gott om tillfällen till bad, och staden var, som den långa pingsthelgen hade bevisat, inte alltid grå. Sannerligen inte i dag, ännu en stekhet dag. Kriget verkade långt borta.

I motsats till Hitler var Churchill långt ifrån lugn och avspänd. Dagliga rubriker som skröt om intensiva flygräder mot mål i Frankrike förvärrade hans bekymmer. Bombningen dödade och lemlästade alldeles för många civila, och han var rädd att förlora den goodwill i Frankrike som var nödvändig för en framgångsrik invasion. Han dikterade ännu ett brev till flygmarskalk Tedder. »Ni bygger upp en väldig massa hat«, förklarade han. Men det fanns andra, inte bara inom militären, som inte hade samma mening som premiärministern. Kardinalerna i Frankrike hade publicerat en offentlig vädjan om skonsamhet mot civilbefolkningen. De romersk-katolska ledarna i Storbritannien hade emellertid svarat i BBC, och kraftfullt hävdat att den förestående befrielsen av Frankrike krävde att de tyska förbindelselederna stördes på alla tänkbara sätt. Det var ingen hemlighet att den katolska hierarkin i Frankrike stod obehagligt nära Vichyregeringen.

Än en gång krävde den låsta beige lådan med uppsnappade meddelanden från Ultra Churchills uppmärksamhet. I dag skickade C honom en första bunt om femton meddelanden, som senare skulle följas av ytterligare tre buntar. Åtta av signalerna var militära, en var en översikt över läget till sjöss, och fyra var diplomatmeddelanden. Som alltid granskade Churchill dem ingående innan han klottrade sina initialer och dagens datum längst ner för att visa att han hade läst dem. Experterna på Bletchley Park hade forcerat ett flertal länders diplomatchiffer, vilket innebar att Churchill kunde se vad diplomater runt hela världen rapporterade.

Dagens skörd var jämförelsevis blygsam. För inte så länge sedan hade han offentligt och kontroversiellt kommenterat den neutrala hållning som intogs av både Turkiet och Spanien. Han hade länge hoppats kunna fresta Turkiet att gå in i kriget på den allierade sidan. Men medan han kritiserade den turkiska regeringens linje som »överdrivet försiktig« prisade han också dess beslut nyligen att stoppa all export av krom till Tyskland. Vad beträffade Spanien under dess högerextremistiske diktator, general Francisco Franco, som besegrat republikanerna i det blodiga inbördeskrig som nyss utkämpats i landet, hade han gjort en särskild ansträngning för att lovorda den spanska regeringens vänliga hållning när Spanien avstod från att ingripa vid landstigningarna i Nordafrika 1942. Allt slags beröm för Franco och hans fascistregim var ett rött skynke för demokrater överallt, och hans yttranden hade föranlett en storm av protester. Nu kunde han läsa rapporter om sina åsikter som den brasilianske ministern i Ankara skickade till sina överordnade i Rio de Janeiro, och från de fria franska styrkornas representant i Madrid till hans departement i Alger. Churchill satte också sina initialer på ett telegram från en fri fransk diplomat som informerade Alger om manövrer bakom kulisserna som gällde den landsflyktige kungen av Jugoslavien och hans regering. Och som det hade funnits något tvivel om saken läste han en rapport från den japanske ambassadören i Berlin som informerade sina herrar i Tokyo om att allierade bombräder hade vållat svåra skador på delar av regeringsbyggnaderna i Berlin. Även en del av de militära signalerna bekräftade svåra skador efter bombningar på andra håll – i den italienska hamnstaden Genua och i hamnar och städer längs den franska Medelhavskusten och dess uppland, till exempel Marseille, Nîmes, Avignon och Montpellier. Dessa signaler var en nyttig bekräftelse på de rapporter man fick från piloterna efter insatserna, och från grundlig läsning av den lokala pressen.

Men det som Churchill verkligen hoppades få en glimt av i materialet från Ultra var ledtrådar från det planerade invasionsområdet. Vad tänkte och gjorde de tyskar som fanns där? En signal i lådan berörde helt kort detta ämne. Det var en delvis något förvanskad och ofullständig order från von Rundstedt till alla stridsenheter under hans befäl, i vilken han krävde att de ovillkorligen måste se till att trupperna vid fronten hölls vid sin fulla numerär. »Erfarenheten har visat», förklarade han, »att de stridande förbandens numerär brukar minska mycket snabbt i storskaliga strider, och snart står i flagrant disproportion till det oförminskade eller ökande antalet soldater i trängförbanden.«

Att på detta vis läsa von Rundstedts tankar var till stor hjälp, men sådana direktrapporter från det tyska överkommandot i Frankrike var sällsynta. I dag innehöll de flesta meddelandena i Churchills låda information från Italien och Medelhavsområdet. Detta var inget att förvånas över. Bletchley Park arbetade med att forcera radiomeddelanden, medan tyskarna i Frankrike mestadels förlitade sig på telefonlinjer för sina förbindelser. Inte förrän slaget började skulle de bli tvungna att i större utsträckning anlita de riskabelt osäkra radiovågorna. Detta var fallet i Italien, eftersom de tyska ingenjörstrupperna knappt hade tid att lägga ut telefonkablar förrän deras ställningar erövrades i deras brådstörtade återtåg. Detta var skälet till de många signaler som uppfångades från denna krigsskådeplats. Telefonkablarna var mycket svårare, nästan omöjliga, för de allierade att avlyssna. Tvärtemot den utbredda uppfattningen att de allierade genom Ultra hade nästan obegränsade vetskap om alla de tyska trupprörelserna var det därför inte förvånande att Churchills låda bara upplyste honom om brottstycken av det han var mest ivrig att få kunskap om. Strax före den allierade invasionen ägnade premiärministern mycket av sin tid åt att helt enkelt gissa, kika in i dunklet och hoppas att tyskarna skulle kunna tas med överraskning.

Om Ultras skörd av radiomeddelanden från Frankrike var mager, vad mer kunde man då göra för att tränga genom den ridå av hemlighetsfullhet som dolde Rommels förberedelser? Ett svar var underrättelser från människor, det vill säga spioner. Rätt folk på rätt plats skulle kunna tillhandahålla viktigt underlag.

I Caen fortsatte värmeböljan. Denna helgmåndag cyklade André Heintz än en gång ut för att hjälpa sin far på familjens täppa. Denna gång sådde de sallat. En av deras cyklar gick sönder, och Andrés far lagade den tålmodigt – det var i stort sett det enda sätt man nu kunde förflytta sig, med tanke på den svåra bristen på bensin. Sin vana trogen försvann André sedan, efter middagen ner i källaren för att lyssna till BBC:s nyhetssändning halv nio på sin hemliga kristallmottagare. Hans föräldrar visste att han lyssnade, eftersom han vidarebefordrade nyheterna till dem, men de kände inte till hans länkar till motståndsrörelsen, och de dolda budskapen.

Åtminstone trodde han att de inte gjorde det. Han hade inte berättat något för dem, men misstänkte att hans mor kanske hade gissat. Nyligen hade en kurir kommit till huset med ett par tomma identitetskort som han skulle arbeta med. Men André var inte inne, och kuriren kunde inte vänta. Det mörknade, och det var snart dags för bommen som skyddade det tyska högkvarteret att fällas ned. Bara de som bodde i kvarteret hade passersedel. Därför tog kuriren av sig skor och strumpor, lämnade dokumenten till Andrés mor och bad henne gömma dem. Hon hade stoppat in detta kontraband i pianot i vardagsrummet, och när André kom hem gav hon honom korten utan ett ord. Han betvivlade att hon hade sagt något till fadern. Att ingenting veta om sådana saker kunde betyda skillnaden mellan liv och död.

Även denna kväll lyssnade den unge skolläraren förgäves efter de insatsbudskap från BBC som han så noga hade lärt sig.

Eisenhower befann sig fortfarande i Telegraph Cottage, den tillflykt han satte så högt värde på och där han målmedvetet inriktade sig på den uppgift han hade framför sig. Hans breda leende, lediga sätt och mustiga humor dolde en stark beslutsamhet och en enorm självbehärskning. Roosevelt hade valt honom till överbefälhavare för de allierades styrkor, och Churchill hade samtyckt, eftersom Eisenhower vid landstigningarna i Nordafrika hade visat sin briljanta förmåga att leda de förenade brittiska och amerikanska stridskrafterna. Han arbetade hårt och samvetsgrant på att göra sig till en ledargestalt. »När trycket stiger och spänningen ökar«, sade han till sin hustru Mamie, »börjar alla visa svagheterna i sin natur. Det är en befälhavares uppgift att dölja sina, framför allt att dölja tvekan, rädsla och tvivel.«

Men anspänningen började märkas. Han rökte fyrtio Camelcigaretter om dagen, han led av allvarlig överansträngning av ögonen och hade utvecklat ett ringande ljud i öronen. Han kände sig som om han levde i ett nät av högspänningskablar, anförtrodde han sin hustru. Även för honom erbjöd breven hem en välkommen terapi. Han hade friat till Mamie Doud på Alla hjärtans dag 1916, när han var stationerad på Fort Sam Houston i Texas, och gift sig med henne senare samma år. Under de följande tjugofem åren hade hon plikttroget följt honom till alla hans kommenderingar i Förenta staterna och utomlands, däribland Paris, kanalzonen i Panama och Filippinerna. Men under andra världskriget stannade hon i Washington, på Wardman Park Hotel, och bidrog därifrån till krigsansträngningen genom att hjälpa till med diverse välgörenhetsinsatser, och till och med genom att arbeta som servitris på en klubb för soldater från alla vapenslagen.

Utan sin hustru spelade Eisenhower bridge för att koppla av, puttade en golfboll eller roade sig med att leka med sin skotska terrier Telek – en förkortning av Telegraph Cottage. »Man kan inte tala krig med en hund«, sade han, »och jag vill då och då ha någon att tala med som inte vet vad det ordet betyder.« Här kunde han också vara säker på att få sina invanda favoriträtter – biff, stekt kyckling, fläskkotletter, böngryta och majsgryn.

Så länge han inte behövde flytta till sitt framskjutna högkvarter på Southwick House, ett flera hundra år gammalt herresäte nära Fort Southwick, stannade han där han var. Han skulle åka dit först när han var tvungen, närmare invasionsdagen. Han hade själv fastställt den i mitten av maj, efter noggranna beräkningar som byggde på den fördelaktigaste kombinationen av tidvattentider och månsken. Dessa beräkningar var invecklade och krävande. Landstigningarna skulle göras vid ebb, så att Rommels undervattenhinder var synliga och kunde förstöras. Denna ebb måste emellertid komma efter minst en timmes dagsljus, så att bombplanen och fartygsartilleriet skulle kunna försvaga tyskarna försvarsanläggningar. Ändå måste den komma så tidigt att ännu ett lågvattenstånd inföll före mörkret, så att en andra våg av trupper kunde landstiga. För fallskärmslandsättningarna, som skulle äga rum flera timmar före landstigningarna, krävdes en fullmåne som gick upp sent på natten. Havet måste vara rimligt lugnt för stormbåtarna och fartygen som eskorterade dem, sikten måste vara god, och helst skulle en gynnsam pålandsvind blåsa rök i ögonen på försvararna. Två av dessa krav, lågvatten och fullmåne, kunde förutsägas med säkerhet, och tidigt i juni skulle de sammanfalla den 4, 5, 6 och 7. Man var överens om att den bästa dagen var den 5 juni, men bara slumpen kunde avgöra om vädret skulle stå till tjänst.

Bara en liten handfull betrodda män kände till hemligheten med datum och plats för landstigningarna. Bara de fick de dokument som cirkulerade inom SHAEF – *Supreme Headquarters Allied Expeditionary Force* (Högkvarteret för den allierade expeditionsstyrkan) – som kontrollerade de allierade trupper som sattes in i nordvästra Europa. Dessa dokument var stämplade med den speciella sekretessgrad som var ännu högre än *Top Secret*, nämligen *Bigot*. De som fick Bigot-dokumenten var insatta i hemligheten med Dagen D. De som inte fick dem kunde bara gissa.

Det var ett egendomligt ord som hade valts, skapat genom att bokstäverna i *To Gib* lästes omvänt. Det hade varit stämpeln på dokument som användes av de allierade officerare som skickades till Gibraltar före landstigningarna i Nordafrika. Bigot-dokumenten, som innefattade de omsorgsfullt förberedda kartorna över landstigningsstränderna, hade tagits fram i yttersta hemlighet av folk som fått klartecken efter speciella säkerhetskontroller, och de bevakades strängt. »Är du bigott?«, var en fråga som de som stod utanför hemligheten med Dagen D ofta fick höra. Om frågan gjorde dem förbryllade var de uppenbarligen inte bigotta, och sekretessridån fälldes omedelbart ner.

Eisenhower – »Ike« för sin omgivning – var akut medveten om hur livsviktig sekretessen, och det åtföljande överraskningsmomentet beträffande datum och plats, var för att Dagen D skulle bli en framgång. Dagen förut hade han därför blivit orolig när han fick ett meddelande från Churchill om att förbudet för främmande länder att skicka diplomatbudskap ut ur Storbritannien skulle hävas. Avsikten med detta förbud var att hejda informationsläckor som avsiktligt eller av slarv kunde ge tyskarna någon ödesdiger ledtråd till de allierades planer. Ambassaderna i London yrkade otåligt på att förbudet skulle hävas så snart som möjligt efter Dagen D. Anthony Eden hade bett Churchill att trycka på Eisenhower och se om han ville ge sitt samtycke.

Men denna idé gick stick i stäv mot den omsorgsfullt utarbetade planen för desinformation om Overlord. *Fortitude*, som dess kodnamn var, var inte bara avsedd att lura tyskarna beträffande var och när slaget skulle komma. Den hade också det ytterst viktiga målet att locka dem att tro att de allierade landstigningarna, när de kom, bara var en inledning till de verkliga landstigningar som skulle följa på annan plats. Detta innebar att desinformationen måste upprätthållas under åtskilliga dagar även efter det att de allierade trupperna hade slagit till mot stränderna på D-dagen. Hitler och hans överkommando skulle övertygas om att förberedelser fortfarande pågick för ett andra och kraftigare anfall mot en annan sektor av fronten. Om förbudet mot diplomaternas kommunikationer hävdes för snart, och därmed tillät de utländska ambassaderna att skicka ocensurerade nyheter ut ur landet, kunde detta äventyra hela planen.

Eisenhowers stabschef var general Walter Bedell Smith, en man med bulldogsansikte som hade följt honom sedan 1942. »Beetle«, som han kallades, var Ikes stötta, betrodde rådgivare och murbräcka. På sin chefs begäran hade han utformat ett svar till Churchill. Eisenhower gick noggrant igenom det och godkände det. Artigt men bestämt avslog han premiärministerns begäran, inklusive en kompromiss, som Eden hade föreslagit, att man skulle enas om att förbudet skulle hävas på »D plus 7« (sju dagar efter Dagen D). »Ett av mina värsta bryderier har varit att övertyga fienden om att vårt anfall kommer att göras över en bredare front än som verkligen är fallet, och om att vårt första anfall bara är en inledning till det stora slaget«, lydde hans brev. »Jag är ytterst negativ till att ge upp det försteg vi har skaffat oss så här långt ... .« Han talade om för Churchill att han helst såg att inget datum överhuvudtaget fastställdes för att häva förbudet förrän han såg hur händelserna utvecklades. En Eisenhower som spjärnade emot var omöjlig att rubba, till och med för Churchill. Som det blev hävdes förbudet inte förrän D plus 15.

Att lura sin fiende är en krigslist lika gammal som kriget självt. »Man har större nytta av ett rävskinn«, skrev Fredrik den store av Preussen på sjuttonhundratalet, »än av en lejonhud.« Den övergripande desinformationskampanjen i de allierades strategi 1944 var känd som *Bodyguard*, men de båda viktiga delarna som berörde Dagen D hade kodnamnen *Fortitude North* och *Fortitude South*.

Fortitude South skulle vilseleda tyskarna beträffande den verkliga platsen för landstigningarna i Frankrike. Närmare bestämt skulle den antyda att de skulle äga rum i Pas de Calais, området vid Engelska kanalens smalaste del, intill sundet vid Dover. Detta var ett logiskt val, och för flertalet tyska befälhavare, viktigast bland dem von Rundstedt, *det enda* logiska valet. Inte nog med att överfarten där var kortast, den erbjöd också den kortaste landvägen till Ruhr, Tysklands industriella hjärta, och utsikten att snabbt erövra sådana hamnar som Boulogne, Dunkerque och Calais, så att förstärkningar kunde föras in. Detta betydde att de allierades flyg kunde operera nära sina baser i Sydengland, och skulle snabbt föra de allierade till de platser där Hitlers Vi-robotar avfyrades. Av alla dessa skäl var det i detta område som de tyska trupperna i Frankrike var tätast koncentrerade. Även efter det att angreppet mot Normandie inletts skulle Fortitude South starkt bidra till att övertyga Hitler om att detta bara var ett skenangrepp, och att Pas de Calais fortfarande var de allierades verkliga mål.

Avsikten med Fortitude North var att övertyga tyskarna om att Norge skulle vara mål för betydande avledningsattacker *efter* det att huvudinvasionen av Europa hade inletts, och följaktligen få dem att hålla styrkor stationerade där som de annars kunde sätta in som förstärkningar i Frankrike. Denna list byggde på vad man visste om Hitler – att han personligen var besatt av Norge. Han hade alltid beskrivit landet som sin »ödeszon«, och han höll permanent en väldig armé på omkring tvåhundratusen man stationerad där. I början av maj sattes de tack vare *Fortitude North* i högsta beredskap, och i mitten av månaden förstärktes de med en förstklassig division. Alla motståndsaktiviteter i Norge blev brutalt nedslagna.

De allierade utvecklade fyndigt en mängd metoder för att genomföra bedrägerierna. Falska radiomeddelanden från armén, attrapper av flygplan, stridsvagnar, fabriker och oljetankar, aktiv desinformation som utplanterades i tidningar, rykten som avsiktligt spreds utomlands av brittiska diplomater och agenter, alla sattes de skickligt in i en noga koordinerad kampanj för att i tyskarnas huvuden skapa en grundligt missvisande bild av de allierades truppdispositioner och avsikter. I Skottland skapades en hel falsk armé, till synes med Norge som mål, med bulvaner, falska radiomeddelanden och artiklar som sattes in i tidningarna. Brittiska agenter i Sverige spred rykten om ett förestående anfall mot Norge, och satsade till och med på börsen för att underbygga sin krigslist. I England byggde filmstudion i Shepperton väldiga falska oljedepåer nära Dover, kompletta med ledningar, pirer, lastkajer och luftvärnspjäser. Hela komplexet av attrapper, som utformats av den lovande arkitekten Basil Spence, fick officiella besök av kung Georg VI och generalerna Montgomery och Eisenhower, och rykten spreds att den var terminal för en väldig oljeledning under Kanalen som skulle transportera bränsle till de arméer som landsteg nära Calais.

De trupper som förment hotade Pas de Calais tillhörde 1:a amerikanska armégruppen. Denna bestod dels av verkliga formationer, dels av sådana som bara fanns i fantasin, och stod förment under befäl av general George S. Patton, en av de färgstarkaste och mest stridslystna amerikanska generalerna, ryktbar för sina bedrifter på Sicilien. I verkligheten kommenderade Patton amerikanska trupper som skulle sättas in i Europa långt efter Dagen D. Hans tänkta armé var baserad i Essex och Suffolk, och hade sitt högkvarter i Chelmsford. Patton var inte skygg för att komma i tidningen, och den tyska underrättelsetjänsten skulle få rikliga belägg för hans närvaro där. Många tyskar menade att han var de allierades bästa general i kriget, och kunde ha skäl att tro att han hade fått det svåraste uppdraget under D-dagen.

För Eisenhower pekade nu allt på att desinformationskampanjen fungerade. Han var helt övertygad om att varje ändring, som den som Churchill just hade föreslagit, hotade dess framgång.

En avgörande faktor i vilseledningen inför Dagen D var dubbelagenternas insats. Dessa var spioner i Storbritannien eller andra allierade länder som tyskarna trodde kontrollerades av dem, men som i själva verket arbetade för de allierade. De försågs med noggrant utvald information som de skulle förmedla till nazisterna – en del var korrekt men det mesta var falskt – och bidrog till att befästa den falska bild av invasionen som den allierade planläggningen syftade till. Dessa agenter sköttes av sektion B.1A i kontraspionaget, MI5, under ledning av en grupp experter från Whitehall som var känd som »dubbelspelsgruppen«, på engelska *the Double-Cross Committee*. Eftersom namnets båda kors kunde skrivas XX, vilket med romerska taltecken betydde 20, blev gruppen också känd som »De tjugos kommitté«. Den hade ett nära samarbete med desinformationsexperterna vid Eisenhowers högkvarter, och både Eisenhower och Churchill fick rapporter om dess arbete.

En agent med kodnamnet Garbo var »de tjugos« viktigaste enskilda dubbelagent. Det var han som skulle smuggla in de viktiga vilseledande uppgifter som skulle övertyga tyskarna om att den första invasionen bara var ett skenangrepp. De hade ägnat två år åt att bygga upp honom som en trovärdig källa, och hade alla skäl att tro att tyskarna litade på honom. Om de spelade sina kort väl skulle Garbo se till att tyskarna famlade i blindo till och med efter det att de allierades trupper hade kommit i land.

I sitt gömställe på sjunde våningen på Rue des Écoles tillbringade Albert Grunberg dagen som han alltid gjorde, med att läsa tidningarna, sluka en avhandling om någon filosof, till exempel Platon, eller roa sig med en roman av någon populär författare, som Jules Verne. Han knäppte regelbundet på sin lilla radio. Vid det här laget hade husets *concierge*, madame Oudard, berättat för folket i grannlägenheterna att han bodde där, och de hade blivit hans tysta medbrottslingar. Monsieur Bon i lägenheten intill hade borrat ett litet hål genom sin köksvägg och skjutit in en elektrisk sladd för att ge Grunberg ljus att läsa vid och ström till radion, som han för säkerhets skull lyssnade till i hörlurar. Om grannarna i våningen ovanför visste han ingenting, och på sjätte våningen fanns det misstänkta tysksympatisörer. Under de långa ensamma timmarna roade han sig med musik- och teaterprogram, medan nyhetssändningarna höll honom à jour med världshändelserna. Igår hade han hört ett tal till nationen från marskalk Pétain, den åldrige Vichyledaren. Denne hade varnat för mörka tider framöver, men Frankrike borde inse att tyskarna skyddade Europa från bolsjevismen. Uppmaningar att stödja motståndsrörelsen kom inte från sanna fransmän. Om man lyssnade till dem skulle landet hamna i anarki.

Grunberg visste fortfarande ingenting om hur det gått för hans söner, den tjugofemårige Robert och den artonårige Roger. Men Pétain och allt han stod för var anatema för honom. För denne, som i det första kriget hade segrat vid Verdun men i det andra hade undertecknat vapenstilleståndet med Hitler, kände han inget annat än förakt; »chefen för femte kolonnen« var vad han kallade honom. Han misstänkte också att regimen ibland välkomnade att civila föll offer för de allierades bombningar, så att den kunde fördöma »anglo-amerikanernas« barbari och stärka sitt sviktande stöd i landet.

Framför allt var Grunberg ett självskrivet offer för Vichyregimens glödande antisemitism. När allt kom omkring hade det varit Pétains polis, inte Hitlers, som hade kommit för att hämta honom den där ödesdigra septembermorgonen för nästan två år sedan. De hade ringt på dörrklockan fem över åtta på morgonen just som han höll på att hälla i sig sitt frukostkaffe; bryskt hade de krävt att få se hans identitetspapper och frågat om han var jude. »Ja«, hade han svarat, »men min hustru och mina barn är fransmän.« Det gjorde inte den minsta skillnad. »Ta ett par filtar och två par skor och strumpor, och följ med oss«, blev det råa svaret, innan modet hade gett honom vingar och han hade sprungit förbi dem, tagit stora kliv nedför de båda trapporna till ytterdörren, sprungit längs gatan till nummer 8, och sedan andfått klättrat upp till den lilla tillflykt där han hållit sig gömd sedan dess. I denna lilla jungfrukammare hade portvaktens tonåriga dotter bott. Hon hette Lucienne, men alla kände henne som Lulu. Där fanns en stor bekväm säng. Tidigare, innan Robert hade gett sig av för att förena sig med Roger i Chambéry, hade far och son ibland sovit i den tillsammans, hellre än hemma, för den händelse att polisen kom på natten för att hämta dem.

Vid tiden för vapenstilleståndet, juni 1940, fanns det mer än trehundratusen judar i Frankrike. Vichyregimen satte nästan omedelbart igång en kampanj för att stöta ut och förfölja dem. Först hade de tvingats registrera sig hos myndigheterna, sedan miste de sina företag, drevs bort från sina yrken eller uteslöts från

universiteten. Sedan började de försvinna, och 1942 hade mer än
fyrtiotusen blivit deporterade till utrotningslägren i Auschwitz
och andra ställen. Vid det här laget, på våren 1944, hade ss i stort
sett tagit över jakten efter judarna i Frankrike från Vichymyndig-
heterna. De fick hjälp i sina ansträngningar från den nitiska mi-
lisen, en paramilitär fransk styrka som bildats av Joseph Darnand,
en veteran från första världskriget som var en brinnande nazist-
sympatisör. Det var milisen som var den farligaste fienden till ju-
darna i Frankrike, eftersom det var i stort sett omöjligt att bluffa
eller lura dem. Dessutom besatt de den grymhet och fanatism
som krävs av riktiga häxjägare.

Som Dagen D nalkades intensifierade ss sina ansträngningar,
och under de fyra första månaderna av året hade fler judar blivit
arresterade än under någon jämförbar period under det före-
gående året. Judar samlades nu ihop från ålderdomshem, sjukhus,
fängelser och barnhem, oberoende av nationalitet eller pass.
Förut hade man gjort skillnad mellan judar med franskt med-
borgarskap och andra nationaliteter, eller mellan judar som hade
kämpat för Frankrike i första världskriget och de som inte hade
gjort det, eller mellan de som konverterat till kristendomen och
de som inte gjort det. Men nu jagade ss alla judar.

Grunberg visste att han aldrig skulle kunna känna sig trygg
förrän de allierade hade befriat staden, tyskarna hade drivits ut
och Vichyregimen hade störtats. Så sent som i dag hade han fått
ännu en påminnelse om den skoningslösa antisemitiska förföljel-
sen. Efter hans försvinnande hade de franska myndigheterna för-
sökt konfiskera hans rörelse, och bara hans hustrus energiska in-
satser hade förhindrat det. En vän med viss juridisk erfarenhet
hade hjälpt henne. »*Un homme brave*«, skrev han i sin dagbok.
En dag skulle han vilja tacka honom. När han var fri igen.

Eftersom Petter Moen var inlåst i sin cell i Oslo tjugofyra timmar
om dygnet hade han ingen möjlighet att veta vad som hände i
världen utanför, bortsett från enstaka rykten som spreds i fängel-
set. Han var inte optimistisk. »Jag räknar inte med att kriget ska

sluta i år«, hade han skrivit i mars. »Det går inte fort nog.« Han var fyrtiotre år gammal. I fredstid hade han varit statistiker vid Livsforsikringsselskapet Idun. Efter sin arrestering hade han hållits i ensamcell i sjuttiofem dagar. Flera gånger hade han överväg att begå självmord. I april hade han sedan flyttats till cell D35 tillsammans med två andra män, den ene sjöman, den andre trädgårdsmästare och stenhuggare. Båda var i tjugoårsåldern. Eftersom han var rädd att han inte kunde lita på dem hade han tillfälligt slutat skriva dagbok. Så småningom hade han satt dem på prov, tills han var säker på att de skulle bevara hans hemlighet. För bara tolv dagar sedan hade han börjat på nytt med häftstift och toalettpapper.

I dag var det den etthundrasextonde dagen av hans inspärrning. Cellen var bättre än hans förra. Den låg på fjärde våningen i fängelset, så att solskenet nådde in, och det var alltid ganska ljust. I sin ensamcell hade han varit på bottenvåningen, där ljuset aldrig trängde genom dunklet och väggarna var smutsiga. Men förbättringen var bara relativ, och förhållandena var fortfarande svåra. Han kunde inte skicka eller ta emot brev, få sina kläder tvättade eller lagade, eller läsa och röka. En hink i hörnet tjänade som toalett för alla tre, och nu när de varmare sommarnätterna kommit var stanken från den överväldigande, särskilt på natten.

Moen grubblade alltjämt över fängelsesystemets orättvisor. Vaktens brutala örfil i går värkte fortfarande i sinnet. Det samma gällde de täta små förödmjukelser som sadistiskt hopades över honom av vaktchefen, en obehaglig typ som han gett öknamnet »gaphalsen«. Eftersom vaktchefen kände till Moens nikotinbegär fanns det inget han tyckte bättre om än att blåsa rök i ansiktet på honom varje gång han kom i närheten. Även godlynta vakter kände de att de måste spela hårda. När en av fångarna hade bett en av dem ge honom lite tobak, hade vakten sagt att han gärna skulle göra det, men inte vågade, därför att – och här låtsades han slita bort alla knapparna från sin uniformsjacka – han skulle stå där *ganz nackt*, alldeles naken. Moen och hans cellkamrater hade sedan blivit anklagade för att spela kort, i dag – i motsats till i går – utan skäl. Vakterna, som själva befann sig längst ner i fängelsets hierarki, måste ha någon att avreagera sin rädsla och vrede på – fångarna, de försvarslösa.

»Alltigenom föraktligt«, prickade Moen in på det grova grå papperet. Sedan rullade han ihop det och stack ner det i ventilationstrumman. Den kvällen, liksom alla andra kvällar, satte han och hans cellkamrater upp mörkläggningsgardinen med alla häftstiften på plats. Klockan åtta var de i säng, som reglementet föreskrev.

Bakom fiendens linjer ett par hundra mil längre söderut grenslade den hemlige agenten Sydney Hudson tidigt denna morgon sin cykel och gav sig iväg till det gömställe där de agenter som släppts ned föregående natt för tillfället uppehöll sig, nära staden La Flèche, strax sydväst om Le Mans. Ledaren för mottagningskommittén berättade för honom att en del av de lådor och paket som släppts ned på samma gång hade kommit på avvägar och tagits om hand av tyskarna. Vapnen och sprängämnena, och en av de tre agenterna, var i säkerhet på en gård i närheten. De båda andra agenterna var i rummet intill. Hudson öppnade dörren och kände omedelbart igen båda två.

Hudson var veteran i Special Operations Executive. Det var andra gången han var utsänd till Frankrike. Första gången hade han, i en operation som också den bar kodnamnet Headmaster, snabbt blivit gripen av Vichypolisen utanför Clermont-Ferrand, och dömd till fem års straffarbete. Han hade tillbringat femton månader i fängelse, en hel del av tiden i ensamcell, innan han lyckades rymma i en massutbrytning, ta sig över Pyrenéerna och genom Spanien till Storbritannien via Gibraltar. Hans officiella kodnamn var Albin. Han var ledare för den grupp som kallades Headmaster, och hans uppgift var att bygga upp ett nät av motståndskämpar och skaffa vapen åt dem. När Dagen D kom skulle målen för Hudson och hans grupp vara de telefon- och telegraflinjer, de vägar och järnvägar som strålade ut från Le Mans. Staden var en viktigt knutpunkt för tyskarna, och högkvarter för deras 7:e armé, under befäl av general Friedrich Dollman. Head-master var bara en av de dussintals SOE-grupper som fått i upp-drag att ställa till så stor oreda som möjligt bakom fiendens linjer när invasionstrupperna landsteg. Omedelbart norr om Head-master men helt obekant för Hudson opererade en grupp med kodnamnet Scientist i själva Normandie. Där förbereddes liknan-de planer för att ställa till förtret för tyskarna på och efter Dagen D, under befäl av en officer vid namn Claude de Baissac, född på Mauritius; han hade bland andra sin syster Louise till hjälp. I hela centrala och södra Frankrike var planer i görningen för att skapa största möjliga oreda.

Hudson och hans radiotelegrafist, George Jones, hade hoppat på påskdagen, strax söder om detta område. Även Jones var på sitt andra uppdrag i Frankrike. Första gången, då han också var till-sammans med Hudson, hade han och deras gruppledare, Brian Rafferty, till en början undgått Hudsons öde. Under de följande fem månaderna hade Jones haft täta kontakter med London genom morsemeddelanden. Han hade lagt grunden till ett be-tydande motståndsnät i Centralmassivet, trots en allvarlig trafik-olycka i vilken han fick en skada på hjässbenet, bröt ena benet och förlorade synen på högra ögat. Sedan hade han och Rafferty också råkat i händerna på Gestapo. Rafferty hade blivit torterad och av-rättad, Jones hade blivit svårt misshandlad, men rymde drama-tiskt från ett fängelse i Vichy genom att hoppa ut genom ett föns-ter. Föga förvånande hade han inte varit alltför ivrig att återvända till Frankrike, men när Hudson frågade om han ville bli hans radiotelegrafist hade han svarat: »Ja, under förutsättning att du håller mig med ordentligt med cigaretter.« Han kedjerökte Gauloises och tyckte om att spela på hästar. Han hade också ett personligt skäl att återvända till Frankrike. Hans far var inter-nerad i det ökända lägret i Drancy, utanför Paris, och Jones tänkte sig att han på något sätt, efter de allierades landstigning, skulle kunna rädda honom.

Under de gångna två veckorna hade Hudson och Jones etable-rat kontakter, hittat en skyddad bas och inrättat säkra gömställen.

De hade tagit radiokontakt med Storbritannien och tagit emot luftleveranser. Den första leveransen, som hade gett dem tillräckligt med kulsprutepistoler och sprängämnen för en mindre armé, hade förebådats av ett kodbudskap på BBC: *L'oncle Bob mange la crème* (Farbror Bob äter grädden). Det passade bättre än man nog föreställde sig i London. På sin bas på slottet kunde Hudson varje morgon glädja sig åt berg av smör och mjuka ostar till frukost.

Av de båda agenter som nu stod framför honom hade han senast sett mannen, en kraftigt byggd karl strax över de tjugo, i Gibraltar; han hade ingått i den grupp som han rymt tillsammans med. Han hette Raymond Glaesner, en elsassare i vars natur det ingick att ta risker, och som var närmast dumdristigt modig. SOE hade gett honom kodnamnet Alcide, men alla kände honom under hans smeknamn Kiki. Föga förvånande för en elsassare var han helt tvåspråkig på franska och tyska. Hans öde under kriget hade avgjorts av en av de skenbart obetydliga episoder som så lätt kan ändra ett liv. Glaesner hade varit ivrig att göra något slags insats men hade inte kunnat bestämma sig för vad han skulle göra. När han en dag gick längs gatan i sin hemstad hade en tysk burdust knuffat ned honom från trottoaren. Glaesner hade slagit tillbaka och träffat mannen i ansiktet, och sedan sprungit sin väg i full fart. Därefter hade han gått med i motståndsrörelsen, bara för att fastna i de stora razziorna 1943. Det var då Hudson först hade fått syn på honom.

Tillsammans med Glaesner var den kvinna som Baker Street hade lovat Hudson. Han kände strax igen den tjugoåriga blondinen med de nötbruna ögonen och den slanka figuren. De hade träffats några veckor tidigare i London, på nummer 32 Weymouth Street, den inkvartering agenterna i SOE:s franska sektion använde medan de väntade på sina uppdrag, och han hade blivit frapperad av hur söt hon var. Sedan hade de skilts åt, men han hade haft henne i tankarna hela tiden.

Sonia d'Artois talade franska och engelska flytande. Trots sitt brittiska påbrå – hennes far var överste vid RAF och hennes mor var skotska från Aberdeen – hade hon vuxit upp i södra Frankrike, i Cagnes-sur-Mer, och gått i skola i St Paul-de-Vence därintill. När kriget bröt ut hade hon återvänt till Storbritannien och gått in i flygvapnets lottakår. Så snart hon fått sin uniform ansökte hon om en uppgift där hon hade bruk för sin språkfärdighet. Pigg på äventyr hade hon entusiastiskt gått in i SOE. Hennes täcknamn var Blanche.

Hudson började känna att det gick alltför långsamt framåt för honom i departementet Sarthe, där han nu befann sig. Skulden för detta lade han till stor del på att en stor SOE-grupp i Frankrike hade fallit samman föregående år. Hundratals motståndsmän hade då hamnat i händerna på Gestapo. Katastrofen hade påverkat alla delar av Frankrike, även Sarthe, och de potentiella rekryterna var helt enkelt rädda. Dessutom var livet skönt och det fanns gott om mat. Han behövde all hjälp han kunde få, och var förtjust över att ha Blanche till hjälp.

Vicekorpralen Bill Tucker hade varit stationerad i ett träningsläger utanför Quorn i Leicestershire sedan han en snöig februaridag anlände från en bas utanför Belfast. Föregående dag hade han blivit isolerad från världen utanför. När gryningen kom lämnade hans regemente, det 505:e fallskärmsregementet i den 82:a flygburna divisionen, sitt läger för att lastas på lastbilar som väntade utanför porten. Farväl till pubarna White Horse Inn och Bull's Head, det ljumma ölet och pilkastningen, de uppsluppna helgerna i Leicester eller Loughborough, till de vänliga barflickorna.

Han var i fältuniform och bar hela sin utrustning. Men axelmärket som hörde till hans division, med dess utmärkande vita bokstäver – AA mot en bakgrund av rött och blått och det enda ordet det *Airborne* i en båge över det – var övertäckt. Ingen skulle få veta att de var under förflyttning. Men ryktet hade spritt sig, och lokalbefolkningen stod framför husen eller kikade genom fönstren för att se dem ge sig av; de vinkade adjö och önskade dem lycka till.

Några dagar tidigare hade de fått höra ett eggande tal av divisionschefen, general Matthew Ridgway. Ridgway var en hjälte för

Tucker, stilig som en filmskådespelare, en soldat i soldaternas smak. Son till en överste hade han följt i sin fars spår genom West Point till en bländande karriär i armén. Han krävde mycket men gav mera. På Sicilien ledde han från täten, hoppade tillsammans med sina män och visade ett nästan besinningslöst mod på marken. »*There's a right way, a wrong way and a Ridgway*«, gick skämtet. (»Det finns ett sätt som är rätt, ett sätt som är fel, och så Ridgways sätt.«) En av hans underordnade beskrev honom som »hård som flinta«. Hans utstrålning smälte snabbt ned det ungdomliga skal av hårdkokt cynism som de tuffa unga soldaterna under hans befäl stoltserade med. För Tucker var han en fadersgestalt som inte kunde göra fel.

Medan Tucker hörde Ridgway tala med sin typiska New York-accent klottrade han ner några anteckningar. »Ni kommer att delta i ett kolossalt företag i mänsklighetens historia«, sade Ridgway till sina män. »Ni kanske inte inser det just nu, men ni kommer att göra det i framtiden. Ni kommer att tillhöra de första soldaterna som landar i historiens största invasion. Några av er kommer att dö, men era uppdrag kommer att bli ihågkomna och omhuldade. Ni som överlever kommer att så länge ni lever minnas er del i denna nödvändiga, ädla och historiska insats. Ni har mitt löfte att ni kommer att vara på den segrande sidan. Det enda jag kan be er om är att ni gör ert bästa, och jag ska göra mitt. Gud vare med er alla!« Ridgway hade Rudyard Kipling som en av sina favorit-författare. Tucker kände sitt självförtroende stiga flera pinnhål.

Bokstäverna AA stod för *All-American*. När den 82:a divisionen bildades innehöll den nämligen män från alla staterna i unionen. Dess stora rival, den 101:a flygburna divisionen, hade fått namnet *Screaming Eagles*, »skrikörnarna«. Tillsammans utgjorde de eliten i USA:s stridskrafter, med sina fallskärmsjägarkängor som gick upp mot knät och det eftertraktade fallskärmsemblemet i silver på bröstet. Men den 82:a hade företrädet att vara äldst, den första flygburna divisionen i den amerikanska arméns historia. I den utmärkte sig det obändigt självständiga 505:e fallskärms-regementet som det hårdaste och bäst tränade av dem alla.

Överste James (»Slim Jim«) Gavin, dess befälhavare, var fullt lika modig och beslutsam som Ridgway. Inte nog med det – vid trettiosju blev han den yngste generalen i amerikanska armén sedan inbördeskriget. Liksom Tucker hade han, född i Brooklyn som son till utfattiga irländska invandrare, bättrat på familjens inkomst genom att bära ut tidningar i flera timmar varje morgon. Vid arton hade han tagit värvning i armén. Alla hans män var frivilliga, glada åt det extra hopptillägget på femtio dollar i månaden och tre stadiga mål mat om dagen. De flesta av dem kom från »fel sida av järnvägen«. Många var bondpojkar från södern, »barfota bonnläppar«; för dem innebar revelj vid halv sex att de fick sova en extra timma på morgonen. Genomsnittsåldern var tjugofyra. Varenda en, hette det, var en kopia av Gavin. Regementets *macho*-anda fanns hos både officerare och meniga. För att visa hur tuffa de var, oftast efter ett par glas på en bar eller i en danslokal, brukade de hoppa från balkongen eller klättra ut genom ett toalettfönster på tredje våningen.

Stridsmoralen var hög när de gav sig av i en konvoj med täckta lastbilar. Tucker hade tillbringat en stor del av sin tid sedan han lät värva sig 1942 med att flyttas omkring. Han hade kommit över Atlanten inklämd med tolvtusen andra i lastrummet på ett nedgånget passagerarfartyg med det ståtliga namnet *George Washington*, som ingick i en konvoj på sjuttiotvå fartyg. Det var så trångt att de måste sova i skift, en natt på däck och den nästa i en koj. För att få något vid den otillräckliga utspisningen måste han köa i två timmar. Efter ett par dagar stank lastrummet så gräsligt av mat och gammal svett att han hade börjat tillbringa större delen av nätterna på däck, där han såg de självlysande fiskarna fara fram över vågorna längs fartygssidan. Fartyget hade varit en tysk passagerarångare, ss *Bismarck*, som beslagtagits som krigsskadestånd efter första världskrigets slut. Nu fraktade det amerikaner som trodde att de skulle ge Tyskland det avgörande slaget. När han kommit i land i Casablanca hade Tucker fått utstå en järnvägsresa på sextiofem mil i den brännande marockanska hettan, i en godsvagn avsedd att rymma antingen fyrtio man eller åtta hästar.

Det fanns ingen ordentlig plats för att sova, röra sig eller göra något alls. Toalettbestyren fick uträttas där de stannade i öknen.

Efter denna pärs var förflyttningen från Quorn nästan lyxig. Tucker kom nu fram till det som skulle bli hans sista destination i England före Dagen D – en stor hangar på den väldiga amerikanska flygbasen vid Cottesmore i Rutland, Englands minsta grevskap. Fyra kompanier hade var sin fjärdedel av hangaren. Det fanns bekväma tältsängar, och maten var riklig och god, som den var för alla de män som skulle delta i invasionen. Sekretessåtgärderna var vattentäta. Taggtråd och militärpolis förseglade deras värld. Ingen annan personal på basen fick komma nära dem, och de var förbjudna att tala med kockarna. Tucker undrade varför. Han kände sig som en fånge. Varken han eller någon annan av fallskärmsjägarna hade än så länge fått veta vart de skulle. De diskuterade saken med varandra i oändlighet. Nederländerna? Frankrike? Jugoslavien? Tucker brukade alltid vilja komma med långsökta gissningar. Dessutom hade han ända sedan han var liten alltid velat komma till ett bestämt ställe. Därför önskade han sig Norge.

I Madrid kände sig Abwehrofficeren Karl Kühlenthal belåten. Arabel, hans agent i Storbritannien, hade nyligen anställts vid informationsministeriet i London. Det var där som propagandan för Europas ockuperade länder skrevs ihop. Arabel studerade nu brittiska och amerikanska propagandadirektiv som tidigare skrivits för landstigningarna i Nordafrika och för det italienska fälttåget. Det var helt uppenbart, hävdade Arabel, att de hade formulerats för att lura tyskarna, och av det fanns det något att lära. Om en allierad landstigning i Europa följdes av ett direktiv från ministeriet som förbjöd alla spekulationer om en andra landstigning, då kunde man med visshet förmoda att en sådan skulle äga rum.

Fem dagar tidigare, avslöjade Arabel för Kühlenthal, hade han skrivit under en försäkran om tystnadsplikt, ett säkert tecken på att han skulle få tillgång till värdefull information. Nu, på annandag pingst, skickade han en signal som berättade för Kühlenthal om hans studier av de tidigare direktiven, och lade till en längre beskrivning av kommittén för politisk krigföring, som hade hand om all den utrikespropaganda som byggde på direktiv från krigskabinettet, utrikesdepartementet och SHAEF. Kühlenthal hade alla skäl att känna sig belåten. Äntligen hade man fått en man i förtrolig ställning.

Arabel hade nyligen avslöjat ett andra ess som han hade i rockärmen. År 1942 hade han rapporterat att han lyckats rekrytera en man han kallade Agent Fyra. Denne var från Gibraltar, och hade gripits av agg till britterna när han tillsammans med resten av civilbefolkningen tvingades lämna sitt hem på denna klippa. Han var nu i Storbritannien och arbetade som kypare för NAAFI på en hemlig underjordisk bas i de berömda underjordiska grottorna vid Chislehurst i Kent. I början av maj hade han kontaktat Arabel och bett om ett sammanträffande på järnvägsstationen i Winchester. Där hade han avslöjat att han just hade blivit placerad i ett nytt militärt läger i Hampshire. Det inrymde 3:e kanadensiska infanteridivisionen, och soldaterna hade just fått ut kalla matransoner för två dagar, och dessutom flytvästar. Det var tydligt, kommenterade Agent Fyra, att invasionen var nära förestående.

En liten men övertygande detalj som han lämnade var att soldaterna också hade fått påsar att spy i. Kühlenthals herrar i Berlin var så imponerade att de såg till att rapporten gick hela vägen upp till toppen, till ingen mindre än Hitler själv. Detta var ytterligare ett tillfredsställande tecken på att man litade på Abwehrs källor på högsta nivå i det tyska överkommandot.

Vad var namnet på detta läger i Hampshire, frågade Arabel Agent Fyra. På denna fråga fick han svaret: Hiltingbury. Det var samma läger där Glenn Dickin och Regina Rifles nu väntade på sina invasionsorder.

3. Full fart mot stranden!

ITALIEN fortsätter den allierade framryckningen i full fart, och de står bara trettio kilometer från Rom. Ännu inga nyheter om barnen. Albert Grunberg var allvarligt oroad i sin kvava jungfrukammare. Inget brev, inget telefonsamtal, inte ens ett telegram hade nått hans hustru från Chambéry efter bombningen, och han föreställde sig det värsta. Den snälla madame Oudard hade inte varit till hjälp när hon brast i tårar när hon fick höra nyheten. Det skulle vara ironiskt om hans båda söner blev dödade i vad de trodde var en säkert tillflykt – och genom de allierades förvållande, inte genom tyskarnas.

Inte för att 1900-talet erbjöd många tillflykter. Han hade trott att Frankrike var tryggt när han kom till Paris som en föräldralös fjortonåring från Rumänien strax före första världskriget, glad att lämna bakom sig de vågor av antisemitism som tid efter annan svepte över detta instabila Balkanland. Han funnit sig till rätta, gift sig med en fransyska, byggt upp en blomstrande kedja av frisersalonger och fått två söner, Robert och Roger. Men 1940 hade sedan hans nya värld plötsligt fallit samman med tyskarnas ankomst och den undfallande Vichyregimen. Var gick man säker i sådana tider?

Den förlamande avsaknaden av nyheter om sönerna var ett fruktansvärt slag. Psykologiskt hade han på senare tid börjat förbereda sig för den dag då han än en gång öppet kunde gå längs den solbelysta Rue des Écoles, få lite frisk luft, och artigt lyfta på hatten och hälsa på sina grannar. Madame Oudard hade lagt märke till denna förändring i april, när han åter hade börjat bära slips. Ibland kunde han till och med hälsa högtidligt på henne när hon kom på något av sina korta förstulna besök. Han bar då även hatt, alldeles som om han just skulle gå ut och köpa en tidning, en korpulent figur med omsorgsfullt kammat svart hår, prydligt klippt mustasch och med runda små glasögon sittande längst ut på näsan. Skulle allt detta gå om intet? Skulle hans egen befrielse när allt kom omkring visa sig värdelös? Skulle han gå nedför den solbelysta gatan bara för att bära ett svart sorgband? Det vill säga om ingen faktiskt förrådde honom dessförinnan. För säkerhets skull hade madame Oudard inrättat ett ytterligare gömställe för nödsituationer i ett litet skåp på andra våningen i huset. Under tiden kunde han inget annat göra än vänta, hoppas och ha tålamod.

På andra sidan Kanalen njöt Veronica Owen av en förmiddag i lättjans tecken. På eftermiddagen låg hon ute i solen och läste Lawrence av Arabiens brev, som mest handlade om hur han skrev sin klassiska memoarbok *Vishetens sju pelare*, och om den tid han arbetade tillsammans med den dåvarande krigsministern, Winston Churchill, strax efter första världskriget. »Mer och mer fascinerande«, klottrade hon i sin dagbok. Tidigt på kvällen kom bussen till Heathfield och fraktade iväg henne till Fort Southwick för hennes nattpass. Det varade till fyra på morgonen, en lång natt, men hon fann den angenämt lugn. Amiral Ramsay märkte en liknande stiltje i flottaktiviteterna, och hade äntligen tid att tacka det sextiotal lottor som fanns på Southwick House för allt deras ihärdiga arbete. »Bara några få dagar kvar, och det är jag tacksam för«, antecknade han i sin dagbok.

Veronicas val av lektyr röjde ett äventyrligt och rastlöst sinnelag. Kriget hade redan gjort henne annorlunda. Vid tiden för Dunkerque och Frankrikes fall hade hon varit femton år gammal och hade gått i Sherborne, en typiskt väldisciplinerad internatskola för flickor i Dorset. Strax därefter hade hon liksom tusentals andra brittiska skolflickor blivit evakuerad till Toronto i det trygga Kanada. »Det är ju precis som att fly«, hade hon först protesterat, tills hennes far påpekade att hon skulle bli en mun mindre att mätta för de transatlantiska konvojerna. I sällskap med trettio andra flickor från Sherborne hade hon skrivits in på Branksome Hall, en flickskola i Toronto.

Hon hade älskat överfarten över Atlanten. Hon hade alltid velat gå till sjöss, och även när sjön gick hög hade hon njutit av spänningen i att vara helt omgiven av Atlantens väldiga vidder. I Kanada blev hon överväldigad av välkomnandet. Mjölk och kex i Montreal, sovvagnen som förde henne till Toronto, vänligheten hos familjen hon fick bo hos, av allt det nya, de ridande poliserna i sina röda uniformer, de besynnerliga detaljerna – som att säga gasolin i stället för bensin, bilarna som körde på höger sida, och flingorna, apelsinerna och bullarna med honung till frukost. Det var mindre av rutin och disciplin, mer av frihet och öppen gästvänlighet, större frispråkighet i umgänget. Avkoppling utgjordes i England av promenader på landet och av läsning. I Toronto var det bio, restaurangbesök, shopping och sena kvällar på stan. Hennes värdfolk hade till och med en kinesisk kock, och hon fann maten utsökt. Men hon kände ett ständigt behov av att göra något påtagligt för att bidra till krigsansträngningen, så på sin fritid arbetade hon ibland för Röda korset. Den unga kvinna som två år senare återvände till Storbritannien vid sjutton och ett halvt – den lägsta åldern för att gå in i lottakåren – var långt vuxnare än hennes föräldrar hade väntat sig.

I Kanada hade hon medvetet spelat rollen av att vara mer engelsk än folk i England. Hon hade lagt sig till med små knep som att säga »*actually*«, »*jolly good*« och »*awfully*«, små symboliska ord med vilka hon visade sin patriotiska solidaritet med det krigsdrabbade Storbritannien. Att vara långt hemifrån hade stärkt hennes patriotism. »England är det finaste, tjusigaste och härligaste landet i hela världen«, sade hon översvallande till sina föräldrar kort efter sin återkomst. Vid det laget gick hon sin kurs i flottans kodsystem på HMS *Cabbala*, det välfunna namn som flottan gett sin sambandsskola, placerad på torra land i Lowton St Mary's nära Warrington i Lancashire. Kabbalisterna var en medeltida sekt som fäste stor vikt vid tal och ägnade hela livet åt att tolka vad de trodde var symboliska ställen i Bibeln. Utöver sin träning där hade Veronica genom sina Atlantöverfarter fått en föreställning om vad flottans signaler innebar.

De hade också utan tvivel legat bakom hennes utbrott mot lottakamraterna dagen innan om hur viktigt arbetet med koderna var. På Branksome Hall hade hon varit representant för gruppen från Sherborne, och hon hade aldrig riktigt kommit ur vanan att vara den som bestämde. »Försök igen«, manade hon ofta med bister min, när någon på hennes pass inte snabbt lyckades lösa ett kodmeddelande. »Har du petat på det? Bara lirka lite med det!« När hennes vänner inte helt enkelt kallade henne »Vron« retade de henne ibland med att hon var deras »övertjatmoster«.

Sonia d'Artois var knappt ett år äldre än Veronica, men hennes våghalsiga natur balanserade redan mycket riskablare på den farliga randen. Hon var fortfarande i det säkra gömstället och vilade ut efter sitt fallskärmshopp. Hon hade genomgått den vanliga träningen som SOE gav sina agenter. Under den fem dagar långa introduktionskursen på ett rekvirerat herresäte i England, där instruktörerna gallrade bort de olämpliga och utsatte de övriga för en lång rad psykologiska prov och personlighetsundersökningar, hade hon skakats vaken mitt i natten för att visa om hon spontant talade engelska eller franska, en förberedelse för någon plötslig razzia från Gestapo eller milisen. De hade prövat hennes iakttagelseförmåga genom att plötsligt fråga hur många tavlor som hängde på väggen vid trappan, och vad de föreställde. En psykolog hade visat henne bläckfläckar och studerat vad hon fick ut av dem. Denna herrgård hade hon kallat »dårhuset«. Sedan hade hon åkt långt bort till de skotska högländerna för att härda sig fysiskt under sex veckor. De hade lärt henne att läsa en karta, att döda en vaktpost med en tveeggad kniv eller med kanten av sin öppna hand, och hur man sätter hop och tar isär kulsprutepistoler och vapen av alla slag och från alla länder – inklusive tyska, eftersom den franska motståndsrörelsen ofta var hänvisad till att använda erövrade vapen.

Det hon hade gillat bäst var att lära sig sprängmedlen. Hur hon skulle tillverka dem, vad slags ingredienser hon lätt skulle kunna finna i Frankrike, hur mycket hon skulle använda för att spränga

en järnvägslinje eller en bro, var hon bäst skulle placera laddning-
en för att få utdelning för insatsen, vad slags detonator hon skulle
använda och hur hon skulle ställa in tiden för att få tid att hinna
därifrån – alla de noggranna och krävande detaljer som betydde
skillnaden mellan framgång och fiasko. Detta hade hon älskat,
med alla de risker det innebar, så mycket att hon hade bestämt sig
för att göra det till sin specialitet. På SOE:s »debutantskola« på
Beaulieu, en vidsträckt egendom i New Forest, hade hon sedan
fått noggranna instruktioner rörande sin egen säkerhet – hur hon
skulle upptäcka om hon blev skuggad, knep för att göra sig av
med skuggan, hur hon skulle möta frågor och förhör, vad hon
skulle försöka göra om hon blev torterad (hålla ut i fyrtioåtta
timmar så att de andra skulle hinna undan). Sedan hade hon gjort
några övningshopp.

Till slut kom en övning i Manchester, där hon skulle hyra ett
rum och låtsas vara en ung änka med en liten son. För att styrka
sin täckmantel bar hon på sig ett foto av ett barn, som i själva ver-
ket föreställde hennes yngre bror, Michael. En kväll när hon kom
hem upptäckte hon att rummet hade blivit sönderslaget och ma-
drassen uppskuren av någon som letade efter komprometterande
dokument eller hemliga koder. Hon hade blivit arresterad och
förhörd av män som uppträdde som tyskar och hotade henne med
tortyr. Det var jobbigt och realistiskt, men de hade inte lyckats
knäcka henne, och till slut hade hon fått sitt uppdrag.

Nu stod hon inför sin första prövning i verkligheten. Det hade
börjat dåligt. Den låda med autentiska franska kläder som hon
hade tänkt ha på sig hade landat på en väg och blivit upplockad av
en tysk konvoj. Tyskarna visste därför redan att det var en kvinna
de skulle leta efter. Hon försökte låta bli att tänka på de tortyr-
metoder hon hade fått höra om på Beaulieu, och tänkte på den
instruktion hon hade fått – att den bästa säkerheten var att veta så
litet som möjligt om vad andra agenter eller motståndsgrupper
gjorde. På detta vis kunde hon inte röja vad hon inte visste. Under
tiden måste hon få tag i andra kläder än dem hon hade på sig. För
det första var de alldeles på tok för varma, för det andra skulle de

snabbt förråda henne för alla misstänksamma tyskar eller sam-
arbetsmän – och av dem fanns det många.

Sydney Hudson hade fått en idé. Han hade träffat ett par affärs-
män i Le Mans, och en av dem hade en liten konfektionsbutik.
Han skulle be dem om hjälp. Under tiden bestämde de sig för att
ligga lågt i ytterligare en dag eller så, tills tyskarna slutade leta
efter dem. Sedan skulle de ta sig bort till Hudsons gömställe på
slottet och börja arbeta på sina planer för Dagen D.

Bill Tucker tillbringade sin första dag i karantän bakom taggtråd
på flygfältet vid Cottesmore. Halva regementet hade sänts till
Spanhoe, ett krigsflygfält femton kilometer därifrån. Ingen i läg-
ren fick ha någon kontakt med det andra, utom de båda fält-
prästerna, en protestantisk och en katolsk. Allteftersom den stora
dagen närmade sig fick de båda prästerna mer att göra. På start-
banorna stod sjuttio stycken c-47-or, de tvåmotoriga krigsver-
sioner av Douglas DC-3 som skulle föra soldaterna till deras mål.
Planen var kamouflagemålade i khaki, och hade tre breda vita lin-
jer på vardera vingen, de allierades igenkänningstecken för Dagen
D. Varje plan rymde en »ström« bestående av arton man. På dessa
båda flygfält gjorde sig sammanlagt cirka två tusen man från den
82:a flygburna divisionen redo för start.

Tucker ägnade större delen av dagen åt att gå igenom sin ut-
rustning, och kontrollera att allt fanns där och var i gott skick.
Han hjälpte också till med packningen av sådant som skulle släp-
pas ned tillsammans med honom. Hans speciella uppgift var att
sköta en lätt kulspruta till vilken hörde en trefotslavett. Efter sitt
hopp skulle han ingå i det tvåmannalag som krävdes för att sköta
vapnet. Den ene i laget bar lavetten och ammunitionen i ett bälte
runt halsen, den andre bar eldröret. När de blev trötta skulle de
skifta. Sammanlagt vägde den omkring femton kilo, och för själva
nedsläppet packades den i en särskild behållare som fästes under
c-47:ans buk.

Fallskärmar fanns i allsköns färger. Tuckers huvudskärm var
khakifärgad, medan hans reservskärm, som han bar på bröstet, var

vit. En röd fallskärm betydde ammunition, en blå medicinsk ut-
rustning. Maten var gul. Med de olika färgerna gick det fort och
lätt att identifiera nedsläppen. De fick nedsläppsplatserna att likna
färgrika blomsterängar. I de första förvirrade ögonblicken av stri-
den var det väsentligt att snabbt känna igen behållarna.

Listan över Tuckers personliga utrustning för hoppet var for-
midabel. Först var det hans fallskärmsjägardräkt, hans olivgröna
uniform, kamouflerade hjälm, huvudskärm, reservskärm, kängor,
handskar och flytväst, hans »Mae West«.Sedan var det hans auto-
matgevär (av märket Browning), en pistol (Colt 45), knivar både
för att skära sig loss från selen vid landningen och för närstrid,
en mängd ammunition, en kanvasklädd vattenflaska i aluminium,
förstahjälpenutrustning (som inkluderade ett par morfinnålar),
en gasmask, tre dagsransoner mat, ett antal handgranater instop-
pade i de båda sneda bröstfickorna och de förstärkta höftfickorna,
en filt, ett ombyte strumpor och underkläder och ett par askar ci-
garetter. Bördan vägde nästan lika mycket som han själv, men den
garanterade att han under de första timmarna efter landningen
skulle vara i stort sett självförsörjande. I motsats till det reguljära
infanteriet hade fallskärmsjägarna inga omedelbara reservförråd
utan måste ta med sig så mycket de orkade bära. Det var där den
verkliga risken fanns. Fienden skulle ju vara väl förskansad och ha
tillgång till tungt artilleri. Fallskärmsjägarna var folk som hade
oddsen emot sig, och det visste de om.

När Tucker hade avslutat dagens kontroll tog han sig en still-
sam kväll, medan andra medlemmar av första kompaniet spelade
volleyboll, eller spelade tärning eller poker med höga insatser.
Tucker hade rotat igenom en rödakorslåda längst in i en hangar
och hittat en bok med titeln *Det växte ett träd i Brooklyn* av den
amerikanska författarinnan Betty Smith. Han beslöt sig för att
fördriva väntetiden i Cottesmore med att läsa den. Därhemma
sålde den som smör. Boken var en skönlitterär berättelse om en
utfattig tysk-irländsk flicka som växte upp i Brooklyns etniska
smältdegel under första världskriget. Den handlade om mod och
överlevnad, och om att aldrig ge upp. Tucker tyckte den var fan-

tastisk. Den upptog resten av hans lediga tid tills han gav sig av. Han hade fortfarande ingen aning om vart han var på väg, eller ens när.

Men samtidigt som han kontrollerade sin utrustning pågick en livlig diskussion om att inställa den 82:a divisionens uppdrag på Dagen D.

Dwight Eisenhower tillbringade förmiddagen på SHAEF:s högkvarter i Bushy Park, strax utanför Kingston. Detta, som bar kodnamnet Widewing, var ett hastigt hopkommet konglomerat av plåttunnlar, tält och improviserade tegelbyggnader. Ikes eget arbetsrum hade blecktak, en sprucken linoleummatta, flagnande färg och flimrande lysrör. Undanstoppat i ett hörn av området framhävde det hur ensam hans ställning som allierad överbefälhavare var. Ibland kunde besökare komma på honom med att putta en tänkt golfboll över golvet i arbetsrummet för att lätta på trycket.

Denna dag var en av de värsta hittills för ensamma beslut. Under de senaste dagarna hade en av hans viktigaste ställföreträdare ifrågasatt en avgörande del i planen för Dagen D. Vice flygmarskalken Trafford Leigh-Mallory, britten som förde befäl över hans taktiska flygstridskrafter, hade blivit oroad av underrättelserapporter om tyska trupprörelser in i invasionsområdet. Rommel hade flyttat sin 91:a infanteridivision obehagligt nära de platser där 82:a flygburna skulle hoppa. Ike hade redan gått med på att landningsplatsen skulle flyttas längre västerut, men Leigh-Mallory var fortfarande illa till mods. Vid ett stormigt möte på Widewing, som Eisenhower hade lämnat åt sin ställföreträdare att leda, hade Leigh-Mallory varnat för en katastrof. Efteråt hade han ringt Ike själv för att ge eftertryck åt sina bekymmer. »Jag vill ha det skriftligt«, hade Ike svarat.

Vid tolvtiden hade Leigh-Mallorys brev levererats med ordonnans till Bushy Park. Än en gång hävdade det att luftlandsättningen av både 82:a och 101:a divisionen borde inställas. Om detta inte skedde befarade Leigh-Mallory våldsamt höga förluster för fallskärmsjägarna, en »meningslös slakt« som inte skulle bidra ett dugg till angreppet. Han påminde Eisenhower om att C-47:orna var obeväpnade, och skulle flyga i fullt månsken över tyskkontrollerat område späckat med luftvärnskanoner. Femtio procent av fallskärmsjägarna skulle vara döda redan innan landstigningarna hade börjat. När Eisenhower läst brevet tillbringade han eftermiddagen för sig själv i Telegraph Cottage för att tänka igenom alltihop.

»Det vore svårt att tänka sig ett mera upprivande problem«, erkände han senare. Om Leigh-Mallory hade rätt skulle han för alltid ha på sitt samvete det »enfaldiga, blinda« offret av tusentals unga amerikaner. Men om han inställde luftlandsättningarna skulle han riskera alla de omsorgsfullt förberedda planerna för Dagen D. De hade utformats för att fallskärmsjägarna skulle ta kontroll över den västra änden av brohuvudet och säkra flanken medan infanteriet kämpade sig i land, och bilda en spärr mot tyska förstärkningar. Om man inställde luftlandsättningen kunde man glömma hela landstigningen. Riskerna måste helt enkelt accepteras. Dessutom misstänkte han att Leigh-Mallorys protester delvis var avsedda som en ursäkt för honom gentemot amerikanska förluster. Det sista Eisenhower behövde på detta sena stadium var att en i laget började vackla. På kvällen ringde han Leigh-Mallory och meddelade honom att luftlandsättningarna skulle bli av. Sedan dikterade han ett formellt brev som bekräftade hans beslut. Det var kort och bryskt, och påminde hans underordnade om behovet att bibehålla stridsmoralen bland mannarna och inte stämma ned dem med pessimistiska förutsägelser. De hade ett tufft jobb framför sig men måste behålla sin entusiasm. Sergeant Bill Tucker skulle trots allt gå ombord på sin C-47.

»Jag tror jag får lite hemlängtan ibland«, hade Ike tidigare i maj missmodigt skrivit till George C. Marshall, den amerikanska arméns stabschef i Washington, »och man förvägrar mig de vanliga förströelserna på teatern och andra offentliga platser.« Att spela golf för sig själv på arbetsrummet räckte inte för att lätta på trycket. Han behövde sin familj på nära håll. Marshall hade därför strax samtyckt till hans anhållan att sonen John, hans enda barn, skulle få komma till honom på hans högkvarter. Eisenhower såg fram emot detta. John skulle just gå ut från West Point, och Ike hade gått med på att sända ett personligt budskap som skulle läsas upp för avgångsklassen på den stora dagen – tisdagen den 6 juni.

Innan Ike drog sig tillbaka för natten skrev han ett par personliga brev till vänner som hört av sig från andra sidan Atlanten. Han skickade också ett brev till Washington, till stabscheferna för de olika vapenslagen, för att understryka hur viktig sekretessen var de kommande dagarna. Tyskarna måste fortsätta att överskatta antalet soldater han hade till sitt förfogande, så att de gjorde misstaget att hålla tillbaka trupper för att ta hand om de ytterligare landstigningar som de trodde skulle följa. Och ingen misstanke fick komma fram till dem om de allierades planer att använda konstgjorda hamnar i stället för befintliga för att föra i land materiel. Annars skulle de kunna gissa var landstigningarna skulle äga rum. Medan Dagen D kom allt närmare stod desinformation och sekretess kvar högst upp på dagordningen.

Vid det här laget var hela Storbritannien ett härläger, nästan lika strängt kontrollerat som de läger som höll Glenn Dickin och Bill Tucker isolerade. Inga nyheter fick komma ut till världen utanför som kunde ge den minsta ledtråd om arten av de allierades planer och tidpunkten för dem. Det var inte bara utländska diplomater som drabbades. Resor in och ut ur landet hade i stort sett upphört, och de få personer som fick resa måste genomgå minutiösa undersökningar. Utrikes post censurerades strängt, och utrikes telefonsamtal och telegram övervakades noggrant. Försvarsgrenarnas säkerhetsavdelningar slog hårt ner på soldater som rymde, eller som försökte lämna sina förläggningar, oavsett om de bara desperat önskade sig en portion fish and chips och en öl, träffa en flickvän, eller desertera.

Särskilt stor var vaksamheten inom MI5, Storbritanniens kontraspionage. *Loose Lips Sink Ships* (»Lösmynthet sänker våra fartyg«), stod det på ett vanligt anslag som fanns uppsatt på fabriker runt om i landet. När en fackföreningsrepresentant helt oskyldigt lämnade en ledtråd till något han arbetade på, en speciell fartygs- detalj med anknytning till Dagen D, slog MI5 blixtsnabbt ned och förhörde honom. Det var just detta slags fall Eisenhower hade haft i tankarna när han varnade Washington. Ingen skada hade skett, och mannen friades från alla landsförrädiska avsikter, men fallet var potentiellt så allvarligt att det togs med i den månads- rapport som MI5 skickade direkt till Churchill. Dessa rapporter hade införts föregående år på initiativ av Duff Cooper, som då hade det övergripande ansvaret för säkerheten. Som nära vän till Churchill hade han tillbringat en helg på Chequers, och då väckt premiärministerns nyfikenhet med detaljer om de vilseledande uppgifter som MI5 matade tyskarna med. Skulle han vilja ha en månatlig rapport, undrade Cooper. Churchill svarade ja, och Cooper hade talat med chefen för MI5, sir David Petrie. Han påpe- kade att sådana rapporter inte bara skulle hålla Churchill in- formerad, utan också stärka moralen hos tjänstemännen vid MI5 genom att visa att deras arbete uppskattades på högsta nivå. Cooper underströk att de borde hållas korta, och »inskränka sig till händelser av särskilt stort intresse«. Sedan dess hade Churchill slu- kat dessa månadsrapporter. Nu gick han igenom dem noggrannare än någonsin, på jakt efter tecken på att Dagen D kunde vara i fara.

Vid det här laget hade premiärministern återvänt från Chequers till London. Huvudstaden var tillbaka i arbete efter långhelgen, och utåt verkade livet lugnande normalt. Times rapporterade om ett utbrott av mul- och klövsjuka hos nötboskapen i Yorkshire, en ökning i antalet skilsmässor, försäljning av böcker från ett herre- säte som gick på auktion, och hade det vanliga antalet blandade annonser rörande barnsköterskor, begagnade bilar och lavemang. Den innehöll också en artikel som diskuterade de relativa för- delarna med att använda kaniner, gäss, tjudrade getter eller höns för att hålla gräset kort i avsaknad av bensin för gräsklippare. En naturspalt om skogsfåglar undrade oroligt: »Är gransångarna färre i år?«

Churchill hade viktigare saker att tänka på. För yttervärlden var hans adress i huvudstaden 10 Downing Street, men i själva verket tillbringade han en stor del av sin tid instängd i den väldiga underjordiska bunker som kallades Annexet och var gömd bara ett hundratal meter bort under finansministeriets byggnad på Great George Street. Denna sex tunnland stora labyrint av rum och korridorer, skyddad mot bomber av en och en halv meter armerad betong, rymde sovrum för Churchill och hans hustru, och vidare arbetsrum och sängar för hans främsta militära rådgivare. Här fanns också sammanträdesrum för centrala kommittéer som försvarsgrenarnas underrättelsenämnd, stabscheferna och själva krigskabinettet.

Klockan halv sju denna kväll satte sig Churchill att vara ordförande i ett av de regelbundna mötena i krigskabinettet, den utvalda inre cirkeln i hans regering. Hans militära rådgivare hade redan arbetat intensivt. Stabscheferna och underrättelsenämnden hade haft långa diskussioner på förmiddagen, och kabinettets sekretariat hade fullbordat en längre rapport om de åtgärder som vidtagits för att bevara sekretessen kring Overlord. De flesta av dessa gällde de inskränkningar i friheten att resa och meddela sig som trätt i kraft två månader tidigare.

Med den annalkande D-dagen var premiärministern retlig och otålig. Dagens första bunt från C av uppsnappade Ultra-signaler hade mest utgjorts av panikslagna meddelanden från Wehrmacht på den italienska fronten som rapporterade om de engelsk-amerikanska styrkornas obevekliga framryckning mot Rom, och om de allt hopplösare problem som de tyska trupperna stod inför när väg- och järnvägsförbindelserna ständigt avskars av bombningarna. I stället för att lugna honom gjorde dessa rapporter honom ännu ettrigare. Fältmarskalken sir Alan Brooke, chef för imperiets generalstab och Storbritanniens högst uppsatte militär, kom först på krigskabinettets dagordning med en rapport om de strålande framsteg som generalen sir Harold Alexanders styrkor gjort i Italien. Churchill svarade inte med lovord utan med en begäran om en »pangnyhet«, varmed menades den omedelbara erövringen av Rom. För Brooke, som var lika uppskruvad han av spänningen inför de kommande händelserna och som stod i ett intensivt hatkärleksförhållande till Churchill, blev detta helt enkelt för mycket, och han tappade besinningen.

Churchills humör blev inte bättre när man övergick till det fortfarande heta ämne som bombningarna av mål i Frankrike utgjorde. Även här hade han blivit upprörd av de dagliga Ultra-signalerna. En av dem hade varit en rapport från von Rundstedts överkommando utanför Paris till överkommandot i Berlin som gav detaljer kring en allierad bombräd med tusen plan på Frankrike för bara fem dagar sedan. Churchill och Tedder grälade fortfarande om det förnuftiga i detta. Även om Churchill fann lika bekymrade bundsförvanter bland sina politiska kolleger tvingades de acceptera att de måste vänta till de hade fått en officiell rapport från SHAEF.

Och det var det som var Churchills problem, förklaringen till den retlighet som var värre än vanligt. Det enkla sakförhållandet var att det militära skeendet nu låg utom hans kontroll. Till fronten i Italien var han bara en avlägsen åskådare, och i det drama som nu utvecklades i Overlord hade han föga mer än en plats på första raden på parketten. Det var Ike som dirigerade, och ouvertyren hade redan börjat. Det var till exempel påfallande att underrättelsenämndens sammanträde i Annexet denna förmiddag inte hade haft några rapporter som berörde Dagen D på sin dagordning. De låg nämligen nu i händerna på experterna i Bushy Park.

Att sitta bland åskådarna i stället för att stå på scenen vid stora historiska händelser hade aldrig passat Churchill. Nu när insatserna var så höga kunde han knappt uthärda med det, och plötsliga vredesutbrott var vanliga. För bara två veckor sedan hade han dykt upp, med cigarren i handen, vid den sista stora, fem timmar långa genomgången av Overlord i St Paul's School i Kensington, inför kung Georg VI och alla de allierade höjdarna. Men han kom som en i auditoriet, inte som en av de medverkande. Mötet hade öppnats av Eisenhower, och general Bernard Montgomery – den legendariske Monty från el-Alamein, som hade jagat iväg Rommels mannar i den nordafrikanska öknen mot slutet av 1942 och som skulle föra befälet över de allierade markstyrkorna i Frankrike – hade satt dem in i den strategi han hade stakat ut, och som skulle inledas när soldaterna nådde stränderna. Churchill hade bara ställt en eller annan fråga, och vid avslutningen hade han motvilligt sagt till Eisenhower att han kände en växande entusiasm för projektet. Eisenhower var glad att ha honom med på vagnen, men det var uppenbart att Churchill inte var den som styrde.

Men det fanns åtminstone politiska trådar han ännu kunde dra i. Här hotade händelserna att snurra iväg utom kontroll; oväder låg framför dem inte bara på den militära sidan. Och han visste att detta skulle kunna sänka hela vågstycket.

Det var på dagen ett år sedan den långe tafatte generalen Charles de Gaulle hade stigit ner från det flygplan som fört honom från landsflykten i London till smutsen på en militär landningsbana utanför Alger. Sedan dess hade han gjort huvudstaden i Algeriet, som betraktades som en fullvärdig del av det franska moderlandet, till högkvarter för en fransk interimsregering som när befrielsen kom än en gång skulle hissa trikoloren över Paris. Han hade utmanövrerat sina rivaler, skapat en militär styrka om cirka fyrahundratusen fria fransmän utanför hemlandet, och fått stöd från motståndsgrupperna i själva Frankrike. Dagarna av förtvivlan i juni 1940 hade nu bleknat till ett avlägset minne, de dagar då han framförde sin ensamma vädjan från London över BBC att hans landsmän skulle fortsätta kampen mot Hitler, men till stor del hade talat för döva öron. Nu stod han redo att återvända i triumf som sitt lands oomtvistade ledare.

I Alger, där han var bekvämt installerad i Les Oliviers, en rymlig trevåningsvilla med utsikt över den soldränkta medelhavsstaden, hade han sin närmaste familj hos sig – hustrun Yvonne, vars älskade hemstad Calais, bara trettio kilometer över vattnet från Dover, regelbundet bombarderades av de allierades flyg; Anna, deras sextonåriga yngre dotter, som led av Downs syndrom och som båda föräldrarna avgudade; och Élizabeth, en livlig ung kvinna med examen från Oxford som ägnade sig åt att studera den utländska pressen för sin fars regering. Bara deras son Philippe var inte där, han tjänstgjorde i den fria franska flottan. Trots att det fanns ett bekvämt arbetsrum i villan arbetade de Gaulle sällan hemma, han hade i stället ett arbetsrum i Les Glycines, en mindre villa närmare centrum, där han arbetade i trånga och kvava lokaler mitt i ett virrvarr av skrivmaskiner och tältsängar.

Det var här han, bara tre dagar tidigare, hade tagit emot den brittiske ambassadören i ett officiellt ärende. Duff Cooper, Churchills verserade förutvarande informationsminister, mannen som introducerat honom till månadsrapporterna från MI5, var en ivrig frankofil och vän till det fria Frankrike. I flera veckor hade en besvärlig och betydelsefull fråga lämnats obesvarad mellan Alger och London. Vilken roll skulle de Gaulle spela i händelserna på Dagen D? Ledaren för det fria Frankrike hade inte deltagit i något slags planering inför invasionen, och var fortfarande okunnig om tiden och platsen för den. Skulle han få veta i förväg, och i så fall, när? Vad skulle hända när de allierade styrkorna började befria fransk mark? Skulle de Gaulles interimsregering helt enkelt ta över, eller skulle de allierade styra genom en militärregering, med sina egna tillfälliga lagar och en egen valuta? För de flesta verkade svaren enkla. Som den självklare ledaren för den franska nationen borde de Gaulle informeras om Dagen D och tillåtas att administrera landet medan det småningom befriades från det tyska styret. »Det är vi eller kaos«, som man uttryckte det i Alger.

Men för Churchill och Roosevelt var frågan långt ifrån enkel. Framför allt den amerikanske presidenten var starkt fientligt inställd till de Gaulle, och stenhård på punkten att det befriade Frankrike skulle ställas under en militärregering. Hans uppfattning kom delvis från ett legalistiskt tvivel om de Gaulles legitimitet, delvis från råd från rådgivare i Vita huset som i det förflutna haft nära band till Vichyregimen. Framför allt berodde den dock på personlig antagonism. de Gaulle var högdragen, arrogant, krävande och besvärlig. Att vara ledare, menade han, var att vara reserverad. »Min egen natur hade varnat mig, och erfarenheten hade lärt mig«, skrev han, »att man på toppen kan bevara sin tid och sin styrka endast genom att stanna kvar högst upp.« Det var också en fråga om stolthet. Stormakten Frankrike hade blivit förödmjukad genom sitt fall 1940. När han nu återupprättade landets storhet lovade de Gaulle att han aldrig skulle förnedra sig eller tigga, även när – ja, just för att – han var så beroende av hjälp från Amerika och Storbritannien. Roosevelt, en munter politikertyp som gärna dunkade folk i ryggen, fann detta både obegripligt och stötande.

Churchill hade drivits nästan från vettet av de Gaulles envishet och omedgörlighet, och var ibland nära att bryta helt med honom, men i djupet av sitt hjärta respekterade han de Gaulles mod när han fortsatt kampen 1940, och kunde inte helt simpelt avvisa honom. Churchill satt nu fast mellan Roosevelt och de Gaulle. I flera veckor hade han slingrat sig, men till slut gick han med på att inbjuda de Gaulle till London, och beordrade Duff Cooper att förmedla nyheten till den franske ledaren. Men den brittiske ambassadören hade funnit de Gaulle i ett av hans vulkaniska lynnesutbrott. »Jag hade hoppats att han skulle bli nöjd«, noterade han, men han ... var lika trumpen och sur som vanligt, och klagade bittert över den amerikanska regeringens plan att ge ut sina egna francs när amerikanerna kom in i Frankrike.«

I Alger sjöd de Gaulle fortfarande av vrede när krigskabinettet sammanträdde. Churchill hade ännu inte nämnt någon tidpunkt för när det var dags att skicka honom en inbjudan, men nämnde nu för sina kolleger att han funderade på att göra det i gryningen på själva D-dagen. Eftersom de Gaulle skulle behöva fyrtioåtta timmars varsel innan han gav sig av, och ytterligare tjugofyra timmar för att ta sig till Storbritannien, skulle han anlända till London på Dagen D plus 3, och då skulle han, utlovade Churchill, ges »fullt förtroende«. Detta skulle förhindra varje risk att de fria fransmännen skulle röja hemligheten med D-dagen, vars sekretess varit ett ständigt orosmoment för de allierade.

Men denna idé fick ett bestämt tummen ner från både utrikesministern, sir Anthony Eden, och Clement Attlee, ledaren för labourpartiet, som var premiärministerns ställföreträdare. Opinionen bland allmänheten och i parlamentet var starkt för de Gaulle. Just denna morgon hade Times rapporterat att den första franska tunga bombdivisionen bistod det brittiska bombflyget i dess attacker mot mål i Frankrike, och hade publicerat ett foto som visade de Gaulle när han skakade hand med piloter under ett besök han nyligen gjort hos en fransk division baserad i Italien. Tidningen hänvisade i förklenande ordalag till de »spindelnät av ovisshet och missförstånd« som förstörde relationerna med Alger. Såväl Attlee som Eden fruktade att Churchills förslag skulle ytterligare underblåsa fransmännens harm, och göra de Gaulle ännu svårare att handskas med än förut. Eden föreslog att han skulle komma till London före Dagen D, så att han inte blev rasande när han fick höra om landstigningarna och gjorde upphetsade uttalanden från Alger. Efter en hetsig diskussion gav Churchill med sig, dock inte förrän han hade genomdrivit en överenskommelse att stabscheferna skulle få yttra sig om de säkerhetsrisker som kunde aktualiseras. Saken blev bara uppskjuten, inte avgjord. de Gaulle stannade i Alger, labil och otålig, och hans ankomst till London var en potentiell mina under planerna för Dagen D.

Nere i sin bunker senare på kvällen tog Churchill itu med den andra och den tredje bunten av C:s uppsnappade Ultra-signaler. De militära meddelandena avslöjade ett tillfredsställande kaos i Wehrmachts styrkor i Italien, inklusive en svår brist på bränsle, och en diplomatisk rapport uppvisade några allvarliga sprickor inom den jugoslaviska exilregeringen angående Churchills försök att driva igenom en kompromiss mellan kung Peter och kommunistledaren, marskalk Tito. Jugoslavien stod farligt nära ett öppet inbördeskrig, ett illavarslande förebud om det politiska tumult som inom kort skulle svepa fram över balkanländerna. Men de Gaulle var fortfarande det vida allvarligaste problemet.

André Heintz hade stött de Gaulle från början. Beslutet kom från hans personliga lojalitet och den inneboende patriotism som var stark i hans familj. Som femtonåring hade han tillbringat fem månader hos en familj i Bristol för att lära sig engelska, ett arrangemang som hans far, som var lärare i klassiska språk, hade gjort tillsammans med sin motsvarighet vid Bristol Grammar School. Där hade han blivit retad för sitt namn, och fått öknamnet »57« efter det berömda konservburksmärket. Nu kallade han i hemlighet sin lilla kristallmottagare »58«. Han hade hållit kontakten med sina vänner i Bristol, och skämdes över att Frankrike genom Pétains vapenstillestånd 1940 hade övergett sina brittiska allierade. Eftersom han bodde nära kusten i Normandie hade han också sett tyskarna förbereda sin invasion av Storbritannien under sommaren 1940, och var inte imponerad. Många av truppenheterna kom från Österrike, folk som aldrig ens hade sett havet och var livrädda för det. Han hade då intuitivt känt att de aldrig skulle lyckas, och att Storbritannien skulle hålla ut. Minnen av det upphetsande ljudet från pipor och trummor i kadettkåren vid hans skola i Bristol vällde ofta över honom, och stärkte hans beslut att vara värdig sina engelska vänner.

Han hade kommit med i motståndsarbetet på hösten 1940. En kanadensare som undervisade vid universitetet i Caen hade presenterat honom för en landsmaninna, en Mademoiselle Arnaud, som hjälpte allierade flygare som hade rymt eller undgått att bli tillfångatagna. Hon samarbetade också med en polsk kaplan, fader Makulec, som arbetade som själasörjare hos invandrade polska arbetare i Normandie. Detta hade, tillsammans med kontakter med polska flyktingar som studerade vid universitetet, lett till att André började arbeta i det underjordiska fransk-polska nätverk som prästen hade startat. Makulec avskydde tyskarna. En gång hade han mitt framför Andrés mor sagt: »André, du vet att om vi inte vill ha ännu ett krig med tyskarna inom tjugo år, så måste var och en av oss döda tre tyskar innan kriget är över.« Hans mor hade blivit bestört och sagt åt André att aldrig mer träffa prästen, men han hade inte lytt henne. Makulec hade kontaktats av polska underrättelseagenter i Frankrike som arbetade ihop med britterna, och under blitzen mot London 1940 hade han blivit ombedd att lämna upplysningar om de flygfält som Luftwaffe

använde, och om de platser där de dolde sina bombplan. Ett av
Andrés första uppdrag i motståndsrörelsen förde honom till en
gård nära flygfältet vid Carpiquet, strax utanför Caen. Bonden
hade en polsk piga, och hon och André hade lyckats samla en del
nyttig information om planen och deras mål från tyska flygare
som kom för att köpa ägg och mjölk.

Han hade också lärt sig att vara kvick i vändningarna. Makulecs
nätverk hade krossats 1941, och strax därefter hade André gått
med i OCM (*Organisation Civile et Militaire*). När denna i sin tur
decimerades av arresteringar 1943 hade han slutit sig till ännu en,
Libération Nord, och antagit täcknamnet Théophile. Vid läro-
verket där han undervisade hade han också organiserat en liten
grupp av lärare och assistenter, känd som Saint-Jo-gruppen, för
att sprida hemliga tidningar.

Även i dag var det mycket hett. Morgontidningarna var fulla av
artiklar om franska städer som blivit bombade. Det kom ett åsk-
väder, följt av en regnskur på kvällen. Under hela dagen höll flyg-
larm staden på helspänn.

André visste att hans familj var mer utsatt än de flesta. Det var i
det militära högkvarteret vid änden av deras gata som general
Richter höll till, den befälhavare som var ansvarig för försvaret av
kusten intill. André hade lämnat exakta koordinater för bygg-
naden till sin kontakt, mannen han träffade i stort sett en gång i
veckan på stationen där tåget från Ouistreham stannade i Caen.
De hade sedan skickats vidare till London. Han förmodade att de
allierade en dag skulle attackera högkvarteret, och han kunde bara
hoppas att de skulle sikta ordentligt. Det han gjort behöll han för
sig själv, han vågade inte berätta det för sina föräldrar eller sin
syster.

Han var väl medveten om de risker han tog när han arbetade
för motståndsrörelsen. Fram till förra månaden hade han i kyrkan
Saint-Saveur brukat träffa sin främsta kontakt, en lärarkollega vid
namn Alexis Lelièvre, som gick under täcknamnet Yvon. De hade
valt kyrkan därför att den kunde nås på tre olika gator, så att de

kunde använda olika ingångar. Mässan halv sju på morgonen var den bästa tiden, innan de gick till sitt arbete och innan Gestapo var uppe och i gång. De knäböjde tillsammans och utbytte diskret sina rapporter. Yvon ställde frågorna och André gav svaren – oftast om vad han hade lagt märke till beträffande tyska trupper och fordon när han cyklade omkring i staden.

Nyligen hade Andrés far när familjen åt middag frågat om vad som hänt under dagen. Innan André hann svara hade hans syster inflikat att hennes lektioner hade blivit inställda. Hennes far frågade varför. »För att Gestapo arresterade vår lärare«, svarade hon. André hade känt att han blev lika vit som bordduken, och hans strupe snördes ihop. Han visste att hennes lärare var Yvon, hans kontakt. Och just denna morgon hade Yvon inte dykt upp för deras vanliga morgonträff. De hade kommit överens om att om en av dem inte kom skulle den andre inte vänta längre än femton minuter. André hade emellertid gjort vad han inte borde göra – han hade gått runt i hela kyrkan och letat efter sin kontakt längre än så. Sedan hade han återvänt hem.

Han försökte desperat att uppträda normalt, och fortsatte äta sin middag. Den natten sov han på golvet bredvid sin säng, fullt påklädd för den händelse att han snabbt måste fly. Han hade inte sett Yvon mer. Sedan dess hade han rapporterat till mannen som kom med tåget från Ouistreham.

Rommel kände sig frustrerad. Tjugo över sex den morgonen lämnade han i spetsen för en konvoj av stabsbilar sitt slott vid La Roche-Guyon för ännu en inspektionstur till befästningarna i hans Atlantvall. I dag skulle han titta på en demonstration av rökspridare och raketlavetter vid Riva-Bella, en badort med små villor och hus vid Normandies kust nära Ouistreham. Denna, som låg vid utloppet av Orne-kanalen, som förband Caen med havet, var ett viktigt motståndsnäste. Dess kasino hade befästs, hinder och minor täckte stranden ner till lågvattenmärket, och för var hundrade meter låg det en bunker med kanoner som skyddade minfält och skyttegravar. En betongbunker i fem våningar, nästan femton meter hög, dominerade horisonten. Dess kraftfulla radar spanade ständigt ut över inloppet till Seinebukten, ungefär fyrtio kilometer längre mot öster.

Hans utflykt till kusten gav honom en bara alltför tydlig bild av de katastrofala skador som de allierade bombplanen åstadkom. Rommel åtföljdes av de högsta officerarna under hans befäl – general Dollman, chef för den 7:e armén, vars område täckte kusten från Normandie till mynningen av Loire; general Hans von Salmuth, som förde befälet över den 15:e armén, som skyddade kanalkusten öster och norr om Normandie upp till Nederländerna (som enligt Rommels uppfattning var det mest sannolika invasionsmålet); amiral Theodor Krancke, chef för Flottenkommando West, med högkvarter i Paris; viceamiral Friedrich von Ruge, Rommels egen rådgivare i marina frågor; och general Erich Marcks, befälhavare för den 88:e infanterikåren i Normandie. På förmiddagen åkte de genom Mantes och den alltjämt rykande förstörelse som orsakats av nattens attacker mot den lilla ö mitt i Seine som band ihop stadens båda broar. Återfärden efter lunchen – som typiskt för Rommel var en spartansk historia från ett fältkök – avbröts ständigt av flyglarm. Broarna vid Mantes slogs ut bara en timma efter det att de passerat över floden.

Vid dagens slut hade varenda bro över Seine mellan Elbeuf och Paris slagits i spillror. Tvåtusen amerikanska plan, Typhoon, Thunderbolt och Mustanger, slog ut över hela Belgien och norra Frankrike, och träffade inte bara broarna över Seine utan också järnvägslinjer, flygplansfabriker, radiosändare och flygfält, och de mötte föga motstånd från Luftwaffe. Hela dagen hade solen än en gång lyst från en klar blå himmel som gav det allierade bombflyget en perfekt sikt. Vingar och flygkropp på dessa dödsbringande flygplan hettades upp till outhärdliga temperaturer. Piloterna tog av sig kläderna och flög nästan nakna, men insidan av deras kabiner brände deras bara hud, och när planen landade i England måste markpersonalen kyla ned dem med hinkvis med vatten innan de kunde röra vid dem. Långtflygande strategiska bombplan

bearbetade städer och fabriker långt inne i Tyskland och Central-
europa. »Till en kostnad som inte får nonchaleras«, skrev en
krigskorrespondent i Times den dagen, »ritar de allierade flyg-
styrkorna på Europas karta upp de linjer som kommer att bilda ra-
men runt bilden av den stora befrielsekampanjen. ... Invasionen,
om än inte ockupationen, av Europa är redan i full gång. I varje
fall har fienden inga illusioner om flygstridskrafternas del i denna
stora plan.«
   Rommel kunde förvisso själv se resultaten. Demonstrationen
av raketlavetterna vid Riva-Bella hade varit en stor succé som
gjorde ett starkt intryck på åskådarna. Men intrycket av de allie-
rades dödsbringande bomber och Luftwaffes uppenbara oför-
måga att hejda dem var ännu starkare. När Rommel på kvällen
slutligen kom tillbaka till La Roche-Guyon måste han förödmju-
kande nog ta sig över Seine med båt.

Uppe på Berghof välkomnade Hitler den besökare han nu regel-
bundet tog emot vid tolvtiden, hans personlige läkare doktor
Theodor Morell. Den knubbige läkaren hade haft en populär kli-
nik för hudsjukdomar och veneriska sjukdomar i Berlin. Efter att
ha blivit behandlad av honom för eksem hade Hitler blivit förtjust
i Morells oortodoxa behandlingar och patentmediciner. Läkaren
kunde ha bott i någon av de kringliggande stugorna om han hade
velat, som många av Hitlers medhjälpare gjorde. Men han före-
drog att stanna femhundra meter längre ner, installerad på ett be-
kvämt hotell i Berchtesgaden, ett bra stycke nedanför de dimmor
som ofta virvlade omkring Berghofs skogsstigar och långt borta
från de rökridåer som nu regelbundet lades ut för att dölja land-
skapet för de allierades bombplan.
   Hitler led fortfarande av sömnlöshet, kraftlöshet och ryckning-
ar i vänstra benet. Sedan i mars hade Morell gett honom injektio-
ner av sin egen patenterade multivitaminbehandling, Vitamul-
tinforte, och också gett honom intravenösa doser av glykos och
jod och intramuskulära doser av det manliga könshormonet tes-
toviran, som extraherats ur tjurtestiklar. Den samlade effekten av

alla dessa medikamenter var enligt medicinska experter att Hitler blev disponerad för plötsliga personlighetsförändringar – hans ögon kunde blixtra farligt, hans tal blev vilt och hans lynnessväng-ningar mer våldsamma än vanligt. Hitler försåg också regelbun-det Morell med prov på sin avföring för analys. För en vecka sedan hade läkaren tagit ett kardiogram från sin patient, och det verkade tillfredsställande.

Morell förde en dagbok i vilken han hänvisade till Hitler bara som patient A. Han hade också registerkort för var och en av sina patienter på vilka han bokförde vad han gett dem. I dag skrev han ned två enkla ord för patient A: »dubbel glykos«. Det var vad han gav Hitler för att ge honom extra kalorier, och för att stärka hans hjärta. Tydligen kände Führern sig tröttare än vanligt.

Han hade mycket i tankarna som kunde göra honom utmattad. Alldeles bortsett från den överhängande allierade invasionen och Roms förestående fall höll han alltjämt på att försöka fatta den se-naste förödmjukelsen från Röda armén, Sevastopols fall. Efter ett två dagar långt angrepp från Stalins styrkor hade Hitler motvilligt gett order om att fästningen skulle evakueras. Men under det fem veckor långa slaget om Krim hade tusentals tyska soldater blivit tillfångatagna och över sjuttiotusen hade stupat.

Rasande på sina arméchefer över fiaskot på Krim hade han se-dan haft ett stort gräl med Göring och flygstaben kring det nya reaktionsdrivna jaktplanet Messerschmitt ME-262. Tillsammans med den flygande bomben V-I var detta ett av de »hemliga vapen« som Hitler upprepade gånger talade om som det som skulle vinna kriget när han släppte lös dem på de allierade. Som ett revolutio-nerande tvåmotorigt reaktionsplan, som flög i farter på över åtta-hundra kilometer i timmen, var det långt snabbare än några be-fintliga allierade plan. Det hade planerats som ett jaktplan, men Hitler, som alltid var en halsstarrig autodidakt, drömde om att göra om det till ett snabbt bombplan som skulle få de allierade invasionsstyrkorna att göra halt. Detta hade han beordrat, men i den mörka labyrint som Tredje rikets byråkrati och politiska maktspel utgjorde hade hans önskningar ignorerats. För exakt en vecka sedan hade han stått framför sitt perspektivfönster och blickat ut över bergen, när han plötsligt hade blivit topp tunnor rasande och bryskt hade beordrat att hans order skulle följas omedelbart. Nästa morgon hade Göring smugit sig tillbaka till Berghof med nyheten att detta skulle innebära en fullständig ombyggnad av planet som skulle ta minst fem månader. Om Hitler hade räknat med att ME-262 skulle sätta tvärstopp för invasionen, då skulle de allierade behöva gå honom till mötes genom att fördröja sitt angrepp ännu ett bra tag.

Tillsammans med Luftwaffes bedrövliga misslyckande att avvärja räderna på tyska städer ledde Görings ynkliga bekännelse om ME-262 omedelbart till att man tillgrep en desperat åtgärd. »Terrorn från luften« skulle bemötas med »folkets rättvisa«, vilket innebar att nedskjutna allierade flygbesättningar kunde dödas utan att förövarna bestraffades. Hitler hoppades att detta skulle slå två flugor i en smäll. Det skulle erbjuda ett utlopp för folkets vrede mot flygräderna och allvarligt skada stridsmoralen hos de allierade flygbesättningarna. Föregående månad hade Goebbels rekommenderat en sådan taktik, men hittills hade det tyska folket inte visat någon större benägenhet att följa den.

I dag skickade Hitlers sekreterare, Martin Bormann, därför till alla *Gauleiter*, distriktsledare, i hela riket ett hemligt brev med överskriften »Rättvisa utövad av folket mot de anglo-amerikanska mördarna«. Bormann hävdade att lågtflygande allierade plan under de senaste veckorna upprepade gånger hade beskjutit barn på gatorna och kvinnor och barn på åkrarna, bönder som plöjde och civila fordon på vägarna. Vidare påstod han att det hade funnits ett flertal fall i vilka flygbesättningen hade tvingats till nödlandning eller hade hoppat ut, och sedan hade blivit lynchade av den upprörda allmänheten. »Inga åtgärder vidtogs«, avslutade Bormann, »av polis eller åklagare mot de inblandade medborgarna.« Det var en tydlig uppmaning till mord. Budskapet spreds, men endast muntligt, till lokala nazistledare.

Utanför Nantes var Walter Schwender fortfarande på gott hu-
mör, njöt av det varma vädret och badade så ofta han fick tillfälle.
Han hade inte hört något från sin familj på sista tiden, och kände
att han inte hade fått de senaste nyheterna. Breven behövde ett
par veckor för att nå fram, och när de kom visste han att de hade
blivit censurerade, eftersom de hade speciella stämplar. All korre-
spondens mellan soldaterna och deras familjer granskades, och
Walter kände ibland en liten ilning av nästan barnslig förtjusning
när han märkte hur mycket han kunnat komma undan med. När
han först skickats till Frankrike 1942 hade han strukit under vissa
bokstäver i ett av breven hem, så att de bildade ordet »Issoudon«;
han menade Issoudun, den lilla staden i centrala Frankrike där
han hade varit stationerad innan han fortsatte till Atlantkusten.

Även hans mor tog risker. För bara en vecka sedan hade han fått
ett brev från henne som föranledde kommentaren: »De blev nog
förvånade när de såg vad du skrev om ss. Men du hade alldeles rätt.«

Att ss kritiserades över hela Tyskland var något som nu allvar-
ligt oroade den nazistiska säkerhetspolisen när den granskade
privata brev. Frontsoldaternas brev hem, som talade om gräsliga
förhållanden och svåra förluster, särskilt på östfronten, fick fa-
miljerna att aktivt avskräcka sina söner från att anmäla sig som fri-
villiga till Himmlers Waffen-ss. ss, som från början varit avsett
som nazisternas stöttrupper i Tyskland, hade utvecklats till en
stark militär styrka med fullt utrustade divisioner som tävlade
med arméns. Till sin hårdhet och stridsduglighet lade de den stål-
blanka fanatismen i sin ideologiska övertygelse, och de var ohjälp-
ligt inblandade i den kriminella brutalitet som drabbade både ju-
dar och andra civila. I östfrontens grymma och skoningslösa
värld, skriver en historiker, »stormade ss-grupperna fram genom
Rysslands stäpper, träskmarker och skogar, på samma gång hjältar
och offer i ett fasansfullt kapitel om människans villfarelser och
inbillningar«.

Walters familj hörde till dem som var bara alltför väl medvetna
om det pris som måste betalas. Hans äldre bror Karl hade anmält
sig som frivillig i ss, kanske påverkad av den propaganda som

båda två oavlåtligt fått lyssna till under sin tid i Hitlerjugend. Hitler yttrade att han ville se en tysk ungdom som världen skulle darra inför. »Jag vill se en ungdom som är våldsam, tyrannisk, oberörd och grym. Ungdomen måste ha alla dessa egenskaper. Den måste kunna uthärda smärta ... Det fria, praktfulla rovdjuret måste än en gång ljunga i dess ögon. Jag vill se en stark och skön ungdom. På så vis kan jag skapa något nytt.« Hitlerjugend skulle vara ett steg på vägen in i partiet. »Tänk tyskt, handla tyskt«, smickrade han dem.

Men Karl var också starkt lockad av de karriärmöjligheter som Himmlers svartskjortor erbjöd. Efter att ha arbetat hos en apotekare och lärt sig fotografera hade han bestämt att han ville bli filmfotograf, och hade anmält sig i förhoppning att få komma med i en propagandaenhet. I stället fanns han sig snart stå som frontsoldat i *Leibstandarte* ss *Adolf Hitler*, det märkligaste förbandet i nazisternas krigshistoria. Ursprungligen bildat som Hitler personliga livvakt hade det blivit en elitdivision i Waffen-ss, och hade 1943 fått ny utrustning som pansardivision.

»Gud är kamp, och kampen är vårt blod, för dess skull är vi födda«, lydde en av Hitlerjugends sånger. Och därför dog de också. Tidigt år 1943 hade Karl kommenderats till en stridsvagnsbesättning som höll tillbaka Röda arméns inneslutning av Charkov i Ukraina. General Paul Hausser, som förde befälet över ss' 2:a pansarkår, försökte desperat få Hitlers tillstånd att dra tillbaka trupperna innan de blev slaktade. När Hitler vägrade – vilket han nästan alltid gjorde i sådana fall – lydde Hausser inte order utan tog sig den 15 februari ur den sovjetiska fällan. Men för Karl var det för sent. Dagen innan dödades han av en granat som träffade hans stridsvagn, och han förenade sig med de miljoner andra unga tyskar som dog för att tjäna Hitlers vanvettiga vision. Han var tjugo år gammal. Inte att undra på att han i sina brev till Walter hade förmanat honom att inte gå med i ss. »Min älskade Karl, stupad i strid den 14 februari 1943«, skrev Walter på baksidan av det fotografi han nu alltid bar på sig. Men trygg bakom Atlantvallen, och fortfarande med en naiv tilltro till nazisternas löften, kände han sig långt borta från de faror som berövat honom hans bror.

Vid halvsjutiden denna morgon, när Rommel och hans konvoj gav sig iväg mot Normandies kust, var Petter Moen och hans medfångar hos Gestapo vakna och påklädda i cell D35, redo att inspekteras av vakterna. Petter hade sovit dåligt även denna natt. Fängelset låg på Møllergata 19, Oslos tidigare huvudpolisstation, som tyskarna hade tagit över. Polisen använde dock fortfarande garaget på baksidan, och körde ut och in hela natten i sina bullrande, gengasdrivna bilar, vars förare ropade och skrattade och varvade upp motorerna. Det enda som hjälpte var att stoppa bomull i öronen, men inte ens det fungerade särskilt bra.

Hitlers besatthet med Norge hade förvandlat landet till ett befäst läger. Desinformationskampanjen Fortitude North kunde bara öka tyskarnas vaksamhet. Dessutom fann de allierades flygplan gott om byte utanför den norska kusten. Just denna morgon hade Times beskrivit denna som en av RAF:s kustflygs »sälla jaktmarker«. Tyskland var i desperat behov av svensk järnmalm och finsk nickel, som måste fraktas till sjöss, och den väldiga tyska garnisonen behövde ständigt förråd och ammunition. Denna sjötrafik gav RAF många välkomna tillfällen att slå till, med torpeder, bomber och raketer.

Nazisternas trupper hade invaderat Norge och dragit in i Oslo i april 1940, en månad före Wehrmachts storskaliga anfall mot Nederländerna och Frankrike. Det lilla landet i Skandinavien hade nått full självständighet från Sverige först 1905, och patriotismen var intensiv. Ironiskt nog var det där den figur hade vuxit upp vars namn under det andra världskriget blev synonymt med landsförräderi och kollaboration – Vidkun Quisling. Denne, som var en förgrämd tidigare arméofficer som grundat det norska nazistpartiet, stod i förbund med Hitler och krävde att hans land skulle kapitulera till tyskarna. Kung Haakon VII och hans regering svarade med ett rungande nej, och tog sig över Nordsjön till exil i Storbritannien. Detsamma gjorde tusentals andra norrmän.

Hitler utnämnde en rikskommissarie för att styra landet, skickade dit mer än tvåhundratusen man, försökte förvandla kusten till en ointaglig fästning, och släppte loss Gestapo.

Motståndet växte stadigt. När det inte längre fanns någon fri press, och alla privata radiomottagare hade förklarats olagliga, blev hemliga tidningar snart den enda källan för nyheter och information. Till en början var de stencilerade bulletiner på ett enda blad. Målet med dessa var att sprida nyheter som i hemlighet uppsnappats från BBC, och skicka vidare instruktioner från exilregeringen i London om hur kampen på hemmafronten skulle föras. Med tiden blev de större och mer sofistikerade, trycktes i tusental på olagliga pressar och distribuerade runt om i landet av ett nät av kurirer. Den viktigaste av dem blev snart *London Nytt*, men det fanns hundratals andra. Efter oktober 1942 kunde alla som var engagerade i den hemliga pressen dömas till döden.

Petter Moen hade i två och ett halvt år varit en av huvudredaktörerna för *London Nytt*. Tidigare detta år hade han sedan åtagit sig att leda alla de förbjudna tidningarna i landet. Han hade nätt och jämt tagit över när Gestapo plötsligt gjorde ett svep och grep honom och hundratals andra som arbetade med den underjordiska pressen. Detta var ett säkert tecken på Hitlers beslutsamhet att hålla Norge i ledband. Men landet hade fortfarande en roll att spela i de allierades planer. I april hade SOE utfärdat ett direktiv för Danmark och Norge i samband med Fortitude North. För att undvika repressalier eller ännu hårdare kontroll från Gestapo skulle motståndsgrupperna inte ombes att gå till aktion i det enda syftet att vilseleda. I stället skulle radiotrafiken till motståndscellerna ökas, och vilseledande materiel släppas med fallskärm för att antyda förberedelser för ett förestående angrepp på södra Norge. Denna desinformationskampanj skulle fortsätta så länge som möjligt efter Dagen D.

För Petter Moen och de andra som var inspärrade på Møllergata 19 betydde detta att befrielsen inte skulle komma tidigt, och dessutom fanns det en illavarslande möjlighet att tyskarna i framtiden skulle använda Norge som gisslan mot överhängande olyckor.

»Jag befarar massavrättningar«, hade Moen anförtrott sin dagbok några veckor tidigare. »Vi är farliga vittnen.«

Ungefär samtidigt som Moen blev inspekterad av vakterna i Oslo fick Glenn Dickin och resten av hans pluton i Hiltingburylägret del i hemligheten om Dagen D.

Efter frukost visades Glenn in i den lokal som avsatts för genomgångar, en stor plåttunnel med tunga gardiner för fönstren, omgiven av taggtråd och ständigt patrullerande beväpnade vakter. Inuti lokalen, som var upplyst av starka glödlampor, fanns en stor modell, omkring tre meter i fyrkant, omgiven av bänkar av träplankor som nådde nästan upp i taket. En rejäl karta på väggen visade en kustlinje, städer och floder. Men även nu var de sista hemligheterna noga bevakade. Alla kännetecken på kartan bar kodnamn.

Glenn slog sig ned på en av plankorna. Till sist upptäckte han att hans destination var Frankrike, och att hans pluton skulle tillhöra de första som landade, bara fem minuter efter Timmen T, den exakta minut i gryningen på Dagen D när varje enskild förflyttning i de tjocka detaljerade planerna skulle börja. Man berättade om stranden, om hur fast sanden var, om undervattenshindren, sträckan han måste springa genom fientlig eld till fast mark, var minfälten var placerade och var marken var sank. Man informerade om den lilla kuststaden med dess fasta kustartilleripositioner, dess kulsprutevärn och bunkrar, om vägarna och de trånga gatorna som ledde från stranden upp i och genom staden, dess befästa hus och deras bemanning, och hur stor dess befolkning var. Stadens kodnamn var »Alba«, och den lilla strandsektorn betecknades »Nan Green«. Alla fick de höra mer än de ville veta om de väntande tyska styrkorna, om den eldkraft de kunde utveckla, hur deras kulsprutor kunde skjuta ner mot stranden, och längs den, likaväl som tvärs över den. Glenn fick veta hur han skulle transporteras över Kanalen, och vad resten av hans bataljon skulle göra på ömse sidor om honom. Han stirrade intensivt på förstoringar av svartvita flygfotografier, inte mer än några dagar gamla, och försökte föreställa sig varje detalj och fästa dem i minnet. Och om och om igen hörde han orden »Full fart mot stranden, och spring av bara helvete!«

När genomgången var slut talade regementschefen, överste Foster Matheson, till hela sitt regemente. När Glenn lyssnade visste han än en gång att han var i goda händer. I fredstid var Matheson, en lång och stilig fyrtioåring, bolagsrevisor i Prince Albert, Saskatchewan, en stadig familjefar med tre barn och en stöttepelare i den lokala milisen. Vänlig men bestämd hade han haft männen i sin hand nästan från början. Han kände dem alla, och de kände förtroende för honom. Nu gick han lugnt och metodiskt, som om han läste upp bokslutet i ett företag, igenom deras uppdrag och önskade dem alla lycka till.

En våg av lättnad svepte över männen. Äntligen hade de något konkret att sätta sig in i, äntligen visste de vad som låg framför dem. De hade funnit väntetiden plågsam, och den blev mer och mer outhärdlig för varje dag. Apati och depressioner satte in. Livet stod egendomligt stilla. Utanför taggtråden gick det normala livet vidare, men för männen i lägret hade det förlorat all mening; det fanns ingenting som kunde ersätta den utom vetskapen att ödet hade valt ut var och en av dem. För vad visste de dock inte. En krigskorrespondent som var isolerad i en annan förläggning, nära Glenns, fångade stämningen väl. »Den gjorde en ovillig att gå, att prata, äta och sova. ... Det var bara att vänta och vänta tills ens nummer kom upp«, skrev han. »Man hade inget sätt att bedöma det svarta tomrummet framför en. ... Det var inte fruktan man tyngdes av, utan ensamhet. En känsla av ohjälplig hjälplöshet. Man saknade identitet, var bara ett nummer som kastats ut i ett obestämt tomrum tillsammans med en miljon andra nummer.«

Men nu när de fått del i hemligheten kunde mannarna i Regina Rifles se hur ingående och detaljerat invasionen hade planerats. Det var utomordentligt lugnande att höra om de intensiva bombningar och det artilleribombardemang från flottan som skulle försvaga de tyska försvarsanordningarna redan innan de kom i land. Andra enheter skulle landstiga på ömse sidor om dem för att understödja dem. Det skulle bli luftlandsättningar med fallskärm och glidplan för att hjälpa till att öppna vägen. De var inte ovetande eller ensamma, och det kändes bra.

Detsamma gällde kamratskapet i plutonen och regementet. Alla kom de från Saskatchewan, och hade gemensamma hemorter och vänner. Gordon Brown, en av Glenns äldsta vänner, var också i Hiltingbury. De hade bott mitt emot varandra på en gata i Manor, gått i samma skola, tagit värvning tillsammans och tillsammans gått i officersskola i Victoria. När Gordon gifte sig med Jean 1941 var Glenn marskalk på bröllopet. I juni 1942 hade de korsat Atlanten, och delat mäss på ett trupptransportfartyg som ingick i en snabb konvoj som kunde smita undan ubåtarna. Det var den månaden som ubåtarna sänkte de flesta fartygen under hela kriget. Mitt i Atlanten hade de passerat en mycket långsammare konvoj på cirka hundra handelsfartyg. Senare hade de fått veta att ett upprörande stort antal hade misslyckats med att ta sig fram till Storbritannien. I England hade de båda vännerna sedan tillsammans genomlidit två år av väntan och ett oändligt antal landstigningsövningar.

Hiltingbury var inte något hem, men under omständigheterna var det kanske det näst bästa.

På Park Lane Hotel i London väntade en annan krigskorrespondent, en kanadensare, på sina order att förena sig med Glenn Dickin och de andra när de korsade Kanalen. Klockan nio på morgonen ringde telefonen. Rösten i andra änden sade: »Anmäl er i full fältutrustning halv fem i eftermiddag.« Medan hans jeep körde mot Southampton kände han sig upprymd och lättad, glad över att äntligen ha kommit i gång. Men när han tittade på den gröna lummiga landsbygden som susade förbi kändes det plötsligt som om han lämnade sitt hem. England hade varit ett bra land för kanadensarna, tänkte han.

I Madrid skickade den flitige Abwehr-officeren Karl Kühlenthal samma kväll över till Berlin mer bestickande information som han fått från Arabel, sin agent i Storbritannien. Den gällde ansamlingen av allierade styrkor i Sydengland. Kühlenthals begär efter framgång kom delvis från hans behov att visa sin duglighet för sina överordnade, som en gång hade betraktat honom med djup misstänksamhet. Den var grundad på att han delvis var av judiskt blod, ett pinsamt faktum som hade övervunnits endast genom att han var amiral Canaris' protegé. Denne hade ordnat med en särskild dispens som angav att han var arier. Sedan dess hade han odlat upp Arabel i Storbritannien och visat en anmärkningsvärd förmåga att klara av sin agents överspända och temperamentsfulla personlighet.

Kühlenthal hade ingen anledning att betvivla att Arabel levererade förstklassigt material. I kväll vidarefordrade han till exempel Arabels rapport om två stora nya amerikanska flygfält nära Ipswich, där uppemot sjuttio Liberator-bombplan kunde ses på startbanorna. Vidare fanns det åtskilliga belägg, i form av stridsvagnar, pansarbilar och truppförflyttningar, för en stor uppladdning i denna trakt i East Anglia. Allt detta pekade mot att den amerikanska 28:e infanteridivisionen hade anlänt dit. Dessa bevis kom från en av Arabels medhjälpare, en walesare med kodnamnet Dagobert, som Arabel hade rekryterat 1942 och som i sin tur hade flera egna medhjälpare. En av dessa hade också rapporterat att ett stort antal tältläger fanns dolda i skogarna i Kent; de hyste soldater från den amerikanska 59:e infanteridivisionen. »Såg hundratals fordon i detta område, märkta med den amerikanska ...«, lydde denne medhjälpares rapport innan den förvanskades vid sändningen och sedan försvann i etern. Allt detta var av oerhört stort värde. Så småningom lade Berlin ihop det pussel som skulle visa Eisenhowers invasionsplan.

Ett potentiellt än intressantare löfte var en annan notis som Kühlenthal skickade över den kvällen. Arabel hade nu börjat sitt nya arbete i London, och lämnade upplysningar inifrån om kommittén för politisk krigföring och dess propagandaarbete för Eisenhower och SHAEF. »Hittills«, rapporterade Arabel, »har inget direktiv utfärdats beträffande kommande operationer. ...

Jag hoppas att vederbörliga tyska organisationer, på basis av den information jag nu har skaffat genom denna länk, kommer att kunna ana verkliga avsikter från de allierade som ligger dolda bakom den officiella brittiska propagandan.« Kühlenthals stjärnagent tillfogade: »Jag tror fullt och fast att det därigenom, tillsammans med mina agenters rapporter, kommer att bli möjligt att i god tid få kännedom om viktiga allierade operationer.« Arabel hade uppenbarligen möjlighet att fullständigt avslöja de allierades hemliga D-dag.

Det var åtminstone vad Kühlenthal och hans herrar i Berlin trodde. Medan Arabel bländade dem med sina underrättelser från Storbritannien gjorde han dem också blinda för det faktum att han arbetade under inte bara en utan två underrättelseofficerare. Tyskarna trodde att Kühlenthal kontrollerade honom, men i själva verket var den som verkligen skötte Arabel en brittisk underrättelseofficer. Arabels verkliga lojalitet gällde hans brittiske kontrollofficer, inte Abwehrs man i Madrid.

Arabel var nämligen ingen annan än den brittiske dubbelagent som bar kodnamnet Garbo. Han var nyckelfiguren i den desinformationskampanj, Fortitude South, som Eisenhower samma dag talade om för Washington att han var så angelägen att skydda. Under nedräkningen till Dagen D skulle Garbo skänka de allierade en ovärderlig förgåva.

Historien om Garbo hade börjat tre år tidigare, när en kvinna tog kontakt med det brittiska konsulatet i Madrid och sade att hon kände någon som var intresserad av att arbeta för britterna genom att åka till Tyskland eller Italien för att genomföra spionageuppdrag. Närmanden av detta slag är synnerligen misstänkta – bakom dem ligger ofta fientliga underrättelsetjänster – och hennes erbjudande möttes av ett bestämt avslag. Flera månader senare fick den amerikanska ambassaden i Lissabon ett liknande erbjudande från samma kvinna, som till slut erkände att den tilltänkte frivillige var hennes make. I mars 1942 blev han slutligen intervjuad av en brittisk underrättelseofficer i Lissabon. Snart därefter smugglades han ombord på ett fartyg i Lissabon och förd till Gibraltar, varifrån ett sjöflygplan tog honom till Plymouth i Devon för ytterligare utfrågning.

England gjorde ett oerhört intryck på honom. »Jag kom fram«, mindes han, »när landet just skulle visa sig från sin bästa sida, när dagarna blev längre och solen, det lilla av den som finns vid den tiden av året, kikade fram genom molnen på himlen och välkomnade oss med sin värme och vänlighet.« Vid landningen möttes han av två män. Den ene presenterade sig som Mr Grey, men talade inte spanska. Den andre talade Garbos eget språk som en infödd. Sedan dess hade de båda etablerat ett osannolikt men utomordentligt samarbete, och spanjoren hade blivit en lysande dubbelagent. Det hade krävts en hel del tid och ansträngningar för att göra honom trovärdig för tyskarna, men frukterna av deras arbete var nu mogna att skördas.

Under tiden låg den väldiga invasionsflottan redo att börja sin storslagna färd. Två veckor tidigare hade Eisenhower fastslagit den 5 juni som Dagen D. Timmen T var bestämd till strax före gryningen. Det återstod nu bara sex dagar. Än en gång var det en varm dag i Pas de Calais; termometern visade 33 grader tidigt på eftermiddagen. Det blåste en frisk bris, och barometern föll en aning, men ingenting tydde på någon växling i detta mönster med utomordentligt väder och ett stilla hav. Föregående natt hade en attack med 95 tunga bombplan från RAF så gott som tillintetgjort en tysk radar- och radiostation utanför Cherbourg. Förstöringen av det viktigaste högkvarteret för den tyska signalspaningen i nordvästra Europa fullbordade en offensiv som börjat tre veckor tidigare för att utplåna tyskarnas fjärrvarningssystem mot en invasion. Tillsammans med ödeläggelsen av Luftwaffes flygfält nära stränderna i Normandie utgjorde den ett förlamande slag mot de tyska försvarsanläggningarna.

4. Ryktena går

Onsdagen den 31 maj

Betongkassunerna började sin långsamma färd ut ur de skotska hamnarna och styrde mot Engelska kanalen. De var avsedda att sänkas utanför den franska kusten för att tjäna som skyddande vågbrytare runt stränderna. Den första inlastningen av soldater på den väldiga armadan började nu längs Storbritanniens västkust. De skulle ha den längsta vägen till invasionen. Operation Neptune var i gång.

Djupt nere i tunnlarna under Portsdown Hill hade Veronica Owen sitt nattpass. Klockan var 1.35 på morgonen. Hon hade två och en halv timma kvar. För att bekämpa sin överväldigande sömnlust sträckte hon sig efter sin reservoarpenna. »Mina käraste kära«, började hon, och berättade för sina föräldrar hur hon läste *Lawrence av Arabien* och sina planer på att se *Madame Curie* på biografen i Fareham senare den dagen. Hon upplyste dem om en fnurra hon haft med en rumskamrat som hade lett till att de inte hade talat med varandra på två veckor. Till slut hade de blivit sams, men fiendskapen hade brutit ut igen samma natt, när de hade sitt gemensamma pass och grälade om vem som skulle sova i vilken säng. »Alltihop är väldigt komplicerat och fånigt«, erkände hon.

Trycket ökade i lottornas överfulla sovsalar. Det gjorde också något slags svårbestämd spänning på Fort Southwick som förebådade viktiga händelser. Veronica hade redan känt av den. »Om ni inte får något brev från mig på länge«, skrev hon, »så ska ni inte bli oroliga eller tro att jag har rest utomlands, eller gått till sjöss, eller är sjuk … Ryktena går på det här stället, och jag tror inte ett ögonblick på att det någonsin kommer att ske, men nu vet ni, vetja!« Veronica hade blivit grundligt tränad i sekretess under sin utbildning. Professionella skådespelare som tjänstgjorde i flottan spelade upp scener som skulle visa hur lätt man oförsiktigt kunde avslöja hemligheter. Sedan början av maj hade breven som lottorna hade skrivit utsatts för censur, och stämplats »Marinpost«. Censureringen gjordes slumpvis, och de flesta av Veronicas brev passerade orörda. Men detta öppnades, och stämplades för att visa att det hade blivit läst. Censorn tyckte uppenbarligen att det var harmlöst, men stämpeln gav hennes föräldrar en omisskännlig vink om att något stort var i görningen.

Veronica var menig och inte officer. Hennes arbete var att koda och tyda de signaler som sändes mellan fartyg till sjöss eller mellan fartyg och land. Alla sekretessbelagda signaler var indelade i någon av fem stigande kategorier, från den minst allvarliga, »Endast tjänstebruk«, över »Förtrolig«, »Hemlig«, »Kvalificerat hemlig« till »Hysch-hysch-hemlig«. De meniga arbetade med kategorin »Endast tjänstebruk«. Alla andra meddelanden, som var krypterade i mer avancerade system, togs om hand av officerare och krävde användning av krypteringsmaskiner. För sitt arbete med tjänstebruksmaterialet var allt Veronica behövde emellertid kodblad och en blyertspenna – och kvicktänkthet. Hennes vitsord beskrev henne som »Mycket bra« vad gällde inställningen och »Över genomsnittet« i arbetet.

Veronica och hennes familj visste mer än de flesta om nödvändigheten av diskretion och vaksamhet. Det var inte bara hennes tvillingbror som också var i uniform, båda hennes föräldrar var aktiva på var sitt slagfält. Kommendörkapten J.H. Owen var en pensionerad ubåtsofficer från första världskriget som nu skrev drabbningsrapporter för amiralitetet, och Veronica hade valt signal- och kodtjänst på grund av sin fars kontakter. Hennes mor skötte den Röda kors-avdelning i London som hjälpte krigsfångar från såväl örlogs- som handelsflottan. Dessförinnan hade hon arbetat för MI5. Det hade hon gjort redan under det första världskriget, och slutat först när spionjägarna 1940 flyttade ut ur London till Blenheim Palace i Oxfordshire för att undvika blitzen.

Veronicas föräldrar bodde nu på ett trångt hotell i Bayswater i London, efter att ha lämnat familjens hus i Hertfordshire. I själva verket var deras hotell föga mer än en förläggning att sova i när de inte var i tjänst. Familjen Owen var i krig.

Detsamma gällde familjen Schwender. Det var fortfarande tryckande hett i Nantes, och Walter Schwender hade än en gång badbyxorna på sig. Han blev förtjust när han läste i ett brev från sin mor, postat åtta dagar tidigare, att två av de tre paket han hade skickat från Frankrike med cigaretter och annat han inte behövde äntligen hade kommit fram. Han skrev skyndsamt ihop något dussin rader till svar på ett rutat papper han hade tagit från förrådet på expeditionen. »Vi vet inte vad vi ska ta oss till längre«, klagade han. »Det är så hett!« Det var det dock inte för hans mor. Hon klagade över kylan därhemma.

»Hemma« var Altstadt nära gränsen till Frankrike, en by med några hundra invånare omkring tre mil från Saarbrücken, huvudstaden i Saar. Dess kolgruvor och masugnar hade lämnats till Frankrike i Versaillesfördraget 1919 som gottgörelse för krigsskador, medan den politiska kontrollen gavs till Nationernas förbund. Även om Altstadt låg på landsbygden, och många ägde åkermark eller höll höns och grisar, arbetade de flesta i någon gruva eller något smältverk i närheten. Hemmet, där Walter föddes i mars 1924, var typiskt, med ett stall och ett tråg för grisarna på gården utanför. När han var elva år gammal hölls en folkomröstning om Saars återgång till Tyskland. På gatorna hängde tyska flaggor, och en flagga med nazisternas hakkors fladdrade i det stora kastanjeträdet i familjen Schwenders trädgård. Nittio procent av befolkningen röstade för att återvända till Tyskland, ett utslag som hälsades med vanvettig nationalistisk yra överallt i Tredje riket. Allt detta utgjorde en mäktig bakgrund till den unge Walters politiska fostran.

Han mindes också andra saker om sin hemstad, till exempel vattnet, som var så friskt och gott, alldeles olikt den bräckta vätska som kom från kranarna i Nantes. Altstadts vatten smakade också bättre än den roströda vätska som kom gurglande ur kranarna där hans föräldrar bodde nu. De hade tillfälligt flyttat österut när fadern, Wilhelm, hade blivit förflyttad i sitt arbete. Schwender den äldre var försäljare, med inriktning på byggnadsmateriel. Som affärsman i liten skala under åren före Hitlers uppstigande till makten hade han varit en avvikare i Altstadt, där flertalet arbetare röstade på kommunisterna, det starkaste politiska partiet i byn. Han hade tidigt blivit medlem i nazistpartiet, långt innan det blev till nytta för att få ett arbete. Nu arbetade han för I.G. Farben, världens största kemiföretag. Dess produktion av syntetiska bränslen och gummi passade väl in i Hitlers vision om ekonomisk självständighet för Tyskland. 1933, det år då han grep makten, var bolaget den största bidragsgivaren till nazisternas partikassa.

1940 anade man på I.G. Farben att ett krig skulle komma mot Sovjetunionen, och med bistånd från ss började man i hemlighet bygga ännu en fabrik för tillverkning av metanol och syntetiskt gummi. Man lät sig lockas av generösa skatteavdrag, riklig tillgång till råmaterial och utsikter till billig arbetskraft, och valde ett läge intill ett koncentrationsläger för politiska fångar. Det skulle med tiden bli I.G. Farbens största enskilda projekt, med en kapitalinvestering på nästan en miljon riksmark. Wilhelm Schwender hade skickats dit, och senare kunde hans hustru Ella och barnen förena sig med honom där. De bodde i ett litet hus utanför fabriksområdet, nära järnvägsspåren. Walter var väl bekant med det, eftersom det var dit han reste på sina få permissioner. Det var därför han visste att vattnet smakade rost.

Platsen som hans föräldrar nu kallade sitt hem låg i Oberschlesien, den tidigare tyska del av Polen som annekterats av Hitler. Polackerna kallade staden Oświęcim, men Walter kände den vid dess tyska namn – Auschwitz.

»På ena eller andra sättet kommer du att få ett kors«, lydde ett skämt inom den franska motståndsrörelsen – antingen ett krigskors eller ett gravkors. André Heintz hade redan en gång sluppit undan med knapp nöd när hans kontaktman i Caen hade gripits.

Lyckligtvis hade deras sekretess varit god, och Yvon hade inte knäckts av Gestapos tortyr. Men man visste aldrig, och var aldrig säker på vem man kunde lita på. Den axel deras skuggvärld snurrade kring rymde förräderi likaväl som kamratskap.

I dag var André på läroverket och undervisade i engelska, medan hans far cyklade ut till deras koloni för att så tomater. Tusentals friska och starka fransmän som kunde ha arbetat på åkrarna och i fabrikerna var i Tyskland som tvångsarbetare. André kunde ha hört till dem. I juni 1943 hade han fått order att anmäla sig för att arbeta på ett dammbygge utanför Frankfurt an der Oder. I stället hade han lämnat sitt hem och vistats på en gård nära hans mormors hus på Cherbourghalvön, där han hade hjälpt till med höbärgning och äppelplockning. Ett halvår senare hade han återvänt hem, efter det att en vän på arbetsförmedlingen i Caen hade smusslat över hans registerkort till kategorin »arbetsoduglig«.

Med våren blev svårigheterna i Normandie ännu värre, särskilt i Caen. Trakten var rik på mjölkprodukter, och exporten av mjölk och ost, särskilt till Paris, var en hörnpelare i dess ekonomi. Men på senare tid hade de allierades bombningar skurit av huvudstaden som marknadsplats. Allt kött och all mjölk som fanns rekvirerades av tyskarna, framför allt för att försörja de tvåhundratusen man som de nu hade stationerade i Normandie. Den svarta marknaden blomstrade, och priserna hade skjutit i höjden. Över hela Frankrike blev ransoneringen värre. Folk gick i sjabbigare kläder, deras skor höll på att bli utslitna, livsmedelsköerna blev längre och svartabörshajarna rikare. Gatorna var i stort sett tomma på bilar, men fulla av cyklar, och det rådde en renässans för hästskjutsar. Tågen gick glest och var överfulla, och runt Paris och i hela norra Frankrike gick de försenade eller inte alls. Folk improviserade, klarade sig, överlevde. Tuberkulos- och poliofallen ökade. Det normala livet inrymde nu det avvikande och det förvända. Motståndsrörelsen hade stadigt vuxit, och var 1944 knuten till de allierade i London. de Gaulle hade skapat de franska inrikesstyrkorna, under general Henri Koenig, den hjältemodige befälhavaren för de första fria franska trupperna som kämpade vid britternas sida i Nordafrika. Koenig hade sin bas i London och samordnade nu striderna bakom fiendens linjer med Eisenhowers högkvarter. Frankrike var indelat i motståndsområden. Normandie bar beteckningen »M«.

Det effektivaste underrättelsenätet i Normandie bar kodnamnet Century. Det finansierades och understöddes av Storbritanniens Secret Intelligence Service (sis, även känt som mi6), men rapporterade till en officer vid de fria franska styrkorna i London med kodnamnet »överste Rémy«, eller helt enkelt »Rémy«. Century, som leddes av en cementhandlare i Caen med skickligt bistånd från distriktets överingenjör för vägar och broar, räknade till slut mer än femtonhundra agenter. Många hade officiella resetillstånd och legitimt tillträde till statliga ämbetslokaler, och de samlade in mängder av ovärderliga upplysningar om tillståndet i Normandie. Nätets flottaste kupp gjordes av en modig och kvicktänkt dekorationsmålare. När han målade väggarna i en tysk expedition i Caen upptäckte han på ett skrivbord en bunt topphemliga blåkopior av Atlantvallen. Han gömde dem snabbt bakom en spegel, och lyckades återvända senare och smuggla ut dem. Till slut kom de till London, gömda i en kakburk med *crêpes dentelles*, en specialitet från Bretagne. Burken fraktades av en läckande gammal hummerbåt som gick från Pont-Aven till fiskebankarna utanför Lorient, där den sammanträffade med en brittisk trålare som användes för särskilda uppdrag – en del av den hemliga flottilj av små båtar som mi6 skickade fram och tillbaka över Kanalen. Sedan dess hade London skickat en ström av önskemål om detaljerade upplysningar. Nära knuten till Century var ocm, som rekryterade sina medlemmar bland akademiker och ämbetsmän. Men Abwehr och Gestapo hade i skoningslösa razzior gripit aktivisterna i ocm tills, nu i maj 1944, de flesta av dess ledare var häktade, döda eller på flykt.

Tillkomsten av ffi ökade tempot i motståndskampen och skärpte tyskarnas ansträngningar att slå ned den. Det fanns en handfull livsfarliga franska kollaboratörer som samarbetade med nazisterna, och de tog sig ofta in i de hemliga nätverket. De tyska åtgärderna kunde vara brutalt hårda. Efter det mönster som Nantes redan fått uppleva hade en gisslan på åttio personer från Normandie 1942 deporterats till Auschwitz, som vedergällning för ett sabotage mot ett tyskt trupptransporttåg. Genom insatser från en mullvad från Abwehr känd som »Raoul från Normandie« hade de flesta av de gömställen där gerillan hade sina vapenlager upptäckts och förstörts.

Till råga på allt greps general Koenigs främsta militära ombud i Normandie av Gestapo denna dag, bara sex dagar före Dagen D. Ledaren för motståndsrörelsen i området gick omedelbart under jorden. En ny våg av fruktan, otrygghet och misstänksamhet svepte genom rörelsen. Strax före D-dagen hade den underjordiska rörelsen i Normandie praktiskt taget fått huvudet kapat.

André Heintz fick en aning om allt detta, men gick lyckligtvis fri från följderna. Han var inte ens medveten om att de män han arbetade för var medlemmar i OCM. Ju mindre han visste om det desto tryggare var både han och de, och han var noga med att aldrig fråga. För honom räckte det att veta att han arbetade för de Gaulle för att befria Frankrike.

En annan sak André inte visste var att Eisenhower så sent som i dag hade ändrat åsikt om hur den franska motståndsrörelsen skulle användas på D-dagen. Hittills hade planeringen avsett att ta motståndsgrupperna i anspråk enhet för enhet och område för område. Men i dag beslöt man att göra processen kort med alla dessa planer och skicka ut de avgörande BBC-budskapen alla på en gång. Ett skäl till detta var den välgrundade oron att så många fransmän var ivriga att gå till aktion att det helt enkelt inte skulle fungera att kalla ut dem stegvis. Motståndet skulle flamma upp spontant i samma ögonblick som de allierade landsteg. Ett annat var en önskan att tyskarna redan från första början skulle behöva ta alla sina resurser i anspråk. På så vis skulle förstärkningar som skickades till brohuvudet bli försenade. Men det mest avgörande skälet var att bara en allmän resning skulle se till att tyskarna fortsatte gissa om det verkliga målet för de viktigaste landstigningarna.

Med andra ord var uppropet till den franska motståndsrörelsen om en allmän resning ett väsentligt stöd för desinformationskampanjen, som Eisenhower nu såg som avgörande för hela företaget.

Efter ett par nätter i det säkra gömstället ägnade Sonia d'Artois större delen av dagen åt att cykla tillsammans med Sydney Hudson längs lugna småvägar till hans bas vid Château des Bordeaux ungefär två mil bort. Landet var platt och lättcyklat, men hon bar fortfarande de kläder hon hoppat i och fann dem obekvämt varma. Hennes axel värkte fortfarande mycket. De vilade ofta i skuggan. Det var en besvärlig tur, men hon hade härdats av åtskilliga ansträngande träningsmarscher genom de oländiga bergen och dalarna i Skottland.

Det var inte det enda arvet från hennes SOE-kurs. Den första dagen på Wanborough House, det herresäte i England där den första gallringen av rekryterna ägde rum, hade hon förts in i salongen tillsammans med omkring trettio andra rekryter, som alla bar en nummerlapp om halsen. »Vem skulle ni välja att tillbringa fyrtioåtta timmars permission i London med«, frågade instruktören. Sonia hade redan upptäckt en man i gruppen med mörkt hår och välsittande uniform, och skrev ner hans nummer. Attraktionen var ömsesidig, för det visade sig att han hade skrivit ner hennes. I Skottland blev han ledare för hennes lag.

Guy d'Artois var franskkanadensare från Quebec och sju år äldre än Sonia. Han hade fått sin förberedande träning vid Camp X, SOE:s träningsläger i Kanada, där tänkbara agenter från Nord-, Central- och Sydamerika genomgick sina lämplighetsprov. De var båda fascinerade av sprängämnen. Efter den tidiga reveljen blev de regelbundet utskickade med en angivelse på kartan och en order att spränga en bro någon mil bort, på andra sidan bergen. Sonia var hopplös som kartläsare, men Guy var expert, och de bildade snart ett särskilt litet lag. Guy började ge henne privata kartläsningslektioner i ett trivsamt rum med en stor fin öppen spis. När de kom tillbaka till London gifte de sig, vilket väckte en hel del irritation inom SOE. Överste Maurice Buckmaster, chefen för den franska sektionen, försökte avråda henne, men efter en blick på hennes bestämda ansiktsuttryck kastade han in handduken.

Efter en uppsluppen bröllopsmottagning på RAF Club på Piccadilly hade Buckmaster gett dem en chock. Sonia och Guy hade blivit förberedda för ett uppdrag tillsammans, men Buckmaster bestämde att detta inte var tillåtet nu när de var gifta. Om de greps, och Gestapo fick veta att de var gifta, skulle en av dem kunna bli torterad inför den andra. »Jaså minsann! Då blir det inget alls av för min del«, hade en rasande Sonia utbrustit. Men hon ändrade sig snart. När hon följde Guy till det plan som skulle flyga honom till hans uppdrag som sprängningsexpert i en SOE-krets nära Mâcon, i östra Frankrike, träffade hon Buckmaster som stod på startbanan. »Jag beklagar, Toni«, sade han, och använde hennes smeknamn, »men låt mig veta om det är något jag kan göra.« Hon hade genast bett honom att ge henne ett uppdrag så snart som möjligt.

Det var därför hon nu fann sig traska i terrängen i sina skamfilade gamla skidpjäxor tillsammans med Hudson. Hon undrade vad Guy gjorde i detta ögonblick.

Hennes inre var dessutom i kaos. Första gången hon träffat Sydney Hudson, i London, hade hon blivit oerhört attraherad av honom, bara för att få veta att han var gift. Sedan hade hon gift sig med Guy, men hennes känslor för Hudson hade inte ändrats. Ingen hade talat om för henne att hon skickades för att arbeta med honom i Frankrike. Allt hon hade vetat innan hon hoppade var hans kodnamn, »Albin«. Hon hade blivit alldeles mållös när han dök upp på bondgården. Gud, hade hon tänkt, hur ska jag klara av det här? Lösningen hade inte blivit lättare att finna sedan dess.

I Oslo började ett nytt farligt skede i motståndet mot naziststyret. För tio dagar sedan hade tyskarna beordrat alla norrmän mellan tjugoett och tjugotre att registrera sig för tvångsarbete. Så många hade vägrat att slutdatum för registreringen hade flyttats. Tidsfristen hade löpt ut så sent som dagen förut. Följande natt sprängde sabotörer en stor fabrik i staden som tillverkade transformatorer, generatorer och annan elektrisk utrustning. Mindre attacker ägde rum över hela landet; arbetsförmedlingar var ett populärt mål. Vitt spridda rykten cirkulerade att nazisterna snart skulle tvinga varenda norrman att skriftligt svara på frågan: »Är ni *för* att överlämna Norge till bolsjevikerna?« Detta var ett ämne som alltmer betonades i nazistkontrollerade tidningar över hela Europa. I Norge talade ledande quislingar i denna sak över hela landet.

Petter Moen, som nekats tillgång till radio och tidningar, visste ingenting om detta. Utanför hans cell blev dagarna i den norska försommaren märkbart längre, allteftersom solparabeln blev flackare och solen hängde över horisonten nästan till midnatt. Om två till tre timmar skulle dess glöd sakta åter bli starkare, för att driva undan mörkret, kasta sitt bleka nordiska ljus över landskapet och lysa upp staden bortom hans fönster. I den stränga mörkläggningen var Moen och hans cell försänkta i en deprimerande skymning. Hans dagliga rutin inskränkte sig nu till att tala med cellkamraterna, eller avskärma sig från dem och försöka skapa en liten nisch av personligt livsrum, förlika sig med sitt öde och föra sin dagbok.

I dag prickade han bara in de stora dragen i sitt dagliga liv, klagade över oljudet i cellen och noterade att enda gången han så mycket som kände frisk luft mot ansiktet var de femton minuter en gång i veckan när han fick sträcka på kroppen i en liten »friluftscell«, en trång inhägnad med stängsel bakom fängelset. Varannan eller var tredje vecka fick han bada, och en gång i veckan fick han huvudet rakat av fängelsets barberare. Denne var en landsman som även arbetade i andra fängelser, och Moen försökte ofta pumpa honom på nyheter från världen utanför. Men mannen var rädd att mista sitt privilegierade arbete och höll envist tyst. Ibland lovade han att smuggla in en extra brödbit eller lite tobak, men han höll aldrig dessa löften heller. Vid det här laget såg Moen honom som nästan lika usel som en aktiv samarbetsman.

Hans riktiga liv tycktes ofta ha stannat kvar i det förflutna.

Nu vaknade han halv sju varje morgon, åt middag vid tolv, kvälls-
mat vid halvsex och låg på sin brits vid åtta. Ingen annan värld
existerade.

I London hade man i stället ögonen stadigt riktade mot fram-
tiden. Det var inte bara de allierades obönhörliga framryckning
mot Rom, inte heller de ökande förväntningar som ställdes till
den kommande invasionen som dominerade tidningsrubrikerna.
Horisonten låg längre bort än så, och själva freden hade blivit ett
ständigt spekulationsämne. Annonserna i Times återspeglade för-
hoppningar om framtiden. I dag fanns det en som lovade att
brittiska bussbolag, så snart krigstidskontrollerna togs bort, än en
gång skulle visa vilket ojämförligt värde passagerartransport på
landsväg, ägd och skött av privat företagsamhet, hade för sam-
hället. Roche Vitamins påstod att de tonvis med vitaminer som
producerats under kriget banade väg för bättre hälsa i framtiden
för alla människor. De blandade annonserna utbjöd optimistiskt
modelljärnvägar av märket Hornby till salu åt en ny generation
barn. Utförligt återgavs president Roosevelts offentliga fun-
deringar på senare tid kring utformningen av den organisation,
Förenta nationerna, som skulle komma efter kriget. Nya utsikter
för Indien förebådades med detaljer ur Bombay-planen för natio-
nell utveckling.

Även det dagliga livets beskaffenhet var tillräckligt normal för
att man skulle kunna tänka sig en framtid utan krig. Gunby Hall i
Leicestershire donerades till National Trust. Baletten vid Sadler's
Wells framförde *Svansjön*. Ingenjörernas fackförbund firade sitt
tjugofemårsjubileum, och hoppades snart kunna införliva ytter-
ligare nio förbund. Krigsfångar hade nyligen återvänt från Tysk-
land i utbyten som organiserats av Röda korset. Sydrhodesia
förebådade utvecklingsplaner som utlovade en »stor framtid för
immigrationen«. På börsen gick det bra; industriaktierna gick
starkt uppåt, särskilt textilfirmorna och biltillverkarna, som redan
avslöjade planer på expansion efter kriget. Detsamma gällde i
New York, där en livlig handel slutade med stabila kurser. British

Portland Cement ökade sin utdelning, och i Londons City var man positiv till en statlig vitbok om den arbetsmarknadspolitik som skulle föras efter kriget. Även de upptåg som två apor, Jack och Jill, hade för sig tycktes förebåda att mer bekymmerslösa tider var på väg tillbaka. De hade rymt från en vildavästernföreställning på Hampstead Heath under pingsthelgen, och tagit sin tillflykt sex meter upp i en stor bok. Sedan dess hade deras skötare tålmodigt suttit nedanför med en stor bur och krympande förhoppningar. Under mörkläggningen föregående natt hade aporna klättrat ner från sin lummiga tillflykt, stoppat i sig kakorna och mjölken och kilat tillbaka upp till säkerheten. Under tiden hade föreställningen lämnat staden. En skara samlades för att heja på Jack och Jill.

Även familjen Churchill var i krig, varenda en. Tillsammans med Randolph deltog Churchills övriga barn alla i krigsansträngningen, och det gjorde också hans hustru. »Min mest lysande prestation«, skrev Churchill, »var att övertala min hustru att gifta sig med mig.« Hans trettiofemåriga äktenskap med Clementine Crozier hade gett honom ett fast emotionellt ankare under hans ofta stormiga politiska karriär, och lett till fyra nu vuxna barn.

Diana, deras äldsta barn, var gift med Duncan Sandys, parlamentsledamot och ordförande i krigskabinettets kommitté för försvaret mot Hitlers V-vapen. Själv var hon civilförsvarsupp-syningsman. Sarah, deras tredje barn, var en tjugonioårig skådespelerska som gjort sin första film, *He Found a Star*, 1940. De senaste tre åren hade hon arbetat som flygfotoanalytiker för RAF, och hjälpt till med att bygga upp det panorama av informationer som var så viktigt för Dagen D. Yngsta barnet, den tjugoettåriga Mary, var lottaofficer vid ett tungt luftvärnsbatteri i Hyde Park. »Jag gillade skarpt att se henne ge order när flickorna skötte instrumenten, och männen som bemannade den stora kanonen så fort de kunde snurrade på rattarna för att svänga kanonen och rikta dess eldrör upp mot himlen«, skrev hennes brorson, Winston Churchill junior.

Vad familjens matriark beträffade var Clementine en formidabel personlighet som inte var rädd för att tala rent ut till sin make, och som ibland återkallade honom till ordningen när stress och otålighet gjorde hans uppträdande outhärdligt. Förutom sin tunga börda av officiell representation var hon djupt engagerad i Röda korset, KFUK och det amerikanska sällskapet för bistånd till det krigsdrabbade Storbritannien (*British War Relief Society of America*), som tidigare under kriget hade hjälpt till med att organisera ett välgörenhetsprogram kallat »Paket till Storbritannien«. Hon grundade också Churchillklubben, nära Westminster Abbey, där akademiskt utbildade män och kvinnor i de amerikanska och kanadensiska trupperna kunde träffa sina brittiska kolleger för att äta, dricka och lyssna till konserter. Hon var delaktig i alla Churchills hemligheter, inklusive den om Dagen D.

Churchills politiska dagordning dominerades i dag av vad som skulle göras *efter* kriget, även om han började dagen med att instruera general Alexander att utnyttja Roms förestående fall till det yttersta. Det var, förklarade premiärministern, »en händelse av ofantlig, världsomspännande betydelse, som inte fick underskattas. Jag hoppas att britter och amerikaner går in i staden samtidigt.« När den saken var ur världen riktade han sin uppmärksamhet mot ett antal bekymmersamma internationella frågor.

Den mest svårhanterliga gällde Polen. Storbritannien hade gått i krig mot Hitler på grund av hans invasion av detta land 1939. Tusentals polacker kämpade vid de allierades sida, och en underjordisk armé i hemlandet var redo för en folklig resning. Men Storbritannien hade en annan och mäktigare bundsförvant – Sovjetunionen, Polens granne i öst. De polsk-ryska relationerna hade förstörts av århundraden av hat och misstänksamhet. Polen hade vunnit sin existens som självständig nation efter första världskriget till stor del på Rysslands bekostnad, och efter Molotov-Ribbentrop-pakten 1939 hade Stalin tagit tillbaka större delen av östra Polen. Fast besluten att förstöra kärnan i det polska folkets motstånd hade NKVD, Sovjetunionens hemliga polis, därpå mördat tusentals polska arméofficerare och grävt ner dem i en undangömd massgrav i Katynskogen. Mot polackernas hårdnackade motstånd krävde Stalin nu en ny gräns mot Polen efter kriget, och en regering som var vänligare stämd mot Moskva. Allt fientligare till exilpolackerna i London hade han nyligen satt upp en prokommunistisk skuggregering i de befriade områdena av Polen. Framtiden för det land Storbritannien hade gått i krig för fem år tidigare framstod nu som en av de besvärligaste frågorna mellan de allierade i kriget.

Churchill hade hamnat i knipa. Han respekterade och beundrade polackerna för deras mod och motståndsvilja, men ännu mer behövde han Röda armén för att besegra Hitler. Särskilt nu, när Dagen D var i annalkande, hade han ingen lust att stöta sig med Moskva. I dag åt han lunch med Stanisław Mikołajczyk, den polske premiärministern, och efteråt tillstötte den polske ambassadören i London, greve Edward Raczynski. »Detta var det första möte vi hade när jag började undra om Churchill var överansträngd«, noterade Raczynski, när Storbritanniens ledare manade polackerna att överge sin antisovjetiska hållning, och sade att de inte kunde vänta sig att brittiska och amerikanska soldater skulle riskera livet för dem om polackerna insisterade på att driva in en kil mellan västnationerna och Moskva. Churchill vidhöll att det var bättre att först vinna kriget och sedan försvara Polens intressen genom Förenta nationerna.

Även Balkanländernas framtid orsakade huvudbry. Också här väckte Röda arméns framryckning oro. Skulle Bulgarien, Rumänien och Grekland alla hamna under hammaren och skäran? Churchill hoppades att de inte skulle göra det. Kunde man kanske föreslå Stalin ett avtal om inflytelsesfärer genom vilket ryssarna kunde ta Rumänien i utbyte mot att Grekland förblev i det västliga lägret? Han maskerade kompromissen som en tillfällig krigstida lösning, men det gick inte att lura i någon att den inte skulle förebåda ett fördrag i fredstid. Han skisserade sin idé i ett telegram märkt »Personligt och kvalificerat hemligt«, och skickade denna förmiddag iväg det till Roosevelt i Washington.

Som om inte detta var nog vad gällde världen efter kriget satt

Sonia Butt och Guy d'Artois
på sin bröllopsdag i april
1944. SOE ville inte gärna
skicka gifta agenter i fält
tillsammans, eftersom man
ansåg att de skulle bli sär-
skilt sårbara för Gestapos
förhörsmetoder om de blev
tillfångatagna. (*Foto tillhörigt
Sonia d'Artois*)

Det förfalskade identitets-
kort som Sonia d'Artois
använde i Frankrike.
Med dess hjälp lyckades
hon tryggt passera
många tyska vägspärrar.
(*Imperial War Museum*)

Sydney Hudson, ledare för SOE:s Headmaster-grupp. Han arbetade ihop med Sonia d'Artois, och fruktade att Dagen D hade kommit innan hans nät var fullt förberett. (*Special Forces Club*)

SOE och den franska motståndsrörelsen lämnade sitt bistånd till landstigningarna på Dagen D genom att sabotera järnvägar och telekommunikationer. (*The National Archives, Kew*)

Försäkringsstatistikern Petter Moen – här med kamrater i motstånds-rörelsen – blev redaktör för London Nytt, en av Norges viktigaste underjordiska tidningar. (*Norges Hjemmefront-museum, Oslo*)

Här arbetar Moen (längst till vänster) vid de hemliga pressarna. (*Norges Hjemmefront-museum, Oslo*)

I Gestapocellen hade delade med två andra fångar prickade Petter Moen varje dag in anteckningar i sin hemliga dagbok. (*Norges Hjemmefrontmuseum, Oslo*)

Infanterilöjtnanten Glenn Dickin hade aldrig varit utanför Kanada. När han hade hemlängtan efter prärien under träningen för Dagen D sökte han upp sina engelska släktingar. (*Foto tillhörigt Glenn Dickins familj*)

Bill Tucker, en alltigenom amerikansk kille från Boston, tränade i Georgia med 82:a flygburna divisionen för sitt hopp i Frankrike på Dagen D. (*Foto tillhörigt Bill Tucker*)

Sitt ungdomliga utseende till trots utförde Veronica Owen ett allvarligt och ansvarsfullt arbete på fort Southwick. (*Foto tillhörigt Veronica Owens familj*)

Djupt nere i Fort Southwicks tunnlar var marinlottorna nödvändiga för det flöde av kommunikationer som stöttade Operation Neptune. (*Imperial War Museum*)

Walter Schwender (till vänster) njuter av ett bekymmersfritt ögonblick med sina kamrater i Frankrike. *(Foto tillhörigt Walter Schwenders familj)*

Såväl Walter Schwender som hans bror Karl var tjugo år gamla när de stupade. Detta är den dödsnotis som familjen satte in, »i djupaste sorg«: »För Führern, det tyska folket och fäderneslandet har båda våra älskade och ädla pojkar offrat sig och gett sina liv.« *(Foto tillhörigt Walter Schwenders familj)*

Für Führer, Volk und Vaterland, haben sich unsere beiden lieben, braven Jungens geopfert und ihr Leben gelassen. Unser ältester Sohn und Bruder

SS-Grenadier

Karl Schwender

gefallen am 15. 2. 1943 im Alter von 20 Jahren im Osten und sein Bruder, unser zweiter Sohn

Gefreiter

Walter Schwender

gestorben am 15. 9. 1944 an einer schweren Verwundung in einem Kriegslazarett im Westen im Alter von 20 Jahren.

In tiefstem Schmerz:
Familie Wilhelm Schwender.
Altstadt-Saar, z. Z. Auschwitz/OS, den 17. Oktober 1944

Skolläraren André Heintz längtade efter handling men anvisades det fridsamma hemliga uppdraget att samla information. *(Foto tillhörigt André Heintz)*

Ett av resultaten av hans uppdrag: en tysk bunker fotograferad i hemlighet av Heintz i Caen. *(Foto tillhörigt André Heintz)*

I en kristallmottagare gömd i en spenatburk lyssnade Heintz till kodade instruktioner som sändes från London. *(Foto tillhörigt André Heintz)*

Gömd i sitt lilla rum i Paris hörd Albert Grunberg nyheten om D-dagens landstigningar i sin radiomottagare. (*Collection R. Grimberg*)

Juan Pujol, mästaren i desinformation, känd för de allierade som »Garbo« och för tyskarna som »Arabel«. (*The National Archives, Kew*)

han klockan sex den kvällen som ordförande i ett sammanträde i krigskabinettet. Det tyngdes av en liknande förtretlig dagordning. Efter en lång irriterad diskussion om ett oljeavtal med Förenta staterna efter kriget måste han till slut gå med på att Storbritannien, för att skydda sina intressen, skulle inta en hårdare position gentemot Washington. Denna punkt följdes av en som gällde kontrollen av sjöfarten efter kriget, och efter den kom en rapport om författningsändringar för kolonierna på Malackahalvön och Borneo efter deras befrielse från japanerna.

Det var inte förrän alldeles i slutet av sammanträdet som Churchill tog upp Dagen D. En fråga gällde Eisenhowers begäran om fortsatt stopp för den diplomatiska korrespondensen till ett bra tag efter landstigningarna. Den andra var vad man skulle göra med de Gaulle. Diskussionen blev barmhärtigt kort. Churchill hade redan gett efter för Eisenhowers argument beträffande desinformationen, och den diplomatiska korrespondensen skulle förbli inställd till Dagen D plus 7, för att då tas i nytt övervägande. Han hade också beslutat att omedelbart inbjuda de Gaulle till London. Stabscheferna var fortfarande häftigt emot denna idé, men Eden talade kraftfullt *för* den och fick nu stöd av Churchill. Så snart sammanträdet med krigskabinettet var över skickade han ett inbjudningstelegram till Alger.

Churchill gjorde alltid sina utspel med ett ess i rockärmen; de flesta medlemmarna i hans krigskabinett fick ju inte Ultra-signalerna, och kände inte ens till deras existens. I dag var hans kort ännu intressantare än vanligt. Det var särskilt en sak som kunde förklara varför han slutligen hade kommit fram till ett beslut om Eisenhowers begäran.

De uppsnappade meddelandena var som vanligt fulla av uppmuntrande rapporter från den italienska fronten. General Eberhard von Mackensen, chef för tyskarnas 14:e armé i Italien, klagade över att hans trupper hade blivit »svårt tilltygade« och varnade sina överordnade i Berlin att stridsmoralen snabbt försämrades, särskilt bland underofficerarna. Detta fick Churchill att hoppas att Rom skulle kunna falla ännu snabbare än väntat.

Men det var inte det som var Churchills ess. Det var ett annat budskap i C:s låsta låda, och det var inte någon militärt meddelande alls utan ett i »blått omslag«, det vill säga ett diplomatiskt budskap, ännu ett avslöjande resultat av den utomordentligt framgångsrika forceringen av de japanska chiffren. Detta var rent guld.

Baron Hiroshi Oshima var Japans ambassadör i Berlin. Fyra dagar tidigare hade han besökt Berghof, och där tillbringat två timmar med att lyssna till Hitlers senaste åsikter om det militära läget. Oshima återvände sedan till Berlin, och sände därifrån ett telegram i sju delar till Tokyo, i vilket han rapporterade vad han hade hört. De allierades forcörer hade fått fram delar av det långa meddelandet, även om en del av det var borta. Det spelade mindre roll. Det Churchill läste den kvällen i sin bunker i Whitehall lugnade honom på en punkt som på senare tid hade ingett honom och hans stabschefer de värsta farhågor.

Enligt Oshima trodde Hitler att det nu fanns åttio divisioner i England redo för invasion. Detta var en femtioprocentig överskattning – goda nyheter för Churchill. Det betydde att tyskarna med säkerhet väntade sig fler offensiver än de allierade faktiskt planerade. Hitler hade i själva verket gått vidare till att måla upp ett scenario som hade en tilltalande likhet med den bild som desinformationskampanjen inpräntade. »Efter att ha genomfört avledningsoperationer i Norge, Danmark, södra delen av Frankrikes västra kust och den franska Medelhavskusten«, rapporterade Oshima att Führern sagt honom, »skulle de upprätta ett brohuvud i Normandie eller Bretagne, och efter att ha sett hur det gick skulle de ge sig på att upprätta en verklig andra front vid Kanalen.«

Hitlers omnämnande av ett allierat brohuvud i Normandie var bara en sista av en rad alarmerande rapporter om att hemligheten med Dagen D kunde ha läckt ut. Tidigt i maj hade Churchill blivit allvarligt oroad när kodknäckarna på Bletchley Park dechiffrerade en Luftwaffe-signal som med ledning av RAF:s bombningar i Frankrike förutsade att de allierades huvudlandstigning skulle äga rum mellan Le Havre och Cherbourg, vilket strängt taget betydde Normandie. Han hade fått stora skälvan, och hade ansatt både C och stabscheferna om fler rapporter, och om lugnande besked. Allt de kunde göra vara att påpeka att det inte fanns något som bevisade att det tyska överkommandet, eller ens von Rundstedt i Paris, delade Luftwaffes åsikt. Men han yrkade ständigt på att allt måste göras för att förvilla fienden.

Churchills och hans stabschefers oro hade förvärrats under de föregående två veckorna, när underrättelser avslöjade att tyskarna förstärkte sin front i Normandie genom att flytta den 21:a pansardivisionen till Caen och öka mängden marktrupper på Cotentin. Så sent som för två dagar sedan hade underrättelsenämnden själv dragit slutsatsen att tyskarna nu betraktade området runt Le Havre och Cherbourg som »en trolig angreppspunkt, kanske den viktigaste«.

Det kunde alltså tyckas som att Oshimas rapport, med Hitlers omnämnande av ett brohuvud i Normandie eller Bretagne, gav anledning till oro, och den skickades därför med högsta prioritet till både de chefer som ansvarade för D-dagen och till Churchill. Vid eftertanke och närmare analys lämnade den emellertid gott om lugnande besked. Den visade att Hitler enbart *gissade* mellan Normandie och Bretagne, och sedan bestämt höll på Pas de Calais som fokus för den *verkliga* invasionen. Detta gjorde Fortitude South ännu viktigare, och förklarade varför Churchill hade gått med på Eisenhowers begäran. Ett kvarstående förbud mot kommunikationer efter Dagen D skulle uppmuntra Hitler att tro att ett andra anfall var på väg, och därför vägra att skicka sina trupper till det verkliga brohuvudet i Normandie. Fortitude South – det var Churchill nu säker på – hade sin magiska effekt till och med i själva Berghof.

Även Eisenhower kände till Hitlers yttranden på Berghof. För de allierades överbefälhavare var det sista dagen på Bushy Park innan han flyttade till sin framskjutna bas nära Portsmouth. Han telegraferade till Washington för att än en gång understryka det livsviktiga behovet av att hemlighålla byggandet av de så kallade

Mulberries. Detta var väldiga ihåliga betongkonstruktioner (somliga över sextio meter långa) som skulle bogseras över Kanalen och sänkas utanför de grunda stränderna i Normandie, för att bilda »hamnar« där de allierades fartyg kunde lägga till. De skulle förbindas med stränderna med pontonbroar. Om den minsta aning om dessa briljanta uppfinningar nådde tyskarna skulle de inse att den första invasionsvågen var den enda som kom.

Ike slog alltid hårt ner på sekretessbrott, i synnerhet i sina egna operationer. I april hade han inte visat någon som helst nåd när generalmajor Henry Miller nästan röjde tidpunkten för Dagen D. En liknande episod hade kommit i början av maj, när en berusad amerikansk marinofficer hade talat alltför fritt. Ike skickade hem båda två. Säkerheten innefattade också konkreta hot. I dag hade Ike fått veta att den allierade underrättelsetjänsten hade upptäckt tyska försök att lokalisera hans högkvarter. För den händelse att tyska fallskärmsjägare skulle landa hade hans stab sina pistoler till hands.

Men till och med nu fann Eisenhower tid att tänka på världen efter kriget. En amerikansk affärsman som han kände sedan länge hade nyligen skrivit till honom om sina planer för byggnadsverksamhet efter kriget. »Jag tror du gör alldeles rätt«, svarade Ike, »när du tänker på de stora problem som vi har att möta när det militära problemet är helt löst.« Han skrev också till sin bror Milton om ett förslag att göra en film om hans liv. Producenterna erbjöd ett lägsta belopp om 150 000 dollar. Han ville inte själv röra dessa pengar, skrev han, men om Milton kunde träffa ett avtal så att de kunde komma till nytta i ett utbildningssammanhang, då skulle han vara intresserad. Eisenhower hade egna bestämda idéer om vad en sådan film skulle betona. Den skulle, skrev han till sin bror, understryka »den initiativförmåga, arbetsinsats och ihärdighet« som fanns i den amerikanska genomsnittsfamiljen. Det var individualismen, inte kollektivismen och likriktningen, som skulle framhävas och prisas. Som erkänsla för Storbritanniens roll i att göra honom till allierad överbefälhavare, och för att stödja återuppbyggnaden och samarbetet efter kriget, skulle intäkterna från filmen användas till stipendier för amerikanska studenter så att de kunde bedriva vidare studier vid brittiska universitet.

Strax före Dagen D blickade Eisenhower redan stadigt fram mot freden och den engelsk-amerikanska allians som skulle fullföljas.

»Var vänlig och kom genast tillsammans med Era kolleger, vid första lägenhet och i största hemlighet. Jag ger er min personliga försäkran att det ligger i Frankrikes intresse. Jag skickar Er mitt eget Yorkplan.« Medan Churchills budskap flögs till Alger var Charles de Gaulle fortfarande långt ifrån nöjd. Innerst inne fruktade han en fälla. Churchill och Roosevelt hade fortfarande inte erkänt hans *Comité français de la libération nationale* (»Franska kommittén för nationell befrielse«) som Frankrikes lagliga, om än provisoriska, regering. Han fruktade att han, om han flög till London, kunde bli utsatt för påtryckningar att ge sitt offentliga stöd till Overlord utan att ha uppnått de eftergifter han önskade. Då skulle Eisenhower ha fria händer att införa militärt styre, och skjuta de Gaulles egen organisation åt sidan. Detta motsatte sig generalen fortfarande intensivt.

När allt kom omkring var Frankrike ju inte något fiendeland. Visserligen var Pétains Vichyregering nu föga mer än en marionett till nazisterna, men det franska folket hade allt mer visat sin fientlighet mot ockupanterna, och betalade ett högt pris för det. Vid det här laget var den officiella matransonen nere i tusen kalorier om dagen. En och en halv miljon franska krigsfångar försmäktade fortfarande i tyska läger. Tiotusentals franska arbetare hade deporterats till Tredje riket för tvångsarbete. Men trots förtryck, tortyr, deportationer och död visade franska folket tydligt sin iver att förena sig med befrielsearméerna.

För de Gaulle var motståndet inte något abstrakt begrepp. Han och hans familj led själva, liksom miljoner andra, av det nazistiska förtrycket. Xavier, hans äldste bror, var på flykt undan Gestapo, och Xaviers dotter Geneviève var i koncentrationsläger. Hon hade varit student i Paris när tyskarna marscherade in i staden, men lämnade sina studier för att gå med i motståndsrörelsen, där hon arbetade som kurir och tidningsutgivare. Hon hade blivit förrådd till Gestapo, och hade suttit sex månader i fängelse i Fresnes, söder om Paris, innan hon i januari 1944 skickades till Ravensbrück. Även de Gaulles syster Marie-Agnès hade blivit arresterad och tillbringat ett år i Fresnes innan hon fördes till Tyskland. Hennes make försmäktade nu i Buchenwald, ett annat av Hitlers koncentrationsläger. de Gaulles bror Pierre hade också gripits, och led i Schloss Eisenberg, ett interneringsläger nära Brüx (nu Most) i Sudetenland; hans hustru och fem barn hade flytt till fots över Pyreneérna till Spanien och nått trygghet i Marocko. Hans yngste bror, Jacques, som drabbats av polio och var förlamad, hade smugglats till Schweiz. Här fanns ännu en familj som var i krig. När de Gaulle talade om den franska motståndsrörelsens mod, och om nationell befrielse, då talade han av erfarenhet och från hjärtat. Han tänkte inte kasta bort allt bara för att Churchill skulle bli nöjd. Han satt därför i Alger och funderade på sitt nästa drag.

Klockan 20.35 den kvällen började den hemliga radiosändaren på Crespigny Road i Hendon skicka sitt vanliga kvällsmeddelande till Abwehr i Madrid. Det började: »En och en halv kilometer sydväst om Butley finns på båda sidorna av vägen till Woodbridge ett stort läger med ingenjörssoldater och fordonsparkering för den amerikanska sjätte [6:e] divisionen. Många tält som slagits upp i öppen terräng är tydligt synliga från luften.« Under de följande tre timmarna skickades många liknande uppgifter.

Det mesta av denna information var falskt. Den amerikanska 6:e divisionen var inte på långa vägar i trakten av staden Woodbridge i Suffolk. Garbo målade upp en bedräglig karta över de allierades status i Storbritannien. Genom att antyda en stor uppladdning av stridskrafter i sydöstra England bekräftade han Hitlers övertygelse att de allierade skulle börja invasionen över Kanalen där denna var som smalast, i området Dover–Calais. I Zossen, det tyska överkommandots nedgrävda högkvarter, dolt i tallskogarna utanför Berlin, hade analytikerna redan satt ihop en karta som visade de uppskattade positionerna för varje känt allierat förband. Genom att visa en tät koncentration av trupper i Sydostengland visade denna karta hur fel de hade. En stor del av detta var Garbos förtjänst.

Garbos riktiga namn var Juan Pujol. Han föddes i Barcelona 1912 som son till en välbärgad affärsman och dennes eleganta andalusiska hustru, Mercedes García. När det spanska inbördeskriget bröt ut var Pujol tjugofyra, och drev en hönsfarm strax norr om staden. Han fångades i malströmmen, men hans deltagande var motvilligt och hans beslut var att överleva. Han tvingades in i den republikanska armén men deserterade senare till general Francos nationalister. Med hjälp av undanflykter och medfödd slughet hade han undvikit att avfyra ett enda skott när kriget slutade tre år senare. Spanien låg i ruiner, och utsikterna blev bara mörkare genom andra världskrigets utbrott några månader senare. »Jag kunde se en ny katastrof skymta vid horisonten«, sade Pujol, »och tänkte mer än en gång på att lämna Spanien, där hat och hämndlystnad frodades mellan segrare och besegrade.«

Pujol, som nu gift sig, inriktade sina ansträngningar på att hitta en flyktväg till friheten. Att erbjuda sina tjänster som hemlig agent till Storbritannien tycktes ge honom en väg ut ur Spanien. Beslutet förde honom längs en slingrande stig som enligt en iakttagare kännetecknades av ett »töcken av lögn och bedrägeri«.

När hans hustrus första närmande till britterna avslagits kontaktade Pujol Abwehr i Madrid och erbjöd sina tjänster till tyskarna. Detta var ett noga övervägt knep. Om tyskarna accepterade honom skulle han återvända till britterna med övertygande vitsord, som en man som kunde lura motståndarna. Det fungerade. Med lögner och halvsanningar, metoder som hade hjälpt honom överleva inbördeskriget och som nu blivit en andra natur, övertygade Pujol Karl Kühlenthal om att han hade nyttiga kontakter inom den spanska hemliga polisen som kunde föra honom till Storbritannien. Där skulle han, lovade han, arbeta för tyskarna.

Kühlenthal gav honom en snabbkurs i hemliga bläcksorter och försåg honom med frågeformulär, kontanter och täckadresser som han skulle skicka sina rapporter till. Han gav honom också kodnamnet »Arabel«.

Rustade med allt detta gav sig Pujol och hans hustru iväg till Lissabon, varifrån han skickade ett meddelande till Kühlenthal där han påstod att han var i Storbritannien, Under de närmaste månaderna kokade han ihop ett flertal rapporter som uppgavs vara hans egna ögonvittnesskildringar av livet i Storbritannien. Det mesta av dessa uppgifter plockade han från referenslitteratur i Lissabons stadsbibliotek, och kompletterade dem med material från journalfilmer och dags- och veckotidningar, utstofferat med produkter ur hans egen livliga fantasi. Ibland rycktes han med av uppgiften, särskilt beträffande umgängessederna i ett land han aldrig hade besökt och vars språk han inte talade. En gång, när han förmodades rapportera från Glasgow, noterade han att »det finns karlar här som gör vad som helst för en liter rödvin«, ett påstående som skulle ha förbluffat mannen på gatan i denna stad. Han började också dikta ihop en armé av fiktiva medhjälpare.

När Pujol hade samlat en rejäl bunt med sådana rapporter, inklusive uppskattande svar från Kühlenthal, gjorde hans hustru via den amerikanska ambassaden sitt andra försök att kontakta britterna. Vid det här laget hade brittiska underrättelseofficerare blivit bekymrade över Arabel. De uppsnappade Kühlenthals meddelanden till Berlin, och hade blivit konfunderade över denne förmente agent i Storbritannien. En del av agentens rapporter verkade vederhäftiga och trovärdiga, särskilt när han korrekt rapporterade att en konvoj hade avseglat från Liverpool. Gick då, när allt kom omkring, en tysk agent lös i landet, trots alla MI5:s ansträngningar?

I början av 1942 förstod man äntligen. Arabel och mannen i Lissabon som erbjöd sina tjänster var en och samma person. Det var då den brittiska underrättelsetjänsten förde honom till England på sjöflygplanet till Plymouth, och beslöt att utnyttja hans häpnadsväckande förmåga som dubbelagent. Senare förde de ut hans hustru, och installerade paret i Hendon.

Pujols lista på lyckade bedrägerier var redan så lysande att det inte erbjöd dem några bekymmer att välja ett kodnamn för honom – namnet på världens främsta aktris, den gåtfulla Hollywoodfilmstjärnan Greta Garbo.

På Hiltingburylägret var Glenn Dickin nu omhändertagen av den gigantiska krigsmaskin som skulle få varje man och varje fordon i invasionsarmadan ut ur förläggningarna och ner till den engelska kusten, ombord på fartyget som skulle föra dem över Kanalen och därefter ned i den rätta stormbåten, som skulle leverera dem till just den rätta referenspunkten på kartan över Frankrikes stränder. Den var som en gigantisk resebyrå, som hade tiden och platsen för varje enskild förflyttning minutiöst planerad, så att passageraren kunde levereras till sin rätta destination.

Glenns kompis Gordon Brown var nu mitt uppe i det. Första punkten på programmet i Hiltingbury var att få i väg regementets fordon, som nu omsorgsfullt gjorts vattentäta. Under de senaste tolv månaderna hade Gordon varit transportofficer, och chef för ungefär sjuttio man, förare och besättning på jeepar, lastbilar, antitankkanoner och bilar med kulsprutor och granatkastare, förutom den motorcykel av märket Norton som tilldelats honom för hans egna uppgifter. Han och Glenn hade anmält sig som frivilliga 1940, och för Glenn, som var fyra år yngre, var Gordon som en äldre bror.

Båda hörde de hemma i Manor, ett litet samhälle på trehundra invånare i sydöstra Saskatchewan, ett mjukt böljande jordbruksområde på den stora nordamerikanska slätt som sträcker sig från Texas i söder till Alberta i norr. »Här«, stod det hänfört i en lokal guidebok för resande på landsväg 13, som sträckte sig från gränsen till Manitoba, »känner vår bilist att han kommer in i Vår Herres land. Framför sig ser han väldiga vidder av betesmarker och åkrar som sträcker sig mot nordväst ... och sakta höjer sig till de trädbevuxna topparna i Moose Mountains, som bildar horisonten fyra mil bort.« Manors klimat var extremt. På vintern kunde temperaturen falla till minus 40. De djupa snödrivor som blåsts ihop av stormarna som ohejdade svepte fram över den trädlösa prärien kunde ofta täcka marken till tidigt i maj. Sedan kunde temperaturen på några veckor stiga till plus 40, och driva upp högvuxna strån av vete, råg och korn, tills fälten, så långt ögat kunde se, krusades i ett ändlöst hav av gult ur vilket bara här och var något enstaka spannmålsmagasin stack upp.

De första bofasta invånarna i Manor hade kommit på 1880-talet, följda av Canadian Pacific-järnvägen bara tjugo år innan Glenn föddes. Med sina trädkantade gator, sin skola i tegel med fyra salar, sin handfull av livsmedelsbutiker och järnhandlar, sin bank, sin drugstore, sitt postkontor och sin smed, var Manor en typisk präriestad som hade allt som behövdes. Dess livlina var järnvägen. Passagerartåget som kom två gånger om dagen – på väg österut till Manitoba, Ontario och storstäderna Winnipeg, Toronto och Montreal, och västerut över Klippiga bergen till British Columbia och Vancouver – hade också med sig post, mjölk, fjäderfä och andra förnödenheter. Elektriciteten var ännu inte allmänt förekommande; den kom bara från en lokal privatägd generator och slogs ifrån vid midnatt, utom på danskvällar, när den gav ljus till två på morgonen. Dricksvattnet kom från brunnar, av vilka den viktigaste fanns på Main Street, och det fanns inget avloppssystem. Varje hus hade sitt eget utedass, med frikostig tillgång till gamla exemplar av postorderkataloger.

De flesta soldaterna i Regina Rifles kom från små jordbrukssamhällen som Manor. De var hårdföra unga män som var väl förtrogna med gevär och kniv, och vana vid jakt och friluftsliv, fysiskt krävande arbete och besvärliga levnadsförhållanden. Det var så regementet hade fått sitt smeknamn, »*the Johns*« (bonnlurkarna), stadsbornas retsamma uttryck som de stolt hade tillägnat sig som sitt eget. Få av dem hade fått någon längre utbildning – de hade lämnat skolan i de tidiga tonåren. Deras genomsnittsålder var tjugotre. Inte så få av dem var *métis*, och räknade både europeer och indianer bland sina förfäder.

Befolkningens almanacka styrdes av naturens årliga kretslopp av sådd och skörd. Glenns familj hade mjölkkor, och varje morgon levererade han mjölk till kunderna innan han gick till skolan. Han var gott och väl en och åttio, en duktig friidrottare och en utomordentlig ishockeyspelare. Tillsammans med en annan vän, »Dutchy« Doerr, skötte han stadens ishockeyrink i ett år när han var sexton, och när han inte spelade ishockey tyckte han om curling och biljard. Han hade ett jämnt temperament, var lugn och godmodig och omtyckt av alla. Dessutom var han oftast bäst i klassen.

Som i flertalet andra präriesamhällen härskade konservativa värderingar som byggde på familjelivet. Varje söndag genljöd förkastelsedomar över dryckenskapens onda från predikstolarna, särskilt i United Church of Canada, som bildats genom att presbyterianer, metodister och kongregationalister gått samman. Som tonåring hade Glenn upplevt tre folkomröstningar i frågan huruvida stadens hotell skulle få servera öl. Hotellet vann, men på villkor att de som drack inte skulle synas från gatan, och de fick under inga omständigheter stå upp eller promenera omkring med ölsejdlar i händerna. På så vis skulle man hålla stånd mot busliv och oordning. Glenn var i vilket fall som helst för ung för att dricka, men hans far hade varit lite för förtjust i flaskan, och Glenn hade bildat sig sin egen uppfattning om supande. Han hade blivit häpen när han fann att officersmässen serverade alkohol. Än mer upprörande var det att han och Gordon, när de reste genom Klippiga bergen till officersskolan i Gordon Head, utanför Victoria i British Columbia, hade upptäckt att några av deras kamrater på tåget hade med sig whiskypluntor.

Men sedan dess hade han blivit lite mer avspänd. Han och Gordon hade kommit att uppskatta en öl eller två efter en hård dags exercis. Det som verkligen hade öppnat ögonen på honom var upptäckten av de engelska pubarna. Där serverades alla slags spritdrycker, och där kunde män och kvinnor stå upp och dricka nästan vid vilken tid som helst på dagen. Med tiden hade Glenn lärt sig att en kväll på puben kunde lindra smärtan från tristess och hemlängtan. Det var just det som nu gjorde det desto svårare att komma igenom de närmaste dagarna, när de nu hamnat i klorna på transportdetaljen. Alla pubar var nu förbjudet område.

I Paris genomlevde Albert Grunberg en kvalfull dag. Avsaknaden av nyheter om Robert och Roger var allt mer illavarslande. Ingen post överhuvudtaget kom fram till Paris från landsbygden, och något telefonnät fanns knappast kvar. Men madame Oudard hade knackat lätt på dörren och överlämnat sin morgontidning. Och där fanns det, under rubrikerna – detaljerade uppgifter om bombningen av Chambéry. Det var värre än Albert ens kunnat föreställa sig. Trehundra hade blivit dödade och mer än sexhundra hade skadats, i en befolkning på tjugotusen. »Jag är förtvivlad«, skrev han. »När jag läste det blev jag blek, och kände att allt mitt förnuft lämnade mig.« Desperat försökte han skingra sina tankar genom att hitta på små saker att göra i det lilla rummet. Men det var lönlöst. Hans tankar for bara runt, runt, tills han kände att han blev galen.

Allt detta var illa nog. Värre var hans bror Sami. De båda pojkarna hade lämnat Rumänien tillsammans, slagit sig ner i Paris och skapat sig en ny tillvaro sida vid sida. Sami var tio år äldre, en skyddsängel och fadersgestalt som hade visat honom vägen intellektuellt, sett till att han fick en god yrkesutbildning, hjälpt honom med pengar och till och med lärt honom spela banjo – i varje liv måste det ju finnas lite musik! Vare sig han ville det eller inte var Sami alltid där.

Det var bara det att det nu, när de var medelålders, borde ha varit tvärtom. Sami hade aldrig blivit riktigt vuxen, och förde ett ganska vilt och okonventionellt liv. På senare tid hade han bott tillsammans med en älskarinna och hennes föräldrar. Åtminstone var det där han hade varit officiellt registrerad i augusti 1941 när polisen kom och knackade på dörren halv sex på morgonen för att släpa honom ur sängen, tillsammans med tretusen andra judar i Paris, och ta dem till Drancy, det ökända interneringslägret i stadens utkant där de hölls fångna tills de blev deporterade till läger i öst.

Sami hade haft mer tur än de flesta. Efter åtta månaders internering hade han släppts, och de senaste tio månaderna hade han hållit sig gömd tillsammans med sin bror i Lulus lilla rum. Det som räddat honom var hans status som veteran från kriget

1914–1918, när han hade burit fransk uniform – en liten eftergift från Vichy till judar som tjänat Frankrike. Men han hade blivit illa åtgången både fysiskt och psykiskt, han hade minskat mer än trettio kilo i vikt, och närapå dött.

Nu drev han sin bror Albert från vettet. Två personer som delade samma säng i ett litet rum var illa nog, särskilt som Sami snarkade så högt att Albert sällan fick sova lugnt en hel natt. Men de gick varandra verkligen på nerverna. Deras temperament var oförenliga; de talade nu med varandra bara när de var tvungna, vilket sparade in en hel massa gräl. »Vi älskar varandra«, skrev Albert, »men vi kan knappt stå ut med varandra.« I dag var det värre än vanligt. Albert, som desperat ville ge uttryck för sin oro för sönerna, berättade nyheterna för sin bror så fort denne kommit ur sängen – tidigare än vanligt, redan halv tio. Men Samis reaktion var den vanliga, han försökte skydda sin lillebror genom att tala om något helt annat. Ursinnig hade Albert tagit sin tillflykt till tjurig tystnad till tidigt på eftermiddagen. »Inte för ett ögonblick blir jag kvitt mina mörkaste tankar«, skrev han i förtvivlan den kvällen. »Det är hemskt.«

Tidigt denna morgon susade Erwin Rommel ut ur slottet La Roche-Guyon i sin Horch för att inspektera förödelsen längs Seine. Det som mötte hans blickar var en bedrövlig syn, med bräckta bjälkar, förvridna räcken och brustna valv. Under maj månad hade allierade plan, som flög natt och dag, hittills gjort omkring 65 000 uppstigningar, och pulvriserat broar inte bara över Seine utan också över Maas och Schelde längre norrut. Alltihop övertygade Rommel om att han hade rätt beträffande luftherraväldet. Om fienden kunde göra detta med broarna, hur skulle de då inte fara fram mot stridsvagnarna, när de ryckte fram för att möta de allierade på deras väg från stränderna? Det var därför han hade argumenterat så envist för att från början få stridsvagnarna stationerade nära kusten, ordentligt nedgrävda för att rikta sin eldkraft mot angriparna under de första kritiska timmarna. Han hade varit tvungen att kompromissa, men hade åtminstone kunnat placera en av de tre divisioner han hade pressat fram från Hitler, den 21:a pansardivisionen, nära Caen. Dessa tunga bombningar vid Seine bara stärkte hans uppfattning att de allierade skulle landstiga längs kusten av den 15:e arméns sektor, från Le Havre norrut till Calais, och till och med därbortom.

Att framhäva pansardivisionerna gav emellertid en missvisande bild av de tyska stridskrafterna i Normandie. Rommel förde befäl över en armé som var påtagligt gammaldags, särskilt i jämförelse med de allierade styrkorna. Det var ont om folk med stridserfarenhet, och flertalet officerare och underofficerare var överåriga och undermåliga. Det var hästar och apostlahästar som gällde. Det tunga artilleriet drogs fortfarande av hästar, soldaterna antingen marscherade eller cyklade, och det mesta av krigsförråden kom på järnväg, inte på landsväg. Trots det rådde det brist på hästar. Vad beträffade stridsvagnar och andra motoriserade enheter var de beroende av riklig tillgång till bränsle, och den saken tog de allierade hand om genom att bomba de rumänska oljefälten och raffinaderierna. Bristen höll redan på att bli uppenbar. Rommel, som blivit berömd för sina blixtsnabba och aggressiva attacker i öknen, förde nu befäl över en styrka som till stor del var stationär och avsedd för det fasta försvaret av stränderna. Hans egna oavlåtliga och rastlösa inspektionsturer var en talande kontrast till hans underlydandes tröghet och orörlighet.

Samtidigt som han inspekterade gårdagens skador slog Marauder-bombplan från den amerikanska 9:e flygkåren till mot ytterligare tre broar. När de var färdiga låg järnvägsbron vid Rouen till hälften under vatten.

På flygfältet vid Cottesmore fortsatte fallskärmsjägaren Bill Tucker med det trista arbetet att kontrollera sin utrustning. Som en av de tre miljoner amerikanska män och kvinnor som passerade genom Storbritannien under det andra världskriget var han en del i en ofantlig krigsmakt som så gott som hade förvandlat ön till ett ockuperat land.

»Övererotiska, överbetalda, övergödda, och över hos oss«

(*oversexed, overpaid, overfed, and over here*), lydde den legenda-
riska klagoramsa som riktades mot de amerikanska soldaterna i
Storbritannien. Emellanåt tog sig spänningen uttryck i ett slags-
mål. Till följd av detta lade man ner betydande officiella ansträng-
ningar på att förklara amerikanerna för britterna, och vice versa.
Den berömda amerikanska antropologen Margaret Mead, känd
för sin bästsäljare om kvinnans pubertet och sexuella beteende,
Coming of Age in Samoa, försökte sig på att förbättra de engelsk-
amerikanska relationerna mellan könen. »Amerikanerna«, förkla-
rade hon i veckotidningen Army Talk, »måste anpassa sig till det
annorlunda tempot i personliga relationer i Storbritannien – inte
gå för fort fram i början – och de brittiska flickorna ... måste lära
sig att amerikanerna kanske går väldigt snabbt fram i början men
... sedan är långsammare än britterna och njuter av varje steg i den
växande bekantskapen.« Eisenhowers pressofficer prisade de
brittiska pubarnas insatser för att bryta genom de kulturella spär-
rarna. »Den så kallade brittiska tillbakadragenheten försvinner
alldeles på en pub«, noterade han. »En hel mängd genuina vän-
skapsförbindelser och en hel massa förståelse kan utvecklas över
ett glas öl.« Bill Tucker visste detta av erfarenhet, och hade för
egen del bara funnit vänlighet och välvilja. Han hade blivit hem-
bjuden till folk, hade ofta tillbringat kvällarna över en öl på puben
och »snackat skit« med en brittisk fallskärmsjägare han hade blivit
vän med, och han beundrade britterna. »Det fanns en stämning
där som man kunde känna«, sade han, »en värme, de fick mig att
känna mig hemma.« När han lämnade den lilla staden tyckte han
att den kändes mer som hemma än Boston gjort.

Som allierad överbefälhavare var Ike besluten att betona soli-
dariteten mellan alla de styrkor som stod under hans kontroll.
Dagen D var inte bara en kombinerad aktion från mark-, sjö- och
flygstridskrafter – ett utmärkt exempel på detta var Tuckers egen
roll som fallskärmsjägare, beroende av flyget för transport direkt
till slagfältet, men stridande på marken. Det var också ett företag
med flera nationer inblandade. Framför allt var det ett företag i
vilket britter och amerikaner tog en gemensam risk. Times tryckte

denna dag ett uttalande från SHAEF. Under rubriken »Invasionens stjärna« tillkännagav det att alla militärfordon som tillhörde invasionsstyrkorna, oavsett nationalitet, på någon iögonfallande plats skulle förses med en stor vit femuddig stjärna, en symbol och ett exempel på integrationen av de olika nationernas styrkor. »Under general Eisenhowers befäl finns det, oavsett ursprung, inga soldater och ingen utrustning som har någon nationalitet.«

Det fanns en annan artikel denna dag som betonade den engelsk-amerikanska endräkten. Dagen innan hade varit *Memorial Day*, minnesdagen, den amerikanska motsvarigheten till *Remembrance Day* eller *Armistice Day*, vapenstilleståndsdagen, ett tillfälle att hedra dem som stupat i tidigare krig. Det var framför allt en händelse som var beaktansvärd. I Madingley, en by utanför Cambridge, hade en stor militärkyrkogård nyligen invigts för de tusentals amerikaner som dog i den intensiva flygoffensiven över Europa. Vid det här laget var två väldiga amerikanska flygkårer baserade i Storbritannien. Den ena var 9:e, den taktiska flygstyrka som slog till mot mål omedelbart berörda av de förestående operationerna på Dagen D. Dess föredragna vapen var B-26 Marauder, ett tvåmotorigt cigarrformat bombplan med korta vingar. Den andra var 8:e flygkåren, som flög i de »flygande fästningarna«, B-17, och Liberatorbombarna, B-24. Båda dessa plan var stora fyrmotoriga bestar som användes för den tunga bombningen av strategiska mål, som fabriker och oljeraffinaderier långt in i Tredje riket. De flesta av deras baser låg i mellersta eller östra England, och Cambridge var den viktigaste staden i östra delen av detta område. Från kyrkogården, som till slut skulle rymma nästan fyratusen döda amerikaner, kunde man se tornet på katedralen i Ely, 25 kilometer bort över den sanka slätten – ett välkommet landmärke för mången uttröttad besättning på hemväg från ett uppdrag långt in på kontinenten.

Det amerikanska bidraget till befrielsen firades också på mer uppsluppna sätt. Times tryckte notiser om basebollmatcher över hela landet, amerikanska basebollresultat – både National och American League – och gjorde stort väsen av en kommande basebollmatch på Wembley, den engelska fotbollens helgade mark. Amerikanska Röda korset hade startat »munkceller« (*doughnut dugouts*), för kunder som föredrog dem framför de brittiska snackbarerna, som serverade smörgåsar och kakor. En utställning om Amerika i Wigan väckte en livlig debatt om de förmodade brittiska ättlingarna till Pocahontas, den legendariska dottern till indianhövdingen Powhatan. Hon hade räddat livet på kapten John Smith, gift sig med Virginiakolonisten John Rolfe, och dött i Gravesend efter att ha följt med honom till England med deras son 1616. Alistair Cookes *American Commentary* var redan ett etablerat program på B B C.

Klockan halv åtta denna morgon steg två amerikaner av nattåget från London till Plymouth, och en av flottans barkasser förde dem snabbt ut till uss *Augusta*, en tung amerikansk kryssare, för frukost med amiral Kirk, befälhavaren för D-dagens västra flottstyrka. Efter en rundtur i hamnen, som nu var smockfull av invasionsfartyg av alla möjliga slag, gick de ombord på jagaren *Davis*, och styrde ut mot öppna havet.

Den äldre av de båda amerikanerna, en vältränad silverhårig sextioåring, var överste William Donovan, chef för *Office of Strategic Services* (oss). Donovan, som Roosevelt 1942 utnämnt till chef för denna nya organisation, hade levt upp till sitt smeknamn »Wild Bill« – som han fått för sina äventyrliga bedrifter i första världskriget – genom att bryta mot alla regler, stöta sig med i stort sett varje traditionellt maktcentrum i Washington och locka till sig de bästa förmågorna som stod att finna, för att göra oss till en jämlike och rival till britternas Secret Service, deras kommitté för politisk krigföring och deras organisation för speciella operationer, sammanslagna till en enda. Högst upp på hans dagordning stod att få in agenter i Frankrike för att hjälpa till med Dagen D.

1942 hade Donovan nått en överenskommelse med S O E om att understödja motståndsrörelser i Europa och skicka dem utrustning, och några av hans första agenter hade fått sin träning på den av britterna ledda Camp X i Kanada. Men eftersom britterna redan hade sina väletablerade nätverk på plats motsatte sig deras underrättelsechefer Donovans planer på självständiga amerikanska nätverk. Det fanns gränser för detta knoppande speciella förhållande mellan Storbritannien och USA, och beträffande den hemliga underrättelseverksamheten gav de erfarna och stridsvana britterna en tydligt underordnad roll åt amerikanerna. »Det har i ökande utsträckning blivit smärtsamt tydligt att britternas Secret Service utövar sin makt och sitt inflytande för att förhindra att OSS etableras som en likställd, självständig och samordnad hemlig organisation», skrev en uppretad OSS-agent i London. Chefen för Secret Service, sir Stewart Menzies, hade insisterat på att amerikanerna bara skulle ingå som en del i gemensamma operationer, och Donovan hade tvingats att gå med på detta. Men för sitt inre öga såg han OSS som grundstenen till en självständig amerikansk underrättelsetjänst.

Mannen som åtföljde Donovan var David Bruce, chefen för OSS' europeiska operationer. Den fyrtiofyraårige Bruce kom från en godsägarfamilj i Virginia, var reslig, älskvärd, och gift med Ailsa, dotter till mångmiljonären Andrew Mellon. De senaste två åren hade han arbetat från nummer 70 Grosvenor Street i London, ett strängt bevakat och svårdefinierat kontorshus halvvägs ned på den gata som ledde från den amerikanska ambassaden. Byggnaden var nu full av ambitiösa, om än i många fall oerfarna, underrättelsetjänstemän. En av dessa ungdomar var William J. Casey, som senare skulle bli en bemärkt chef för *Central Intelligence Agency* (CIA). »Det London vi bodde och arbetade i«, mindes han, »kändes som en stad under belägring. Den belägringsstämning som insvepte staden kom från de smutsiga omålade byggnaderna, mängden av uniformer av alla slag, bristen på motorfordon, och en egendomligt blandad känsla av sjabbighet, förödelse och målmedvetenhet.«

Som inbiten anglofil hade Bruce också varit medlem i »The Room«, ett slags underrättelseorgan som grundats före kriget av förmögna New Yorkbor och som Roosevelt ofta hade frågat till råds. Bruces smidiga patriciertalanger hade prövats till fullo när han utkämpade revirkrig med amerikanska militärer, förhandlade med underrättelsecheferna i de europeiska exilregeringarna och skötte sambandet med de försiktiga britterna. Till slut hade han och Menzies utarbetat ett gemensamt engelsk-amerikanskt projekt med kodnamnet »Sussex«. Tvåmannalag av franska agenter, den ene observatör och den andre radiotelegrafist, skulle hoppa ner över Frankrike i fallskärm för att lämna underrättelser om krigsoperationerna – snarare från områdena bakom fronten än från själva slagfältet – av omedelbart intresse och värde för Eisenhowers högkvarter. Experterna på SHAEF hade vederbörligen stått för en prioritetsordning – tyska knutpunkter för rörelser in i och ut från kustremsan; järnvägsknutar inom Frankrike och från Belgien till Frankrike; viktigare parkeringsplatser för motorfordon; viktiga övergångar över Seine och Loire; viktiga tyska militärhögkvarter och Luftwaffes viktigaste flygfält och reparationsverkstäder. I motsats till Sydney Hudsons Headmaster och andra SOE-grupper hade de inte i uppdrag att utföra sabotage eller någon annan direkt stridsaktivitet. I stället skulle de ligga lågt, hålla sig gömda och rapportera.

Sussexprojektet var ännu ett bevis för den höga prioritet som den allierade underrättelsetjänsten gav åt Dagen D. Nätverk av Secret Service-agenter fanns redan i Frankrike, och många av dem hade redan lämnat utomordentliga upplysningar med relevans för Dagen D. Man fruktade emellertid att skärpta tyska säkerhetsåtgärder kunde tvinga dem att ligga stilla, skära av dem från deras kommunikationer eller leda till att de blev infiltrerade och sprängda just i det ögonblick när de som bäst behövdes. Att lägga Sussex-agenterna ovanpå det befintliga systemet var ett slags återförsäkring. Som en extra säkerhetsåtgärd beslöt man att de skulle hållas fullständigt åtskilda från befintliga grupper i Frankrike, liksom från den franska motståndsrörelsen, för det fall att dessa infiltrerades eller utsattes för risker. Med tanke på Abwehrs senaste framgångar lönade sig denna strategi. Hälften av Sussexgrupperna skulle kontrolleras av Secret Service, och täcka områden som skulle befrias av britterna. Resten skulle ligga under oss.

Under de senaste veckorna hade Bruces folk intensivt tränat Sussex-agenterna i fälttjänst och fått dem i position. Det fanns nu tretton lag i arbete på olika platser som SHAEF hade angett; de tre senaste hade släppts ned för bara två dagar sedan. Samma dag hade radiomeddelanden sänts till de lag som var på plats, med uppmaning att börja skicka in sina underrättelserapporter. SHAEF insisterade på att vissa specifika frågor måste vara besvarade den 3 juni.

Den förste amerikanske Sussex-agenten, en tjugotreårig fransman med kodnamnet »Plainchant A«, hade släppts ned på den plats som stod högst på OSS' Sussex-lista – Le Mans, nära den trakt där Sydney Hudson och Sonia d'Artois var i hårt arbete med sina sabotageplaner. Han landade utrustad med en automatpistol kaliber 45 och tre ammunitionsmagasin, handgranater, kartor, signalutrustning, självmordstabletter och en Klaxon-apparat, ett radiokommunikationssystem för röstkontakt mellan marken och flygplan. Så sent som för tio dagar sedan hade hans radiooperatör äntligen fått sin första radiokontakt med Storbritannien.

I detta kritiska ögonblick för Dagen D kunde man ha väntat sig att Bruce skulle stanna i London. Men trogen sin natur ville Wild Bill Donovan själv vara med på Dagen D, och bara ett par dagar tidigare hade han kommit flygande till London. Lika typiskt var det att han hade trotsat ett uttryckligt förbud att göra så, och ännu mera typiskt att han hade beordrat Bruce att följa med honom – och föra dagbok. Även detta var mot reglerna. De hade kommit till Plymouth för att sitta på första raden vid föreställningen på Dagen D, för att följa med den västra flottstyrkan till Utah Beach, den västligaste av de fem allierade landstigningsplatserna på Normandies kust, och observera landstigningarna från havet. Bruce hade redan börjat på sin dagbok. En av de första sakerna han antecknade var att befälhavaren på jagaren *Davis* ännu inte hade fått sina instruktioner för Dagen D, och inte heller sina chiffernycklar. Han hade nämligen anlänt för bara fyra dagar sedan med en konvoj han hade eskorterat över Atlanten. För Bruce verkade det vara i senaste laget.

I Portsmouth höll amiral Ramsay sin dagbok aktuell. Rapporten från amiralitetets meteorologiske rådgivare för de närmaste dagarna var inte så tillfredsställande, noterade han. »Vårt främsta orosmoment var snarare molnen än sjögången.« Men det var inte så allvarligt att det förtjänade mer än en mening. Tidigt denna eftermiddag flyttade sig ett åskväder över Boulogne ut över Kanalen och fick temperaturen att falla. Senare varade ett mycket värre oväder, och det föll ett ordentligt regn. Vid femtiden hade temperaturen i Doverkanalen fallit till 13 grader, och följande natt var vädret vackert men svalt. Den tryckande värmebölja som legat över Västeuropa de senaste fem dagarna var äntligen över. Men i bombningarna blev det inget avbrott. Denna natt skakade byggnader längs den engelska sydostkusten av explosioner tvärs över Kanalen, när RAF:s tunga bombplan åter släppte sin dödsbringande last över de tyska kustbefästningarna.

5. Stridens timma ska komma

Torsdagen den 1 juni

I LONDON kom Times med en påminnelse om varför befrielsen av Europa fortfarande var ett slag som måste utkämpas. Nyheterna om »kriget bakom vallen« handlade ständigt om grymheter och lidande. »I Norge«, skrev en anonym korrespondent, »har exekutionsplutonerna fullt upp att göra. Norrmännen bjuder ett massivt motstånd – som inte alltid är passivt – mot den senaste mobiliseringen av arbetskraft.« Nazisterna insåg att denna kamp bara var en försmak av vad som skulle komma när patrioter över hela Europa förenade sig med invasionen. Om de kunde krossa motståndet nu, så skulle de göra det. Det var därför livsviktigt att de underjordiska rörelserna valde sitt ögonblick med omsorg. Tyskarna hade redan spritt falska rapporter om landstigningar för att locka motståndsmännen att visa sina kort. Men det var bara de allierades överbefälhavare som skulle ge den äkta signalen när handlingens timma hade kommit. Under tiden fortsatte nattmörkrets kämpar att förstöra järnvägar, spränga kraftverk, störa krigsmaterielproduktionen på fabrikerna och sabotera skeppsvarv. »Sådana bragder kräver det största mod«, skrev korrespondenten översvallande, »och de män och kvinnor som utför dem hyllas av den fria världen. Beredvilligt och oförskräckt möter de det yttersta straffet. En sådan grymhet avskräcker inte, den sporrar till fortsatt motstånd.«

Nyheter från Grekland gav en åskådlig bekräftelse av budskapet. Efter att ha samlat ihop misstänkta i en by nära berget Olympos hade tyska soldater som stannat för att sola sig och bada i en bergsbäck utsatts för ett våldsamt angrepp från gerillasoldater med gevär och knivar. Efteråt låg 150 tyskar döda på marken, och deras gevär och ammunition hade försvunnit upp i bergen med gerillan. Sådana händelser var nu vanliga över hela den ockuperade Balkanhalvön, och band tyska trupper i ett grymt och skoningslöst utmattningskrig. Till det bidrog agenter, vapen och guld från SOE och andra allierade organisationer.

I Caen satte André Heintz på sig hörlurarna till sin kristallmottagare. Lokaltidningen var denna morgon full av artiklar om bönder som klagade över torkan, men det hade faktiskt kommit en efterlängtad regnskur. Ouistreham hade bombats, men inte så allvarligt, inte alls som Rouen, varifrån rapporter sipprade in om att mer än tusen civila hade dödats av de allierade räderna.

Klockan var strax före kvart över nio på kvällen. André letade sig fram till BBC, och undrade om förvarningen skulle komma denna kväll. Han hade gjort detta så länge nu att det nästan hade blivit tråkigt. Men han visste att all tristess skulle försvinna när han hörde de avgörande orden, och adrenalintillströmningen skulle bli lika häftig som den upphetsning han hade upplevt för några månader sedan på ett annat motståndsuppdrag.

På den normandiska kusten utanför Bayeux, strax öster om fiskeläget Port-en-Bessan, hade tyskarna anlagt ett väldigt batteri på klipporna vid Longues, utrustat med fyra enorma kanoner med två mils räckvidd. Alla var dolda av kamouflagenät, så att de inte kunde upptäckas från luften. Bonden som ägde marken stegade noga upp avståndet mellan kasematterna, klippkanten och observations- och kommandoposteringen. Han upprepade sedan sträckorna för sin blinde nioårige brorson tills denne hade lärt sig dem. Senare liftade pojken in till Caen, försedd med ett passerkort som uppgav att han skulle hälsa på en farbror, och lämnade siffrorna till en av Andrés vänner i motståndsrörelsen. Denne, som hette Jean Guérin, var expert på att läsa kartor och koda meddelanden. När han skrivit ihop sitt meddelande undertecknade han det med »Alain Chartier«, namnet på den normandiske fjortonhundratalsskald som hade skrivit »La Belle Dame sans Merci«, en titel som John Keats nära fyrahundra år senare skulle låna till en egen märklig dikt. Sedan skickades det med radio till Storbritannien. Guérin bad André lyssna efter något tecken på att meddelandet hade mottagits. Några dagar senare hörde André i sin kristallmottagare orden »den normandiske skalden Alain Chartier föddes i Bayeux«. Det var ett gripande ögonblick – att veta att London hade mottagit meddelandet och uppskattade deras arbete. Det var också goda nyheter för radiooperatören, eftersom de innebar att han inte behövde upprepa sändningen. Nu när tyskarna skoningslöst jagade efter olagliga radiosändare hade många operatörer gripits när de en andra gång sände ett meddelande som på något sätt hade kommit bort i etern. Detta meddelande hade i själva verket uppfångats av tyskarna, och ett halvdussin pejlingslastbilar hade iakttagits i trakten, vilket tvingade motståndsrörelsen att upphöra med alla sändningar i nästan tre veckor.

André satte nu hörlurarna till rätta och lyssnade uppmärksamt till den svaga litanian av personliga budskap som han kunde höra komma in på radiovågorna: »*Messieurs, faites vos jeux*« (»Mina herrar, lägg ut era insatser.«); »*La sirène a les cheveux dé colorés*« (»Sirenen har blekt hår.«); »*L'électricité date du vingtième siècle*« (»Elektriciteten kommer från 1900-talet.«). Ingenting som angick honom. Sedan mera: »*L'espoir brûle toujours*« (»Hoppet brinner ständigt.«); »*Le chameau est poilu*« (»Kamelen är hårig.«); »*La lune est pleine d'éléphants verts*« (»Månen är full av gröna elefanter.«).

Och där kom det plötsligt. De få orden han brådskande hade inpräntat i minnet vid ett förstulet möte i skolan för några dagar sedan.

Han hade undervisat en klass pojkar när en vaktmästare kom in och sade att en viss madame Bergeot snarast behövde tala med honom. Han blev omedelbart misstänksam. Bergeot var det verkliga namnet på den man som hade ersatt den olycklige Yvon som sin främsta informationskontakt, men för sekretessens skull omtalades han alltid som Courtois. Var detta en Gestapofälla? Var kvinnan något slags provokatör? Han lämnade klassen att sköta sig själv och skyndade nedför trappan, till huvudingången. Där spelade han oskyldig, tog kvinnan under armen och ledde henne ut på gatan, som om han inte ville bli sedd med henne i skolan. I själva verket ville han ta reda på om någon bil från Gestapo stod på lur utanför.

Han såg sig om, men fann inget misstänkt och förde henne in igen. Hon viskade brådskande några fraser i hans öra och sade åt honom att memorera dem noga. Hon gav honom de ord som skulle ange att invasionen närmade sig, det enskilda budskap som gav honom tjugofyra timmars förvarning, de rader som gav order om att olika slags sabotage skulle börja – mot järnvägs- eller telefonlinjer, eller för gerillainsatser.

Den sista frasen han lärde sig var en kod som betydde att invasionen var uppskjuten: »*Les enfants s'ennuyent dans le jardin*« (»Barnen har tråkigt i trädgården.«). I samma ögonblick hörde han oväsen på nästa våning och kom att tänka på sina elever i klassrummet – som nu visade att de själva hade tråkigt. Han tackade hastigt madame Bergeot och sprang uppför trappan tillbaka till sina plikter. För sent. Hans rektor hade störts av oljudet och fanns redan där. Det var med uppbjudande av all sin snabbtänkthet som André hade kommit på en ursäkt för sin frånvaro, och lyckligtvis valde rektorn att inte gå närmare in på saken. Men André hade aldrig glömt frasen. Han skickade därpå, som han blivit instruerad, vykort av Bayeuxtapeten till alla medlemmarna i sin grupp, med tre enkla ord – »Kärlek och kyssar« – som varskodde dem att göra sig insatsberedda.

Nu hade han inget problem att känna igen orden »*L'Heure du Combat viendra*« (»Stridens timma ska komma.«). Det var det allmänna varslet för sektion M1 i den franska motståndsrörelsen – hans sektion, Normandie – att göra sig redo för alla slags insatser. Han kunde vänta sig invasionen när som helst denna månad. Hans uppgift var nu att varsko alla sina kontakter att hålla sig beredda.

André Heintz var inte den ende som lyssnade på BBC denna kväll. Förutom Andrés medkämpar i motståndsrörelsen, och brittiska agenter över hela Frankrike, fanns det också en spenslig mörk Abwehr-officer vid namn Oskar Reile som gjorde detsamma.

Reile, som varit poliskommissarie i Danzig, hade gjort sin första insats i kontraspionaget i Rhenlandet, där han berett vägen för Hitlers återtagande av regionen 1936. Nu var han chef för Abwehr III, kontraspionaget, i Paris. Hans högkvarter på Hôtel Lutétia, på vänstra stranden, låg inte långt från Albert Grunbergs gömställe. Han hade ägnat månader åt att lokalisera moståndsceller och SOE-nätverk, och åt att rekrytera angivare. I oktober 1943 hade han fått en lyckträff. Han lyckades infiltrera en SOE-grupp, och hade fått vetskap inte bara om BBC:s klartextbudskap i allmänhet utan om en viss förvarning i synnerhet. Det var en lätt ändrad version av första strofen i en berömd dikt av den symbolistiske 1800-talsskalden Paul Verlaine, »Chanson d'Automne«:

> *Les sanglots lourds*
> *Des violons*
> *De l'automne*
> *Bercent mon coeur*
> *D'une langueur*
> *Monotone.*

(»De tunga snyftningarna från höstens violiner vaggar mitt hjärta med en monoton matthet.«) Första delen av denna strof, till och med ordet *automne*, betydde invasion inom den närmaste månaden. Den andra hälften skulle varsko grupperna om landstigningar inom de närmaste fyrtioåtta timmarna.

Kodbudskapet var i själva verket riktat till en enda SOE-grupp, med kodnamnet Ventriloquist, som opererade söder om Loire och leddes av Philippe de Vomécourt. Det var till denne agent som Sydney Hudson först hade släppts ned innan han gav sig iväg norrut till departementet Sarthe. Vidare berörde det specifikt sabotage mot järnvägar, inte andra mål som landsvägar och telekommunikationer. Det var inte, som ofta har hävdats senare, den allmänna förvarningen till alla SOE-grupper i Frankrike. Men Reile hade rätt när han menade att det gav en viktig vink om att Dagen D var nära förestående. Ända sedan dess hade hans radioavlyssnare varit på helspänn efter budskapet.

Tillsammans med André Heintz hörde Reiles män, lutade över sina radiomottagare, denna kväll de viktiga öppningsorden i Verlaines dikt. De visste nu att den länge väntade allierade invasionen skulle äga rum under denna månad.

Rommel tillbringade förmiddagen den 1 juni på La Roche-Guyon med en tjänsteman från Goebbels propagandaministerium i Berlin. De diskuterade vilken taktik som skulle användas mot de allierade när invasionen kom. På eftermiddagen gav hans sig ut på ännu en inspektionstur längs Atlantvallens befästningar. Betecknande nog valde han, vägledd av sin åsikt om den sannolika platsen för invasionen, kuststräckan runt Dieppe, norr om Seine. Återigen visade sig hans besök, liksom hans senaste tur till Riva-Bella, vara en nedslående erfarenhet. Två gånger denna dag bombades det rörliga kustartilleribatteriet vid Ault av de allierade, vilket tvingade honom att beordra dess tillbakadragande tills pjäsvärnen i betong var färdiga. De allierades överväldigande luftherravälde och de bristande tyska förberedelserna var bara alltför uppenbara.

Medan Rommel besåg Dieppe besökte general Erich Marcks, befälhavaren för hans 84:e armékår, den lilla badorten Arromanches-les-Bains, en del av den tio mil långa sträcka av Normandies kust som försvarades av bara två av Marcks divisioner, och som han betraktade som den svagaste sektorn i hela hans befälsområde. Två veckor tidigare hade Marcks sagt till sin hustru att han hade en känsla av att de allierade skulle vara redo att gå till anfall på hans födelsedag, den 5 juni. När han i dag blickade ut över havet från en kulle utanför staden vände han sig till en adjutant vid sin sida och upprepade i stort sett sin förutsägelse. »Om jag känner britterna rätt«, sade han, »så kommer de nästa söndag att gå i kyrkan en sista gång, och avsegla på måndagen. Armégrupp B säger att de inte kommer än, och när de gör blir det till Calais. Just därför tror jag att vi kommer att välkomna dem på måndag, precis här.«

Första dagen i den nya månaden befann sig Adolf Hitler på Berghof, där han fortsatte med den lugna rutin han hade följt hela våren. Han steg upp sent, ägnade förmiddagen åt sammanträden eller telefonsamtal, och tog sedan efter lunch en eftermiddagspromenad till Tehuset för kakor och en pratstund. Efter middagen på kvällen brukade han underhålla sina gäster med filmvisning, musik och konversation som kunde vara in på småtimmarna. Ofta gav han sig in på en osammanhängande monolog kring något sedan länge bekant ämne, som kampen mot judarna och kommunisterna, eller partiets väg till makten. Andra gånger kunde han försjunka i lång tystnad, med ögonen fästa på någon avlägsen punkt hans auditorium inte kunde se, i stort sett utan att lyssna till de andra. Besökarna, som knappast var fria att gå sin väg, fann det outhärdligt. »Han må vara Führer så mycket han vill«, sade Goebbels' hustru Magda om sådana kvällar i Hitlers sällskap, »men han upprepar sig alltid och tråkar ut sina gäster.« Nicolaus von Below, Hitlers adjutant från Luftwaffe, som nu var en ständig följeslagare i denna privata rutin, pekade på hur mycket denna period liknade det mönster som hade gällt före kriget. Men nu, när krigets förlopp stod inför ett avgörande skifte, verkade Hitler, högt däruppe i sin tillflykt i bergen, glömsk av de mäktiga strömmar som hotfullt virvlade nedanför.

Det var faktiskt så att han, allteftersom situationen för varje dag blev värre, drog sig längre och längre in i en privat isolerad värld av minnen och vanföreställningar. »Det var oroväckande«, noterade von Below, »att se hur hans kontakt med verklighet blev allt svagare.« Hitler hade nu vistats på Berghof i nästan fem månader. I Berlin käbblade hans ministrar och kumpaner med varandra, förvaltade och förmerade sina svällande personliga förläningar och stred om hans uppmärksamhet. Då och då kunde någon av dem dyka upp på Berghof, ditkallad av Führern, och det blev en hetsig och förvirrad aktivitet. Sedan gav gästen sig av, och allt verkade för Hitler lugnt och normalt igen – den klara bergsluften som vederkvickte hans lungor, de mörkgröna skogarna som utan att någonsin skifta färg täckte bergssidorna, de små bergsbäckarna som porlade i fjärran, och kvällssolen som följde sin oföränderliga rogivande ritual och färgade de snöklädda alptopparna röda och gyllene. Högt ovanför svävade örnarna oavlåtligt på termikvindarna.

Inspärrad i sin dystra cell i Oslo stod Petter Moen inför den etthundranittonde dagen av sin fängelsevistelse. Runt omkring honom ökade, som Times rapporterade denna morgon, tempot i det norska motståndet synbart och hörbart. När han och de andra som arbetade med den underjordiska pressen greps hade det lett till att tretton tidningar slutade utkomma. Men vid det här laget hade nationalkänslan blivit så grundligt väckt, och hatet mot ockupanterna blivit så intensivt, att arresteringarna i februari 1944 visade sig vara föga mer än ett tillfälligt bakslag. Quislings flitigt återkommande upprop till samarbete med Hitlers styrkor hade mestadels träffat döva öron, men hans nationalsocialistiska parti och dess väpnade gren, Hirden – som hade Hitlers ss till mönster – drog till sig just tillräckligt många fanatiker för att utgöra ett allvarligt hot mot den norska motståndsrörelsen. Quisling själv hade nu inte längre någon större trovärdighet hos rikskommissarien Josef Terboven, nazisternas styresman i landet.

I London var kungen och hans regering fortfarande trotsiga. Just i dag visade sig kung Haakon och kronprins Olav i rampljuset på en utställning på Pall Mall om krigsfångar. Den norska handelsflottan, världens fjärde i storlek, hade frivilligt slutit sig till de allierade. Ett allt större antal norrmän fördes tillbaka hem över Nordsjön i småbåtar och fiskefartyg, för att smugglas in i landet för sabotage och underrättelseuppdrag. Milorg, den landsomfattande militära motståndsrörelsen, hade ett nära samarbete med regeringen i London och hade organiserat Norge i fjorton distrikt, i sin tur indelade i sektioner och områden med egna små arméer av motståndsmän. I Oslo fungerade motståndsrörelsens underjordiska centralkommitté som en alternativ regering, Hjemmefrontens Ledelse, som nästan hela det norska folket ställde sig lojalt till. Även om Norge kunde tyckas ligga vid sidan om kunde de aldrig glömma kriget omkring dem. I natt hade nya långdistansjaktplan och torpedförsedda bombplan från den brittiska flottans flygstyrkor riktat en intensiv attack mot en tysk transportkonvoj utanför den norska kusten, och skjutit ner flera Messerschmittplan och andra jaktplan som försökte hejda dem.

Så snart exilregeringen fått vetskap om nazisternas planer på utskrivning till tvångsarbete utfärdade den en order över BBC att ingen skulle följa nazisternas krav. Hålkortsmaskinerna som skulle användas för att registrera arbetskraften blev nu ett primärt sabotagemål. Unga män flydde hemifrån, och skapade begreppet »gutta på skauen«, att jämföra med Frankrikes *maquis*. När nazisterna svarade med att vägra utfärda ransoneringskort till dem som inte hämtade dem personligen organiserade motståndsmännen helt enkelt en kupp och stal åttiotusen kort på väg från ett tryckeri. Sammanlagt var det bara omkring trehundra unga män i hela landet som verkligen registrerades för tvångsarbete.

Allt detta var frukten av tidigare motståndsarbete av sådana patrioter som Moen. I dag upptogs hans tankar av ransoner. Den mat han och hans cellkamrater fick var »otroligt god«, erkände han i sin dagbok – korv, sylt, ost, leverkorv, sardiner. Problemet var inte kvaliteten utan kvantiteten, som var mycket liten, så att hungern var en ständig följeslagare. Dessutom blev situationen allt värre. Tills helt nyligen hade fångar som fått rätt att ta emot paket hemifrån också kunnat få ett kilo livsmedel var fjortonde dag, och de brukade dela med sig. Som vedergällning för det tilltagande motståndet därute hade detta privilegium emellertid återkallats. Snart skulle Moen skriva att frukosten bara bestod av två små brödbitar, en halv skorpa och en kopp surrogatkaffe. Middagsmålet var en litet stycke fisk, fem små potatisar av vilka en var rutten, och en kopp fisksoppa. Kvällsmaten utgjordes av bröd och en kopp tunn soppa som man rört ner lite mjöl i.

En sak som han fann det svårare att stå ut med var den fullständiga frånvaron av tobak. Berövad de mest elementära redskapen för intellektuell stimulans, som böcker och tidningar, fann han det närstan outhärdligt att förvägras denna den mest fundamentala av droger.

Hans enda tröst var vetskapen att han inte hade det mycket värre än många av sina landsmän. Ransonerna hade blivit mindre än någonsin, livsmedelsköer var vanliga och blev allt längre, tvål och kaffe hade för länge sedan ersatts med surrogat, och folk fick bära skor av papper med träsulor, sova under pappersfiltar och bära handväskor av fiskskinn. När Moen kunde glömma att han befann sig i en av Gestapos celler kunde han rentav skatta sig lycklig.

I kriget bakom Atlantvallen hade motståndet blivit en svallande flod vars vatten kom från tusentals bäckar. Underjordiska tidningar, sådana som de Moen hade gett ut, upplyste och mobiliserade miljoner människor. André Heintz och otaliga andra försåg de allierade med små användbara pusselbitar av information. Hundratals SOE-agenter, som Sonia d'Artois och Sydney Hudson, gjorde upp välgenomtänkta planer för sabotage när Dagen D kom.

Över hela Frankrike, som nu var huvudmålet för de allierades ansträngningar, släppte de allierade ner vapen till unga män i motståndsrörelsen som gömde sig i bergen och skogarna. Flertalet av dem hade börjat med att smita från nazisternas registrering av tvångsarbetare till fabrikerna i Tyskland. Denna första protest ledde oundvikligen till flera. Utan giltiga ransonerings- eller identitetskort blev de jagade som fredlösa. Oundvikligen hamnade de till slut i den större krets som gjorde väpnat motstånd.

Albert Grunbergs väg liknade deras, förutom att han blivit förklarad för fiende till Tredje riket helt enkelt för att han var jude. Men även han hade flytt när de kom för att hämta honom. Hans flykt krävde mod, och förvandlade honom över en natt till en motståndsman. Även de som hjälpte honom, hans krets av tigande medbrottslingar, var motståndsmän. För den nazistiska ockupationsmakten och för Vichyregeringen var det nämligen ett brott mot staten att hjälpa en jude, medan man blev belönad om man angav en jude. Så sent som i april 1944 hade ss, i sin skoningslösa kampanj för att spåra upp de judar som fanns kvar i Frankrike, infört ett nytt system. »Belöningarna får inte vara för höga«, lydde ordern, »men de bör vara tillräckligt höga för att vara en uppmuntran.« Som en följd av denna order hade hotet från angivare blivit ännu större än tidigare.

Den största risken bland dem som hjälpte Albert löpte madame Oudard, för att hon gav honom ett gömställe och kom med mat till honom. Hon utsatte också sin familj för fara. Hennes mor Mémé och hennes barn, Lulu och Michel, hjälpte till med att laga mat till Albert. Trots sin ålder kunde Mémé emellanåt ta sig upp för de sex trapporna och prata politik med Albert. Det gjorde även Michel, medan Lulu ibland visade upp de gymnastikövningar hon lärde sig i skolan. Vidare var det monsieur och madame Bon, hans grannar på sjunde våningen, som lät honom använda deras kök när de lämnade Paris, en särskilt välkommen välsignelse när Albert och hans bror Sami retade sig på varandra mer än vanligt. Det blev hans reservutgång. Monsieur och madame Ouvrard, ett annat par på samma våning, var båda anställda vid tunnelbanan. De gav honom mat, liksom hans andra närmaste grannar, familjen Maillard. Familjen Fusey hjälpte till bara genom att vara så diskreta att de inte frågade vem som bodde i den lilla jungfrukammaren. I våningen under fanns professor Chabanaud, som arbetade på Naturhistoriska museet; han tillmötesgick Alberts önskan att diskutera filosofiska och vetenskapliga frågor. Vem som helst av dessa kunde ha förrått honom, och alla riskerade de livet.

I dag fick Albert äntligen de nyheter han väntat på så förtvivlat. Tidningarna hade rapporterat om bombningen av Chambéry, och i frisersalongen föreställde sig hans hustru Marguerite, fast hon hade fullt upp att göra, att deras son Roger, som bodde i stadens centrum, som hade fått ta emot den värsta stöten från attacken, låg begravd djupt under ruinerna. Utom sig av oro hade hon tagit sig tid att skicka var och en av sönerna några rader, men hennes försök att nå dem med telefon, eller skicka ett telegram, hade misslyckats.

Klockan fem på eftermiddagen kom sedan en välbekant liten knackning på dörren, och där stod, oväntat tidigt, madame Oudard. I handen hade hon ett brev. Hon sträckte fram det mot Albert, och försvann nerför trapporna lika snabbt som hon kommit. Han hann bara lägga märke till hennes hår. Hon hade väntat på sin tur att bli permanentad av Marguerite när brevet kom. Marguerite hade läst det och lämnat det till henne, och hon hade rusat gatan fram utan att tänka på hur hon såg ut.

Brevet var ingenting, bara ett par nedkrafsade rader, men det betydde allt. »Vi mår bra«, läste han. »Stan har blivit bombad men skyddsrummen här är nedsprängda i berget, och det finns inget att vara rädd för … .« Längst ned såg han sina söners omisskänn-liga namnteckningar. Överlycklig hade han ändå tid att skriva sina dagliga rader i dagboken. Madame Oudards i hast överlämnade lilla gåva, skrev han, var »*la chère lettre salvatrice*« (»det kära bre-vet som räddade oss«). Hans söner var i trygghet. Men det han menade var räddningen för honom själv och hans sinnesfrid, slu-tet på det lidande och den fruktan han känt.

Sonia d'Artois kunde äntligen koppla av. Efter den varma och tröttande färden från det säkra gömstället hade hon kvällen innan nått Château des Bordeaux, nära den lilla byn Amné. Hon hade sovit gott hela natten i ett tält dolt bland träden bakom egen-domen, och gudskelov hade hon äntligen kunna byta till de lät-tare sommarkläder som Sydney Hudsons kontakter i Le Mans hade skaffat fram. Det enda som ställde till det var hennes axel, som fortfarande gjorde mycket ont.

Denna morgon satt hon vid änden av ett långt bord på slotts-terrassen, med en stor ångande skål kaffe framför sig. Till frukost hade hon också fått bröd, smör och delikata klumpar av mjuk vit ost. Lyx, tänkte hon – fastän kaffet var det surrogat som nu var all-mänt i det ockuperade Europa, gjort på mald cikoria och med en bitter smak. Hon kände sig hemma. Äntligen var hon tillbaka i Frankrike.

Hudson, som satt och såg på henne, undrade hur hon skulle klara av uppgiften. Han hade bett att få en kvinna, men Sonia var mycket ung, bara tjugo, och det var hennes första uppdrag. SOE hade börjat skicka kvinnliga agenter till Frankrike 1942, men det var bara långsamt som man hade övervunnit fördomarna mot att använda kvinnor på uppdrag i främsta linjen. Chefen för den franska underrättelsesektionen på Baker Street var en märklig och respektingivande kvinna, Vera Atkins. Men att sätta in kvinnor där striden stod som hetast stred mot naturen och traditionen, i synnerhet när fienden var Gestapo. Inga andra brittiska enheter kom ens på tanken att utsätta kvinnor för sådana faror, men SOE var okonventionellt, och redo att bryta mot alla regler.

En orsak så god som någon till detta nytänkande var nödtvånget. Allteftersom nätverken snabbt växte i Frankrike behövde agenterna kurirer som reste runt på landsbygden eller mellan städerna, och skötte kontakten mellan dem. För att inte dra till sig tyskarnas uppmärksamhet måste dessa vara osynliga, folk som kunde resa utan att märkas på tåg och bussar, som kunde passera genom kontroller, som verkade oskyldiga och harmlösa. Kvinnor.

Frågan diskuterades livligt inom SOE. Till slut gick den till själva toppen – till Churchill själv. »Använder ni kvinnor i det här«, frågade premiärministern. »Ja«, blev svaret, »men vi menar att det finns goda skäl för det.« »Ja«, grymtade Churchill, »lycka till då!«

I allt större antal dök de nu upp i Frankrike. De flesta av dem var kvinnor som Sonia, som hade bott i Frankrike eller hade en fransk-engelsk bakgrund. Erfarenheten visade att de kunde vara lika effektiva som männen. Mod kom till pass, men också förslagenhet, fantasi och anpassningsförmåga. Till en början var de »osynliga« för Gestapo, men vid det här laget höll Gestapo på att vakna upp, och inse att en kvinna inte automatiskt behövde vara »harmlös«.

Hudson lade märke till hur Sonia verkade känna sig hemma, och såg gillande hur hon smuttade på sin skål med kaffe som en ortsbo. Hennes franska accent var också perfekt. För att retas kallade han henne Marguerite, det kodnamn som hade använts i SOE-meddelandet som tillkännagav hennes ankomst. Hon skrattade, och han kände omedelbart att de skulle trivas ihop.

De satt på terrassen, njöt av frukosten och gjorde upp sina planer för Dagen D.

Det var inte för tidigt. Kvart över nio denna kväll lyssnade George Jones, gömd med sin radio i skogen bakom dem, på BBC. Han lyssnade till den ström av personliga budskap som sändes under de följande femton minuterna, av vilka de flesta var mystiska och meningslösa för honom. Sedan hörde han de ord han hade förberetts på. Tre separata budskap som var avsedda just för Hudsons Headmaster-grupp, vart och ett av dem kopplat till ett speciellt mål: »*Les gigolos portent des bracelets*«, »*Les visites font toujours plaisir*« och »*Les fleurs sont des mots d'amour*«. Gigolorna som bar armband betydde järnvägar, de angenäma besöken gerillaaktivitet och vägar, och blommorna som ord av kärlek telekommunikationer.

Tjugofyra timmar före Dagen D skulle varje kodbudskap bekräftas med ännu en kort fras.

Att dessa budskap sändes ut av BBC innebar att högsta växeln lades in i D-dagens maskineri. Det var inget man försökte dölja. »Då och då försvinner flottan ur offentligheten«, förklarade amiralen sir William James, chef för flottans informationsdetalj på amiralitetet, när han öppnade en fotoutställning om flottan i London, »men nu är det dags för den att visa sig igen. Inom kort kommer vi att nå ett stadium när vi börjar sända iväg en stor amfibieexpedition.« Churchills produktionsminister gav en liknande vink i ett lunchtal hos Londons urmakargille. Ingen armé, hävdade Oliver Lyttelton, kommer någonsin att gå i strid så väl utrustad som den Storbritannien skickar till kontinenten. I Washington gjorde krigsministern, Henry Stimson, tydliga anspelningar på viktiga händelser. Över tre och en halv miljon amerikanska soldater tjänstgjorde utomlands, tillkännagav han, och »tiden för avgörande insatser är nu nära förestående«. Det var denna dag som amiral Ramsay formellt tog befäl över Operation Neptune. Eisenhower tillbringade sin sista dag på Bushy Park innan han flyttade sitt framskjutna högkvarter till Portsmouth.

Under åtskilliga dagar hade Ike nu haft möten med sin chefsmeteorolog, överste James Stagg från RAF. Från och med nu skulle Ike sammankalla en daglig konferens för att alla hans befälhavare skulle få en officiell genomgång från Stagg. »Vi är allesamman ytterst medvetna om vädret nu«, noterade Harry Butcher. Den reslige, rödhårige Stagg, som stammade från de skotska lågländerna, var fyrtiotre år. »Vetenskapsman ut i fingerspetsarna«, har någon skrivit, »med vetenskapsmannens hela förfinade förmåga att utan känsloengagemang bedöma bevismaterialet, en skarpsinnig man som inte förhastar sig, objektiv, beslutsam, modig.«

Dagen D var fortfarande utfäst till måndagen den 5 juni. I dag var det mulet, och det föll ett lätt regn; värmeböljan var äntligen över. Senare kom solen fram för en kort stund, men mitt på eftermiddagen skymdes den av låga moln. Solen gick nu upp före sex på morgonen och ned efter tio. I London sträckte sig den officiella mörkläggningen från 10.52 till 5.03. Dagarna blev fortfarande längre. Fullmånen skulle infalla den 6 juni.

Eisenhower kände sig trygg. »Väderleksförutsägelserna är visserligen alltjämt obestämda men allmänt gynnsamma«, telegraferade han den dagen, i ett personligt och topphemligt Bigotmeddelande, till den amerikanske arméstabschefen George C. Marshall. »Alla är vid gott mod, och om väderleksförhållandena inte blir olämpliga kommer vi att fixa saken som planerat.« Ett skäl till hans optimism var den starka känslan att de omaka delarna i det väldiga allierade maskineri han förde befäl över till slut strävade tillsammans i endräkt mot ett enda mål. Föregående kväll hade han åkt till Stanmore, RAF-högkvarteret i Londons nordvästra utkant, för att diskutera förstöringen av de kraftfulla tyska radiosändare längs den franska kusten som användes för att störa de allierades radar. Bland de närvarande fanns flygmarskalken sir Arthur Harris, den envetne chefen för RAF:s bombflyg, som intensivt hade motsatt sig att hans bombplan ställdes under Ikes befäl under Dagen D och som var öppet skeptisk till taktiska bombningar. Men Ike hade blivit förtjust när han hörde den stridslystne »Bomber« Harris säga till en kollega: »Varför kan vi inte ta hand om en av de där radiosändarna i natt?« Att Harris frivilligt erbjöd sina plan till en så svår och riskfylld uppgift var ett ovanligt och välkommet tecken. Den kvällen, skrev Harry Butcher, bad Ike flygarna att låta helvetet bryta löst över landstigningsområdena. Att man inriktade sig på landstigningsområdena skulle vid det här laget inte avslöja något för tyskarna, med tanke på att man nu bombade precis överallt.

Långt mindre välkommet var det muller som hördes från Churchill i kulisserna. Sent på eftermiddagen fick Ike ett brådskande meddelande från amiral Ramsay. Churchill hade visst kokat ihop en helt vanvettig plan för Dagen D.

På förmiddagen hade befälhavaren för Neptune farit upp till London för ett sammanträde klockan tre med premiärministern i dennes underjordiska kartrum. Till sin förvåning fann Ramsay att även kung Georg var närvarande, i sällskap med sin privatsekreterare. Till hans ännu större häpnad avslöjade Churchill att både han och kungen tänkte åtfölja trupperna över Kanalen på Dagen D. Förfärad över denna idé pekade Ramsay på riskerna, och så snart han anständigtvis kunde komma därifrån ringde han Eisenhower och bad honom enträget att ingripa. Men Ike hade redan talat om för Churchill att idén var vansinnig. »Tänk dig«, hade han sagt, »att fartyget du är ombord på blir träffat. Vi skulle behöva avsätta fyra eller fem fartyg för att rädda dig, och du skulle bli en belastning för hela anfallet« – för att inte tala om de katastrofala konsekvenserna om premiärministern blev dödad.

Som påbröd på sina bekymmer fick Ike också veta att Churchill, nu när händelsernas centrum flyttades till Portsmouth, tänkte hemsöka denna stad under veckoslutet. General Montgomery, som också fick höra nyheten, var nära att få slag. »Om Winnie kommer hit kommer han inte bara att vara en tråkmåns, han kan också mycket väl dra till sig onödig uppmärksamhet här«, exploderade han. »Varför i helvete far han inte till Dover Castle, och röker sin cigarr och blir sedd tillsammans med borgmästaren? Det skulle rikta tyskarnas blickar mot Calais.«

Märkligt nog ryckte Ike på axlarna åt alltihop. En Churchill som bestämt sig var inte en man som kunde stoppas. Dessutom var han, vad beträffade att premiärministern skulle segla med armadan på D-dagen, alldeles säker på att det inte skulle bli av. För det första var han säker på att krigskabinettet skulle förbjuda det, och dessutom visste han att Churchill egentligen var absolut emot att kungen skulle följa med, och därför när allt kom omkring knappast kunde begära någon plats för sig själv. I själva verket hade Ike skickligt utmanövrerat Churchill. Så snart han fått vetskap om premiärministerns plan hade han kontaktat Buckingham Palace och mobiliserat kungen att motsätta sig den. Vad beträffar att Churchill skulle hemsöka Portsmouth var det bättre att ha honom på nära håll, där han kunde kontrolleras, än i London i färd med att koka ihop fler vanvettiga planer. Att han skulle vifta med en cigarr inför världspressen i Dover – som den uppretade Montgomery hade hävt ur sig – skulle vara ett alltför uppenbart trick, som förmodligen skulle vara kontraproduktivt. I nuvarande läge kände sig Ike säker på att de befintliga planerna fungerade. I samma ögonblick som han planerade för att hålla Churchills entusiasm inom rimliga gränser diskuterade hans desinformationsgrupp stödåtgärder för operationerna efter Dagen D. Förutsatt att landstigningarna lyckades var de överens om att vidmakthålla hotet mot södra Norge och Pas de Calais. Om man körde fast i brohuvudet i Normandie skulle dessa hot kompletteras genom att hoten mot Norge stärktes, och genom att Bordeaux blev ett nytt mål.

Inte desto mindre var detta en svår prövning för Ikes personliga diplomati, och Churchill prövade gränserna för allas tålamod. Han levde fortfarande rövare över att civila bombades i Frankrike, och närheten till D-dagen fyllde honom med en vild upphetsning. »Min Gud«, anförtrodde en ursinnig sir Alan Brooke åt sin dagbok denna kväll, »vad det är svårt att sköta ett krig och hålla de militära övervägandena fria från alla de intressen och det politiska narrspel som är förenade med det.«

Men politiken går hand i hand med kriget, och vardagslivet fortsatte som vanligt, inklusive handel och ekonomi. Londonbörsen steg, med stark efterfrågan på industriaktier och vinster över hela linjen. Även Wall Street uppvisade livlig och aktiv handel. Annonsörerna uppfångade stämningen. »Gryningen måste komma«, lydde en rubrik i Times denna dag, med tillhörande illustration. »I nattens skuggor har vi strävat för att påskynda segerns morgon. Med den annalkande dagen vänder sig nu våra tankar till trygghetsbehoven i ett liv i fred.« Ett företag som tillverkade tillhållarlås var inte sent att slå mynt av den förestående invasionen!

Men för Jill, en av de förrymda apor vars upptåg hade roat Londonborna under några dagar, fanns det ingen frihet. Upprepade gånger hade försöken att lura ner paret från deras träd i Hampstead misslyckats. Jack kunde till slut fångas, men Jill måste skjutas. En annan nedstämmande nyhet för viltlivets vänner var att antalet svalbon minskade. Massor av folk sökte sig till biograferna i West End för att se sådana filmer som *Klockan klämtar för dig*, med Gary Cooper och Ingrid Bergman, eller Cary Grant och John Garfield i *Spionage i Tokyo*. Noël Cowards *Min fru går igen* gick på tredje året på Duchess Theatre, och på Aldwych spelade Lynn Fontanne och Alfred Lunt i Robert Sherwoods *There Shall Be No Night*. Det brittiska arkeologförbundet hade sitt årsmöte halv fem denna eftermiddag, och på Guildhall School of Music överlämnade österrikiska flyktingar i Storbritannien en bronsbyst av Beethoven till staden London klockan 9.40 den kvällen sände BBC ett program med sopranen Emilie Hooke och tenoren Peter Pears, som sjöng en sångcykel av den tjeckiske tonsättaren Janáček. Dess titel, *En försvunnens dagbok*, träffade på pricken den olycksbådande ovisshet som svävade kring det öde som drabbat så många av hans landsmän under den nazistiska regimen.

I sin betongklädda bunker under Whitehall slukade Churchill återigen sin dagliga portion av Ultra-signaler. Det fanns en glädjande mängd tyska militära rapporter från Italien som avslöjade att alla tillgängliga reserver var utmattade, och i vilka återkommande ord och fraser var »hårda kostsamma strider«, »fientliga genombrott«, »tillbakadragande« och »ökande allierat tryck«. Där fanns också ett klagomål från von Rundstedt om fortsatt brist på transportmedel i Frankrike som förhindrade byggandet av befästningar i Atlantvallen.

Vid middagstid satt han ordförande i ett sammanträde med krigskabinettet. Man diskuterade Jugoslavien, där det nu stod klart att försöken att överbrygga klyftan mellan de rojalistiska serberna och Titos kommunistiska partisaner var dömda att misslyckas. Man förkastade också – som ett uppenbart försök att ställa till svårigheter för de allierade – ett förslag från Gestapo om att utväxla en miljon judar mot tiotusen lastbilar och leveranser av kaffe, te, kakao och tvål. Men det i särklass knepigaste ärendet var fortfarande de Gaulle.

Roosevelt vägrade alltjämt att diskutera med denne hur Frankrike skulle styras efter kriget, och inga anstalter hade vidtagits för att den franske ledaren skulle kunna tala i radio till Frankrike på Dagen D. Alla andra ledare i exil, som kung Haakon av Norge och drottning Wilhelmina av Nederländerna, skulle hålla tal till sina länder. Churchill, som nu var tydligt irriterad på sin bundsförvant i Vita huset, var orubblig på den punkten – de Gaulle skulle inkluderas! Så sent som denna morgon hade lord Selborne skickat honom ett kraftfullt formulerat brev. »Med tanke på de franska motståndsgrupperna i Operation OVERLORD«, skrev den minister som ansvarade för SOE, »skulle ett personligt radiotal från de Gaulle till motståndsgrupperna i Frankrike ha en omätlig psykologisk effekt på Dagen D … . Det går inte att bortse från att hans personliga inflytande hos de fransmän som deltar i kampen är av den största betydelse.«

I Alger fortsatte emellertid den diplomatiska tangon. Duff Cooper fick Churchills telegram som inbjöd de Gaulle till London, men när han märkte att det underlät att ge något som helst löfte om diskussioner av hur Frankrike skulle styras efter kriget beslöt han att inte lämna det vidare till de Gaulle, eftersom han var säker på att denne skulle explodera av raseri. I stället rådfrågade han René Massigli, de Gaulles utrikespolitiske expert. De båda kläckte en plan. De skulle uppmana de Gaulle att resa till London, men om amerikanerna fortfarande vägrade diskutera fredstida angelägenheter skulle han omedelbart återvända till Alger, och därigenom inför alla försätta Roosevelt och amerikanerna i en situation där de måste göra eftergifter. Massigli visste att han ändå skulle ha problem med att få de Gaulle att resa till London. Han bad därför att Churchill skulle informeras om deras plan, och meddela de Gaulle att han var införstådd med den. Cooper återvände till brittiska ambassaden för att skicka telegrammet.

Under tiden ägnade de Gaulle dagen i sitt heta arbetsrum på Les Glycines åt att ruva över hur de allierade bemötte honom. Roosevelt, som var starkt misstänksam mot vad han kallade de Gaulles »Messiaskomplex«, hade ingen som helst insikt om de progaullistiska stämningarna i Frankrike. Så sent som i februari hade chefen för hans egen stab, amiral William Leahy, gett honom det absurda rådet att den pålitligaste samlingspunkten för det franska folket efter Dagen D alltjämt var marskalk Pétain. Hundratals amerikaner utbildades i USA för att administrera Frankrike efter dess befrielse, och tryckpressarna spottade fram tusentals speciella ockupationssedlar. de Gaulle kände väl till allt detta, och kände en stark och vredgad förödmjukelse. Vad Storbritannien beträffade hade det en gång varit ett förfärligt gormande i London, när Churchill hade rutit åt honom tvärs över bordet: »Ni är inte Frankrike. Jag erkänner er inte som Frankrike!«

Men de Gaulles eget okänsliga uppträdande inbjöd ofta till sådana reaktioner. För bara ett halvår sedan hade han träffat Churchill i Marrakech, där premiärministern hämtade sig efter en lunginflammation han ådragit sig vid sina ansträngningar under

konferensen i Teheran. de Gaulles besök kom efter flera månader
av politiska gräl med premiärministern, och han var grinig när
han kom. Clementine Churchill, som talade utmärkt franska,
inbjöd honom till en promenad i trädgården före lunchen. Vid ett
tillfälle hade samtalet blivit pinsamt. »*Mon Général*«, sade Mrs
Churchill, på det rättframma sätt som hon ibland måste använda
mot sin make, »ni borde akta er noga för att inte hata era vänner
mer än era fiender.« Han hade tagit hennes råd på allvar, och efter
detta möte i Marocko hade det blivit ett ökat stöd från britterna
till den franska motståndsrörelsen, och för en överenskommelse
om deltagande av fria franska trupper på Dagen D. Allt detta ver-
kade nu vara i fara.

De spända relationerna med de Gaulle i Alger återspeglades i för-
handlingarna med ledare för de fria fransmännen i London om
hur motståndet skulle organiseras.

Från nummer 10 Duke Street, ett hus som låg undangömt bak-
om Selfridges varuhus på Oxford Street, hade de fria fransmännen
byggt upp en respektingivande spionage- och sabotageorganisa-
tion. Den var känd som *Bureau Centrale de Renseignements et
d'Action* (BCRA), och leddes av »överste Passy«, ett täcknamn för
André Dewavrin, en energisk och lojal anhängare till de Gaulle.
Med hans beredvilliga bistånd hade de allierade utvecklat en detal-
jerad plan för insatser från den franska motståndsrörelsen som
skulle vara till hjälp på Dagen D. Dess styrkor skulle förses med va-
pen och ammunition, men ändå vara strängt tyglade, för att släp-
pas loss först när – och där – de kunde vara till omedelbar nytta för
de allierade styrkorna. Detta var anledningen till det invecklade
systemet med kodbudskap till folk som André Heintz. Men det allt
överskuggande behovet att hålla sekretessen kring Dagen D så
sträng som möjligt betydde att de fria franska officerarna inte kun-
de få vetskap om tiden och platsen för landstigningarna. De ar-
betade hårt bredvid sina amerikanska och brittiska allierade, men
kände allt större harm över att vara utestängda från invasions-
planeringen.

OSS-tjänstemannen William Casey bevittnade en sådan scen strax för Dagen D, på nummer 70 Grosvenor Street i rummet där man planerade för Sussex-operationerna. De fria fransmännen var ivrigt engagerade, och hjälpte bland annat till med att välja säkra och lämpliga platser för nedsläpp. En av de mest hjälpsamma fransmännen var överste Rémy, täcknamn för Gilbert Renault-Rouilier, som före kriget varit försäkringsdirektör i Bretagne. Han hade byggt upp ett imponerande underrättelsenät i Frankrike, känt som Confrérie de Notre Dame (CND). Det var medlemmar av Rémys underrättelsenät, Century, baserade i Normandie, som framgångsrikt hade smugglat över ritningarna till Atlantvallen till London.

Rémy stod framför en stor karta och pekade på en punkt där han rekommenderade att nästa Sussex-lag skulle släppas ned. Men eftersom platsen låg alldeles innanför en av landstignings-stränderna i Normandie förkastades den omedelbart som olämplig. Ändå kunde ingen ge honom något skäl. Misstänksamt frågade Rémy om han av en slump hade träffat på en invasionshemlighet. I så fall, bad han, kunde de kanske tala om det för honom, så att han kunde göra sitt arbete ordentligt. Det följde några pinsamma ögonblick, innan han artigt men bestämt fick veta att OSS inte, ens vid denna sena tidpunkt, kunde tala om för honom när och var D-dagen skulle inträffa. Fria franska officerare som Rémy och Passy, som aldrig var fullt engagerade i planeringen för Dagen D, men aldrig helt utestängda från den, måste tygla sin besvikelse.

För andra natten i följd bombade RAF:s strategiska bombplan bangårdarna i Saumur vid Loire. Efter tjugo minuter blev röken så tjock att en ny uppsättning markörer måste fällas för den andra vågen av plan. Järnvägen förband Tours med Nantes, Walter Schwenders tillfälliga hem vid Loire.

Hans andra hem, Auschwitz, låg hundratals kilometer österut vid Weichsel, nära den historiska staden Kraków. Efter Polens nederlag 1939 öppnade nazisterna där ett koncentrationsläger för politiska fångar, som en del i en vidare och mer ambitiös plan att förvandla staden och dess omgivningar till ett mönster för tysk bosättning i öst. Den polska invånarna deporterades och deras hus gjordes tillgängliga för tyskar. De första internerna i lägret var mestadels polacker. 1944 hade det blivit det största, mest internationella och mest ökända av alla Hitlers koncentrationsläger.

Tidigt under 1942 invigde ss ett andra läger, ungefär tre kilometer därifrån, som var känt som Auschwitz II eller Auschwitz-Birkenau, efter det tyska namnet på den intilliggande byn, Brzezinka. En hel del omsorgsfull planering föregick dess tillkomst, och dess första byggnadsplaner gjordes upp av en man med examen från Bauhaus, den berömda högskolan för konst och konsthantverk.

Vid det här laget var det organiserade massmordet på Europas judar i full gång. Birkenau fungerade som ett av dess främsta utrotningsläger, utrustat med gaskammare och krematorier, och var knutet till det europeiska järnvägsnätet med en nybyggd bibana. Heinrich Himmler, befälhavaren för ss, besökte det i juli 1942, och bevittnade personligen gasningen av en grupp holländska judar. Han var så nöjd med det han såg att han godkände en utbyggnad av anläggningen och en tempoökning i dess verksamhet. Senare inspekterade han I.G. Farbens fabrik, och avslutade dagen med en stor mottagning med deltagande av dignitärer från ss och Auschwitz. Nu, i mitten av 1944, gick Birkenaus gaskammare på övertid, för att eliminera de judar från Ungern som varje dag anlände i fullastade tåg.

I.G. Farbens fabrik i Buna, belägen omkring en halvmil öster om de båda stora Auschwitzlägren, intill den lilla byn Dory, fick sin arbetskraft från ett läger med namnet Auschwitz-Monowitz, eller Auschwitz III. Monowitz var ett av de omkring fyrtio satellitläger som var utspridda över ett stort område runtom Auschwitz. Dessa, som var av skiftande storlek, hade byggts nära gruvor, gjuterier och fabriker som arbetade direkt eller indirekt för rustningsindustrin, och I.G. Farben var bara ett av flera tyska bolag som var inblandade. Monowitz var det största av dessa satellitläger, och tjänade som högkvarter för de andra.

Monowitz, som var närmare sexhundra meter i fyrkant och om-gavs av två taggtrådsstängsel, av vilka det inre var strömförande, rymde omkring sextio träbaracker som vardera hyste 250 man, in-klämda två i varje säng. Över huvudingången skyltade de ord som var så groteskt välbekanta för koncentrationslägerfångar över hela det nazistockuperade Europa – *Arbeit macht frei* (»Arbete gör dig fri«). Mitt i lägret fanns ett stor grusplan för upprop, och mitt emot den en gräsplan där det ibland restes en galge för en häng-ning. Det fanns ett sjukhus som sköttes av ss-läkare, och till och med en bordell, som dock var strängt förbjudet område för ju-darna. Bland internerna fanns fångar av många olika kategorier och nationaliteter, och med många olika språk. 1944 var 90 pro-cent av dem judar. Så länge de var arbetsföra bedömdes de alla som unga och tillräckligt friska för att slippa undan gaskamrarna.

Walter Schwenders far, Wilhelm, arbetade i fabriken i Buna. Varje dag for han dit från sitt hus i den lilla byn Babitz, som låg nära Auschwitz där floderna Weichsel och Sola flöt samman. Som i de flesta andra byar i närheten hade den polska befolkningen för-drivits, deras egendom hade konfiskerats och deras hus hade över-lämnats till tyskar. Babitz låg alldeles intill järnvägsspåren och gränsade till Birkenaulägret. Byn hade till och med ett eget litet läger för kreatursuppfödning. Bara de som avsiktligt blundade kunde undgå att se vad som hände omkring dem, och även till-fälliga besökare på I.G. Farbens fabrik kunde se skorstenarna i Auschwitz och känna den hemska stanken. Men kärnan i nazister-nas ideologi var antisemitismen och den egna rasens överlägsen-het. ss framställde skoningslöst judarna och de politiska fångarna som fiender till det tyska folket. Detta ifrågasatte inte Walter och hans föräldrar, och om de gjorde det behöll de sina tankar för sig själva. Fångarna i Buna arbetade i randiga koncentrationsläger-uniformer med trianglar i olika färger som angav deras status – en grön för förbrytare, en röd för politiska fångar och en gul stjärna för judarna. »Man kunde se«, sade Walters far, »att det var gott om förbrytare.«

Vid det här laget hade Bunafabriken också kommit i fokus för ett intensivt intresse från de allierade. Det var inte för fångarnas skull utan för att dess potentiella tillverkning av syntetiskt gummi och bränsle som gjorde den till ett viktigt strategiskt mål. Regelbundna överflygningar över anläggningarna i Auschwitz hade börjat i april, när bombplan från amerikanernas 15:e flygkår, baserad i Italien, flög sina första flygspaningsuppdrag. Föregående dag hade det vid ytterligare en överflygning tagits foton av fabriken med tanke på en större bombräd.

Samma dag hade ss-administrationen i huvudlägret i Auschwitz uppställt några groteska statistiska tabeller. Deporteringen till Auschwitz av ungerska judar, som till slut skulle beröra mer än fyrahundratusen själar, hade börjat i mitten av maj. Sedan dess hade närmare fyrtio kilo guld tagits från tänderna på dem som skickats till gaskamrarna. Dagen innan hade två tåg, av de etthundrafyrtiosju som inalles skulle göra denna speciella resa till döden, anlänt från Ungern, med sina tillbommade boskapsvagnar fullpackade med en last av människor, av åttatusen judar. Resan hade tagit tre och ett halvt dygn. Utan mat eller vatten hade femtiofem dött på vägen, och tvåhundra till hade mist förståndet. När tågen slutligen kom fram på stickspåret vid Birkenau, och dörrarna sköts upp av ss-vakterna, marscherades sextusen män, kvinnor och barn omedelbart iväg till gaskamrarna. Tvåtusen – ettusen vardera av de yngre och friskare männen och kvinnorna – skickades till barackerna för tvångsarbetare.

»Förbanden är i klorna på transportdetaljen«, lydde krigsdagboken hos Regina Rifles för torsdagen den 1 juni. »Alla transporter indelas efter stormbåtarna.« Glenn Dickin skulle säga farväl till Hiltingburylägret och till Storbritannien.

Efter sin Atlantöverfart för två år sedan hade han sett en hel massa, och hade ändrat åsikt om ett stort antal saker. Som en landsbygdspojke som stod naturen nära hade han med förtjusning tagit till sig den engelska landsbygden. När han for på sin motorcykel längs åsarna i Sussex hade han ryst av hänförelse över vyerna och häpnat över hur lugnt och fridfullt allting var. »Det är ingen tvekan om att det engelska landskapet är mycket vackert«, skrev han till sin mor. »Jag tycker om den gamla byn vi har här. Den är i sanning lugn och fridfull.« Träd och blommor fanns i överflöd, och rosorna, »stora och underbara«, blommade rikligt. Även närheten till stridsinsatsen gjorde honom upprymd. Varenda dag kunde han se historien utspela sig på himlen. »Massor av stora motorstarka plan och små snabba som tjuter förbi«, skrev han entusiastiskt.

Men kontrasten till Kanada var ofta smärtsam. Priserna var höga, han tyckte inte om de brittiska officerare han träffade på, de engelska cigaretterna kunde han inte röka och bad om paket hemifrån, och han tyckte inget vidare om de engelska flickorna han träffade de första gångerna han gick på danserna på mässen. Brittiska tidningsartiklar om livet på andra sidan Atlanten gjorde honom till och med arg. De påstod att dollarn bara var hälften så mycket värd som pundet, men hans dagliga erfarenhet visade honom att pundet bara räckte hälften så långt som hemma. »Jag är minsann inget vidare nöjd med den första inblick jag har fått i vårt moderland«, erkände han.

Dessutom hade den första träningen i Storbritannien varit hård. Inom en månad från ankomsten hade han varit i stridsutbildning. Han blev väckt klockan fem för en halvmils språngmarsch före frukost, sju kilometers marsch till övningsområdet, en hel dag när han sprang omkring i full stridsutrustning, och sju kilometers marsch tillbaka till förläggningen. Alldeles för ofta fick han genomlida detta i hällregn, och det verkade aldrig finnas tillräckligt med mat. Som ett barn på sommarkoloni fyllde han sina brev hem med önskelistor – köttkonserver, grapefruktsaft och äppelmust, ost, hemlagad sylt, och hans mors konserverade kycklinglår. »Jag hoppas sannerligen att vi kan få det här förbannade kriget överståndet och komma tillbaka till Kanada, där jag kan äta stora biffar och dricka massor av mjölk«, var en typisk klagan. Trött på alltihop hade han vid ett tillfälle rentav försökt komma in vid fallskärmstrupperna, killar som »alltid flänger runt i stora plan och bogserar glidplan och så vidare, och har det hur kul som helst«. När inte det gick hoppades han på kanadensiska flygvapnet. Men varken det ena eller det andra blev av.

Nu hade han efter två långa år tinat upp inför de nya upplevelserna och njöt av livet. Förutom att gå på pubar hade han sett en väldig massa filmer, inklusive sådana krigstidsklassiker som *Mrs Miniver* och *Dagdrivarbandet*. Han hade till och med hittat en trevlig engelsk flicka som han träffade i några månader. Det var en brunett som han tog med till danstillställningar på bönpallen till sin motorcykel, och hennes föräldrar välkomnade honom varmt i sitt hem. När han blivit förflyttad till ett annat läger i en annan del av landet hade han hittat en ersättare, den här gången en blondin vars förfäder kom från Holland. »Jag har träffat en del riktigt trevliga människor och har haft en del riktigt trevliga stunder«, skrev han hem den första julen. Han tyckte också om sin första officersmäss, biblioteket i ett slott från 1600-talet med taket målat i guld, tusentals böcker och en väldig öppen spis vars spiselhylla pryddes av två snidade figurer, »den ena en brud med en knippa pilar, den andra en man med lagerkrans runt huvudet«. I parken utanför betade en flock hjortar.

Glenn och Gordon Brown spelade nu ishockey för regementslaget, och tillbringade sina permissioner tillsammans i London på det exklusiva Savoy Hotel på Strand, en populär mötesplats under kriget för officerare från Kanada och USA. De brukade gå och dansa på kvällarna, se en eller annan pjäs i West End, och glo på kändisar som svassade genom lobbyn. En gång var de där samtidigt som två stjärnor från Hollywood, komediskådespelerskan Martha Raye och den tjusiga Kay Francis, som hade spelat Florence Nightingale i filmbiografin *Den vita ängeln*. De båda spelade detta år tillsammans i *Fyra brudar i en jeep*, i vilken en kvartett tjuserskor underhöll soldaterna, ett fall av att konsten imiterade livet; båda var ju välkända för de turnéer de gjorde bland trupperna för att stärka deras kampvilja. Glenn hade till och med fått syn på miss Raye när hon promenerade runt i lobbyn i en minkpäls. Han hade också sett teater- och filmskådespelaren

Burgess Meredith, som året innan hade regisserat en introduk-
tionsfilm för amerikanska soldater, *Welcome to Britain*. »Ni minns
honom nog från *Under New Yorks broar* och *Om tycke upp-
står*...«, skrev han entusiastiskt till sin familj. »Han ser precis ut
som på vita duken.« Ett annat möte som gjort ett starkt intryck
hade varit med en tjeckoslovakisk flicka som hade flytt från sitt
land när nazisterna tog över. »En väldigt kosmopolitisk skara
människor«, skrev den nye världsmannen hem till Manor.

Han hade också rest en hel del. Han hade lärt känna Brighton,
Bournemouth och Isle of Wight, han hade sett Stonehenge och
kört sin motorcykel genom Wales och Gloucestershire där han,
som var van vid präriens vidder, häpnade över de stenmurar som
fanns överallt i Cotswolds – »gamla stengärdsgårdar« kallade han
dem, »utan någon cement som håller ihop dem och hundratals år
gamla«. Han hade varit i Skottland, där han gått en commando-
utbildning i Inverary vid Loch Fyne, och han hade fått komma
upp i ett fyrmotorigt Stirling-bombplan som flögs av Gordons
kusin Reg i flygvapnet. De hade flugit ut över Nordsjön nära den
holländska kusten för lite bombfällningsövningar. Han höll rent-
av på att bli lite blaserad på alltihop, och märkte knappt längre de
tunga bombplanen, eller jaktplansdivisionerna som flög lågt över
häckarna på sin väg mot Frankrike – det som en gång gjort ho-
nom så hänförd. Glenn var helt bestämt på väg att mogna. Han
hade till och med börjat lyssna till Winston Churchills tal i radion.
»Han är alltid bra«, skrev han till sin mor.

Några kilometer därifrån tog en annan ung Churchillbeundrare
sin chans att ligga till tio denna morgon, innan hon började ränna
runt i sitt rum och göra sig klar för eftermiddagspasset på Fort
Sedgwick. Veronica Owens skolgång hade gjort henne spränglärd
i engelsk historia, ett av hennes favoritämnen, och hon blev alltid
djupt gripen av Churchills omsorgsfullt utarbetade tal, som
frammanade de stora ögonblicken i nationens förflutna. Gripen
blev hon också av de filmer hon sög i sig två eller tre gånger i veck-
an på den lokala biografen, episka skildringar av kamp och seger,

som *Madame Curie*, eller *Den stora drömmen*, om den polske kompositören och patrioten Chopin.

Men det fanns mera, en familjeförbindelse som på ett unikt sätt förenade Veronica med Storbritanniens krigsledare. Churchill hade inte haft någon regeringspost under 1930-talet, han hade varit en paria i det konservativa parti som leddes av Stanley Baldwin och Neville Chamberlain, och en rebell i viktiga frågor som självstyre för Indien, Edward VIII:s abdikation och eftergiftspolitiken mot Hitler. För att sysselsätta sig, och också för att predika de lärdomar han samlat på sig ur historien, ägnade han en stor del av detta årtionde åt att arbeta med en gedigen biografi i fyra volymer över sin ryktbare förfader John Churchill, den förste hertigen av Marlborough, segraren i det stora slaget mot fransmännen vid Blenheim 1704.

Som medhjälpare samlade Churchill ett lag av historiker och faktasamlare, och för den marina bakgrunden hade han valt ut Veronicas far. Kommendörkapten Owen, som då hade pensionerats från flottan och redan var en ivrig sjökrigshistoriker, aktiv i Navy Records Society, ägnade fyra år åt att arbeta med Churchill på biografin över Marlborough, och skrev till slut rentav en egen monografi i ämnet, *The War at Sea under Queen Anne* 1702–1708. Som en följd av detta »uppfostrades vi«, som Veronicas tvillingbror Hugh senare sade, »att beundra w s c även under hans år i öknen«. Churchill, ättling i rakt nedstigande led till den store hertigen och född i det palats som fått namn efter hans största seger, ledde nu – det behövde ingen säga till Veronica – nationens kamp mot den senaste, och den vida värste, i den långa rad av tyranner som hade erövrat Europa.

Efter sitt pass återvände hon hem, bytte snabbt från uniform till civila kläder och cyklade till Titchfield för att äta kvällsmat med familjen Spurway. När hon först kom till Fort Southwick hade hon kunnat tillbringa glada och efterlängtade ledigheter i sällskap med sina föräldrar i London. Men från och med april, när man under permissionerna måste hålla sig inom tre mil från tjänsten, hade hon inte haft någon möjlighet att träffa dem, och kyrkoherden och hans hustru hade blivit ställföreträdande föräldrar. Hon kände sig fortfarande lite förlägen tillsammans med dem, men denna kväll bröts isen. Samtalet bara flödade, och hennes blyghet försvann plötsligt. »Det är så härligt att komma bort och få tala om riktiga saker«, skrev hon till föräldrarna, »inte bara kläder, läppstift, andra lottor, och karlar!« Det fanns ännu en sak på pluskontot. Frank Spurway hade en gång i tiden spelat cricket för Somerset, så de delade en passion. »Bara pratade och pratade till fem i elva», skrev hon i sin dagbok, efter att ha cyklat som en galning tillbaka till Heathfield och missat portstängningen med ett par minuter.

Att packa sin utrustning i Cottesmore och vänta på den stora dagen fick Bill Tucker att minnas sin träning på fallskärmsjägarskolan. Instruktörerna var rena rama tortyrexperterna, tänkte han. »Blixt Gordon«, löjtnanten som var chef, hade haft en svordom till reds för allt och alla. Hans hejdukar spionerade på rekryterna och straffade dem med armhävningar. En gång hade han satt dit Tucker för att han blinkat, och tvingat honom att göra femtio. Vid sitt första träningshopp hade Tucker, vit i ansiktet, suttit med sina kompisar i en väldig hangar. Han hade aldrig varit ombord på ett flygplan, och nu spelades »Geronimo«, fallskärmsjägarnas stridsrop, i oändlighet för att elda upp dem. Ett plan rullade fram utanför, och han beordrades in som nummer tre i strömmen. När planet cirklat fältet en gång gav hoppchefen dem order att stå upp. Tucker trodde fortfarande att det bara var en övningsrunda. Plötsligt röt hoppchefen »Hoppa!«, och nummer ett fick en spark i ändan för att hjälpa honom ut genom dörren. Innan han visste ordet av fick Tucker en klapp bak på låret, och plötsligt tumlade han ut ur planet med huvudet före. Han räknade fortfarande som de alla fått lära sig, »en och tjugo, två och tjugo …«, när han kände ett kraftigt ryck när hans fallskärm öppnades och han stannade mitt i luften. Det var en underbar känsla. »Jag hoppade!«, ropade han jublande när han slog i marken.

Sedan dess hade han gjort dussintals hopp, men det enda i strid var vid Salerno. Egentligen skulle han ha hoppat i strid tidigare, med uppdraget att inta tyskkontrollerade flygfält utanför Rom när Italien kapitulerade. Det hade varit den 8 september, hans födelsedag. De hade varit i luften i en timma efter starten från basen på Sicilien när uppdraget blev inställt. Nästa dag hade bataljonen sammankallats av chefen, major Edward Krause. Krause, som hade öknamnet »Kanonkulan«, var alltid på krigsstigen. Operationen hade blivit inställd därför att tyskarna hade fått nys om den. »I går», sade bataljonschefen med sitt vanliga färgstarka språk, »hade vi historien vid tasken, men ödet lyfte på benet och släppte en brakskit på oss.«

Men vid Salerno hade ödet skött sig ordentligt. Den natten kände Tucker ingen rädsla. »Jag menade att jag hade turen att kunna glömma det som varit och låta bli att tänka på det som skulle komma.« Det enda han var orolig för var att han skulle kasta upp, eftersom han fortfarande kämpade med magproblem, yrsel och viktförlust från sina bragder i Nordafrika. Det var en klar, månljus natt. Därnere kunde han se fartyg brinna i Salernobukten, medan de allierade kämpade för att få fotfäste i Italien. Den gröna lampan hade tänts, han hade hoppat ut med huvudet före, och insåg plötsligt att han susade genom luften alldeles för fort. Något hade gått galet, så han drog i snöret till sin reservskärm och lyckades landa säkert. Men han hade landat långt bort från de andra. Plötsligt insåg han att han stod på marken i Europa, som var »smockfullt med tyskar«. Blixtsnabbt grep han sitt gevär och kände sig redo att dö. Från det ögonblicket hade Italien bara varit ändlösa kullar, illamående och – när han mådde bättre – stor skönhet.

Hur skulle det bli i Norge, undrade han.

»… såg femtio stora fältartilleripjäser hopträngda utan bevakning vid sidan av vägen. Konvoj sextio fordon på väg till Southend. Längs båda sidor av förbifarten är parkering utmärkt för tusentals fordon, men ännu inte tagen i bruk. Mycket stort läger öster om vägen Brentwood–Tilbury och söder om Grays …«

I Garbos hus i Hendon knackade hans radiotelegrafist in sin signal till Abwehr i Madrid, bekräftade den väldiga allierade uppladdningen i sydöstra England, och fäste än en gång tyskarna uppmärksamhet på ett överhängande anfall på Pas de Calais. Karl Kühlenthal hade anledning att vara nöjd med agent Arabel.

Sedan skrämskottet om Normandie för två veckor sedan hade de allierades desinformationsgrupp i hast förstärkt Garbos roll. De hoppades inte på kunna förmå tyskarna att dra bort några av sina styrkor från Normandie; det var för mycket att vänta sig. Deras främsta hopp var nu att hålla Hitlers trupper kvar vid Pas de Calais inför en förväntad landstigning där, vilket innebar att en av de båda arméerna under Rommels befäl, den femtonde, inte kunde ingripa i Normandie. Det var nu absolut avgörande att vidmakthålla Garbos trovärdighet i Berlin. Om desinformationskampanjen verkligen skulle fungera måste hans meddelanden fortsätta *efter* Dagen D. Ju längre tyskarna trodde på hans berättelse desto bättre var det för slaget om brohuvudet i Normandie. Det slutliga godkännandet av den förstärkta desinformationskampanjen hade kommit för bara två veckor sedan. Hittills tydde allt på att den stora fiskarna i Berlin svalde Garbos bete.

Men alla var fortfarande på helspänn. Tidigare denna dag hade man fått en kuslig påminnelse om hur bräcklig Garbos existens som dubbelagent var. I den utstuderade bild han skapade för tyskarna fanns det lika litet verklighet som i de filmer som hade gjort hans namne i Hollywood världsbekant. När som helst kunde filmremsan gå av, projektorn strejka, eller ljuset plötsligt tändas i salongen.

Dubbelspelsgruppen som skötte Garbo och hans medagenter var otäckt medveten om att hela illusionen kunde brista plösligt och ovälkommet. Halv tre denna eftermiddag sammanträdde den i sina lokaler på St James's Street, i hjärtat av Londons West End. En punkt på dagordningen handlade direkt, och brådskande, om Garbos fortsatta trovärdighet.

Ironiskt nog kom det värsta hotet både mot honom och hela ränkspelet med dubbelagenterna från de allierades egen framgång.

Allteftersom det tyska nederlaget kom närmare började ett antal Abwehrofficerare överge det sjunkande skeppet och försäkra sig om sin räddning genom att erbjuda sin hjälp till de allierade. En av dem var en officer vid namn Johan Jebsen, från Lissabon. Han verkade ha vissa genuint antinazistiska åsikter, och förmedlade en del användbara underrättelser. I en rapport till London nämnde han några av de tyska agenter hos britterna som sköttes från Lissabon. Nummer ett på listan var Arabel – Juan Pujol.

Denna skenbara present var ett kusligt problem för London. Om Arabel fortsatte att operera som vanligt skulle detta vara en tydlig vink om att han arbetade under brittisk kontroll, inte tysk. När Jebsen väl insåg detta, resonerade dubbelspelsexperterna, vem kunde då veta vad som skulle hända? Han kanske var pro-brittisk nu, men kunde hans lojalitet vid något tillfälle återgå till Berlin? I så fall skulle han givetvis avslöja agenten. Eller skulle Gestapo upptäcka hans avfall och gripa honom? Kunde han stå emot tortyr, eller skulle han avslöja spelet för att rädda sitt eget skinn? »Kort sagt«, noterade ordföranden i dubbelspelsgruppen, sir John Masterman, »skulle den tyske överlöparen i sitt försök att hjälpa oss i själva verket rasera hela systemet.«

Kommittén diskuterade sina valmöjligheter. De kunde hämta ut Jebsen från Portugal, men det skulle få tyskarna att misstänka de dubbelagenter han hade stått i kontakt med. Secret Service kunde likvidera honom, men det skulle leda till en större tysk undersökning. Till slut valde man att inte göra något mer än att minutiöst övervaka hans aktiviteter. Under någon tid hade inget oroväckande framkommit.

För bara fyra veckor sedan hade så katastrofen inträffat. Kod-knäckarna i Bletchley Park uppsnappade en Abwehr-signal som avslöjade att Jebsen hade blivit bortrövad från sitt hus i Lissabon. Han hade körts bort i en bil med diplomatisk immunitet, och var på väg till Berlin för att förhöras av Gestapo.

Det värsta tänkbara fallet hade inträffat. Sedan dess hade Garbos själva existens som dubbelagent vacklat på avgrundens rand. Hade Jebsen, i London känd som ARTIST, avslöjat spelet? Fanns det så mycket som en gnutta bevis för att tyskarna hade fått nys om ränkspelet och genomskådat Garbo? Med andra ord – var hela desinformationskampanjen kring Dagen D på väg att falla samman? Det var bara chifferforcörerna som kunde ge svar på dessa frågor. De hade frenetiskt stirrat på uppsnappade Abwehr-signaler för att avslöja varför ARTIST hade blivit arresterad. Om de kunde ta reda på det skulle de kunna räkna ut om Garbo verkligen var i fara.

En ny rapport som nådde nummer 58 St James's Street strax före klockan tre orsakade en lättnadens suck. Det problem som ARTIST hade med tyskarna hade, enligt experterna, nästan säkert sin grund i hans försök att fiffla med sina utgifter, snarare än i tvivel om hans politiska lojalitet. De menade också att det var osannolikt att misstankar han kunde ha haft om dubbelagentsystemet skulle komma fram vid ett Gestapoförhör. Deras slutsats var att det inte fanns någon anledning att anta att Garbo var ofrånkomligt komprometterad. Desinformationskampanjen kring Dagen D gick säker.

Halv tio på förmiddagen anlände David Bruce och Wild Bill Donovan ombord på den amerikanska jagaren *Davis* till Belfast, och gick ombord på *Tuscaloosa*, den tunga amerikanska kryssare som skulle föra dem till brohuvudet Utah. Efter en lunch med amiral Deyo vid vilken de alla var överens om att katastrofen vid Pearl Harbour till slut hade visat sig vara en välsignelse, genom att tvinga Förenta staterna att överge sin letargi, besökte de båda OSS-männen brittiska tjänstemän i land. Tillbaka ombord såg de en film med Errol Flynn som »Gentleman Jim« Corbett, den legendariske proffsboxaren från 1800-talet vars verserade sätt och kultiverade språk motsade hans hårdhet i ringen.

Så här långt var Bruce oroad över både det han sett och det han fått höra. Neptune hade behövt mer stöd från amerikanska flottstridskrafter än man ursprungligen föreställt sig, och de konkurrerande kraven på sjötransporter från Stilla havet hade försenat förstärkningarna. »Så sent som i kväll«, noterade han i sin dag-

bok, »blir officerare på en del fartyg för första gången insatta i de
invecklade uppgifter de ska ha i den stora operationen. Och vissa
av de fartyg som just kommit från Amerika saknar den nödvändi-
ga utrustningen, däribland sådana saker som kristaller, rökflottar
och tändhattar till dem, och tillräckliga ammunitionsförråd för att
de ska kunna fullfölja sina uppgifter även om landstigningen inte
snabbt når framgång.«

Till lands gick det emellertid bättre för de allierade underrättel-
seagenterna i Operation Sussex. Den natten landade ytterligare
tre välbehållna i Frankrike.

Det var denna dag de kanadensiska krigskorrespondenterna, som
var isolerade på Isle of Wight, fick del i hemligheten om Dagen D.
I ett rum på Fountain Inn i Cowes rullade en brittisk officer upp
en karta över den franska kusten. »Planen är följande«, viskade han.
»Vi ska landstiga ungefär här, mellan Cherbourg och Le Havre.«
En i gruppen kände omedelbart en våg av lättnad. Nu visste han.
De skulle landstiga på breda sandstränder som sträckte sig miltals,
med knappt en enda klippa att klättra upp för. Inte heller skulle de
angripa en starkt försvarad hamn. Det skulle inte bli något nytt
Dieppe.

Allteftersom fler och fler blev informerade om landstigningarna
växte oron för en potentiell läcka. Hur skulle det gå om någon av
de tiotusentals soldater som var isolerade i sina läger (som Glenn
Dickin eller Bill Tucker), eller någon av krigskorrespondenterna,
avslöjade vad han visste, avsiktligt eller av en händelse? Skulle det
spräcka hela hemligheten, eller kunde faran begränsas? De allie-
rade skulle snart få svaret.

Sent den kvällen ringde den kodade telefonen uppfordrande
hos en major vid kontraspionagets avdelning vid det västra
kommandots högkvarter i södra Wales. Området hyste tusentals
amerikanska soldater avsedda för de landstigningar som skulle
följa på D-dagen. Det var redan isolerat, med kontroller vid alla
in- och utfarter, med vägspärrar på plats och hundratals militär-

poliser och soldater som kontrollerade identitetskorten och trafiken. En panikunge kring sekretessen var redan på gång. Kvällen förut hade en amerikansk flygsergeant druckit sig berusad på en bar i Redditch, viftat med de speciella franska sedlar han hade fått ut och skrutit att han skulle iväg till Frankrike »den 4 eller 5«. Underrättelseofficerarna hade nu fullt sjå med att försöka tysta ner händelsen.

Samtalet kom från en överste vid underrättelsetjänstens säkerhetsavdelning vid Montgomerys högkvarter på St Paul's School i London. »Ni måste hjälpa till«, sade han. »Det här är mycket allvarligt. Släpp allt annat!« Kvällen innan hade en brittisk korpral från en av de insatsstyrkor som skulle landstiga tidigt på Dagen D rymt från sitt läger i Hampshire, medförande så detaljerade kunskaper om stranden och tidvattnet att platsen kunde identifieras. Han var sedan dess som uppslukad av jorden. Men det fanns en möjlighet att han var på väg till Wales, där både hans flickvän och hans föräldrar bodde.

Militärpolisen och säkerhetstjänstens fältsektion larmades omedelbart, och bevakning ordnades dygnet runt vid korpralens hem. »Han måste gripas innan skadan är skedd«, insisterade översten. »Faran är att han vet nästan precis *var och när*.« Men vid midnatt var korpralen fortfarande på fri fot.

Den natten var vädret i Kanalen ostadigt. Dagen utmärktes av en blandning av lätta skurar och korta stunder med solsken, och temperaturen höll sig kring sjutton grader. Men mot kvällen hade en frisk sydvästlig vind blåst upp, och himlen täcktes av låga molnbankar som hotade med åska. Vågorna gick höga, och barometern föll oroväckande.

6. Soldaterna
vid mycket gott mod

INGEN KUNDE undgå den. Varningen, som med en tjock svart ram gick tvärs över flera spalter i Times, var mycket tydlig: »ALLMÄNHETEN UPPMANAS ATT UNDVIKA RESOR.« På grund av den »ökade påfrestningen« på järnvägsnätet skulle det bli nödvändigt att utan förvarning dra in många fler tåg denna sommar. Notisen drog till sig blicken lika effektivt som den rubrik som tillkännagav Roms förestående fall, och vädjandena från Vatikanen att behandla den eviga staden med aktning. Den som höjde sin hand mot Rom, uttalade sig påven, skulle göra sig skyldig till ett »modermord på hela den civiliserade världen, ett modermord i Guds eviga straffdom«. Efter att ha hört Gigli i Verdis opera *Maskeradbalen* beordrade generalfältmarskalk Kesselring, befälhavaren för Hitlers styrkor i Italien, att staden skulle evakueras. Dess hotell tömdes på tyska officerare, stabsbilarna lastades och infanteriet började marschera mot norr.

I London var dagen klar, solig och varm. Invasionsstyrkorna var i rörelse. Tusentals hade redan lastats ombord på sina transporter, satt fast i konvojer eller väntade i hamnar. Andra hade redan nått bryggorna, hundratals tillfälliga lastkajer i betong som byggts längs floder, stränder och flodmynningar för ilastningen av den väldiga armada och dess tunga utrustning av stridsvagnar, kanoner, lastbilar och förråd. Dussintals fartyg var på väg mot uppsamlingsområdet söder om Isle of Wight i Engelska kanalen. Slagskeppet *Nelson*, som Churchill hoppades se slaget från, lämnade sin bas vid Scapa Flow i Orkneyöarna och stävade mot Milford Haven, på Wales' sydvästkust. Amiral Ramsay ägnade eftermiddagen åt att beskåda de trupper som embarkerade i Southampton och det närliggande Gosport. »Alla soldaterna vid mycket gott mod«, noterade han i sin dagbok.

Halv sju på kvällen bogserades två dvärgubåtar av trålare från Portsmouth ut i Engelska kanalen. Bogserlinorna var av nylon som skulle ha räckt till tjugotusen par strumpor, värda en förmögenhet på den svarta marknaden. I dessa ubåtar, som bara var femton meter långa och en och en halv breda, rymdes en enda koj, som fyramannabesättningen sov i i skift, en dieselmotor, densamma som den i Londons bussar, och batterier som läckte ut vätgas som orsakade huvudvärk och kräkningar. Deras uppdrag var att gå upp till ytan utanför Normandies kust omedelbart före landstigningarna på Dagen D, för att tjäna som inseglingsmärken för de brittiska och kanadensiska styrkorna. För att vara kamouflerade från luften när de låg och väntade i det grunda vattnet var de målade i gult och grönt, i stället för i traditionellt grått och svart.

Så snart André Heintz kunde komma bort från sin undervisning på läroverket hoppade han upp på sin cykel och gav sig iväg till universitetet. Här fick han av portvakten ett kuvert adresserat till en »Monsieur Conto«. Det var det namn hon kände honom under, ett av det flertal täcknamn han använde, med falska identitetspapper som stöd för vart och ett. Han ville inte att några besvärande bevis skulle komma till hans hemadress. Brevet var poststämplat i Hermanville-sur-Mer, en liten by vid kusten, utanför Ouistreham. Det hade postats klockan fem dagen innan. »Jag vill träffa er på Gare Saint Pierre kvart i nio på lördagen den 3 juni. Hjärtliga hälsningar, Courtois«, stod det. »Courtois« var kodnamnet på hans underrättelsekontakt, make till kvinnan som vidarebefordrat förvarningsbudskapen den där oförglömliga dagen på läroverket. Han riktiga namn var Jacques Bergeot, och han var i själva verket ledare för motståndsrörelsen i hela departementet Calvados. Gare Saint Pierre var den lilla stationen nära kajerna i Caen varifrån en smalspårig järnväg gick till Ouistreham. Det var deras vanliga mötesplats.

Den kvällen följde André sin vanliga ritual att lyssna till BBC efter förvarningar, men de kom inte. Utomhus var kvällen mulen och tryckande varm. Över sig hörde han hundratals allierade bombplan på väg upp längs Seine mot Paris. Tidigare på dagen hade BBC:s franskspråkiga sändning talat om den kommande »nationella resning« som de Gaulle manade till, och som de fria franska styrkornas ledare hade knutit till den förestående befrielsen av landet. Denna resning skulle inte förväxlas med något slags spektakulär spontan massresning, insisterade rörelsens talesman, André Gillois. I stället skulle den vara en grundligt planerad och omsorgsfullt anpassad serie åtgärder, som skulle skifta i art från region till region och beröra olika människor på olika sätt. Alla skulle därför noga lyda de instruktion som skulle komma till dem, antingen genom de organisationer de tillhörde eller på radion. »Lyssna på våra anvisningar«, slutade han, »de kommer att leda er.«

Hur mycket längre måste André vänta? Varje gång han kände sig otålig eller nedstämd tänkte han på sina vänner i Bristol. Hittills hade de lidit nästan värre än han, eftersom deras stad hade varit målet för några förödande tyska bombanfall. Även om han ännu inte visste det hade en av hans bästa vänner från skolan dödats under en räd. Under någon tid hade André till och med kunnat hålla kontakten med dem. En dag hade han fått ett brev poststämplat i det neutrala Lissabon som gav honom numret till en postbox där. Det var från familjen i Bristol, och han hade svarat dem via postboxen. Han hade noga hållit sig till personliga nyheter, eftersom han var säker på att brevet skulle censureras av Vichymyndigheterna. Men han hade försäkrat sina vänner att han och hans familj – även om livet i det nazistockuperade Frankrike var svårt – delade deras känslor, och höll ut. Han hade till och med nämnt för dem att de, för att hålla modet uppe, ivrigt försökte följja Kiplings råd i den välkända dikten »Om«: »Om du vill bli en man, min son … Om du kan styra hjärta, mod och kraft …«. I ett annat brev hade han berättat för sina vänner att han försökte läsa så många engelska böcker som möjligt, och hade citerat en strof från en dikt av Alfred de Vigny som han kände rymde en hel del mellan raderna:

Gémir, pleurer, prier est également lâche
Fais énergiquement ta longue et lourde tâche
Dans la vie où la sort a voulu t'appeler
Puis, après comme moi, souffre et meurs sans parler.
(Att sucka, gråta och att bedja är lika fegt
Fullgör med kraft din långvariga och tunga uppgift
I livet där ödet har velat kalla dig
Sedan, efteråt, som jag, ska du lida och dö utan ett ord.)

I dag lämnade Glenn Dickin till slut Hiltingbury för sin utgångs-
station i Southampton. Rutten för hans konvoj hade planerats
minutiöst. Den måste komma fram till den exakta punkten för
embarkering vid den korrekta tidpunkten för att gå ombord på
det rätta fartyget. Det gick långsamt framåt. Miltals inåt landet
väntade hundratals andra konvojer på att lastas. På förstads-
gatorna lekte barnen mellan stridsvagnarna, och hemmafruarna
kom med te och hembakta kakor till mannarna. Krigskorrespon-
denten Alan Moorehead, som följde en nästan identisk rutt, be-
skrev sin egen färd så här: »Åtta kilometer i timmen. Nedför
Acacia Avenue. Runt parken in på High Street; en kilometerlång
kolonn av amfibiefordon och tretons lastbilar, av jeepar och
stridsvagnar och schaktmaskiner. På trottoaren vinkade en eller
annan förstrött. En gammal man stannade och mumlade 'Lycka
till'. Men mestadels stirrade folk tyst och gjorde inga tecken.
De visste vart vi skulle. Det hade varit övningar förut, men de lät
sig inte luras. Det var någonting i soldaternas uppträdande som
alltför tydligt sade: 'Den här gången gäller det. Det här är invasio-
nen.' Ändå var de fortfarande upprymda. Det var en lättnad att ha
kommit ut ur lägret och få röra sig fritt på gatorna igen. Då och då
gjorde kolonnen halt. Sedan kröp vi långsamt vidare mot last-
kajerna.«

Också för Glenn Dickin tog det större delen av dagen att nå
Southampton. Han hade reservproviant med sig för att klara sig
igenom de första timmarna på andra sidan. I en vattentät låda
fanns chokladkakor med russin och tärningar av havremjöl och

köttbuljong. Dessa skulle på ett ögonblick förvandlas till soppa när han tillsatte hett vatten som han värmt med metatabletter på det lilla hopfällbara kök som låg i hans ficka. Ännu snabbare var hans burk med självuppvärmande soppa. Allt han behövde göra var att tända veken i ena änden på burken, och på en kort stund var soppan färdig.

Han bar också sin nya D-dagshjälm. Hittills hade de kanadensiska soldaterna varit utrustade med samma uniform, baskrar, kängor och vapen som de brittiska. Bara hans axelmärken, knappar och emblem markerade att han tillhörde Regina Rifles. Men för Dagen D hade man tagit beslutet att lämna ut särskilda hjälmar. Detta skulle tydligt utmärka Glenn som tillhörande den 3:e kanadensiska infanteridivisionen, som en av D-dagens kanadensare. Framifrån liknade den den amerikanska hjälmen, men baktill sluttade den och gav bättre skydd för sidorna av huvudet. »Det är förbluffande«, skrev Glenns kompis Gordon Brown, »vad ett särskilt igenkänningstecken kan betyda för stridsmoralen i ett förband. Vi var mycket stolta över att tredje divisionen var den enda kanadensiska som deltog i invasionen på Dagen D.«

Glenn hade också fått sin inträdesbiljett till »premiären«, det speciella embarkationskort han fått i Hiltingbury. Det hade två halvor. Båda innehöll hans namn, nummer, grad, och ställning som ställföreträdande chef för B(Baker)-kompaniet, och vidare numret på hans fartyg. I enlighet med instruktionerna hade han kortet i sin avlöningsbok. När han gick ombord skulle en officer ta den ena halvan, som dokumentering av exakt när, var och hur han hade embarkerat.

Till slut kom hans konvoj fram till lastkajerna. Nedtyngd av sin utrustning tog sig Glenn långsamt uppför landgången till det fartyg som skulle föra honom över Kanalen. Llangibby Castle hade före kriget gått som passagerarfartyg i linjetrafik mellan Storbritannien och Sydafrika för rederiet Union-Castle, och hade nu chartrats av amiralitetet, alltjämt med sin civila besättning. Glenn följde proceduren och lämnade över sitt kort. Fem kilometer från den franska kusten skulle han klättra ner i den lilla stormbåten som skulle föra honom den sista biten fram till Juno Beach.

Alldeles före landstigningen skulle han ge den andra halvan av kortet till en annan officer, som skulle samla alla de andra korten från Glenns förband i en särskild påse med fartyget nummer och plats, dag och exakt tid för debarkeringen. Påsen skulle sedan förseglas. »Det är absolut nödvändigt«, lydde den topphemliga order som anvisade proceduren, »att förbanden är särskilt noggranna i detta avseende, eftersom den andra halvan av embarkationskortet kan förhindra att felaktiga uppgifter skickas till personens närmaste anhöriga.« Denna omsorg och grundlighet var ett lugnande tecken på att allt som rörde Dagen D hade tänkts igenom in i minsta detalj. Men Glenn fick också en akut påminnelse om att kortet inom några timmar kunde vara det enda som angav när och hur hans döda kropp hade kommit i land.

Alger täcktes hela dagen av en tät havsdimma som passade ihop med det dunkel som ännu omgav de Gaulles planer för Dagen D. Han hade fortfarande inte bestämt sig för om han skulle flyga till England. Där han ruvade i sitt arbetsrum på Les Glycines var han alltjämt förbittrad och arg över hur de allierade behandlade honom.

Mitt på förmiddagen fick han besök av Duff Cooper, som hade med sig ännu en enträgen vädjan från Churchill. Denne bönföll honom att komma till London så fort som möjligt. Premiärministern stod under starkt tryck från parlamentet att ordna upp röran. Överallt i Storbritannien och Förenta staterna rådde en växande känsla av en överhängande politisk katastrof som allvarligt kunde hota den militära händelseutvecklingen. »Nu när invasionstimman nalkas«, skrev en korrespondent i Times denna morgon, »blir behovet av ett fast samförstånd om den civila administrationen [i Frankrike] viktigare för varje dag.« I New York gick Herald Tribune ännu mera rakt på sak, och skyllde problemet på ren lynnighet hos president Roosevelt. Dröjsmålet kunde bara förklaras med presidentens personliga avoghet mot de Gaulle, och tillskrivas »sårad stolthet och rena fördomar«. Han borde vara medveten om, slutade tidningen, att amerikanska soldaters blod inte fick spillas på sådana småaktiga grunder.

I nästan en timma hävdade de Gaulle att det inte var meningsfullt att fara till London om amerikanerna vägrade delta i samtal om civila angelägenheter. Han tänkte minsann inte göra det Churchill bad honom om bara för att det var bekvämt för de allierade. Det passade inte *honom*.

Cooper lämnade Les Glycines tomhänt och rapporterade de Gaulles kommentarer till René Massigli, som återigen sade att han var beredd att avgå om de Gaulle sade nej till Churchills inbjudan. Massigli var inte ensam. Vid det här laget stod de Gaulle under tryck från sin egen sida att hitta ut ur dödläget. När den franska nationella befrielsekommittén sammanträdde denna eftermiddag uppmanade den honom att flyga till London. Det var bara ett fåtal som reserverade sig, däribland kommunisterna.

Halv elva på kvällen besökte Cooper Massigli igen. Så här dags var den brittiske ambassadören upprymd. Det var nämligen hans silverbröllopsdag. Förutom att han hade njutit av en magnifik lunch hos två gamla vänner, furstinnan Marie de Ligne och furstinnan Galitzin, som bodde i ett praktfullt gammal moriskt hus i utkanten av Alger, hade han och hans maka Diana gett en middag på ambassaden för vilken personalen hade letat fram några flaskor riktig champagne, och de hade haft en verklig festkväll. Som vanligt fann han Massigli vänligt stämd, fullt redo att upprepa sitt löfte att avgå om de Gaulle fortsatte att tacka nej till den inbjudan han fått till London.

Styrkt av detta möte och dagens evenemang återvände Cooper till de Gaulles arbetsrum strax före midnatt. Senare skrev han i sin dagbok: »Vi hade en högst animerad diskussion, och jag talade till honom mycket frispråkigt och emellanåt ganska burdust, men han tog inte illa upp.« I själva verket kände de Gaulle en djup respekt för Cooper som den ende ministern i den brittiska regeringen – han hade då varit marinminister – som hade avgått på grund av Münchenavtalet. Dessutom sade Cooper rent ut vad han menade, liksom de Gaulle. Generalen skrev att han var »en förträfflig person som ödet hade överhopat med många gåvor ... som humanist älskade han Frankrike; som politiker tog han hand om ärendena med nobelt lugn ... . Ställd mellan Churchill och mig gjorde han det till sin plikt att dämpa stötarna.« I detta avgörande ögonblick för Dagen D, när det var livsviktigt att till fullo mobilisera motståndet i Frankrike till stöd för invasionen, bidrog den personliga tilliten och respekten mellan dessa båda män i Alger till att en dörr öppnades.

Efter att ha gett utlopp åt sina känslor kom de fram till sakens kärna. Om han for till London som Churchill önskade, frågade de Gaulle, skulle han då få meddela sig fritt med sin regering i Alger och använda sina egna chiffer? Cooper påminde honom om att Churchill redan hade lovat honom detta. »Ge mig ert eget ord på det«, sade de Gaulle. Det skulle han gärna göra, svarade Cooper, men han var inte medlem av Storbritanniens regering. Om Churchill tog tillbaka sitt löfte lovade han emellertid på stående fot att avgå.

Detta var gott nog för de Gaulle. Han lovade att han skulle ge definitivt besked vid tiotiden nästa dag, och följde Cooper ut i den milda nattluften. »Hur många passagerare tar Mr Churchills plan«, frågade han när de skakade hand.

Det var ett lovande tecken.

I deras gömställe på slottet utanför Le Mans började Sonia d'Artois få grepp om Sydney Hudson. Han var åtskilligt äldre än hon, trettiofem, med de klara blå ögon hon mindes från London och ett lugnt, objektivt sätt som genast fick henne att känna sig väl till mods. Instinktivt kände hon att hon kunde lita på honom.

Hudson hade haft mängder av förstahandserfarenheter bakom linjerna. Även han kände sig hemma i Frankrike, eftersom det på sitt sätt *var* hemma – åtminstone nästan. Han hade vuxit upp i Schweiz, nära Lausanne, en fransktalande stad på nordsidan av Genèvesjön, mitt emot kurorten Évian-les-Bains och de franska Alperna. Hans far hade varit affärsman där, och Sydney, som var enda barnet, var bortskämd med skidåkning, tennis och umgänges-

liv med ortens societet. Men familjen upphörde aldrig att känna
sig brittisk. Vid krigsutbrottet gav han sig av till London och gick
in vid Royal Fusiliers. Under större delen av 1940 hade han vaktat
England mot den väntade invasionen och arbetat med *Auxiliary
Units*, »stödförbanden«, den topphemliga underjordiska styrka
som tränades för gerillakrigföring om tyskarna skulle lyckas.

Snart fann han arméns stränga hierarki och stelbenta regler
outhärdliga, och längtade otåligt efter handling. Till slut lyckades
han komma in i SOE, där hans flytande franska – låt vara med en
omisskännlig schweizisk accent – ivrigt togs till vara som en värde-
full tillgång. Liksom Sonia hade han gått genom hela tränings-
schemat i England och Skottland. Hans eget övningsuppdrag
hade gällt ett sabotage mot Manchesterkanalen.

Första gången han hade hoppat hade varit över det obesatta
Vichy-Frankrike. Han hade hoppat blint med Rafferty och Jones i
september 1942, och hittat ett gömställe i en liten närbelägen by.
Deras nästan omedelbara gripande hade varit resultatet av ett tips
till polisen från en granne; åtminstone var det vad han gissade.
Efter sin rymning femton månader senare hade han till fots tagit
sig genom den djupa snön i Pyrenéerna till säkerheten i Spanien,
och därefter Gibraltar; han hade varit tillbaka i London i mars
1944. Som alla agenter som varit i fiendens händer blev han grund-
ligt förhörd innan han fick klartecken för ett nytt uppdrag.

Efter en kort träningsperiod släpptes Hudson och två andra
agenter – en av dem var George Jones med sin morseapparat – på
påskdagen ner nära Issoudon i centrala Frankrike. Därifrån tog
sig han och Jones norrut, enligt instruktionerna från SOE, och till
slut hittade de Château des Bordeaux och dess välvilligt inställde
unge ägare, Edmond Cohin. Strax därefter hade Hudson fått en
chock när han fick veta att den tredje agenten han hade hoppat
med, en ung engelsk-fransk judinna vid namn Muriel Byck, som
ingick i ett annat nät, hade dött av plötsligt hjärtstillestånd. Något
som gjorde det än värre var att han senare, bland BBC:s medde-
landen i skenbart oskyldig klartext, hörde orden *Michelle pense à
son frère Simon* (»Michelle tänker på sin bror Simon«), en häls-

ning från Michelle till Sydney i vilken hon använde sitt täcknamn. Hon hade skickat det strax före sin död, och BBC hade ovetande sänt ut det tillsammans med alla de andra.

Hudson hade blivit försiktig efter sitt tillfångatagande, och tog inget för givet. Så snart han kunde finna ett alternativt gömställe gömde han Jones och hans radiosändare ett stycke bort från slottet, och ordnade ytterligare ett par säkra hus. Alla de knoppande motståndsgrupper som han hade under sin kontroll höll han strängt åtskilda från varandra. »Jag var väl medveten om faran av skvaller«, noterade han. »'Vet du vad som hände i natt? Det var ett fallskärmsnedsläpp på grannens åker, men säg ingenting!', och så vidare tills till någon av Gestapos angivare fick höra det.«

Att göra sig av med fallskärmarna visade sig vara ett avsevärt problem. De franska kvinnorna, som så länge saknat tyg till klänningar, frestades att sy blusar av nylonet. Därmed utsattes de omedelbart för misstankar och arrestering, och kunde avslöja för Gestapo var en agent fanns. Under sin utbildning hade Hudson fått höra att fallskärmarna kunde brännas, men när han försökte göra det i en öppen spis på slottet ledde det till att en tjock svart vätska spred sig över hela golvet, till hushållerskans förfäran och bestörtning. Efter den betan packade han alla fallskärmar hårt och sänkte dem under en bro över vallgraven. En annan säkerhetsåtgärd var att en dammvippa sattes tydligt synlig i ett fönster i huvudbyggnaden när någon av agenterna var borta från slottet. Om något var galet tog hushållerskan bort den. Hudson hade tagit för vana att alltid kontrollera om dammvippan var kvar innan han gick in till sin frukost.

Halv tolv på kvällen övergav Churchill slutligen sin dröm att följa med trupperna till invasionssträndarna. Det hade varit en lång och tröttande dag för alla berörda.

På morgonen rullade hans specialtåg in på stationen strax utanför den lilla byn Droxford, några kilometer väster om Southwick. Det kunde ha stannat närmare, men det fanns en tunnel intill som erbjöd skydd i händelse av ett flyganfall från Luftwaffe.

Premiärministern åtföljdes av sin gode vän fältmarskalk Smuts från Sydafrika, general Hastings Ismay, chef för hans stab i egenskap av försvarsminister, och en grupp kalfaktorer.

Innan han lämnade London hade han skickat Roosevelt texten till det tal som kung Georg VI planerade att hålla på Dagen D. Dess ton var starkt religiös, och det uppmanade nationen att bedja för framgång. Det innehöll också några ord från drottningen: »Hon är väl insatt i den ängslan och oro som våra kvinnor känner i denna tid ... Hon känner att många kvinnor kommer att finna glädje i att på detta sätt [genom bön] vaka tillsammans med sina män när de bemannar fartygen, stormar stränderna och uppfyller himlen.« Churchill nämnde också för presidenten att han, när Overlord fått en gynnsam start, ville återuppta konvojerna genom Arktis till Stalins Ryssland.

Just som han skulle lämna London fick han ett brev från kungen. »Min käre Winston«, började det, »jag vill vädja till Dig än en gång att inte gå till sjöss på D-dagen.« Kungen påminde sin premiärminister om att han nu hade övergett sina egna planer på att se händelserna utvecklas på havet, och påpekade att Churchill skulle vara utom räckhåll för krigskabinettet vid en avgörande tidpunkt. »Var snäll«, manade han, »och lägg Dina personliga önskemål åt sidan, och gör inga avsteg från det höga mått av pliktkänsla mot vårt land som Du själv har uppställt.«

Churchill gjorde ingenting åt detta brev på hela dagen. Han längtade fortfarande efter att fara över med trupperna. Han hade ju en gång själv varit soldat, och hade alltid varit i behov av spänning. »En man som måste spela en avgörande roll när det fattas ... allvarliga och fruktansvärda beslut i krig«, hade han en gång hävdat, »kan behöva vederkvickas med äventyr.« Men förutom denna uppiggande verkan på honom själv hade hans erfarenheter från första världskriget, när höga befälhavare och politiker upphöjt hade utfärdat order fjärranifrån, övertygat honom om att ett personligt besök vid fronten bidrog till bättre taktiska och strategiska beslut. »Jag hade sett många sorgliga misstag«, skrev han, »som begåtts på grund av den fåniga teorin att värdefulla liv inte fick riskeras.«

På eftermiddagen besökte han Eisenhower vid dennes framskjutna högkvarter på Southwick House, för att diskutera de sista detaljerna i operationen och själv få skåda den väldiga armada av fartyg som nu samlades i Solentkanalen.

För många hundra år sedan hade augustinerna upprättat ett kloster i Southwick, och enligt ortens tradition var det härifrån som Edward, Svarte prinsen, gav sig av till sitt fälttåg på andra sidan Kanalen år 1340, före det segerrika slaget vid Crécy. Genom klostrens upplösning under reformation hamnade Southwicks åttatusen tunnland i händerna på ortens tacksamme godsägare. En av hans ättlingar, den autokratiske och polisongprydde översten Evelyn Thistlethwaite, härskade alltjämt över herrgården och den angränsande byn. Det var fortfarande godsherren som ägde husen, av vilka de flesta var i rött tegel och korsvirke och många hade halmtak. Man kunde få se honom fara runt på sin väldiga egendom med häst och vagn, eller sittande i baksätet på sin antika Royce, som kördes av hans chaufför. Sällskapslivet, sådant det nu var, försiggick i byns båda pubar, Golden Lion och Red Lion, där Monty ibland smuttade på en apelsinjuice och Ike uppskattade det lokala ölet.

År 1941 hade den moderna världen abrupt trängt in i denna feodala kvarleva.

Det var då flottan hade rekvirerat herrgården, ett stort 1700-talshus byggt på en grund från tidigt 1600-tal, för att använda den som navigationsskola. Två år senare hade dess närhet till den underjordiska ledningscentralen vid Fort Southwick gjort den till det naturliga valet för Eisenhowers framskjutna högkvarter. Dess små stugor gav utomordentlig inkvartering, och parkens träd dolde den lilla stad av plåttunnlar som växte upp som svampar för att hysa centralens personal och D-dagens befälhavare.

Eisenhower avstod från att själv inkvarteras på herrgården och valde en mera spartansk husvagn som stod gömd under träden, omgiven av de tält där hans kalfaktorer sov. Han hade ett vardagsrum, ett kök, ett arbetsrum och ett sovrum översållat med högar av billiga romaner och foton av hans hustru Mamie och son John, i West Point-uniform. »Min cirkusvagn«, kallade Ike sin husvagn, som var utrustad med tre telefoner i olika färger. Den röda förband honom direkt med Washington, den svarta gick till Southwick House, och den gröna gav honom tillträde till Churchill i det underjordiska kartrummet i Whitehall.

Han ägnade sina första timmar på Southwick House åt att skriva sin dagorder för den 5 juni, som skulle delas ut till invasionstrupperna. »Soldater, sjömän och flygare i den allierade expeditionsstyrkan«, började han, »ni ska nu ge er ut på det stora korståget, det vi har strävat mot så många månader. Världens ögon är riktade mot er. Frihetsälskande människor överallt sänder sina förhoppningar och böner att marschera med er. Tillsammans med våra tappra allierade och vapenbröder på andra fronter kommer ni att se till att den tyska krigsmaskinen förstörs och att nazisternas tyranni över Europas förtryckta folk undanröjs; ni kommer att bereda oss själva trygghet i en fri värld.« Han avslutade med orden: »Jag hyser fullt förtroende för ert mod, er pliktkänsla och er stridsförmåga. Vi kommer inte att godta något annat än en fullständig seger!

Lycka till! Och låt oss alla bedja om den allsmäktige Gudens välsignelse i detta stora och ädla företag.«

Befrielse och frihet var hans budskap för Dagen D, ord som var ett eko av de ord som skrivits för kungen. Ike upprepade dem i en särskild topphemlig order som han samtidigt utfärdade till sina flygbefälhavare. Det var ytterst viktigt att komma ihåg, sade han, att en stor del av flygstriderna skulle äga rum ovanför huvudena på vänligt sinnade människor som hade utstått tyskarnas grymheter i åratal. Flygbesättningarna måste göra sitt yttersta för att undvika alla mål utom de militära. De allierades flygstyrkor var spjutspetsen i befrielsestyrkorna och det som »förkunnade för Europas förtryckta folk att vi är på väg«. Hans råd till dem var: »Se till att ingenting sker som sviker deras tillit eller skadar vårt goda namn i ögonen på våra vänner som fortfarande lever under det nazistiska tyranniet.«

Bakom dessa ord låg den kontrovers som uppstått genom Churchills bekymmer för civila offer. Så sent som dagen innan hade det varit ett bråk mellan Ikes underbefälhavare om huruvida man skulle bomba franska städer och byar på Dagen D och efter invasionen, för att fördröja tyska truppförflyttningar i stridsområdet. Churchills uppfattning, som framfördes av flygmarskalk Tedder, Eisenhowers ställföreträdande överbefälhavare, var att sådana attacker kunde leda till ett stort antal civila offer och förstörelse av historiska minnesmärken, för en kanske obetydlig vinst. Flygmarskalk Trafford Leigh-Mallory, överbefälhavaren för Overlords flygstridskrafter, menade att de strategiska övervägandena skulle råda. Oavsett de icke-militära förlusterna, hävdade han, måste de vara redo att förhindra att de allierade drevs tillbaka ut i havet.

Bråket fortsatte under natten. Klockan tio denna förmiddag hade Ike avgjort saken vid sitt nya högkvarter. Han tog kraftfullt ställning *för* bombningen, och underförstått *mot* Churchill, genom att ta avstånd från varje förslag att de skulle avstå från bombning av rädsla för civila offer; dock fann han det viktigt att hålla nere antalet till minsta möjliga. Den skrivna varningen till hans flygledning var dels ett försök att stryka ett streck över kontroversen, dels en försoningsgåva till Churchill.

Nu när den sjuttiotvå timmar långa nedräkningen till Dagen D var i gång började Ike också, två gånger om dagen, att hålla konferenser för väderinformation i biblioteket på Southwick House, ett stort rum klätt med bokhyllor i mörk ek och möblerat med glest utställda fåtöljer och soffor. Morgoninformationen, som ägde rum strax innan han avgjorde kontroversen om bombningen, var oroväckande obestämd, och tog hårt på allas redan spända nerver. Överste Stagg hade den svåra uppgiften att inte bara informera den allierade överbefälhavaren om det väder som var sannolikt på Dagen D, han skulle också åstadkomma enighet bland de olika väderlekstjänster som tjänade som hans rådgivare. Under gårdagen hade han upptäckt ett nytt vädermönster som utvecklades ute i Atlanten, och noterat i sin dagbok att det förebådade ett »ytterst osäkert och svårtytt läge«. Han hade föreslagit en högre amerikansk officer vid Ikes stab att överbefälhavaren borde få veta att experterna inte alla var överens om vad det betydde för Dagen D. »För Guds skull, Stagg«, blev det bryska svaret, »se till att reda ut det! General Eisenhower är en mycket bekymrad man.«

Men denna morgon var det fortfarande svårt att nå enighet. Amerikanerna på Widewing förutsade klart väder, men britternas marin- och flygministerier kom med illavarslande rapporter om inkommande lågtryck över Nordatlanten vars utveckling var svår att förutse. Stagg höll sig på den säkra sidan och sade till Ike att han för den 5 juni inte kunde utesluta vare sig vindar med stormstyrka eller ett lågt molntak på trehundra meter. Endera skulle omöjliggöra flygburna operationer och flygunderstöd till marktrupperna.

Tolv timmar senare hade Ike sagt farväl till Churchill och mötte åter sitt arbetslag i biblioteket, vars tunga mörkläggningsgardiner nu var ordentligt fördragna. »Opålitligt«, var Staggs prognos för D-dagens väder, även om han medgav att experternas åsikter var långtifrån enstämmiga. »Ömtålig balans« var en annan fras han använde för att förmedla deras tveksamhet. Efter att tålmodigt ha lyssnat frågade överbefälhavaren sin högste meteorologiske rådgivare: »Nå, vad tycker ni då?« Stagg såg honom i ögonen. »General, om jag svarade på den frågan skulle jag gissa, inte vara meteorolog.«

Med det måste Eisenhower låta sig nöja. Men nu var han nervös hela tiden. När han kom tillbaka till sin husvagn tidigare denna kväll hade han funnit en soldat som tog ner en filmprojektor och en duk. Eftersom Ike var försenad måste föreställningen ställas in, så att mannarna på Southwick också kunde se filmen. Han hade alltid insisterat på att soldaterna skulle komma i första rummet, och ofta avstått från en föreställning för att alla tillgängliga kopior var upptagna. Men i kväll for han ut mot sin marinadjutant, Harry Butcher, och gav honom en ordentlig utskällning för att han lagt visningen vid en tid som skulle hålla soldaterna uppe för sent, som en skara trötta barn. »Jag insåg då att han verkligen var skärrad inför Dagen D«, noterade Butcher.

Amiral Ramsay skrev den kvällen i sin dagbok att den kommande väderförsämringen »i hög grad bekymrade honom«. Ironiskt nog hade dagen varit fin hos dem, med långa perioder av solsken, och när natten kom blev havet i Doverkanalen lugnt när en bris hade lagt sig. Men därefter började kringfarande molnbankar torna upp sig och skymma månen.

För att lägga sten på börda på Southwick House fanns det oroande nyheter om Ultra och Fortitude. »De vita syrenerna har slagit ut«, hade uppläsaren läst två kvällar tidigare i BBC:s kodbudskap till Frankrike. Det var en signal till en man vid namn Gustave Bertrand som uppmanade honom att bege sig till en hemlig landningsplats. Där skulle ett av RAF:s Lysanderplan landa på natten för att föra honom tillbaka över Kanalen till England.

Få personer hade så många hemligheter om Ultra i huvudet som Bertrand. Som chef för den franska underrättelsetjänstens forceringsavdelning under 1930-talet hade han haft ett nära samarbete med den briljanta grupp av polska chifferforcörer som först hade löst hemligheterna i den tyska Enigma-maskinen. När Hitlers arméer besegrade Frankrike 1940 drog sig Bertrand och hans grupp tillbaka till den relativa säkerheten i den obesatta zonen i söder. Där hade de fortsatt sitt arbete tills nazisterna efter den allierade invasionen i Nordafrika i november 1942 hade gått in i södra Frankrike. Bertrand hade gått under jorden och förenat sig med motståndsrörelsen. I januari 1944 hade han emellertid blivit gripen när han var på väg till ett möte i Paris med en brittisk agent, för att hämta en del radioutrustning. Livrädd att han under tortyr skulle förråda att de allierade kunde läsa Enigma-signalerna hade Bertrand gått med på att samarbeta med tyskarna. Men det var bara ett knep för att vinna tid, och en vecka senare rymde han ur deras våld och försvann. Sedan dess hade Secret Service desperat försökt få honom ut ur Frankrike och över till England.

Genom att förhöra honom skulle de kunna ta reda på om han röjt något för fienden för att rädda sitt skinn.

Trots budskapet från BBC hade Bertrand ännu inte kommit. Nu, bara tre dagar före starten för Operation Overlord, var det ingen som visste om han hade avslöjat hemligheten om Ultra, och därmed Fortitude. Om tyskarna visste att deras chiffer var komprometterat kunde de använda detta för att lura de allierade. Lysanderplanet skulle flyga över till Frankrike i natt för att plocka upp Bertrand. Sedan skulle de allierade veta.

Nervositeten var stor också beträffande den brittiske soldat som var på rymmen från sin förläggning, och telefonerna ringde intensivt i både Montgomerys och Eisenhowers högkvarter. Rapporten att han hade blivit gripen denna morgon nära sina föräldrars hem i Wales var inte särskilt lugnande. Den brännande frågan var vad, om någonting, han hade berättat för någon. Hur hade han tagit sig från Hampshire till Wales? Vilka kontakter hade han haft på vägen? »Vi måste veta inom en timma«, tjatade Montgomerys högkvarter på en jäktad major vid västra kommandot. »Tveka inte att arrestera och isolera alla som har fått veta något av honom. Vi måste veta hur illa det är, och om det kan stoppas. Vi bryr oss inte om hur ni får honom att tala, eller hur ni täpper till hålen. Men för Guds skull, rappa på!«

Det visade sig lättare sagt än gjort. Trots majorens skickliga och rutinerade utfrågning vägrade korpralen att tala. Han stod till och med emot att bemötas med tystnad, perioder på flera minuter när majoren bara glodde på honom utan att säga ett ord. De flesta människor fann detta outhärdligt, och sade till slut något bara för att lätta på spänningen. Men inte den här mannen. I rummet intill ringde telefonen. Det var översten i underrättelsetjänstens säkerhetsavdelning i London som ville ha nyheter. »För Guds skull skynda på«, bönade han.

Den tysta kampen fortsatte. Sedan tog utfrågaren till ett annat gammalt knep, och kom med en falsk och förolämpande anklagelse. En sådan framkallade ofta ett indignerat förnekande som bröt isen och var det första steget till mer. »Jag har just skickat efter din mor«, sade han. »Hur tror du hon kommer att känna sig när jag berättar att du när stunden kom smet iväg och svek dina kamrater?« Den här gången fungerade knepet. Soldaten blev röd i ansiktet. »Jag har inte svikit dem«, sade han. »Jag vet vad som kommer att hända, jag kommer att bli skjuten. Kör i vind! Men jag har inte tjallat på mina kompisar.«

Sedan forsade hans historia ur honom. När han hörde instruktionerna för sitt förband hade han insett att risken var stor att han inte skulle komma tillbaka från Dagen D med livet i behåll, och han beslöt att han ville träffa sina föräldrar och sin flickvän en sista gång. Han hade lyckats lura vaktposterna och liftat hem. Natten hade han tillbringat i ett närbeläget amerikanskt läger efter att ha pratat sig in. På vägen hade han, erkände han, gett bort en del av sin franska valuta som souvenirer. Efter ett antal glas hade han också berättat för några amerikaner vad han visste om invasionen.

Drastiska åtgärder var påkallade. Det amerikanska lägret isolerades omedelbart, soldaterna förhördes och flera av dem som hade hört invasionshemligheten identifierades. De hade ännu inte själva fått sina instruktioner om D-dagen, och deras läger hade ännu inte isolerats. Det spärrades omedelbart av, vakter hämtades från andra förband och alla externa telefonsamtal förbjöds eller avlyssnades. Men detta var bara halva historien. Beskrivningar av de lastbilar och deras förare som gett korpralen lift skickades ut till polisen längs hela hans väg, och de spårades till slut. Förarna gick frivilligt med på att stanna i sina hem i flera dagar. Det gjorde också soldatens föräldrar och flickvän. Själv ställdes han inför krigsrätt och dömdes till tio års fängelse.

Detta var inte det enda allvarliga sekretesshotet under de tio dagar som föregick Dagen D. Några brittiska soldater rymde från ett läger nära London och tog sig en rejäl bläcka. Dessutom hade man det egendomliga fallet med korsordet i Daily Telegraph. Under flera dagar i maj och tidigt i juni bestod lösningarna till vissa nyckelord av ord som »Utah«, »Mulberrry« och »Omaha«, ord som alla hade beröring med någon hemlighet kring Dagen D.

Till slut förhörde MI5 den man, en lärare, som hade konstruerat korsorden. Det hela verkade vara ett oskyldigt, om än egendomligt och rentav otroligt, sammanträffande. Först många år senare kom det fram att läraren hade bett sina elever att föreslå nyckelord. En av dem hade hållit till vid olika förläggningar och ibland plockat upp ovanliga eller exotiska ord som han hade vidarebefordrat till sin lärare.

Sådana händelser, oskyldiga eller inte, allvarliga eller inte, stegrade oron när Dagen D nalkades. Hemligheten kring den vacklade riskabelt på randen av ett stup.

Trots föregående dags lugnande nyheter om den bortsnappade tyske Abwehr-officeren Johan Jebsen var de som stod Garbo närmast fortfarande ytterst nervösa. Bara de visst hur invecklat, osäkert och farligt spelet var. När Jebsen i februari hade nämnt Arabel som agent för Abwehr hade en ansvarig officer blivit så bekymrad över den tunna is som hela operationen rörde sig på att han hade begärt att den omedelbart skulle avslutas. Dubbelspelsgruppen hade röstat ner honom, men han var färdig att spola projektet när som helst.

Som Tomas tvivlaren uppträdde ingen annan än Garbos egen brittiske kontrollofficer, den spansktalande officer som hade välkomnat honom när han steg ut ur sjöflygplanet i Plymouth två år tidigare. Högst passande hette han Tomas Harris.

Han var en märklig och gåtfull figur, bara fyra år äldre än Pujol, och hade arbetat för MI5 sedan 1940 som dess främste expert på Spanien. Genom sin mor Enriqueta, som var spanjorska, talade han språket och förstod landets kultur och mentalitet som om han hade vuxit upp där. Lionel, hans far, var en välbeställd konsthandlare i Mayfair som specialiserade sig på verk av de spanska mästarna El Greco, Velázques och Goya. Tomas följde sin far i företaget och reste mycket i Spanien för att köpa tavlor för galleriet. Under det spanska inbördeskriget gjorde han flera resor till den norra delen av landet och kapade åt sig konstföremål vars ägare var på flykt.

Harris var själv konstnär, skulptör. Vid femton års ålder hade han fått ett stipendium till den ansedda Slade School of Art, och senare hade han flyttat till Courtauld Institute för att forska i spansk barockkonst.

När kriget bröt ut var han en exotisk figur i Londonsocieteten, med sin dekadenta skönhet, sitt välskötta skägg, sina handrullade gula cigaretter av svart tobak som färgade han fingrar kastanje-bruna, och en kultiverad prägel av mystik. Nu drev han ett eget galleri, som gjort honom rik. Han var sällskaplig och generös, och han och hans hustru Hilda tyckte om att ge påkostade fester i sitt hem i Mayfair. Bland sina vänner räknade han Guy Burgess, en producent vid BBC:s föredragsavdelning som rörde sig i societe-ten, Kim Philby, som hade varit krigskorrespondent i Spanien under inbördeskriget, och den lovande unge konsthistorikern Anthony Blunt. Flera decennier senare avslöjades dessa tre som några av Storbritanniens mest ökända spioner i det kalla kriget, men nu var de oförbätterliga festprissar med en svaghet för det goda livet. Harris, påstod Philby en gång på skämt, »hävdade att inget verkligt gott bord kunde fördärvas av vinfläckar«. Det var Burgess som först introducerade Harris till den brittiska under-rättelsetjänsten genom att rekrytera honom och hans hustru till att hjälpa till som »vaktmästare« vid den skola för hemliga agenter som drevs av SOE:s föregångare, D-sektionen inom Secret Service. När verksamheten här tog slut fördes hans namn fram till underrättelsetjänsten av Blunt, som nu hade gått in vid MI5.

Harris visade sig snabbt vara en skicklig och talangfull opera-tör, och gjorde intryck på alla med sin energi och fantasi. »Hans milda själfulla ögon kunde plötsligt bli alldeles vilda när han fick någon ljus idé«, noterade en brittisk underrättelseofficer som kom att känna honom väl, »och behöll en viss vild, glasartad blick när han målade eller skulpterade.« Han hade också en kraftfull och övertygande personlighet. »Om man i hans sällskap tittade på en tavla«, berättade en av hans kolleger bland konsthandlarna i West End, »upptäckte man efter tjugo minuter att man tänkte precis som han.«

Harris' skicklighet behövdes nu för att övertyga tyskarna om att den tavla han målade upp genom Garbo var alldeles äkta.

Med sig på sitt specialtåg till Portsmouth hade Churchill sin låda med uppsnappade hemliga meddelanden. De flesta kom från den italienska fronten, där tyskarna var på full reträtt. Ett av dem var en signal från Kesselring till överkommandot i Berlin som talade om ett »ytterligt ansträngt« läge. Ett annat var von Rundstedts vädjan till Heinrich Himmler att denne skulle göra den pansarskoldivision som inordnats under ss tillgänglig för kustförsvaret. Churchill ögnade också igenom sammanfattningen av den tyska marinens signaler. U-178 hade anlänt till Bordeaux från Fjärran Östern med en last av gummi, tenn och wolfram (som användes vid aluminiumtillverkning). Fyra ubåtar var på väg från de skyddade fjordarna i Norge söderut mot västra Frankrike för att utrustas med snorklar.

Detta var oroande nyheter. En snorkel var ett rör som påminde om ett periskop, men som tog in luft från ytan och tillät ubåtarna att köra sina mullrande dieselmotorer och ladda upp sina batterier i undervattensläge. I teorin skulle en ubåt utrustad med snorkel aldrig behöva gå upp till ytan, och därför vara långt mindre sårbar. Fastän amerikanerna hade uppfunnit anordningen för så länge sedan som 1897, och fastän den holländska flottan hade använt den före kriget, var det nu bara tyskarna som utnyttjade den. I praktiken var konstruktionen nyckfull och opålitlig, men i teorin ökade den ubåtshotet mot den allierade invasionsflottan på Dagen D.

I ett annat av de uppsnappade meddelandena fick Churchill också veta att det tyska utrikesdepartementet fördömde de allierade bombräderna som »terrorattacker«, vilket innebar att nedskjutna allierade flygbesättningar inte längre hade rätt till skydd från de tyska militär- och polismyndigheterna, ett illavarslande förebud om vad som skulle komma – flygare från RAF blev senare avrättade i koncentrationsläger. I en annan signal läste han ett budskap till Lissabon från Portugals chargé d'affaires i Berlin vari

denne rapporterade att en tysk krigskommuniké för första gången
hade talat om en allierad »invasion«. Detta antydde, sade diplo-
maten, att överkommandot hade fått en del tillförlitlig informa-
tion som bekräftade detta. Vitt spridda rykten var också i omlopp
om landstigningar i Nederländerna, luftlandsättningar i Frank-
rike och i själva Tyskland, runt Hamburg och i Schleswig-
Holstein. Men den officiella linjen i Berlin var fortfarande opti-
mistisk. »Tyska officerare«, hette det i rapporten, »särskilt de som
har återvänt från östfronten, är fortfarande övertygade om att
tyskarna med lätthet skulle kunna tillintetgöra den ryska armén
när väl hotet mot Västeuropa är över.« Detta budskap antydde för
Churchill att självbelåtenhet och förvirring härskade i fiende-
lägret.

Efter besöket hos Eisenhower återvände Churchill till sitt tåg.
Klockan halv tolv tog han sin kodade telefon och rapporterade för
sir Alan Lascelles, kungens privatsekreterare, att han hade inställt
sina planer för Dagen D. Efter midnatt började han sedan på ett
handskrivet brev till kungen. Det inleddes med en trotsig knall
men slutade med ett lydigt gnyende. »Som premiärminister och
försvarsminister«, började han djärvt, »borde jag ha lov att bege
mig varthelst jag finner det nödvändigt för att fullgöra min upp-
gift, och jag medger inte att kabinettet har rätt att inskränka min
rörelsefrihet.« Efter att i fortsättningen ha tillbakavisat varje jäm-
förelse mellan sin egen konstitutionella position och statsöver-
huvudets slutade han abrupt med att tala om för kungen att han
skulle lyda hans önskemål, »nej, befallningar«, motiverade som
de var av omtanke om hans säkerhet. »Det är ett starkt stöd för
mig«, skrev Churchill i en bara lätt beslöjad antydan att han kunde
ha tagit saken som en anledning till att begära avsked, »att de
härrör från Ers Majestäts önskan att behålla mig i Er tjänst.«

Churchills besvikelse över att inte få sin vilja fram var mycket
tydlig i brevet. När han undertecknat det överlämnades det till en
motorcykelordonnans, som brakade iväg i mörkret för att levere-
ra det till Buckingham Palace. Det var inte bara Eisenhower som
var skakis inför invasionen.

På La Roche-Guyon visade Rommel ett anmärkningsvärt lugn. Han hade länge varit övertygad om att de allierade skulle landsätta sina soldater vid högvatten för att ge dem kortast möjliga sträcka på de öppna stränderna att ta sig över under beskjutning. Det var vad de hade gjort på andra håll, och han såg inget skäl till att de skulle handla annorlunda nu. När han konsulterade sin almanacka och sina tidvattentabeller såg han att inget högvattenstånd skulle sammanfalla med en fullmåne före den 20 juni. Skrivarbete upptog hans tid på förmiddagen, men efter lunch gick han på jakt med sin vän markisen av Choisy. von Ruge följde med dem. »Jag fick en härlig utsikt över Seinedalen«, skrev Rommels marine rådgivare i sin dagbok. »Vad viltlivet beträffade såg jag bara en liten ekorre, men [det var] ständiga flygangrepp på broarna över Seine.«

På sitt överkommando i Paris tittade även generalfältmarskalk von Rundstedt noga på himlen. Den allierade invasionen skulle behöva fyra dagar i följd med gynnsamt väder, telegraferade han till överkommandot i Berlin, men ingen sådan period förutsågs. Även han var säker på att den följande veckan skulle bli lugn.

Just som von Rundstedt gjorde sin förutsägelse vidarebefordrade Abwehr-officeren Oskar Reile till hans stab och till Gestapo vad han dagen innan fått veta från sina radioavlyssnare om BBC:s förvarningar och dikten av Verlaine. Gestapo skickade rapporten vidare till överkommandot i Berlin, och till generalstabens experter på utländska arméer i väst.

Den mest förbluffande tekniska prestationen som Hitler hade i Obersalzberg var en hiss som gick ända upp till toppen av Örnnästet, en klippspets som nådde ungefär sexhundra meter ovanför Berghof. Till en enorm kostnad, uppskattad till trettio miljoner riksmark, hade under tre år en tunnel sprängts ut i själva berget, varpå en hiss med guldpläterad dörr och stoppade säten hade installerats. För att komma dit krävdes åtta kilometers hårresande körning uppför en brant och slingrande väg med hårnålskurvor och tvärbranta klippväggar. På toppen förband telefoner Führern med nästan alla världens huvudstäder, i ett väldigt cirkelrunt rum med panoramautsikt. Det fanns också en terrass för solbad, en matsal och sovrum.

Men Hitler besökte sällan detta ställe. Han var rädd att blixten kunde slå ner när han befann sig i hissen, eller att en prickskytt skulle skjuta honom på den vindlande och långsamma vägen som ledde upp till tunneln. Mestadels var hela projektet en leksak, en tillgång som han nu så flagrant inte kunde utnyttja. Det var en passande symbol för den sterila värld han nu rörde sig i.

Hitler fick förvarning om att invasionen kunde vara nära. Personal på överkommandot hade konsulterat sina tidvattentabeller och, i motsats till Rommel, dragit slutsatsen att vilken dag som helst mellan den 5 och 13 juni skulle vara en sannolik tid för de allierade att sätta sig i rörelse. Hitler blev också informerad om budskapen på BBC och Reiles rapport. Varningarna verkade inte göra något intryck. Tvärtom beordrade Hitler just denna morgon att den 19:e Luftwaffedivisionen skulle flyttas från Frankrike till Italien. Walter Warlimont, ställföreträdande operationschef vid det tyska överkommandot, blev rasande. Detta var helt enkelt att »dansa efter fiendens pipa«, tänkte han.

Även korrekta underrättelserapporter är förspillda på den som slår dövörat till. Vid det här laget var Hitler, i sin egen tilltagande sociala isolering, immun mot alla utmaningar mot hans envisa övertygelse. Omgiven av ja-sägare och smickrare kunde han utan motsägelser ge fritt lopp åt sina fantasier. Jodl, Keitel och de andra i överkommandot hade som främsta uppgift att genomföra hans vilja.

Fullt sysselsatt i sin Wehrmacht-verkstad utanför Nantes skrev Walter Schwender inget brev hem till familjen i Auschwitz. Därborta arbetade en annan ung man bland rören, stängerna och pannorna i fabriken i Buna, utströdda i fabrikskomplexet som avskräde i något slags helvetiskt skrotupplag.

För honom fanns ingen möjlighet att skriva hem. Han var fånge, en av de judar i Monowitz-lägret som hölls vid liv på grund av sin arbetsförmåga. Ju värre kriget gick för tyskarna desto mer pressade de sin fångslade arbetskraft. I april hade, efter påtryckningar från ss-chefen Heinrich Himmler, en order utfärdats till alla koncentrationsläger i Tredje riket att »arbetet måste vara i ordets rätta bemärkelse utmattande, för att åstadkomma största möjliga produktion«.

Fången var klädd i den tunna randiga lägeruniformen, med en gul Davidsstjärna fastsydd på jackan. Han hade varit där sedan sin ankomst i ett godståg från Italien fem månader tidigare. På hans vänstra arm fanns en tatuering med hans nummer: 174517.

Primo Levi hade blivit berövad sitt namn och sin personliga identitet den dag han kom. Vid det här laget var han utmärglad av hunger, och hade sett dussintals av sina medfångar bli sjuka och oförklarligt försvinna i tomma intet. Sammanlagt var det omkring fyrtiotusen slavarbetare som arbetade i Buna, en fabrik som trots nazisternas energiska ansträngningar ännu inte hade producerat en enda gnutta syntetiskt gummi. Som Walters far, Wilhelm, hade märkt var en del av fångarna i själva verket förbrytare, märkta med en grön triangel. Många av dem var också *Kapos*; ss hade med avsikt satt dem till uppsyningsmän över de andra fångarna. De utgjorde, som Himmler denna månad förklarade vid ett sammanträde med sina generaler, underofficerskåren i koncentrationslägerfångarnas armé. Kapon skulle se till att hans fångar arbetade och höll sin barack ren. Gjorde han inte det skulle han på fläcken mista sin ställning. Han skulle återvända till sin brits i baracken och där bli dödad av sina medfångar den första natten. »Det vet han«, förklarade Himmler bistert. »Kapon får vissa privilegier. Jag behöver här inte – det kan jag säga rent ut – utforma något välfärdssystem, men jag måste skaffa hit *Untermenschen* från gatorna och sätta dem i arbete för Tyskland – för segern.« I denna brutalitetens hierarki var judarna längst ner i pyramiden, slavarnas slavar.

Buna var stort som en mindre stad. Mitt i denna mardrömsmetropol stod karbidtornet, en byggnad uppförd av internerna. Tegelstenarna, anmärkte Levi, var cementerade med »hat och tvedräkt, som Babels torn ... och i det hatar vi våra herrars vanvettiga storhetsdröm, deras förakt för Gud och människor, för oss människor«.

Levi och Walter Schwender förenades av sin ungdom. I övrigt var deras världar skilda av en klyfta av grymhet, förakt, okunnighet, fördomar och likgiltighet.

Det var bara en enda liten sak som de båda unga männen hade gemensam. »Vattnet är ljummet och sötaktigt och luktar som ett träsk«, noterade Levi, samma klagomål som Walter hade uttryckt. Till och med efter fyra dagar utan dryck i tågtransporten hade han måst spotta ut det. SS-männen var förbjudna att dricka det. Törsten gav Levi den första verkliga smaken av vanvettet i Buna. Desperat efter något att dricka hade han fått syn på en istapp som hängde utanför fönstret till han barack, och sträckte ut handen efter den. En vakt utanför att brutalt ryckt bort den. »Varför«, frågade Levi. »Här finns det inget varför«, svarade vakten.

I Washington DC höll Franklin D. Roosevelt en presskonferens. Påtryckningarna om hjälp till Europas judar hade ökat i månader. Tidigare på året hade han upprättat en kommitté för krigets flyktingar för att rädda nazisternas offer. En lösning som föreslagits var att upprätta »frihamnar«, tillfälliga tillflyktsorter, men än så länge hade de sölande byråkraterna inte producerat några synliga resultat. »Hoppet att allt inte är svart här i världen för hans barn kan vara ett starkt stöd för en man som svälter i ett läger eller går in i gaskammaren«, skrev en amerikansk kommentator bittert. »Men att känna att dina vänner och bundsförvanter är en velig samling som menar vad de säger men inte har mod att leva upp till det måste blanda en förtvivlans giftbrygd.« Roosevelt tillkännagav nu på sin presskonferens att han övervägde att göra om en arméförläggning i Förenta staterna till just en sådan tillflykt.

I sin jungfrukammare i Paris återhämtade sig Albert Grunberg från ännu en tröttsam sammanstötning med sin bror. Dagen innan hade Sami gett sig in på en litania av klagomål, fulla av självmedlidande, om hur hans drömmar om rikedom hade försvunnit för alltid, eftersom han nu aldrig skulle kunna leva på hyrorna från sin egendom. Albert var inte på humör att lyssna. Hur skulle Sami reagera, frågade han ilsket, om han själv hela tiden höll på och pratade på samma sätt om sina barn? Det var helt enkelt ovärdigt, hutade han åt sin bror, att klaga i oändlighet över sin olycka. Till råga på allt förklarade Sami att han kände sig sjuk, gick och lade sig och höll sedan Albert vaken hela natten med sitt snarkande.

Denna dag ankom tusen judiska män, kvinnor och barn till Auschwitz från Drancy. Det var det sjuttiofemte deportationståget från Frankrike som anlände till dödslägret. Efter det sedvanliga urval som ss gjorde på perrongen fick 239 av männen och 134 av kvinnorna nummer och släpptes in i lägret. De återstående 627 föstes iväg till gaskamrarna. Den närmast föregående sändningen från Drancy, för tio dagar sedan, hade levererat 1200 judar, av vilka 732 omedelbart hade blivit gasade.

Till dem hörde Albert Grunbergs kusin, Jacques Cling, hans hustru Simone och deras båda tonårssöner, Maurice och Willy. De hade gripits av den franska polisen i sitt hem på Rue Monge i Paris, och hållits i Drancy i två veckor före tredagarsresan till Auschwitz. De dog som en familj. Simone, som var tragiskt omedveten om det öde som väntade, hade insisterat på att Maurice, som oförklarligt inte fanns med på arresteringslistan, skull hämtas från sin skola för att följa med dem. *Nous sommes en pleine terreur blanche* (»Vi är mitt i det vita skräckväldet«), skrev Grunberg i sin dagbok när han fick höra om deras arrestering. (Det vita skräckväldet var rojalisternas kortvariga kontrarevolution 1795, när de utkrävde hämnd av revolutionärerna. Det nedslogs av Napoleon. Övers. anm.)

Veronica Owen hade en ledig dag. Hon stannade i sängen till halv tio, och efter frukost cyklade hon tillbaka till familjen Spurway för att hämta en rosenbukett hon hade glömt i den förfärliga brådskan att komma hem kvällen innan. Åtminstone hade hon haft sin cykel, så att hon kunde komma fort hem i mörkret. Ibland hade hon varit tvungen att gå till fots. När hon hade kunnat tillbringa sina tredagarspermissioner med sina föräldrar i London, innan april kom med begränsningarna, hade hon behövt åka tillbaka till Fareham med tåg efter solnedgången. Detta betydde en kuslig femtonminuters promenad till Heathfield, ensam längs en oupplyst trädkantad väg. För att hålla modet uppe hade hon lärt sig dikter. Hon gick mitten på vägen, och deklamerade med hög röst »Den stolta kungastol, den krönta ö« och andra patriotiska rader av Shakespeare, Wordsworth och Browning, tills hon tryggt hade kommit förbi träden och tillbaka till sin stuga.

Efter en kopp te återvände hon till Heathfield och låg resten av dagen och läste mer i Lawrence av Arabiens brev. »Jag kan knappt lägga honom ifrån mig«, skrev hon till sina föräldrar. Sedan tillfogade hon ett par egendomliga rader. Alla hade varit säkra på att invasionen skulle komma i maj, men nu var allas blickar riktade mot Rom. Hade allt pratet om »den andra fronten« bara varit en bluff? »Jag undrar«, skrev hon innan bussen kom för att föra henne till nattpasset på Fort Southwick, »om vi någonsin kommer att gå in i norra Frankrike?«

På Møllergata 19 prickade Petter Moen in »120:e dagen« i sin toalettpappersdagbok. I dag gjorde han anteckningar om sina cellkamrater, som en vetenskapsman som noterar upptäckten av en hittills okänd art. Båda, skrev han, var »vanligt enkelt folk«.

Alla fångarna kategoriserades som »politiska«, men detta betydde bara att de på ett eller annat sätt hade kommit i konflikt med ockupationsmyndigheterna. Några av dem var svartabörshajar, andra hade bråkat med tyska soldater, och några – som Moen – var riktiga motståndsmän. Sjömannen, fånge nummer 5984, skakade galler för att han slagit till en tysk soldat i ett fylleslagsmål.

Så vitt Moen kunde ana hade han varit i klammeri med rättvisan flera gånger även i fredstid. Han hade varit inblandad i gängslagsmål, talade som en expert om grovt rån, och berättade ibland om en gängledare som var känd som Harry Foten; han var nämligen en mästare på att sparka sina motståndare när han slogs. Han och trädgårdsmästaren/stenhuggaren, en stillsam man med nummer 6025, var diametralt motsatta personligheter och grälade oupphörligt. Moen fann det trist att fungera som medlare, och retade sig på trädgårdsmästarens gudsnådeliga ton mot sjömannen. Själv var han intresserad av honom, och såg honom som en exotisk figur långt bortom hans egen erfarenhet. Alla försök till en intellektuell diskussion var förspilld tid, men sjömannen hade ett storartat sinne för humor som hjälpte till att fördriva tiden. »En dyster fånge är en sannskyldig börda«, skrev Moen, »rena rama strafftillägget.«

Med sjömannen var det ingen fara för det. De lärde varandra några utländska ord och fraser. Sjömannen lärde Moen lite finska, och sifferkarlen svarade med några ord på franska i ämnet kvinnor. I själva verket handlade deras samtal till stor del om sex. Kvinnor och fylleslagsmål upptog större delen av sjömannens repertoar, och hans ordförråd var rikt på fula ord. När han berättade om sina bedrifter fick han en glimt i sina bruna ögon, och han avbröt sig ofta med ett hest skratt. »Erotiskt är han ett vilt djur, han säger och gör vad som helst för att nå sitt mål – fysisk tillfredsställelse«, antecknade Moen. Hans förbindelser varade bara så länge han var intresserad, och sedan gav han sig av utan förvarning eller farväl. »Han säger att han inte har några barn på bygden – det är i alla fall vad han säger«, slutade Moen, och gjorde upp det moraliska bokslutet.

Bill Tucker hade vuxit upp som metodist, även om han inte regelbundet gick i kyrkan. Men han var inte heller agnostiker, utan betraktade sig som djupt religiös. När han väntade i Cottesmore och undrade över sitt öde lockades han till de gudstjänster som leddes av den protestantiske fältprästen, pastor George »Chappie« Woods.

Pastor Woods, en man i trettioårsåldern, hade anmält sig till 82:a flygburna två år tidigare vid Fort Benning, och gått vidare till de eftertraktade silvervingar och hoppkängor som man fick efter de erforderliga fem hoppen. Han hade hoppat vid Salerno med resten av dem, och blivit den förste fältprästen i Förenta staternas historia som någonsin hoppat i strid. Före kriget hade han varit kyrkoherde i en episkopal kyrka i Indiana. Han var en populär figur på basen, och Tucker gillade honom: »Varje gång det var gudstjänst gick jag dit. Jag läste alltid mina böner.«

I olikhet med Glenn Dickin, som var omgiven av välbekanta ansikten från sin egen provins, till och med från sitt barndoms-hem och sin skola, hade Tucker inte mycket med sig från sitt för-flutna som kunde trösta eller lugna honom. Han hade definitivt lämnat sin familj bakom sig. »Jag hade en svår uppväxt«, sade han, »och jag glömde helt enkelt bort mitt hem. Någon gång kunde jag skicka hem några rader, och jag hade en flickvän där, men hon gav mig på båten för en B-17-pilot. Allt det där tillhör det för-flutna.« I stället hämtade han kraft från sina kompisar, folk med olika bakgrund och från olika stater över hela USA.

Hans bäste vän var Larry Leonard från Missouri. De båda hade trivts ihop från början. När de var stationerade i Cookstown i Nordirland jagade de flickor, söp till och gick på bio. Efteråt lad-dade de in biff och pommes frites. »En hel massa av våra killar hängde vid mjölkbaren«, mindes Tucker, »och några av dem hade flickvänner. Men det var ont om flickor i Cookstown, eftersom de hade blivit varnade av prästerna att hålla sig borta från amerikan-ska soldater.«

På den fronten hade det dock blivit bättre när han och Larry kom till England, och de tillbringade sina flesta permissioner i staden Loughborough med att gå på pubar och danshallar. På den tiden när Tucker umgicks med Molly, testpiloten, brukade Larry och hans flickvän gå ut med dem för en kväll på stan. När de nu var instängda tillsammans i Cottesmore var de båda oskiljaktiga. Tucker hade sett till att bli överförd till Larrys kulsprutetrupp näs-tan så snart de hade kommit till Quorn. De fördrev tiden i Larrys tält, snackade om det ena och det andra, och gick igenom sina stridsrutiner i all oändlighet. När de landade på terra firma på Dagen D, var det än blev, skulle de sköta kulsprutan ihop, en tvåmans stridsenhet i vilken var och en var villig att ge sitt liv för den andre.

Klockan ett den eftermiddagen kom tre tunga bombplan i V-formation nerdykande från en molntäckt himmel och cirklade över den sovjetiska flygbasen vid Poltava i Ukraina. Snart var det ytterligare sjuttio plan som cirklade på trehundra meters höjd. I en imponerande styrkedemonstration landade de sedan med ett urverks precision med en minuts intervall. Det var fyrmotoriga flygande fästningar från den amerikanska 15:e flygkåren som just flugit den första skytteloperation som genomförts av Sovjetunionen och dess allierade.

Den förenade rysk-amerikanska insatsen vid Poltava fick kodnamnet Frantic, och var ett företag laddat med viktig taktisk, strategisk och – som en symbol för samarbetet mellan öst och väst – politisk potential. Bombplanen hade sina baser i Italien, men deras mål låg i Central- och Östeuropa. Genom att efter fullbordat uppdrag landa bakom de sovjetiska linjerna, i stället för att behöva flyga tillbaka till Italien, kunde de flyga med mindre bränsle och större last. De undvek också det starka luftvärnsförsvaret längs den italienska rutten, och dåligt väder över Alperna hindrade inte längre bombräderna. Bortom dessa taktiska fördelar från dag till dag låg utsikterna att göra många fler mål åtkomliga; tyskarna skulle då behöva försvara dessa med sitt luftvärnsförsvar och sina jaktplan, båda redan svårt åderlåtna. Effekten på stridsmoralen i de tyska vasallstaterna Ungern, Bulgarien och Rumänien kunde också bli av betydelse, när man där fick se exempel på den förödelse ett sovjetiskt-amerikanskt militärt samarbete kunde åstadkomma.

Ansträngningarna att skapa baser i Ryssland för det allierade bombflyget hade börjat så snart Röda armén 1943 inledde sin obönhörliga framryckning mot väster, och Roosevelt hade tagit upp frågan med Stalin vid Teherankonferensen i november detta år. Den sovjetiske ledaren hade tidigt i februari 1944 bekräftat för Averell Harriman att han gillade idén. »Uncle Joe« hade visat sig livligt intresserad av allt från den nödvändiga längden på banorna till oktanhalten i flygbränslet. Men detta intresse sträckte sig inte bortanför de praktiska detaljerna, som visade sig nästan oöverstigliga i ögonen på misstänksamma och tröga sovjetiska byråkrater. Det visade sig att Frantic, »vanvettig«, var en fullt riktig beteckning. Hur, envisades de vaksamma tjänstemännen, skulle hundratals amerikanska soldater kunna kontrolleras innan de fick komma in i Sovjetunionen? Efter flera veckor utfärdades slutligen gruppvisiteringar, varpå käbblet började igen när enskilda amerikanska flygtekniker måste flyga tillbaka till Italien för konsultationer, och frågan om inrese- och utresevisum kom upp på nytt. Även amerikanernas begäran om fullständig kontroll över radiotrafiken mötte starkt motstånd, inte från det sovjetiska flygvapnet utan från utrikesministeriet. Kompromissen, som oftare bröts än hölls, blev att sovjetiska representanter skulle vara närvarande i alla radiocentraler, med rätt att ta del av allt från väderleksrapporter till rapporter om operationerna.

Poltava, som utsetts till högkvarter för Operation Frantic, var platsen för ett avgörande fältslag 1709 som Pusjkin odödliggjort i en episk dikt. Här hade Peter den stores styrkor tillfogat den svenska armén under Karl XII ett svårt nederlag i deras storslagna kamp om kontrollen över Östersjön. Sovjetunionen skulle stå för vaktposter, mekaniker och kökspersonal, och i teorin skulle den amerikanska och den ryska personalen äta, sova och arbeta under exakt samma förhållanden. Moskva tillhandahöll också de kvinnor som på rekordtid lade ut de tunga stålmattor som bildade den en och en halv kilometer långa banan.

Basen stod klar i slutet av maj. »Det var egendomligt«, skrev ett ögonvittne, »att där i hjärtat av Gogols landskap se hundratals amerikanska soldater äta väldiga mängder av konserverad amerikansk skinkpasta, med vita bönor och äppelsås, dricka sjöar av gott kaffe, flörta med fnittrande ukrainska servitriser och uttala sig smickrande om det ukrainska landskapet, som var alldeles som hemma i Indiana eller Kentucky.« Många av amerikanerna var av polsk eller rysk härkomst. »Min farmor är i Kiev, och jag har fast- rar och farbröder hela vägen från Smolensk till Bessarabien«, sade en soldat. På söndagarna fick man kycklingstuvning och äppelpaj. Varje kväll visades en film, omväxlande amerikansk och sovjetisk. Amerikanska flygare dansade med kontorsflickor och kvinnliga mekaniker, och rökte tusentals amerikanska cigaretter.

För det första uppdraget, planerat till den 1 juni, hade ameri- kanerna tre mål i tankarna. Ett av dem var Galaţi Rumänien, Albert Grunbergs födelsestad. Av artighetsskäl bad de att de skulle godkännas av Sovjetunionen, och blev rasande när Röda arméns generalstab förkastade alla tre målen utan ge någon för- klaring eller några alternativa mål. Det framkom så småningom att amerikanerna oavsiktligt hade valt mål vars bombning på ett farligt sätt skulle dra tyskarnas uppmärksamhet till orter som var viktiga i Röda arméns förestående offensiv. Denna var fortfarande hemlig och under slutplanering, men skulle gå av stapeln strax ef- ter Dagen D.

Amerikanerna valde ett annat mål och ett senare datum, denna gång utan att begära Sovjetunionens godkännande – Luftwaffes bas i Debrecen i Ungern. »Ryssarna betalar när det blir resultat«, sade general Ira Eaker, befälhavare för de allierade flygstyrkorna i Medelhavet, »och jag vill min själ se resultat.« När de genomfört räden hade de flygande fästningarna styrt mot öster, och eskor- terade av amerikanska långdistansjaktplan, Mustanger, och Yak- jaktplan från det sovjetiska flygvapnet, hade de nått Poltava på ut- satt tid. Den ryska kvinnobrigaden utandades en kollektiv suck av lättnad när de såg sin dyrbara landningsbana av stål stå emot tyng- den av de jättelika bombplanen. Dessa, som genomfört den första flygoperationen som Sovjetunionen och USA någonsin hade före- tagit mot den gemensamma fienden, landade säkert. Förste man på marken var general Eaker. Kanske inspirerad av den helg han nyligen tillbringat i sällskap med Churchill på Chequers tände han en cigarr. Sedan fäste han ett par utmärkelser på de sovjetiska generaler som hjälpt till med att förbereda basen. Sent den kvällen

sände Moskvaradion triumferande nyheten om operationen. Allt-
ihop hade blivit möjligt, underströk man, genom Röda arméns
framryckning västerut.

Alltjämt ombord på *Tuscaloosa* i Belfast ägnade David Bruce och
chefen för USA:s underrättelsetjänst den kyliga och klara dagen åt
att göra officiella visiter hos ståthållaren i Nordirland, hertigen av
Abercorn – »en charmerande herre på sjuttiofem«, noterade
Bruce i sin dagbok, »med röd näsa och en svaghet för portvin« –
och sir Basil Brooke, Nordirlands premiärminister, kusin till sir
Alan Brooke, chefen för imperiets generalstab. Tillbaka ombord
studerade de på nytt planerna för Neptune och Overlord.
Fartygscheferna, skrev Bruce oroligt, »kämpade för att hålla jäm-
na steg med den flod av skrifter om invasionsplanerna som dag-
ligen sköljer över deras skrivbord«.

7. Ett bottenläge i trötthet

I CAEN cyklade André Heintz ner till järnvägsstationen nära kajerna för kvart i nio-mötet med sin rapporteringskontakt Courtois, som kom åkande från Ouistreham. Tåget var i tid, vilket var sällsynt numera. Tåget från Cherbourg till Paris, som skulle komma till Caen klockan nio denna morgon, var försenat av sabotage mot spåret och kom inte förrän nio på kvällen. De allierade bombplanen gjorde sitt bästa för att förstöra järnvägslinjer och broar, och från Paris kom inga tåg alls. Under dagens lopp såg André dussintals plan på himlen. Ett flertal flyglarm fick folk att skyndsamt ta skydd. Hans far, som försökte köpa ved till spisen, gav till slut upp på grund av de talrika avbrotten. Vädret var torrt och varmt.

I vanliga fall promenerade de båda motståndsmännen oskyldigt tillsammans från stationen tillbaka till staden, medan André oförmärkt överlämnade några nytillverkade falska identitetskort, berättade för Courtois om sina senaste rekryteringsförsök, eller vidarebefordrade allt av militär betydelse som han hade iakttagit runtomkring i staden. Nyligen hade Courtois bett honom inrikta sig på att lokalisera luftvärnsbatterier. »Vi hade bara cyklar«, mindes André, »men var och en av oss hade ett distrikt som vi täckte in två gånger i veckan för att kontrollera vad som var nytt. Dessutom kände vi bönder och andra personer på landsbygden som berättade saker för oss, och på så vis fick vi snabbt veta om någon ny luftvärnskanon hade kommit, eller om någon som fanns hade flyttats.«

I dag hade André en särskilt intressant underrättelseuppgift att föra vidare. En av hans grannar, en domare, hade en tysk stabsofficer inkvarterad i sitt hus. Domaren hade fått se ett dokument i sin »inackorderings« rum som avslöjade att tyskarna var ytterst pessimistiska beträffande sina försvarsanordningar. Han hade försökt memorera texten, som lydde ungefär så här: »Möjlighet att hålla stånd på stranden i tre timmar. Andra försvarslinjen, runt Caen, en dag. Bakre försvarslinje längs åsarna vid Falaise.« Det hade funnits en karta också, men domaren hade varit förståndig nog att lämna den där han fann den, eftersom han räknade med att dess frånvaro skulle märkas omedelbart.

För André, och i sista instans för dem som planerade inför Dagen D, var ett sådant dokument betydelsefullt. »Det gav oss hopp«, sade han, och det bekräftade vad de allierade länge hade misstänkt om den 716:e infanteridivisionen, som hade sitt högkvarter i staden och vars främsta uppgift var att försvara stränderna intill. Den bestod av två regementen, innehöll en stor andel »östsoldater«, soldater som tvångsrekryterats från sådana etniska grupper som polacker, tjecker, ukrainare och ryssar, och som nu stod under befäl av tyska officerare och underofficerare. Få av dem var fanatiskt villiga att dö för Hitler. Divisionen hade också en högre medelålder än de mest hårdföra tyska stridande divisionerna. Det var inte troligt att den skulle slåss särskilt länge.

André och Courtois skildes åt, efter att ha kommit överens om att träffas igen på tisdag morgon, den 6 juni. Ingen av dem hade ännu den minsta aning om var och när Dagen D skulle äga rum. »Jag vet inte varför«, mindes André, »men vi föreställde oss att landstigningarna kunde äga rum på en söndag. Vid det här laget var vi alla otåliga.«

Detta var den dag då Bill Tucker till slut fick veta var och när han skulle hoppa på Dagen D. Han visades in i ett tält på flygfältet i Cottesmore, och såg där ett stort bord med en terrängmodell och flygfoton. Det första som hans blick föll på var ordet »Normandie«. Det skulle alltså inte bli Jugoslavien, som somliga av killarna hade gissat, eller Norge, som han själv hade satsat på, utan Frankrike. Han mindes några ord franska från skolan – i stort sett den ende i I-kompaniet som gjorde det – och han var förvånad och entusiastisk över nyheten. Han visste vem Vilhelm Erövraren var, och tyckte att Normandie var ett vackert namn.

Han blev ännu mer hänförd när officeren som skötte genomgången avslöjade namnet på deras mål – Sainte-Mère-Église, en liten stad på halvön Cotentin längst ut i väster i invasionsområdet. Också ett vackert namn, tänkte han. När han såg på fotografierna kunde han mitt i staden se ett torg kantat av träd, med en kyrka intill en kyrkogård.

De skulle hoppa flera timmar innan de styrkor som kom på fartyg landsteg på stränderna. Tillsammans med 101:a divisionens »Screaming Eagles« skulle den 82:a inta hela området, för att hindra att tyskarna snabbt förde in förstärkningar för att angripa de amerikanska soldaterna när de kämpade sig i land på de stränder som döpts till Utah och Omaha. Flygburna brittiska trupper skulle göra detsamma i öster. När båda ändarna av brohuvudet hade säkrats skulle trupperna ha en chans att få fotfäste. Utgången av hela Dagen D hängde på att de flygburna trupperna hade framgång.

Tuckers och hans bataljons uppgift var att inta och hålla själva Sainte-Mère-Église. Erövringen av denna stad var avgörande, eftersom den låg alldeles intill Route Nationale 13, huvudvägen från Cherbourg till Bayeux som gick i nord-sydlig riktning på halvön. Det var den enda vägen av högsta klass som tyskarna kunde använda för förstärkningar. Tuckers 2:a pluton skulle gå i spetsen för I-kompaniets attack. De skulle hålla staden tills infanteriet som ryckte fram från Utah Beach kommit dit.

När Tucker såg på modellen och fotona tyckte han att det såg rätt klart ut. Han kunde till och med identifiera det hus som var högkvarter för den tyske kommendanten, en av det flertal platser som de hade order att inta. Det blev inte många frågor. »Allt verkade ganska tydligt, och alla hade en känsla av tillit till att folket högre upp visste vad de gjorde«, mindes han. När genomgången var över fick de uppmaning att sova ordentligt, eftersom nästa dag, söndagen den 4, skulle bli lång. Om deras c-47:or lyfte på söndagskvällen kunde de förväntas nå Frankrike omkring klockan ett natten till måndagen. Det kändes skönt att äntligen veta vad han skulle göra på Dagen D.

I större delen av England började helgen med uppehållsväder, och temperaturer som nådde upp mot 22 grader. På Wembley Stadium i London var huvudattraktionen en basebollmatch, med flera professionella spelare, mellan lag från den amerikanska 9:e flygkåren och amerikanska markstyrkor. Kastarna använde en bärbar upphöjning för att stå på och få ett snabbare kast, för första gången i Storbritannien. Åskådarna värmdes upp av en softbollmatch – som liknade baseboll men spelades på en mindre plan och med underhandskast. I den tog sig kanadensarnas militära högkvarter an amerikanska armén. Tjugotusen biljetter såldes till en shilling styck. Clement Attlee, ledare för labourpartiet och ställföreträdande premiärminister i Churchills koalitionsregering, presenterade lagen. Kanadensarna vann med 4–1. De amerikanska markstyrkorna utmanövrerade lätt sina landsmän från flyget och vann med 9–0.

Det var en strängt nordamerikansk dag på den engelska fotbollens helgade mark, och den överglänste totalt en cricketmatch på Lord's med polisens landslag. Det var en tydlig påminnelse om att Förenta staterna och Kanada hade hållit Storbritannien uppe under kriget, och nu var redo att befria Europa. Under de tre år som låne- och uthyrningsavtalet varit i kraft hade nästan fem miljoner ton livsmedel korsat Atlanten till Storbritannien, däribland mer än en halv miljon ton kött- och fiskkonserver och motsvarande kvantiteter mjölkpulver, ister, bacon, ost och torkad frukt.

Men, som helgtidningarna påminde sina läsare, var det fortfarande en viktig slogan att »gräva för segern«. »Så er brysselkål nu«, manade jordbruksministeriet. Ett företag i Cambridgeshire vände sig till Englands trädgårdsodlare med »en broccoli för gourmeter, helt annorlunda«. Dess annons i Times hävdade att »Curtis' niostjärniga perenna broccoli varar i åratal när den väl är sådd, och frambringar en mängd huvuden av högsta kvalitet när grönsaker är så dyra och sällsynta«. I översvallande optimism angående slutet på Lufwaffes bombningar erbjöd sig städfirman Chez-Vous att »bespara er tid och besvär ... Rengöring av bombskadad möbelklädsel och mattor. Kostnaden avdragsgill.«

Londons teatrar var i full verksamhet. Den evigt populära *How Are They At Home?* av J.B. Priestley spelades på Apollo, och Ivor Novellos *The Dancing Years* drog fortfarande fulla hus på Adelphi. På biograferna kunde man se Ginger Rogers och Ray Milland i *Kvinnan i mörkret*, och Olivia de Havilland spelade titelrollen i *Princess O'Rourke*.

Men inte ens huvudstadens mest entusiastiska nattugglor kunde undgå att märka en tydlig, om än svårbestämbar, förändring i stämning och tempo. Skarorna var lite glesare, det var lättare att hitta taxibilar, och gatorna kändes lugnare, rentav stillsamma. Framför allt var frånvaron av de myllrande mängder av uniformer som i veckor hade täppt till trottoarerna, och fyllt restauranger och nattklubbar, iögonfallande. Det stod tydligt för alla att den länge väntade invasionen av Europa snart skulle börja.

Över Frankrike pågick de kraftigaste bombräderna hittills. De allierade bombplanen fortsatte att slå sönder fiendens försvarsanläggningar och förbindelser inför invasionen. En grupp Spitfire-jaktplan koncentrerade sig på trakten kring Caen och Cherbourg. De flög i trädtoppshöjd och besköt tyska konvojer, stabsbilar, och till och med ensamma motorcykelordonnanser. Som en pilot uttryckte saken – när de var färdiga »såg landsbygden helt död ut, bortsett från bränderna som markerade attacken«.

Veronica Owen drog fördel av det vackra vädret. Efter att ha legat länge på morgonen cyklade hon till Fareham för lunch på KFUK, och sedan vidare för att stanna över natten hos vänner i närheten. Större delen av eftermiddagen satt hon i solen, och ordnade sedan blomsterdekorationer i ortens kyrka. På kvällen gick hon med sina vänner och såg en pjäs, *Vid sommarens slut*, på King's Theatre, innan hon gick och lade sig tidigt i – som hon tacksamt noterade – »en härligt bekväm säng«.

Vid det här laget började det bli märkligt lugnt även i Fareham,

som återvände till den långsamma livsrytm som hade rått i den
lilla marknadsstaden före kriget. I några dagar hade den stått i
centrum för en väldig förflyttning av allierade trupper på väg mot
kusten. I flera veckor dessförinnan hade den omgivande lands-
bygden varit full av tillfälliga förläggningar. I själva staden sov sol-
dater längs trottoarerna och i trädgårdar. De mekade i oändlighet
med sina fordon, med händerna nedsmutsade av olja. Många var
kanadensare. »Somliga hade varit där i en månad och andra kom
och försvann inom några dagar«, erinrade sig en av stadsborna.
»De brukade komma in och fråga om de fick koka ett ägg …
Kvinnorna längs gatan lagade gärna te åt dem när de kunde, och
om det fanns gott om äpplen att tillgå gjorde de äppelkakor. Det
var en vänlig och jättefin samling grabbar. Flickorna kunde prome-
nera omkring bland dessa soldater utan några som helst problem.«

Veronica hade tryggt och glatt utforskat trakten på sin cykel.
»Patriotismen fanns överallt omkring oss«, skrev hon. »När vi
cyklade pratade vi om det krig som skulle försvara byarna och
landsbygden.« På grund av hennes fars bakgrund i flottan hade
hon vuxit upp först i Devonport i väster, och sedan utanför
Chatham, nära örlogsvarven vid Themsen. Det här var ny mark
för henne, att upptäcka ett mer lantligt England som var märkbart
genomsyrat av det förflutna.

Intrånget från det närvarande hade dock varit obönhörligt tyd-
ligt. Hon hade först märkt uppladdningen av trupper sent i april,
på en av sina upptäcktsfärder, när hon hade passerat stridsvagnar
och arméfordon på väg söderut, eller parkerade längs vägen.
»Massor av 'trafik'«, skrev hon. »De trängdes vid sidan av vägen
och använde häckar och träd som kamouflage, och soldaterna låg
på vägen och sov, var tysta eller läste.«

Nu hade gatorna övergivits nästan över en natt. »Vi visste att
det var Dagen D«, sade en av stadsborna, »för när vi vaknade på
morgonen var de borta allihop.«

Fartyg som skulle sättas in på den västra delen av invasionsom-
rådet var redan på väg från Scapa Flow, Belfast och Clyde, och

stormbåtar till Utah och Omaha Beach började lämna sina förtöjningsplatser i Devon och Cornwall. Det var ljust och klart, men ombord på *Tuscaloosa* kunde David Bruce höra farhågor uttryckas om Dagen D. Han hörde fler klagomål om de stora krav som ställdes på den amerikanska flottan och de ständiga ändringar i planerna som gjordes i sista minuten. Den senaste gällde luftlandsättningarna. De c-47:or som transporterade Bill Tucker och de andra fallskärmsjägarna från 82:a och 101:a divisionen hade fått sin rutt ändrad så att de passerade alldeles över amerikanska flottans fartyg. Fartygen hade fått order att inte ge eld mot några flygplan på större avstånd än trehundra meter, om de inte tydligt hade identifierats som fiender. Bruce fruktade att denna plan kunde bereda ett perfekt tillfälle för tyska bombplan att »smita in«. Vad Wild Bill Donovan beträffade, skrev Bruce, kände han att »det rådde alltför stor optimism om angreppets framgång«.

Denna morgon noterade Eisenhower missmodigt att vädret i England var nästintill oförutsägbart. Ute var det fortfarande lugnt och soligt, men ändå förutsade Stagg en allvarlig försämring i vädret över Kanalen för Dagen D. Vad värre var var att han inte kunde säga Eisenhower exakt hur besvärligt det skulle bli. Experterna var fortfarande oeniga, och vid förmiddagens väderkonferens hade det inte kommit fram någon tydlig bild. Det verkade tänkbart att låga moln allvarligt kunde riskera det omsorgsfullt planerade flygunderstödet, medan problemen på havet skulle vara överkomliga. Skulle den allierade överbefälhavaren ändå ta risken med dessa moln, eller uppskjuta hela operationen i förhoppning om bättre väder senare? Detta skulle bara öka riskerna för en allvarlig läcka i sekretessen.

Han stod inför ett kvalfullt beslut. Större delen av förmiddagen ägnade han åt att författa ett långt utkast som skisserade de problem han möttes av. Dokumentet var avsett att dels förklara hur han resonerade, dels – som det heter på militärspråk – täcka hans reträtt om det gick galet. Man väntade sig redan höga förluster på D-dagen även om landstigningarna lyckades. Misslyckades de kunde det bli förfärligt. Överst på hans lista över problem fanns den ständiga krisen kring de Gaulle. Den hade sin betydelse för operationerna därför att generalen helt uppenbart åtnjöt lojalitet från de enda franska trupperna som deltog i Dagen D, och från hela den franska motståndsrörelsen. Alltihop var, skrev Eisenhower, »en sorglig röra«. Om man läser mellan raderna blir det tydligt att han klandrade Roosevelt för att svårt ha missbedömt det utbredda stöd generalen hade i Frankrike.

Därefter kom vädret, nyckfullt och oförutsägbart, en fråga som bara blev värre av att väderexperterna inte kunde enas. »Det är nog ingen som inte behöver bära det specifika och direkta ansvaret för att fatta det slutliga beslutet om vad som skall göras«, skrev Eisenhower, »som kan förstå hur påfrestande dessa bördor är.«

Som allierad överbefälhavare hade han också att ta sig an politiska frågor som hans underställda befälhavare inte behövde befatta sig med. Det var framför allt en som han alltid påmindes om. Om han uppsköt invasionen, hur skulle då ryssarna reagera?

Ända sedan Hitlers angrepp mot Sovjetunionen hade Stalin krävt en andra allierad front i Europa. Den hade inte blivit av 1942, och även om de allierade hade invaderat och slagit ut Mussolinis Italien följande år förväntade sig Stalin fortfarande, och krävde ständigt, en större offensiv i väst, riktad mot nazisternas kärnland. Vid Teherankonferensen i november 1943 hade Roosevelt och Churchill slutligen ställt upp, och garanterat att Overlord skulle inledas våren 1944. Detta löfte bekräftade alliansen mellan de tre stormakterna. Att bryta det nu kom inte på fråga. I april hade de båda västledarna gemensamt sänt ett »personligt och topphemligt« budskap till sin sovjetiske bundsförvant som bekräftade överenskommelsen. De meddelade honom att »den väsentliga överskeppningen kommer att äga rum omkring dagen 'R' … och vi kommer att sätta in vår fulla styrka«. Dagen R var, som de allierade militärdelegationerna i Moskva underrättade den sovjetiska generalstaben, den 31 maj, plus minus några dagar beroende på tidvatten och väder.

Man hade också avtalat om att Sovjetunionen skulle inleda en egen kraftfull sommaroffensiv som skulle sammanfalla med Over- lord. På så vis skulle tyskarna pressas från både väster och öster. De allierade lovade också att samordna desinformationskampan- jerna. Efter flera veckors förhandlingar hade Moskva i april god- känt Bodyguard-planen. Sedan dess hade de som planerade des- information inför Dagen D skickat rapporter varannan vecka om sina framsteg. Båda sidor ansåg att den bästa överraskningen skulle uppnås om man lurade tyskarna att tro att de allierades verkliga offensiver skulle komma i juli, senare än de egentligen var planerade. Sovjetunionen lovade också att samarbeta kring en desinformationskampanj rörande Norge, även om de när allt kom omkring aldrig gjorde det.

För bara tio dagar sedan hade Stalin och hans överkommando vid ett sammanträde i Kreml slutligen utformat detaljerna i sin sommaroffensiv. Liksom deras allierades operationer bevakades den noga med invecklade desinformationsknep. Den skulle in- ledas den 9 juni med ett angrepp i norr mot Finland. Men liksom en attack i söder på den ukrainska fronten var detta huvudsakligen en skenmanöver. Det stora anfallet skulle riktas mot den centrala tyska armégruppen i Vitryssland, och uppställa två och en halv miljon soldater, femtusentvåhundra stridsvagnar och femtusen- trehundra flygplan. Stalin, en ledare som gärna höll i styret, kon- trollerade personligen detaljerna. »Zjukov och jag«, skrev chefen för den sovjetiska generalstaben, Alexander Vasilevskij, kallades till Moskva flera gånger. Även på telefon talade Stalin om och om igen med oss om olika detaljer.« Kollegan talade om ställföre- trädande överbefälhavare vid den första och andra vitryska fron- ten. Långt in på natten till den 30 maj arbetade Stalin, Zjukov, Vasilevskij, och generalen Antonov, tillsammans i Kreml för att färdigställa den slutliga planen.

Nästa dag utfärdades direktiven till Röda arméns befälhavare. Stalin valde själv kodnamnet för denna sovjetiska motsvarighet till Overlord – »Bagration«. Det var ett fyndigt val. Furst Pjotr Bagration var en rysk nationalhjälte. Han var befälhavare för den ryska här som mötte Napoleon vid Borodino 1812, och blev där

dödligt sårad. Men namnet erinrade om annat än ett historiskt
fälttåg mot en invaderande armé. Bagration var av georgisk och
armenisk härkomst, och bagratiderna hade härskat i Georgien i
åtta sekler innan landet annekterades av Ryssland år 1800. Geor-
gien var Stalins hemland. Hans val av kodnamn var ännu en slug
påminnelse om vem det var som bestämde.

Även om de båda sidorna hade planerat sina kampanjer obe-
roende av varandra var de nära förbundna. Bundsförvanterna in-
ledde steg i steg med varandra sitt sista, avgörande angrepp på
nazisternas makt i Europa. Detta var en text som Churchill och
Roosevelt nu predikade nästan dagligen. Bara några få dagar tidi-
gare hade presidentens son Elliot besökt Widewing, och under ett
tre timmar långt bridgeparti hade han och Eisenhower diskuterat
den ryska faktorn. Stalin var mycket noga med att hålla ord, sade
Elliot, och det stora beviset för ryssarna var »om Storbritannien
och Förenta staterna skulle hålla sitt ord beträffande den andra
fronten. Han påminde Eisenhower om att de sovjetiska förlus-
terna nu uppgick till sexton miljoner soldater och civila. Eisen-
hower svarade att han inte visste riktigt vilka åtaganden som hade
gjorts, men att han var säker på att »man inte skulle backa beträf-
fande den andra fronten«.

Överbefälhavaren, som nu hade Overlord vilande på sina axlar,
visste att uppskov, eller ett misslyckat försök, skulle få oberäkne-
liga politiska och strategiska följder som sträckte sig långt bortom
Normandie. Det var därför han intensivt, ända in i magen, kände
att Dagen D, om det överhuvudtaget var möjligt, borde äga rum
som planerat. »Bara en påtaglig försämring, värre än den vi nu
väntar, skulle rubba våra planer«, meddelade han general George
C. Marshall i en topphemlig Bigot-signal, »Endast för era ögon«,
till Washington.

Det var inte mycket mer han kunde göra nu före väderkon-
ferensen den kvällen, så han tog sig tid att skriva hem. Hans son
John skulle ta sin examen från West Point den 6 juni, och Mamie
skulle vara där. »Jag skulle ha gett allt för att vara där med dig och
John«, skrev han, »men *c'est la guerre*!« Större delen av dagen,

skrev hans chaufför Kay Summersby i sin dagbok, verkade han mycket nedstämd.

Medan Ike våndades över vädret arbetade Churchill fram till lunch på sitt tåg några kilometer därifrån. Han fick fler goda nyheter från Ultra. Tyskarna var tvungna att föra fram speciella luftvärns-batterier för att skydda färjorna som gick över Seine nu när broar-na var förstörda. En amerikansk ubåt hade sänkt en av japanernas lätta kryssare i Stilla havet. En allierad räd mot Wiener Neustadt hade förstört alla kvarvarande byggnader i en flygplansfabrik. Och i ett uppsnappat diplomatiskt meddelande såg han att den ja-panske ministern i Vatikanen rapporterade till Tokyo att tyskarnas Luftwaffe var »praktiskt taget osynligt« på himlen över Rom. Diplomatbudskapet i sitt blå omslag avslöjade att alla nu väntade på att tyskarna skulle överge staden.

I MI5:s månadsrapport för maj fanns emellertid en varnings-signal. Den innehöll intressanta nyheter om att tyska spioner kom strömmande till Island. Alla hade gripits med instruktioner att skicka väderleksrapporter till Berlin. Av detta drog MI5 slutsatsen att tyskarna väntade sig att en offensiv operation av »betydande stor-lek« skulle inledas från ön inom en nära framtid. Detta var en väl-kommen bekräftelse på att de allierades desinformation om ett an-fall mot Norge uppenbarligen fungerade. Men MI5 rapporterade också till Churchill om hur Abwehr-officeren Jebsen hade gripits i Spanien och med våld förts till Berlin. Det betydde enligt dem att dubbelspelsplanen nu befann sig i ett kritiskt skede. De avslöjade också att Garbo hade blivit ombedd att ta reda på exakt var, ända till gatuadresserna, de allierade högkvarter var belägna som hade med D-dagen att göra. Eftersom tyska försök att mörda generalerna Harold Alexander och Mark Clark i Italien nyligen hade omintet-gjorts kunde detta betyda att tyskarna övervägde liknande attacker i Storbritannien. Alla hade i färskt minne den attack som nyligen gjorts med fallskärmsjägare och glidflygplan mot Titos högkvarter i Jugoslavien, och Churchill behövde knappast påminnas om att hans son Randolph hade haft tur som slapp undan med livet i behåll.

Som påbröd på hans bekymmer avslöjade MI5 att det också hade varit några potentiellt allvarliga sekretessläckor. En man som arbetade i en fabrik som tillverkade specialstridsvagnar för Dagen D hade pratat bredvid mun på puben. En eldare hade skrivit ett brev som avslöjade att hans fartyg skulle användas som vågbrytare i kommande operationer, och hade nämnt andra sådana, liksom deras hemmahamn. En officer på ett holländskt fartyg i Wales hade förklarat att hans fartyg var lastat med bensin och ammunition, och skulle vara utanför den franska kusten inom två veckor, och en kvinna i södra England hade skrivit till släktingar i Lancashire och talat om var general Montgomerys högkvarter låg. Detta var bara ett urval av lösmynt prat som alltjämt kunde äventyra D-dagen.

Efter lunch gav Churchill sig iväg till Southampton med sin arbetsminister, Ernest Bevin, och general Smuts. Här såg han soldater från Tyneside-divisionen embarkera. Sedan gick han ombord på en motorbarkass och inspekterade en väldig ansamling stormbåtar som låg förtöjda i Solentkanalen. »Det är en underbar syn«, telegraferade han entusiastiskt till Roosevelt. Han fortsatte i barkassen till Portsmouth och tittade in på Southwick House för en oförberedd pratstund med Eisenhower. »Premiärministerns karavan av bilar och flotta motorcyklister svängde in ... fyllde sina bensintankar och gjorde sitt bästa att tömma vårt whiskyförråd; det fanns nämligen tio eller fler torra strupar att fukta«, skrev Harry Butcher i sin dagbok. Churchill talade om för Eisenhower att kungen hade förbjudit hans båttur till invasionen, och frågade om han kunde hjälpa till med att få kungen att ändra sig. När Eisenhower vägrade envisades Churchill med att även överbefälhavaren var för värdefull för att fara över. Därpå susade han iväg till sitt tåg för kvällen.

För Glenn Dickin, som väntade ombord på *Llangibby Castle* vid kajen i Southampton, var det till slut farväl till Storbritannien.

Han hade varit där i två år, en piggögd yngling från prärien som mognat till en uppskattad officer och en världsvan ung man. Han saknade fortfarande sitt hem mycket, men kände sig inte längre som främling i Storbritannien. Som de flesta kanadensare med brittiskt ursprung talade han ännu om »det gamla landet«, och Kanada var i själva verket nära knutet till Storbritannien på tusentals olika sätt. Kung Georg VI var statsöverhuvud även för Kanada, en brittisk generalguvernör residerade fortfarande i den federala huvudstaden Ottawa, och kanadensarna var fortfarande brittiska undersåtar. Faktiskt var den probrittiska patriotismen på vissa håll i Kanada så stark att tusentals vid krigsutbrottet omedelbart anmälde sig som frivilliga. Dessa band underströks av själva det faktum att Glenn, bortsett från sin D-dagshjälm, bar något som egentligen var en brittisk uniform, och att kanadensarnas 3:e infanteridivision i sista instans stod under brittiskt befäl. Men den första direktkontakten med »det gamla landet« visade ofta kanadensarna hur nordamerikanska de var, hur olika britterna de var, och detta skärpte en växande känsla av en särskild kanadensisk identitet och nationalism.

Det var Glenns erfarenhet, och den blev desto starkare därför att hans familjs brittiska anknytning, som för de flesta engelskspråkiga kanadensare, inte var så avlägsen i tiden. Ändå var han, typiskt nog, en frukt av etnisk blandning. På sin mors sida kunde han spåra sina förfäder tillbaka till Tyskland, varifrån familjen Guizdorfer hade utvandrat från Württemberg till Nordamerika när den tyska revolutionen 1848 misslyckades. Äldste sonen, Charles Frederick, hade ändrat sitt efternamn till Christopher. Han hade arbetat i Pennsylvania innan han flyttade till Kanada. I Ontario gifte han in sig i en familj av brittiska lojalister, själva flyktingar från den amerikanska revolutionen för två generationer sedan. Därefter hade han gett sig av västerut, och 1893 hade han slagit sig ner i Manor för att bruka hundrasextio tunnland av prärie. Hans dotter Martha, Glenns mor, var ett av hans tolv barn. Hon var nu sextiofem, och själv mor till tio barn, av vilka Glenn var yngst. Tre av hans bröder var också kanadensiska soldater. En, Donald, hade tjänstgjort även i det första världskriget. De andra, Claude och Ferriday, tjänstgjorde i Storbritannien vid det kanadensiska flygvapnet. Glenn träffade dem ibland om han så kunde.

Glenns brittiska rötter kom genom hans far. George Dosworth Dickin var en av de tusentals unga brittiska kolonister som utvandrade till Kanadas prärier på 1880-talet, lockade av löftet om billig mark och ett nytt liv. Han hade kommit redan innan Saskatchewan officiellt blev en provins, raka vägen från Walsall i de smutsgrå industridistrikten i norra England, för att bli bonde. Han hade tjänat ihop tillräckligt för att köpa en egen gård, och annan egendom i och runt Manor, varefter han hade blivit statlig lantbruksinspektör. Han hade dött 1937, men hans bror Frank brukade fortfarande en liten gård utanför staden Wellington i Shropshire.

Så snart Glenn fick tillfälle hade han åkt för att träffa den engelska delen av familjen. Sedan dess hade han tillbringat många av sina permissioner där, vanligtvis i sällskap med sin kamrat Gordon Brown. Farbror Frank och hans hustru Gertie hade fem barn och klarade sig bra, rapporterade Glenn till familjen i Manor; de hade omkring tjugofem mjölkkor och en massa andra djur, och hade en präktig fruktträdgård. Farbror Frank, skrev han, »tycker det är riktigt kul med oss, och skämmer alldeles bort oss«. Det betydde att han stoppade dem fulla med mat – fyra ägg på en enda dag, skrev Glenn förtjust, och när sommaren kom en hel massa jordgubbar och hallon att plocka själv. Besöket gav också de båda unga männen tid att sova, koppla av, och i största allmänhet gå ner i varv efter sin hårda träning. Glenn lärde också känna sina kusiner. En, Isabel, hade före kriget vunnit pris som golfspelare, en annan hade spelat tävlingsbridge för England. »Ni märker«, skrev han hem, »att somliga av våra släktingar är riktigt betydelsefulla personer.«

När han embarkerade för Normandie hade Wellington blivit ett andra hem för honom, och han hade upptäckt en ny familj. Hans senaste vistelse där hade varit i april, och han hade haft roligt som aldrig förr. »Jag har det mycket trevligt här, går på teater då och då, och danser, och spelar pingpong med grannarna«, skrev han till sin syster Mona. »Det finns en riktigt stilig jänta här som bor i närheten och har bil – hon visar mig runt lite grann, en sympatisk person du vet – angelägen om att soldaterna från dominionerna ska ha det trevligt.« Han var ironisk, men bakom ironin fanns äkta värme och tillgivenhet för det gamla landet och dess folk.

Hursomhelst skulle han snart vara hemma.

Sonia d'Artois började smälta in riktigt bra i SOE-gömstället. Första natten som gruppen tillbringade på slottets mark hade Hudson gett henne ett litet tält att ha för sig själv. Vad han inte visste var att hon hade ormskräck. Mitt i natten vaknade hon och kände att någonting krälade under henne. Hon skrek högt, men de andra rusade dit och avfärdade hennes rädsla som grundlös. »I så fall kan ni ju lyfta på sovsäcken, insisterade hon. Och där slingrade sig en orm i ficklampans sken. Sedan dess hade hon delat tält med karlarna.

Hon hade fortfarande ingen aning om när eller var Dagen D skulle infalla, och hennes väntan började kännas ändlös. Hudson märkte hennes otålighet, som hon delade med Kiki Glaesner. Båda var de unga, på sitt första SOE-uppdrag, och ivriga att göra en insats. Hudson utformade därför en plan som skulle ge var och en av dem en roll. Kiki skulle sköta alla Hudsons kontakter söder om Le Mans, och en del av sprängämnena skulle flyttas till gårdar i detta område. Hudson och Sonia skulle koncentrera sig på själva staden Le Mans, och rekrytera lokala affärsmän som kunde tillhandahålla kläder, skor och andra nödvändiga artiklar. Till de mindre viktiga saker som besvärade Sonia hörde hennes hår. Även om hon fick tillgång till en vattenkran var vattnet alltid kallt, och hon måste använda vanlig tvål, inte schampo, för att tvätta det. Det började se stripigt ut. I vanliga fall skulle det inte betyda så mycket, även om hon egentligen alltid ville ha det välskött. Men fult hår kunde förstöra hennes täckmantel och var en säkerhetsrisk. Det var meningen att man skulle tro att hon arbetade för Louis Vuitton i Paris men var på landet för att återhämta sig från en bronkit. Om hon såg ut som en fågelskrämma skulle det väcka misstankar.

Att komma till Le Mans och tillbaka tog Hudson och Sonia omkring en timma i varje riktning på cykel, och de löpte ständigt risk att stöta på en vägspärr, vilket innebar att de fick sina papper granskade. För att förkorta restiden lyckades Hudson hyra ett litet hus på Rue Mangeard inne i staden, som bas för dem. Även om Sonia hade sänts ut för att vara kurir för hela kretsen började de redan utgöra ett slags tvåmannalag, och hon började också sköta kretsens finanser. »Vi hade en bra arbetsgemenskap«, sade Sonia senare, »och det var ett riktigt bra lag, och hursomhelst var han lätt att arbeta med.«

SOE hade försett Headmaster med gott om franska pengar för att underlätta dess arbete, betala hyra, köpa civila förnödenheter och skaffa sig goodwill. När pengarna tog slut började Sonia låna från sina kontakter. Den mest användbara visade sig vara abbé Chevalier, skattmästare i stiftet Le Mans, som var morbror till ägaren till slottet, Edmond Cohin. Visserligen var Edmonds far jude, men hans mor var katolik, och abbén var hennes bror. Headmaster ådrog sig så stora skulder att Sonia efter Frankrikes befrielse fick i uppgift att återvända i sällskap med sin make och betala dem. »Vi fick pengarna från London«, mindes hon, »och portföljen var full av franska sedlar. Vi bodde i ärkebiskopens sängkammare.«

I Le Mans var Sonia och Hudson sannerligen i stort behov av pengar. Eftersom de hade räknat ut att tyskarna visste att en kvinnlig agent hade landat, och kunde misstänka att hon höll sig gömd, beslöt de att lura Gestapo genom att göra raka motsatsen. I staden uppträdde de öppet och normalt, och åt ute på någon av de många svartabörskrogar som blomstrade i staden, med dess stora tyska garnison. Men detta hade sina risker, som Sonia förklarade: »Man måste ta första tillgängliga stol, och om det fanns en ledig plats vid ett bord måste man gå dit, annars såg det misstänkt ut.« En gång fann sig hon och Hudson sitta intill en tysk officer, och de pratade gemytligt tills hon steg upp för att gå sin väg. Då tappade hon sin handväska: Officeren böjde sig för att ta upp den, men Sonia lyckades förekomma honom. »Jag visste mer än väl att om han tog upp den skulle han tycka att den var rätt tung, och undra vad jag hade i den«, sade hon. Den var tung för att den innehöll den pistol hon hade med sig från London. Det var en Colt kaliber .32, den modell alla SOE-agenter fick, kvinnor såväl som män. Det var en nätt liten pistol, tyckte hon. Den ville hon inte bli av med, och inte att den skulle förråda henne. Först senare fick de veta att den tyske officeren hade varit ingen mindre än chefen för stadens Gestapo.

I Norge medgav Vidkun Quisling slutligen att kampanjen att re- kryterade unga män till arbetstjänst hade blivit ett bedrövligt misslyckande. I ett tal till en SS-avdelning som utgjordes av nor- ska nazister klagade han bittert över att den norska ungdomen »gömmer sig och rymmer till skogs när vi begär att de skall arbeta för folket och landet«. På något vis måste denna mobilisering genomföras med tvång. »Ni«, lovade han SS-männen, »skall hjäl- pa till med att genomdriva den.« I Oslo tillkännagavs avrätt- ningen av ytterligare fem norrmän som britterna utbildat i sabo- tage. Summan av sådana avrättningar i Norge nådde därmed 264.

Som vanligt steg Petter Moen upp halv sju, tillbringade dagen i sin cell och låg klockan åtta på kvällen på sin madrass med mörk- läggningsgardinen på plats. Det var inte alltid han uppskattade så- dana långa diskussioner med cellkamraterna som de hade haft da- gen innan. Ofta föredrog han sitt eget sällskap. Det var inte bara sin dagbok som han sida för sida brukade släppa ner i ventila- tionstrumman, ofta använde han mörkläggningshäftstiftet för att arbeta med olika slags matematiska eller geometriska problem – primtal, bråk, cirklar, eller volymen i en kon. En gång täckte han ett flertal blad med sina »Anteckningar om ekvatorn«, med mäng- der av beräkningar av jordklotets storlek. Andra blad innehöll bara översättningar av utländska ord.

Han hade fått en traditionell och snävt sekteristisk uppfostran i den lilla staden Drammen, ungefär fyra mil söder om Oslo, innan han fick arbete vid Livsforsikringsselskapet Idun. Han var en still- sam, hårt arbetande man som var utsatt för så svåra anfall av svårmod och nedstämdhet att han ofta tänkte på självmord. Det var bara fruktan för det okända som avhöll honom. Liksom Veronica kunde Moen sin Shakespeare, särskilt de berömda raderna i *Hamlet* där den danske prinsen mediterar över döden. »Vad är det som binder oss så vid livet utom att fruktan för något efter döden ... skrämde viljan att hellre bära våra vanda plågor än fly till andra, dem vi inte känner«, skrev han lätt förvanskat i sin dagbok.

Livet i motståndsrörelsen hade gett Moen en utväg från den dystra inåtvändheten, en välkommen medicin mot hans kroniska depression. »Jag grep ivrigt efter spänningen i det underjordiska livet«, erkände han. Han hade anpassat sig väl till detta liv, så väl att de flesta av hans kamrater i den förbjudna pressen aldrig kom på tanken att han hade varit initiativtagaren i ett av den norska motståndsrörelsens avgörande ögonblick. Han behöll fortfarande hemligheten för sig själv. Den passade inte ens i dagboken.

Sex månader tidigare, en natt sent i november, hade en eldsvåda brutit ut i universitetsaulan i Oslo, en lokal som användes för konserter och teaterföreställningar. Brandkåren tillkallades genom ett telefonsamtal, släckte snabbt lågorna, och ingen större skada skedde. Händelsen kunde ha glömts bort om den inte kommit efter flera veckors jäsningar vid Norges enda universitet. Från ockupationens början hade nazisterna varit misstänksamma mot det, och så tidigt som hösten 1940 hade de upplöst studentkåren. Ett år senare hade de arresterat rektorn och ersatt honom med professor Adolf Hoel, som stödde Quislings parti, Nasjonal Samling (NS). Många av studenterna och lärarna var inblandade i underjordiskt motstånd av ena eller andra slaget, och var beslutna att trotsa alla försök att göra universitetet nazistiskt genom att göra medlemskap i NS obligatoriskt för inskrivning. När nya inskrivningsregler infördes på hösten 1943 ledde de därför till ilskna protester som fick nazisterna att frukta en strejk. För att avvärja detta arresterade de i oktober dussintals lärare och studenter, en åtgärd som ledde till en skriftlig protest från över tvåtusen studenter. Det var i denna oro som eldsvådan bröt ut.

Som ett kusligt eko av den våldsamma kontrovers som hade rasat i Berlin efter riksdagsbranden kort efter det att Hitler kom till makten 1933, höjdes ropen på ena sidan att detta var en avsiktlig nazistisk provokation, medan de tyska myndigheterna pekade anklagande på kommunisterna. Den nazistiske rikskommissarien Josef Terboven sammanträffade omedelbart med Quisling för att fatta beslut om ett hårdhänt svar. Uppgifter om deras möte läckte ut till ledarna för den norska organisationen för civilt motstånd, Sivorg, som skickade en brådskande varning till studenterna. Inom några timmar omringades universitetet av soldater från Wehrmacht och beväpnade poliser, som stängde universitetet och grep mer än tusen studenter. Vem som var ansvarig för branden i aulan var dock fortfarande ett mysterium sex månader senare.

Moen visste emellertid sanningen. Den var inte anlagd av nazisterna, och inte heller var det kommunisterna som hade startat den. Det var han och en liten grupp av hans medarbetare på tidningen *London Nytt* som låg bakom den, och deras motiv var att officiella påtryckningar till slut skulle leda till att universitetets nazifiering genomfördes. Hellre än att tillåta det beslöt de att medvetet provocera myndigheterna att stänga det.

Moen hade inte själv deltagit i de praktiska detaljerna för att anlägga eldsvådan. Han hade bara varit en av hjärnorna som satte igång planen. Det var inte meningen att allvarligt skada byggnaden, och de var de själva som ringde brandkåren. Av de tusen studenter som greps deporterades över sexhundra senare till koncentrationsläger i Tyskland. Först efter kriget skulle Moens insats i händelsen komma fram.

När hans dagbok var som dystrast handlade den om en man som var plågad av skuld, ånger, tvivel på sig själv och brist på tillförsikt; den beskrev ett häftigt och förtärande inre kaos. För flera år sedan hade han läst en av seklets mest berömda fängelsedagböcker, skriven av den ryske anarkisten Alexander Berkman, en oskyldig man som satt inspärrad i ett amerikanskt fängelse i tjugo år. Moen betraktade den som en »bibel för hjältemod i fängelset«. Att skriva den hade gett Berkman styrka och vilja att överleva, och den var nu Moens inspiration i hans egen kamp mot förtvivlan.

Men oavsett vilka personliga demoner han mötte förlorade
Moen aldrig den större ḳampen ur sikte – den som var hans hem-
lands. »Men i verste nød blåøyet frihet ble oss født.« Ibland kom
denna rad ur den norska nationalsången för honom, och påminde
honom om hans arbete med *London Nytt* och de strider som allt-
jämt förestod. Märkesdagarna i hans liv fanns nu i almanackan.
Den 15 mars, *Idus Martiae* i romarnas gamla kalender och den dag
då den romerske diktatorn Julius Caesar mördades, kallade Moen
»tyrannens dödsdag«. Men i en värld som ständigt frambringade
nya tyranner fanns det alltid fångar som hade motsatt sig våld och
orättvisor. Var deras kamp meningsfull, frågade sig Moen. »Ja, ja,
och åter ja«, svarade han i en gripande trosbekännelse. »Utan
denna kamp och de offer den kräver skulle all frihet snart vara
krossad.« Tre hundra fångar satt hopträngda i cellerna på
Møllergata 19, men Moen ångrade ingenting han hade gjort eller
skrivit. »Det *skall* finnas människor i nazisternas fängelser«, till-
fogade han. »Om inte jag vore här, så skulle du vara det – du som
är fri … .«

I den stora hallen på Berghof poserade Hitler i dag för en fotograf
för en officiell gruppbild. Bland de ungefär tjugo personer som
stod bakom honom fanns ss-chefen Heinrich Himmler, Martin
Bormann, Hitlers mäktige sekreterare – Obersalzbergs oom-
stridda begåvning – och dr Theodor Morell, hans livläkare. Hit-
ler, som stod i första raden, iförd vit skjorta och slips, stirrade stelt
och utan minsta leende mot kameran. På hans vänstra sida, med
sin arm i hans, stod en kortväxt och spenslig ung kvinna med ett
hårband i håret. På hans högra fanns en annan ung kvinna som
också höll honom i armen. Hon var klädd i vitt, och hade likaså
ett hårband i håret.

De båda kvinnorna var systrar. Gretl, på Hitler högra sida, hade
just gift sig i rådhuset i Salzburg med ss-*Gruppenführer* Her-
mann Fegelein – det var därför Heinrich Himmler, hans chef,
fanns där – och de hade kommit till Berghof för ett officiellt hög-
tidsfirande.

Brudens syster hette Eva Braun Hon var trettiotvå år gammal, och Hitlers älskarinna.

Hitler hade ingen familj och saknade nära personliga vänner. Magda Goebbels sade en gång att han »helt enkelt inte var mänsklig – oåtkomlig och omöjlig att beröra«. I hans sängkammare på Berghof hängde porträtt av hans mor och den chaufför han haft före kriget – båda döda. Ofta verkade han stå närmast sin hund Blondi, en schäfer som följde honom överallt. »Djur är mer lojala än människor«, hävdade Hitler en gång, och han citerade gärna Fredrik den store, som sagt: »Ju mer jag känner människorna desto mer beundrar jag hundarna.« Albert Speer, som kände Hitler bättre än nästan någon annan, påstod att Blondi »betydde mer [för Hitler] än till och med hans närmaste medarbetare«.

Detta kan mycket väl ha varit sant. Men andra schäferhundar tränades av Wehrmacht att döda, som en del i dess plan att slå tillbaka invasionen. Brittiska kommandosoldater som återvände från räder längs franska kusten före invasionen rapporterade blodtörstiga attacker från sådana hundar. Till följd av detta hade några av dem börjat bära sina kommandoknivar på vänstra benet, för att inte förlora värdefulla sekunder när de instinktivt lyfte högra armen för att avvärja attacken från »schäfervaktposten«.

Att Hitler föredrog Blondi betydde inte att han inte uppskattade de människor som fanns omkring honom på Berghof. Han var exempelvis tacksam för att hustrun till hans adjutant Nicolaus von Below ingick i hans umgängeskrets. Hon brukade tala med Hitler om sina barn, eller om hur hon skötte familjens egendom, småprat som bidrog till att avleda Führerns tankar från hans problem. Tillsammans med kvinnor kunde Hitler vara chevaleresk på ett gammaldags sätt, kyssa dem på handen och buga artigt när de kom in eller lämnade rummet. Mot Frau von Below var han särskilt tacksam framför allt för en sak – hon hade blivit vän med Eva.

Führerns älskarinna hade följt med honom till Berghof i vintras, och hade varit hos honom hela tiden sedan dess. Hon var mer än tjugo år yngre än Hitler, och hade träffat honom när hon arbetade som studioassistent hos Hitlers favoritfotograf, Heinrich

Hoffmann. Någon gång tidigt på 1930-talet blev hon hans älskarinna, även om den exakta beskaffenheten av deras sexuella förhållande har förblivit ett mysterium. Hon var söt och hade en tilltalande figur, men hon klädde sig anspråkslöst och hennes smycken var inte dyrbara. Hon tyckte om sport, och var en hyggligt duktig amatörfotograf. Framför allt var hon intresserad av filmer, mode och skvaller, och visade inget intresse för politik. Detta uppskattade Hitler. »En högt begåvad man«, sade han en gång till Speer, »bör välja en enkel och enfaldig kvinna. Antag att jag till råga på allt annat hade en kvinna som lade sig i mitt arbete! På min fritid vill jag ha lugn och ro.« Hitler ignorerade ofta Eva, och i början av deras förhållande hade hon tagit en överdos. Vid ett annat tillfälle hade hon gjort ett nytt halvhjärtat försök att begå självmord med en revolver. Båda försöken var klassiska rop på uppmärksamhet. Vanligtvis hölls hon långt bortom allmänhetens blickar.

På Berghof lät Hitler emellertid henne synas allt mer. Hon satt regelbundet vid middagsbordet med andra gäster, och deltog i kvällsaktiviteterna. Men det hela var konstlat. Han förbjöd henne att röka, solbada och dansa, och hon var föga mer än en dekorativ möbel i hans allt tommare värld. Hon levde, klagade hon en gång, »som en fågel i en förgylld bur«.

Dagens händelser, som knöt hennes syster Margarete – Gretl var diminutivformen – till Hermann Fegelein, gav Eva en efterlängtad status i sällskapet på Berghof som hon förut hade saknat. Officiellt var Fegelein, som länge varit Himmlers protegé och var en ökänd karriärist, förbindelseman mellan Hitler och ss. Han var en underhållande historieberättare och hade ett gott öga till kvinnor. Han hade också lyckats ta sig rakt in i centrum av umgängeslivet på Berghof och ställt sig in hos Bormann. Efter hans ankomst på våren hade Eva otvivelaktigt varit attraherad av honom. Vid det laget hade Gretl flyttat in hos henne på Berghof. Efter ett flertal misslyckade försök att gifta bort henne med andra män i Hitlers omgivning hade Eva arbetat hårt på att para ihop henne med Fegelein. Hon fungerade som ceremonimästare, och insisterade på ett i minsta detalj genomtänkt bröllop för att kompensera för det hon visste att hon aldrig skulle få med Hitler. Efteråt kände hon sig jublande glad. »Jag vill att detta bröllop ska vara lika vackert som om det vore mitt eget«, tillkännagav hon. »Nu är jag NÅGON!« Med Bormanns hjälp valde Hitler brudens dyrbara tiara.

Lördagen var en av de tre dagar i veckan när Albert Grunberg i sitt hemliga gömställe träffade sin hustru, Marguerite. Ända sedan han hade börjat hålla sig undan hade hon fortsatt att sköta deras frisersalong en bit nedför gatan. Att skönhetssalonger förblev öppna under hela den nazistiska ockupationen av Paris berodde lika mycket på Vichyregeringens ansträngningar att stödja modeindustrin och hålla modet uppe hos männen som på de franska kvinnornas vanor. »Ju elegantare de franska kvinnorna fortsätter att vara«, förklarade klädskaparen Lucien Lelong, »desto bättre kommer vårt land att visa utlänningarna att det inte fruktar framtiden.« En damtidning påminde sina läsare om att »Varje parisiska är en levande propagandaaffisch«, och andra instämde. En sådan perfektion var inte lätt att uppnå. Liksom alla frisersalonger drabbades Grunbergs av talrika och ibland långvariga strömavbrott. När hårtorkarna stannade placerades kunderna ute i solen, och finkamningar på trottoarerna blev vanliga. En frisörmästare påstods ha kopplat sina torkapparater till en ugn vars varmluft drevs genom kaminrör av en liten armé av pojkar som ursinnigt trampade stillastående cyklar. Det ryktades att när de tillryggalagt 320 kilometer kom 160 kvinnor ut från hans etablissemang med perfekta frisyrer. En sådan tur hade inte Salon Grunberg. För att värma vatten för att raka sina manliga kunder på morgonen måste Marguerite stiga upp klockan sju för att använda gasen innan den stängdes av en timma senare.

Klockan åtta den kvällen kom Churchill tillbaka till sitt tåg efter besöket hos Ike, och bytte till en husaröverstes exercisuniform. Han åt sedan middag med Anthony Eden, general Smuts och

Ernest Bevin. Det serverades en champagne av årgång 1926, och efteråt en storartad gammal konjak i kupor. Churchill ägnade den mesta tiden åt att utbyta gamla minnen med Smuts om boerkriget och sydafrikansk politik vid sekelskiftet. Bevin pratade gemytligt med den förbindlige och eleganta Eden. De stod så uppenbart på god fot med varandra att Churchill, som var på jovialiskt humör, skämtade att han när som helst var redo att lämna sitt ledarskap i kriget åt endera av dem, eller båda.

Däremot hade en dyster stämning lagt sig över Southwick House, ett »bottenläge i trötthet och misströstan«, som Stagg skrev. Medan Churchill åt middag ledde Eisenhower dagens andra väderlekskonferens i biblioteket. I en halvcirkel runt honom satt hans befälhavare på Dagen D, i låga stolar och soffor. Stämningen var påtagligt spänd när Stagg kom med den nedslående nyheten att väderutsikterna nu var illavarslande inför den 5 juni. Det högtryckssystem över Azorerna som på senare tid hade gett gynnsamt väder gav snabbt vika för en serie lågtryck. Från tidigt på söndagsmorgonen – följande dag – till sent på onsdagen kunde han över stränderna i Normandie inte lova annat än tjocka låga moln, lägre än 500 meter, åtföljda av hårda vindar med en styrka varierande mellan frisk bris och frisk kuling.

Eisenhowers min var bister under hela mötet. Alla hans värsta farhågor besannades. När den lågmälde skotten hade slutat ställde han en enkel fråga: »Finns det bara en liten chans att ni kan vara lite mer optimistisk i morgon?« Men Stagg svarade att det just nu inte fanns någon, och lämnade sedan rummet.

Överbefälhavaren frågade runt. Leigh-Mallory fruktade att hans flygbesättningar skulle sakna ordentlig sikt; Ramsay trodde att den grova sjön skulle göra flottans uppgift omöjlig. Det var bara Montgomery som fortfarande var optimist. Men sådan var ju Monty, alltid redo att ta sig an tyskarna. När allt kom omkring hade han spefullt kallat sina båda hundar Rommel och Hitler.

Efter en timmas diskussion enades den nedstämda gruppen om att uppskjuta ett slutligt beslut ännu en gång. Huvuddelen av invasionsstyrkorna skulle inte avsegla förrän strax efter gryningen följande morgon. De skulle därför samlas igen klockan 04.15 på morgonen för att lyssna till Staggs senaste prognos. Om den alltjämt var dålig måste de uppskjuta Dagen D. Under tiden skulle de styrkor som redan var till sjöss tillåtas fortsätta. De kunde alltjämt återkallas.

När den uttröttade Eisenhower återvände till sin husvagn för några timmars sömn var en av hans invasionschefer ännu illa till mods. Den kvällen skrev amiral Ramsay, befälhavaren för operation Neptune, i sin dagbok att beslutet att uppskjuta beslutet togs bara för att »Ike tagit alltför starkt intryck av de hemska följderna av ett uppskov«.

Överbefälhavarens börda var i sanning den allra tyngsta. Men hans befälhavare för markstyrkorna var fortfarande vid gott mod. Morgondagen, skrev Montgomery i sin dagbok efter mötet, skulle bli en intressant dag, när man måste fatta det slutliga beslutet, och när det väl var fattat, måste hålla sig till det. »Starka och beslutsamma karaktärer kommer att erfordras«, skrev han. »Eisenhower är rätt man för uppgiften; han är en verkligt »stor« man och på alla vis en allierad befälhavare, som bevarar balansen mellan de allierade kontingenterna. ... Jag skulle lita på honom till mitt sista andetag.«

I Churchills tåg tog premiärministerns militära högra hand, general Hastings Ismay, emot ett telefonsamtal från Southwick House om det dåliga vädret. Han beskrev det som ett »klubbslag«. Klockan två på morgonen skrev han i hast ett brev till en förtrogen vän, i vilket han beskrev dagen som »jävlig«. Förhållandena på tåget var ett rent helvete, ingen avskildhet, inte ett ögonblick fick man för sig själv, och tre personer med en telefon var inklämda i en kupé på 90 gånger 120 centimeter. Det fanns inget badrum, och bara en mycket klen dusch. »Chefen« – Churchill – hade varit i gång hela tiden. »Den här natten«, slutade Ismay, »är krigets värsta vad beträffar att fatta beslut.«

Men det fanns en liten gnutta tröst. Föregående måndags panikrapport från försvarsgrenarnas underrättelsenämnd – att Hitler kunde ha gjort den korrekta gissningen att Normandie var de allierades främsta brohuvud – hade inte fått någon som helst bekräftelse i den strida strömmen av uppsnappade signaler som analyserats av kodknäckarna på Bletchley Park. Tvärtom antydde allt att tyskarna fortfarande famlade i mörkret. Tidigare på dagen hade nämnden sammanträtt i London för att göra sin slutbedömning av vad tyskarna väntade sig. Den slutade: »Vi har inte fått några underrättelser den senaste veckan som tyder på att fienden har gjort en korrekt bedömning av i vilket område vårt huvudangrepp skall företas. Han tycks vänta sig ett flertal landstigningar mellan Pas de Calais och Cherbourg.«

Nio minuter över nio, när kvällens väderkonferens började i biblioteket på Southwick House, knackade Garbos radiooperatör med följande meddelande till Madrid från huset i Hendon: »Harwich. Emblem, inte tidigare observerat, med en gul sköld med tre blå bergstoppar mot vit bakgrund. En nyligen anländ division från USA.« I Berlin identifierades emblemet av tyska analytiker som den amerikanska 80:e infanteridivisionens, tydligen ett förband i den tänkta 1:a amerikanska armégruppen (FUSAG) under Patton. FUSAG:s närvaro i hamnen Harwich i East Anglia var ännu ett bevis för en allierad uppladdning för ett anfall över Kanalen mot Pas de Calais.

Att det fortfarande gick att lura tyskarna berodde till stor del på att de litade på den agent de kände som Arabel. Detta var ett anmärkningsvärt gott betyg åt de allierades desinformation. Själva desinformationsplanen måste vara trovärdig, och det hade man ränksmidarnas skicklighet att tacka för – men först måste tyskarna lita på budbäraren. För detta var Juan Pujol de allierades viktigaste tillgång.

Det hade han varit från början. »Vi går nu in i krigets mest avgörande skede«, hade Karl Kühlenthal sagt honom i februari. »Ert första mål måste vara att så snart som möjligt ta reda på *när* och *var* de första tecknen på förberedelser blir märkbara.« Budskapet hade kommit i ett brev adresserat till en mr Joseph

Smith Jones, c/o en portugisisk bank i London, och innehöll de varmaste lovord. »Jag tycker att alltihop är så fulländat«, skrev Kühlenthal översvallande, »att det praktiskt taget inte finns något jag kan säga om de åtgärder ni har vidtagit.«

Ingenting som hänt sedan dess hade fått honom att ändra åsikt. När allt kom omkring hade han arbetat med Pujol sedan 1941, och hade personligen lärt honom yrkesknepen.

Även om Pujol nu var Garbo, och arbetade under brittisk kontroll, berodde mycket fortfarande på den riktige Juan Pujols egna talanger. Han kommunicerade med Madrid med både radio och brev. Radiomeddelandena – åtskilligt över tusen – skrevs ihop av hans brittiska kontrollofficerare, men Pujol måste själv översätta dem till sin egen oefterhärmliga spanska, med dess blomsterspråk och sporadiska excentriciteter. Vad breven beträffade, av vilka somliga var upp till åttatusen ord långa, bestod de av ett »täckmeddelande«, skenbart oskyldigt, med det verkliga budskapet dolt mellan raderna skrivet med osynligt bläck. Pujol satte ihop täckmeddelandet och skrev ut alla budskapen i osynligt bläck med egen hand, dock alltid i närvaro av en officer från MI5.

Han var fortfarande intensivt verksam med att utveckla sitt stora fiktiva nät av över tjugo underagenter, personer vars kynnen och bedrifter han njöt av att utarbeta. Kort sagt var den som bäst kunde övertyga Abwehr om att Arabel var en lysande framgång Pujol själv, en man som från första början av detta utstuderade dubbelspel hade sålt sig till tyskarna som en fanatisk och energisk figur, om än lätt verklighetsfrämmande.

Ombytlig var han förvisso i verkliga livet, och likaså oärlig och manipulerande. Pujol, en kortvuxen man med bruna ögon, bakåtkammat hår och högt hårfäste, var en gåta. Utåt var han enkel och rättfram, men han hade skickligt manövrerat sig fram genom det spanska inbördeskrigets dödliga labyrint, och på egen hand hade han lurat tyskarna att acceptera honom som agent. En brittisk underrättelseofficer som lärde känna honom väl beskrev honom som »en ytterst förslagen lögnare, så gott som renons på moraliska betänkligheter«. Senare skrev han skickligt om sin livshistoria och retuscherade fullständigt bort sin hustru från sina memoarer; hon hade varit honom till avsevärd hjälp under kriget, men senare skilde han sig från henne.

Men deras stormiga krigsäktenskap kunde inte separeras från historien om Garbo. Det hade faktiskt varit nära att bringa hela operationen på fall.

Händelsen hade inträffat för ett år sedan. Pujols hustru, Aracelli González, som han gift sig med 1940, talade inte engelska och hade aldrig tidigare varit utanför Spanien och Portugal. Strandsatt i London med två små barn, och plågad av hemlängtan, hade hon tiggt att få resa hem för ett kort besök hos sin mor. MI5 ansåg detta vara alldeles för riskfyllt. Under tiden hade hon och hennes make blivit vänner med ett spanskt par som inbjöd dem till Spanska klubben i London. Där skulle de med all säkerhet träffa folk från spanska ambassaden. Även Garbo förbjöd detta som alldeles för riskabelt. Men hans vägran blev sista droppen för hans ensamma förtvivlade hustru, och ledde till ett fruktansvärt gräl. Utom sig av raseri ringde hon senare samma dag till Tomas Harris och hotade att gå till spanska ambassaden och avslöja hemligheten med Garbos dubbelspel om hon inte fick sitt utresevisum.

Det hade varit äktenskapliga gräl tidigare, men inget så krisartat eller hotfullt som detta hade någonsin blossat upp. Harris larmade omedelbart MI5 och såg till att hon skulle bli gripen om hon närmade sig ambassaden. Sedan satte han sig ner med Pujol, och tillsammans kokade de ihop en kusligt uträknad plan.

Garbo försvann för några timmar. Sedan kom två detektiver till hans hus och meddelade högtidligt hans hustru att han hade blivit arresterad. Hon brast genast i gråt och svor på att hennes make alltid hade varit lojal mot Storbritannien. Följande dag stoppade hon snyftande, och full av skuldkänslor för att han arresterats, huvudet i gasugnen med alla kranarna öppnade – dock inte förrän hon ringt Garbos radiooperatör och bönfallit honom att titta in. När hon hämtat sig lovade hon att hon aldrig mer skulle bära sig illa åt, eller be att få återvända till Spanien, bara hennes make blev släppt.

Detta var inte slutet på dramatiken. Hon togs med bindel för ögonen till ett interneringsläger, där hennes make fördes in orakad och iförd fångkläder. Än en gång grät hon, lovade att uppföra sig ordentligt och undertecknade en förbindelse om det. Nästa dag eskorterades hon till ett skrämmande kontorshus på Whitehall. Först då fick hon veta att man, efter ytterst noggranna överväganden, skulle tillåta hennes make att trots allt fortsätta sitt arbete. Därefter hade operationerna återgått till det normala och hade löpt smidigt ända sedan dess.

Som Harris påpekade var denna anmärkningsvärda händelse »inte utan intresse när man bedömde Garbos och hans hustrus personliga egenskaper«. Hon hade bara hotat att gå till spanska ambassaden för att få sina papper, och skulle antagligen aldrig ha avslöjat hemligheten med hans arbete. Vad Garbo beträffade hade han visat blint förtroende för sina brittiska kontrollofficerare genom att låta dem ta hand om krisen på det sätt de gjorde – ett sätt som han givetvis själv hade planerat. »Om det hade misslyckats«, noterade Harris, »skulle det för alltid ha förstört hans äktenskap.«

För att uttrycka det mer brutalt var Pujol, för att inte tala om Harris, fullt beredd att riskera sin hustrus liv för Operation Garbo. Även om han var van vid hustruns känsloutbrott och var tämligen säker på att listen skulle lyckas, fanns det – som han erkände vid tillfället – ändå tio procents möjlighet att hon verkligen skulle begå självmord.

På SHAEF kläckte man planer för att stärka Garbos desinformation om en andra landstigning. Under de föregående månaderna hade ett flertal SOE-agenter i Pas de Calais-regionen och på andra håll i Frankrike gripits av tyskarna. Abwehr hade sedan använt deras radioutrustning för sändningar till Storbritannien, i förhoppning att lura de allierade att skicka fler agenter och avslöja D-dagens hemligheter. Men eftersom den allierade underrättelsetjänsten hade knäckt Abwehrs chiffer kände de till detta trick, och övertrumfade tyskarna genom att fortsätta att sända meddelan-

Tre dagar före Dagen D spelade Hitler paterfamilias på Berghof, efter Eva Brauns syster Gretls bröllop med en av hans adjutanter. Han och hans sekreterare Martin Bormann hjälpte till med att välja presenter. (*Bayerische Staatsbibliothek*)

I sin isolering på Berghof kände Hitler sig säker på att hans styrkor lätt kunde slå tillbaka en allierad landstigning. (*Bayerische Staatsbibliothek*)

Överbefälhavaren för de allierade styrkorna, Dwight D. Eisenhower, observerar fältmanövrer i Storbritannien strax före Dagen D. (*Popperfoto*)

Eisenhowers diplomatiska skicklighet ställdes ofta på svåra prov när han skulle hålla sitt invasionslag tillsammans. Sittande i mitten talar han här med generalen sir Bernard Montgomery. Till höger om honom sitter flygmarskalken sir Arthur Tedder. Stående från vänster till höger generallöjtnant Omar Bradley, amiralen sir Bertram Ramsay, flygmarskalken sir Trafford Leigh-Mallory och generallöjtnant Walter Bedell Smith. (*Pictorial Press*)

Churchill blev tvungen att överge sin romantiska idé att åtfölja invasionsstyrkorna på Dagen D. Först senare ses han här gå i land i Normandie. (*Camera Press*)

General Charles de Gaulle, ledaren för de fria franska styrkorna, fick veta detaljerna om Dagen D bara några timmar före invasionen. (*Camera Press*)

Generalfältmarskalk Erwin Rommel, som här ses inspektera den 21:a pansar-divisionen i maj 1944, utnämndes av Hitler för att slå tillbaka varje invasion av Frankrike. Han var hemma i Tyskland när de allierade landsteg. (*Popperfoto*)

En av anledningarna till att Rommel och Hitler bara kunde gissa platsen för landstigningarna var att de allierade (både militärer och civila) var noga med att hålla detta hemligt. Även om det fanns läckor ibland. (*Imperial War Museum*)

Det var i en tillfällig förläggning som denna utanför Southampton – där uppladdningen av trupper och materiel doldes så mycket som möjligt – som Glenn Dickin väntade på Dagen D. (*The National Archives, Kew*)

Det är dagen före Dagen D, och en kvinna hänger sin tvätt medan invasionsmateriel och trupper täpper till gatan bakom henne. (*Imperial War Museum*)

Tyngd av den utrustning som skulle hålla honom självförsörjande under de första fyrtioåtta timmarna av strid går en amerikansk fallskärmsjägare till slut ombord på sitt transportplan för det hopp tidigt på D-dagens morgon som Bill Tucker också skulle göra. (*Imperial War Museum*)

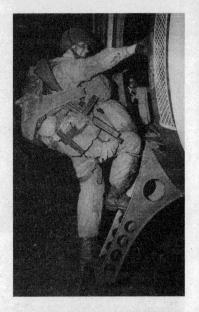

Flygande över armadan av fartyg återvänder B-24-or från den amerikanska 8:e flygkåren till England efter en bombräd tidigt på Dagen D. (*Imperial War Museum*)

Kanadensiska trupper landstiger på Juno Beach i en stormbåt, som Glenn Dickin gjorde tidigt på Dagen D. (*Imperial War Museum*)

Kanadensiska soldater tar skydd undan prickskyttar kort efter landstigningen i Normandie. (*Imperial War Museum*)

Piccadilly Circus: på D-dagens kväll slukar Londonborna nyheten om land-
stigningarna. (*Popperfoto*)

Ungefär samtidigt, i skymningen på Dagen D, stupade Glenn Dickin. Han
begravdes intill sina kamrater på kyrkogården i Fontaine-Henry. (*Foto tillhörigt
Glenn Dickins familj*)

den som om ingenting hänt. Man tänkte sig att kanalerna en dag kunde användas för desinformation. Detta ögonblick hade nu kommit. Tio dagar efter Dagen D skulle man skicka förvarningar på BBC om de förmodade andra landstigningarna, tillsammans med annan falsk information. I dag utfärdade specialstyrkornas förbindelseofficerare vid Ikes högkvarter order om att boka erforderlig sändningstid nätterna den 15 och 16 juni.

»Michel har rakat av sin mustasch«, läste BBC:s hallåman från sin vanliga lista med personliga meddelanden. Det betydde att Gustave Bertrand, fransmannen som kände till att Enigma-signalerna kunde läsas, den gångna natten lyckats få kontakt med Lysander-planet från RAF och var i säkerhet i Storbritannien. Secret Service behövde nu snarast veta om han hade förrått hemligheten till tyskarna.

För detta ändamål vände sig chefen för Secret Service, sir Stewart Menzies, till Paul Paillole, chef för det franska kontraspionaget i London och före kriget kollega till Bertrand i Deuxième Bureau, den franska underrättelsetjänsten. Vid halvsextiden satte sig Paillole att läsa den rapport som Bertrand hade skrivit ner tidigare på dagen. Därefter förhörde han honom. Det var uppenbart att Bertrand hade gått farligt nära gränsen när han gick med på att samarbeta med tyskarna, även om det bara var en list för att komma undan. Vissa detaljer i historien hade Paillole svårt att tro på. Kunde tyskarna verkligen ha varit så naiva att de lät Bertrand lura dem att ge honom möjlighet att rymma? Ändå talade Bertrand så rättframt och öppet om alltsamman att Paillole drog slutsatsen att han inte kunde vara någon förrädare, och inte hade avslöjat Ultra-hemligheten. Det var bara en sak som gjorde Paillole verkligt bekymrad – Bertrands försök att klämma ur honom den verkliga tiden för Dagen D, så att hans kontakter i Frankrike skulle kunna underrättas med radio. Litade han naivt på att de var i säkerhet? Eller var det ett sätt att varna tyskarna?

För att vara på den säkra sidan placerade Secret Service Bertrand i husarrest tills efter landstigningarna.

I Alger gick general de Gaulle till slut med på att flyga till London. Det hade varit en orolig förmiddag för Duff Cooper. Den brittiske ambassadören ägnade större delen av dagen åt att försöka ordna saken. Vid halv femtiden kom ledaren för de fria franska styrkorna äntligen iväg i sällskap med Cooper i det flygplan som Churchill hade sänt. Första uppehållet gjorde de i Rabat i Marocko, där de åt middag. de Gaulle, som var angelägen om fortsatt sekretess, beslöt att inte lämna flygfältet utan äta ombord. Middagen var enligt Cooper en »besvärlig historia«, fast det var oklart om han syftade på hettan, maten eller de Gaulles ombytliga humör. Hur som helst gick de båda männen fram och tillbaka på startbanan och talade om allt utom om det som deras tankar var fulla av – den kommande invasionen och dödläget i de allierades erkännande av de Gaulle som ledare för en fransk interimsregering. Planet startade slutligen halv elva, och landade i England precis klockan sex nästa dag, efter en flygning utan krångel.

Samtidigt som de båda männen promenerade på startbanan i Rabat insisterade den sedvanliga kvällssändningen som de fria franska styrkorna hade på BBC, *Les Français parlent aux Français* (fransmän talar till fransmän), på att den kommande befrielsen av Frankrike måste vara tvåfaldig – befrielse från fienden och befrielse från Vichy. För att uppnå detta, hette det, var det dags att de allierade erkände de Gaulle och hans rörelse som en regering. Som alltid inleddes sändningen med en påminnelse om hur länge kampen för nationens befrielse redan hade pågått. I dag var det den ettusenfyrahundrafyrtiotredje av de skammens dagar som hade börjat i juni 1940, när Pétain tillsammans med Hitler undertecknade vapenstilleståndet.

På slottet La Roche-Guyon sysslade Rommel denna morgon med förberedelser för att möta invasionen. Han tryckte på sin stab att förbättra kustförsvaret, krävde fler raketlavetter, begärde att Luftwaffe skulle bidra med att släppa ner minor i seglingslederna runt Isle of Wight och beordrade ett forcerat program för att utsträcka försvarsanordningarna på stränderna ner till lågvattenmärket. Som sista dag för den sistnämnda uppgiften krävde han den 20 juni.

Rommel hade också en intressant besökare, generalmajor Hans Kramer, hans efterträdare som befälhavare för Afrikakåren. Denne hade tillfångatagits av britterna efter Tunisiens fall och hade sedan dess befunnit sig i ett krigsfångeläger i Storbritannien. Eftersom han var sjuk hade han nyligen släppts fri i en krigsfångeutväxling arrangerad av Svenska Röda korset. När han kördes under eskort på väg till hemsändningen via Sverige hade han lagt märke till en stor uppladdning av styrkor i sydöstra England. Av detta verkade det uppenbart, sade han till Rommel, att de allierade planerade att invadera någonstans i trakten av Pas de Calais. Eftersom detta överensstämde med Rommels egen åsikt höll Ökenräven gärna med.

Ingen av dem insåg att även detta ingick i den brittiska desinformationen, och att Kramer hade blivit avsiktligt lurad. Han hade körts från sitt krigsfångeläger i Wales genom de områden där styrkorna ansamlats inför Operation Neptune, så att han blev vittne till den massiva uppladdningen. Men man hade sagt honom att han var i sydöstra England, och han hade till och med fått träffa general George S. Patton, som presenterats för honom som befälhavare för den mytiska första amerikanska armégruppen.

När Kramer gett sig av intog Rommel sin vanliga spartanska lunch, och for sedan i sin Horch uppströms längs Seine för att träffa von Rundstedt på dennes överkommando i Saint-Germain-en-Laye. Han kunde själv se den förödelse de allierades bombplan åstadkommit. Som en topphemlig rapport, sammanställd i Berlin denna dag av Luftwaffes operationsstab, uttryckte det hade Paris, genom de allierades attacker, »systematiskt avskurits från långdistanstrafik, och de viktigaste broarna över Seines nedre lopp hade förstörts den ena efter den andra«.

Rommel sade till överbefälhavaren för Kommando West att han ville ge sig av tidigt nästa morgon mot sitt hem i Herrlingen, där han avsåg att fira sin hustrus femtioårsdag. Sedan skulle han besöka Hitler på Berghof för att uppmana honom att frigöra ytterligare två pansardivisioner för användning i Normandie, tillsammans med en luftvärnskår och en granatkastarbrigad. Han skulle vara tillbaka på La Roche-Guyon den 8 juni. von Rundstedt såg inget skäl till att han inte skulle åka hem, eftersom det fortfarande inte fanns något tecken på en överhängande invasion.

Walter Schwenders arméförband var inte den enda tyska styrkan som var stationerad i Nantes; flottan hade mer än ett dussin patrullbåtar och minsvepare där. Men Marinekommando West, under befäl av amiral Theodor Krancke, hade ingenstans några ytstridsfartyg nära de franska Kanalhamnarna. I stället skulle Hitlers första försvarslinje mot invasionsflottan bli hans ubåtar. Men »vargflockarna« fanns inte längre. Det hade de allierades ubåtsjaktfartyg och flygplan sett till, med hjälp av Ultra.

Stridsberedda ubåtsflottiljer var baserade i Bordeaux, Brest, La Pallice, Lorient och Saint-Nazaire. Den sistnämnda hamnen låg nedströms Loire från Walter. Även om dess väldiga torrdocka hade förstörts av brittiska kommandosoldater tidigare under kriget skyddade Saint-Nazaire, liksom de franska Atlanthamnarna, fortfarande ubåtarna i deras bunkrar. Under mer än fyra meter tjock betong kunde de här repareras och rustas medan deras besättningar sov i specialbyggda baracker. Mängder av luftvärnskanoner vaktade bunkrarna, som var okänsliga för bombningar, även om många franska civila hade blivit dödade av bombningar mot understödsanläggningar. Men när ubåtarna stack till sjöss blev de sårbara.

Bara två dagar tidigare hade chefen för den tyska flottan, storamiral Dönitz, anförtrott sin operativa dagbok att det blev allt svårare för hans ubåtar att upptäcka de fartyg och flygplan som ansvarade för att skydda konvojer. De framgångar man hittills hade haft hade till stor del varit frukten av besättningarnas målmedvetenhet och självuppoffring. »Men nu«, skrev han, »är utsikterna till framgång starkt reducerade. Sannolikheten är i själva verket stor att en ubåt inte kommer att återvända från sitt uppdrag. Under de senaste månaderna har bara 70 procent av våra ubåtar lyckligt återvänt till sin bas.«

Men amiral Ramsay och de som planerade för Dagen D måste bereda sig på det värsta. Samma dag uppskattade de att tyskarna skulle ha etthundratjugo stridsberedda ubåtar, varav nittio i invasionsområdet. Det skulle bli ubåtsjaktstyrkornas uppgift att hålla ubåtarna borta från invasionsfarlederna och se till att inga av de ubåtar som var baserade i Norge nådde Kanalen.

Den tyska flottan var inte duktigare än armén eller flygvapnet på att gissa var och när invasionen skulle komma. Ett fåtal marinofficerare, som märkte att Seinebukten inte blev kraftigt minerad, undrade om detta pekade på Normandie som angreppsmålet. Men Hitlers egen uppfattning och de allierades desinformationsplaner hade fått Dönitz att utforma planer för ett tredelat invasionsförsvar bestående av ubåtar. En var baserad framför allt i Trondheim och Narvik, i norra Norge, en annan runt Bergen i södra Norge, och den tredje i de franska hamnarna. Alla var redo att sticka till sjöss inom sex timmar.

I Frankrike väntade fyrtionio ubåtar, men i själva verket var bara trettiofem redo att avgå – femton i Brest, två i Lorient, fyra i La Pallice och fjorton i Saint-Nazaire – bara hälften av vad de allierade förutspådde. Och tvärtemot Churchills farhågor var bara några få faktiskt utrustade med snorklar.

Omedveten om detta väntade Walter Schwender bakom Hitlers första försvarslinje, ubåtarna, den andra, minorna, och den tredje, strandförsvaret. Han och hans kamrater var den fjärde linjen.

I Berlin vidarebefordrade ss' underrättelsetjänst Oskar Reiles rapport om soe:s varselbudskap på bbc till Dönitz, och påpekade att en invasion kunde bli av inom de följande två veckorna. Ingen på hans stab tog det på allvar. De antydde att det kanske inte var mer än en övning.

På andra sidan Atlanten, klockan 4.39 östlig tid den eftermiddagen, tillkännagav en rapport från Associated Press att invasionen hade börjat, en chockartad nyhet som omedelbart togs upp och skickades ut av mer än femhundra radiostationer ägda av de fyra stora amerikanska nätverken, liksom av stationer i Kuba, Chile och Moskva. I New York stoppades en basebollmatch medan spelare och åskådare stod upp för en tyst minut av bön. Katedralen St John the Divine förberedde skyndsamt en särskild gudstjänst. På en hästkapplöpningsbana på Long Island beredde sig funktionärerna på att ställa in de båda sista loppen för dagen, och telefonväxeln i New York drunknade i förfrågningar.

Fem minuter efter det att rapporten sänts ut följdes den av en brådskande rättelse från Associated Press. Men vid det laget hade den felaktiga nyheten uppfattats av miljoner människor i både Nord- och Sydamerika. Det dröjde flera timmar innan telefonnäten återgick till sitt normaltillstånd. Hela kvällen var radiokommentatorerna fullt sysselsatta med att förneka nyheten och förklara hur misstaget hade uppkommit.

Förklaringen var enkel. En telexoperatris på nyhetsbyråns kontor hade ägnat sig åt att provköra det pressmeddelande som SHAEF hade förberett ett par dagar tidigare. Av en händelse hade apparaten lämnats påslagen för den transatlantiska uppkopplingen, och hon hade tryckt för hårt på tangenterna.

Eisenhower var emellertid för uttröttad eller för upptagen för att bry sig om det. När Harry Butcher berättade om saken nästa morgon bara grymtade han.

På 3:e kanadensiska infanteridivisionens högkvarter i Cowes försågs krigskorrespondenterna den kvällen med detaljer om landstigningarna på Juno Beach. När genomgången var över var det nästan mörkt. En av dem fick en egendomlig förkänsla när han gick nedför trappan ut i nattluften. Det var i just denna byggnad som han två år tidigare hade blivit informerad om räden mot Dieppe, och fått höra alla planerna, fulla av liknande detaljer och sprickfulla av självförtroende. Tankfull återvände han till bryggan, och till barkassen som förde honom tillbaka till hans fartyg. Sjön gick högre än någonsin, och båten kastades hit och dit på de skumfläckade vågorna.

8. En helvetes knipa

Söndagen den 4 juni

KORT FÖRE gryningen masade sig Eisenhower ut ur sin husvagn för att höra vad Stagg hade att säga om vädret. När han åkte den korta sträckan genom parken till Southwick House kunde han se stjärnor på himlen, och vinden hade mojnat.

Men meteorologen hade dåliga nyheter. Under natten hade han studerat de senaste rapporterna som kom in från Atlanten, och jämfört dem med tidigare situationer. Ödet gav dem nu dåliga kort på hand. »Jag kunde inte minnas«, skrev han, »en enda karta från de fyrtio eller femtio år jag hade studerat som liknade nattens i antalet lågtryck som uppträdde samtidigt.« Utsikterna liknade mer vinter än sommar.

»Förutser ni någon förändring«, frågade Eisenhower. »Nej«, svarade Stagg. Nu var det Ramsays tur. »När väntar ni att molntäcket skall komma«, frågade befälhavaren för *Neptune*. »Om fyra eller fem timmar«, svarade RAF-mannen. Sedan drog han sig tillbaka medan D-dagens befälhavare överlade. Montgomery var fortfarande för att sätta igång, Ramsay var neutral, men Leigh-Mallory varnade att flygstyrkorna vid ett lågt molntäcke bara kunde utföra en bråkdel av sina uppgifter. Det var framför allt denna faktor som blev avgörande för Eisenhower. Ett effektivt flygunderstöd var livsviktigt för soldaterna på marken. Utan att någon vid bordet talade mot det gav han order om tjugofyra timmars uppskov. De skulle ta en ny överblick över läget på kvällen.

Order utfärdades omedelbart till alla kommandon, och fartyg som redan var på väg mot Kanalen vände tillbaka. Några missade ordern, och mer än hundra fartyg som förde amerikanskt infanteri till Utah Beach fortsatte sin kurs, tills ett plan från det brittiska kustflyget fällde varningsfacklor när konvojen var nästan tjugofem sjömil söder om Isle of Wight.

David Bruce, chefen för den europeiska sektionen inom OSS, hörde nyheten vid halvsjutiden ombord på *Tuscaloosa* utanför Falmouth, och den tunga kryssaren ägnade det mesta av det som var kvar av dagen åt att plöja en väldig cirkel utanför Bristolkanalen. Uppskovet förvärrade hans oro kring Dagen D, och återspeglade Donovans åsikt att alltihop var ett enda stort lotteri. »Det nyckfulla brittiska klimatet«, skrev Bruce, »är det som egentligen råder över dessa vågor.« Tidigare allierade amfibielandstigningar, som de på Sicilien, hade riktats mot långt svagare försvar och i rimligt väder. Om landstigningarna i Normandie skulle kunna tränga igenom Hitlers Atlantvall krävdes lämpliga molnförhållanden för bombplanen och ett lugnare hav för stormtrupperna. D-dagens framgång, tänkte Bruce, verkade till stor del hänga på en serie optimistiska antaganden.

Mer anmärkningsvärd var hans pessimism kring underrättelseaspekterna. Han var rädd att alltför mycket berodde på överraskningsmomentet. »Vi har för vårt angrepp valt de mest uppenbart gynnsamma angreppsmålen«, skrev Bruce, som var insatt i desinformationsplanerna. »Trots de planerade avledningarna kan det förmodas att fienden, som knappast är okänd för brister i stabsarbetet, har fått en i stort sett korrekt uppfattning om angreppsmålet«, skrev han, och tillfogade, »inte heller verkar det möjligt att en väldig armada, i vilken vissa långsamma delar måste påbörja denna färd tjugofyra timmar eller mer före Timmen T, kan undgå att observeras av fienden långt innan den ankommer till sitt mål.« Även om han var säker på att den brittiska underrättelsetjänsten hade full kontroll över de tyska spionerna i Storbritannien kunde andra ödets nycker, slutade han dystert, vara mer ofördelaktiga för de allierade än för de landbaserade tyskarna.

Innan fartygen hade kämpat sig tillbaka i hamn besannades Staggs dystra prognos. Vinden tilltog och vredgade moln drog upp på himlen. Klockan elva på förmiddagen utfärdades stormvarning för Kanalen. För tusentals sjösjuka soldater, som nu satt fast i sina stormbåtar och inte kunde komma iland, skulle det bli en bedrövlig dag.

Bedell Smith, Ikes stabschef, ringde Churchills tåg för att ge honom nyheten. En oduschad och obekvämt inklämd Hastings Ismay tog emot samtalet kvart i fem på morgonen. »Det värsta – eller nästan det värsta – har inträffat«, skrev premiärministerns militäre stabschef till sin förtrogna. »I alla händelser är vi i en helvetes knipa. Men vi kommer att klara av det utan problem, om vi håller huvudet kallt och bevarar vårt lugn.« Han arbetade fortfarande hårt på att få Churchill tillbaka till London så fort som möjligt, eftersom han menade att de var hopplöst utanför där de stod på sitt stickspår i Droxford. »Som jag har hatat de senaste fyrtioåtta timmarna«, tillfogade han. När Bedell Smiths samtal kom låg Churchill och sov, så Ismay störde honom inte och gick själv och lade sig. En halvtimma senare vaknade Churchill. När Ismay rapporterade för honom verkade premiärministern förstummad. Föga typiskt för honom sade han inte ett ord till svar.

Värre skulle det bli. Medan detta drama utvecklades kom general de Gaulle fram till England. Hans Yorkplan landade på Heston-flygplatsen, alldeles utanför London, klockan sex på morgonen, inför en hedersvakt, och en mässingsorkester från flygvapnet som spelade Marseljäsen. Han kördes sedan till London, där han tog in på Connaught Hotel och gav sig iväg till de fria franska styrkornas högkvarter på Carlton Gardens. Här fann han ett välkomstbrev från Churchill. »Min käre general«, började det översvallande, »välkommen till våra kuster.« Churchill föreslog att de Gaulle skulle åka ner till Portsmouth och äta lunch med honom, varefter de tillsammans skulle titta in hos Eisenhower för en fullständig genomgång av Dagen D.

När de Gaulle kom fram till Droxford blev han förbryllad vid åsynen av tåget som stod på den lilla landsortsstationen. Fräsch och skär från sin morgontvagning gick Churchill honom till mötes längs spåret med armarna utsträckta, som om de var ett par vänner som inte setts på länge. Och till en början gick allt i gemytligheten tecken. Det enda molnet vid horisonten var general Smuts, som för inte så länge sedan offentligt och oförsiktigt hade deklarerat att Frankrike, eftersom det inte längre var någon stormakt, lika gärna kunde gå med i samväldet. Men för tillfället var de Gaulle genuint gripen av händelsen. Sittande mitt på långsidan av ett stort grönt bord avslöjade Churchill dramatiskt planen för Dagen D och behovet att uppskjuta den med tjugofyra timmar. »Fullt uppriktigt«, skrev de Gaulle senare, »uttryckte jag för premiärministern min beundran för resultatet av hans ansträngningar. [Det] var ett grandiost rättfärdigande av den modiga politik som han själv hade förkroppsligat sedan krigets mörkaste dagar. I detta ögonblick rycktes alla de närvarande, fransmän som engelsmän, med av samma flod av uppskattning.«

Men redan vid desserten blev stämningen sämre. »Vi borde prata politik«, sade Churchill plötsligt. de Gaulle vrenskades omedelbart, eftersom han innan han lämnade Alger hade gjort klart att han besökte England uteslutande för att diskutera militära ärenden. Om Roosevelt vägrade att delta i en politisk diskussion, frågade han, vad var det då för mening med att prata politik? I vilket fall som helst, varför skulle han begära Roosevelts, eller någon annans, samtycke för att regera Frankrike? Det gamla vanliga grälet började igen, och generalen blev mer och mer högljudd. Snart domderade Churchill tillbaka. Diplomaterna vid bordet hukade sig skräckslaget, och situationen blev till slut kaotisk. »Vi kommer att befria Europa«, röt Churchill, »men det är för att vi har amerikanerna med oss.« Detta gjorde de Gaulle rasande. Om amerikanerna var så angelägna att nå en överenskommelse med honom, svarade han, varför hade de då utan hans samtycke satt igång att trycka en så kallad fransk valuta, som de tänkte släppa ut så snart de hade landstigit i Frankrike? Dräpande stämplade han detta som »falskmynteri«.

Det höjde temperaturen ytterligare. Tidigare på dagen hade Churchill sänt Roosevelt ett budskap rakt från hjärtat. »Vår vänskap är mitt viktigaste stöd i de ständigt växande komplikationerna i detta krävande krig«, sade han till presidenten, och tillfogade att han inte var säker på att Storbritannien i världen efter kriget, när Tyskland måste hållas tillbaka i tjugo år, någonsin kunde lita på ett gaullistiskt Frankrike. Rasande sade han nu de Gaulle rakt i ansiktet att det aldrig skulle uppstå någon osämja mellan Storbritannien och Förenta staterna. »Varje gång jag måste välja mellan er och Roosevelt kommer jag att välja Roosevelt«, lovade han.

Denna scen ur en Helan och Halvan-film blev inte bättre av Churchills vedervärdiga franska. Ett klumpigt ingripande från Ernest Bevin var inte till någon hjälp. Arbetarpartiet skulle ta skada, sade arbetsministern, om generalen vägrade delta i politiska förhandlingar. »Skada!«, replikerade den ursinnige de Gaulle blixtsnabbt. »Skulle *ni* ta skada? Tror ni inte Frankrike har blivit sårat? Tänker ni inte alls på Frankrike?« Hans franska tirad gjorde den oförstående Bevin alldeles ställd. Det var inte bara Kanalen som skilde Frankrike och Storbritannien åt.

På något vis lugnade de ner sig så mycket att Churchill kunde följa med de Gaulle på dennes besök hos Eisenhower. Ike var som alltid älskvärd och diplomatisk, och förklarade tålmodigt de tekniska detaljerna i landstigningen för den fascinerade generalen. Han smickrade också de Gaulle genom att be om hans åsikt om beslutet om uppskov. »Vad skulle ni göra«, frågade han taktfullt. de Gaulle tvekade knappast. »Om jag var i ert ställe«, svarade han, »och hade att tänka på nackdelarna med ett flera veckor långt uppskov, som skulle förlänga den psykologiska spänningen inom angreppsstyrkorna och riskera sekretessen, då skulle jag inte uppskjuta den.«

Men även detta kollegiala samförstånd mellan två generaler gick på en mina. Ike erbjöd sig vänskapligt att visa de Gaulle texten till den deklaration om befrielsen som skulle publiceras på Dagen D. Generalen såg genast att den inte nämnde honom eller hans nationella befrielsekommitté, utan bad det franska folket att lyda Eisenhowers order. Stämningen svalnade omedelbart. Efter en kylig ordväxling gick Eisenhower med på att försöka ändra texten. de Gaulle hade tackat ja till att stanna till middag hos

Churchill. I stället klev han högdraget in i sin bil och for på egen hand iväg till London.

Det var ett dåligt slut på en besvärlig dag, och mycket allvarligare än bara en krusning på ytan i det diplomatiska farvattnet. De allierade räknade med att den franska motståndsrörelsen skulle ställa till kaos bakom fiendens linjer på D-dagen. Men alldeles före invasionen tecknade bråket med de Gaulle ett frågetecken över de invecklade planer som överenskommits mellan SHAEF och general Marie Pierre Koenig, de Gaulles militärdelegat och förbindelselänk med de fria franska styrkorna i hemlandet.

I Caen var André Heintz alldeles uppskruvad. Sedan han fick förvarningen hade han väntat invasionen i varje ögonblick. Den kommer kanske på söndag, tänkte han. Men alltefersom timmarna gick och inget hände blev han nedslagen. Han hade blivit inbjuden till en dans hos några vänner den kvällen, men han hade tackat nej, för det fall att han fick något angelägnare att göra. Ett av hans senaste uppdrag för Courtois hade varit att leta upp och rekrytera folk i hans egen ålder för »strid«, grupper av beväpnade motståndskämpar som skulle attackera tyskarna så snart de allierade landsteg. Han hade fått några av sina vänner att gå med, och avundades i hemlighet deras framtidsutsikter. Kanske skulle även han själv när Dagen D kom få en chans att gripa till vapen.

Rastlöst drev han omkring därhemma, gick ner i källaren och slog på sin kristallmottagare för att uppfånga nyheterna från BBC. De allierades plan fortsatte att flyga över staden, och det kom ett flertal flyglarm.

När ingenting hade hänt tidigt på kvällen beslöt han att gå på dansen i alla fall. Men trots att han försökte kunde han inte låta bli att tänka på de storslagna händelser som han visste närapå stod för dörren. När han hämtade andan vid sidan av dansgolvet fick han plötsligt en märklig känsla. »Jag kände mig som en liten gud, för att jag kände till framtiden – jag visste vad som skulle hända. Det var egendomligt att känna sig så olik de andra. Sedan var jag plötsligt ledsen igen för att jag inte kunde säga åt dem att gömma

sig, ta skydd och så vidare. Jag undrade hur många som skulle
överleva. Jag kunde inte göra något för att skydda dem.«

»Femton kilometer kvar till Roms portar«, utbasunerade rubri-
ken i Sunday Times. Artikeln rapporterade att de allierades trup-
per slutligen hade slagit sig fram genom Albanerbergen, i hög fart
drog mot den italienska huvudstaden och hade tagit fjortontusen
fångar. Nyheterna var goda även från den ryska fronten, där Röda
armén slog tillbaka mot det sista tyska motståndet vid Iași i Ru-
mänien. I Sydostasien beskrev Tokyo nu Nya Guinea som Japans
inre försvarslinje, men amerikanska styrkor närmade sig flygfältet
Biak norr om denna ö. Flygoffensiven fortsatte över Frankrike,
där Marauder- och Havoc-bombplan, eskorterade av Mustanger
och Thunderbolt-jaktplan, träffade sina mål för den sjuttonde da-
gen i följd. Broar, bangårdar och järnvägsspår angreps utan för-
lust av ett enda allierat bombplan.

Men den verkligt stora nyheten i Storbritannien var vad som
ännu *inte* hade hänt. I sitt sedvanliga brev från London för New
Yorker noterade korrespondenten Mollie Panter-Downes en för-
väntansfull stämning i huvudstaden. »I den egendomliga stillhet
som för tillfället råder – en stillhet som inte bara är bildlig, för
Londonborna har inte väckts av sirener på en månad – verkar det
som om alla bara vegeterar från den ena vanliga dagen till den
nästa, i väntan på den stora ovanliga.« Antydningar och föraning-
ar om invasionen förekom fortfarande i mängder. I Sunday Times
fanns en officiell notis som avbildade en telefon genom vars
nummerskiva ett tåg passerade, lastat med kamouflerade strids-
vagnar. Texten manade folk att tänka sig för två gånger innan de
ringde rikssamtal. »Om ni inte tror att man ringer tanklösa och
onödiga rikssamtal på ert kontor eller er fabrik kan ni göra ett
prov. Efter varje dags arbete kan ni be att få titta på listan över
rikssamtal, och kontrollera om något av *dagens* samtal kunde ha
varit *gårdagens* brev. Gör detta för att övertyga er själv, men det är
samtidigt en insats för kriget.«

Om sekretessen fortfarande var väsentlig när nationen stod inför en historisk händelse gällde detsamma tron och modet. Biskopen av Southwark erinrade läsarna om att det i dag var trefaldighetssöndagen. För precis fyra år sedan, mitt under dramat vid Dunkerque, hade Churchill samlat nationen med sina eldande tal. I år, skrev biskopen, »infaller trefaldighetssöndagen återigen vid en vändpunkt i folkens historia, när vi står inför händelser som – under Gud – kommer att på gott och ont avgöra hur kommande sekler skall gestalta sig.«

Tidningen publicerade också en kort dikt av Edward Shanks med titeln »Persedeln«. Över dikten stod ett berömt citat av hertigen av Wellington före slaget vid Waterloo, om den brittiske soldaten: »Om vi klarar av vårt uppdrag eller inte beror helt och hållet på denna persedel. Ge mig tillräckligt många sådana, så vet jag hur det går.«

I Solentkanalen rådde söndagsfrid ombord på *Hilary*, flaggskepp för kanadensarnas 3:e infanteridivision. Officerarna gick tyst igenom sina planer och kontrollerade de sista detaljerna. Då och då gick någon av krigskorrespondenterna upp på däck för att titta på havet och känna på vinden. Rykten om uppskovet hade börjat spridas: »En storm var på väg från Atlanten ... Fartyg i Kanalen höll på att sjunka ... Allt var lugnt utanför den franska kusten ... Tyskarna hade kommit på att det var i Normandie ...«

Där Glenn Dickin väntade ombord på passagerarfartyget *Llangibby Castle* hade han haft större tur än de tusentals infanterister som embarkerat små stormbåtar men nu satt fast ombord i ytterligare tjugofyra timmar. När sjön för varje timma blev grövre och vinden tilltog kastades dessa mindre farkoster omkring på vågorna tills däcken var täckta av spyor.

Senaste gången Glenn hade varit sjösjuk var tidigt i maj. Han och Gordon var i Hiltingbury när den sista stora invasionsövningen ägde rum längs sydkusten. Den hade kodnamnet Fabius III och berörde fyra divisioner stormtrupper och tillhörande flottstyrkor. Även den hade råkat ut för grov sjö. De hade båda tjänstgjort som stridsdomare på De La Chaudière-regementet. Sjögången hade varit så svår att båda hade tvingats ta till sina spypåsar.

Vad Garbo beträffade förekom spypåsar i många av hans signaler, som en bekväm omskrivning för invasion. Utan att veta det hade Glenn och Fabius III haft en viktig roll i hans utstuderade dubbelspel.

»Hela 3:e infanteridivisionen är koncentrerad här, färdig att embarkera«, hade Garbos fiktive Agent Fyra, som var baserad vid Hiltingburylägret, rapporterat till honom den 30 april. »Det finns andra läger som är fulla av soldater redo för attack ... Det är utomordentligt svårt att lämna lägret. De förbereder kall proviant för två dagar, och vidare spypåsar och flytvästar för truppernas sjötransport.« Garbo hade vidarebefordrat denna information till Kühlenthal i Madrid, med tillägget att hans underagent vid Hiltingbury var övertygad om att invasionen var nära förestående. Följande dag rapporterade Agent Fyra också till Garbo att 3:e divisionen just hade lämnat Southampton med order att embarkera. Han framförde som sin åsikt »att de trupper som ska embarkera, om de inte har landstigit på Kanalkusten, i detta ögonblick måste vara under transport mot ett avlägset mål«. Han syftade här på ett angrepp mot Norge.

Kühlenthal nappade på kroken och skickade rapporten vidare till Berlin. Snart granskades meddelandet av Hitler personligen på Berghof. Några dagar senare tog Agent Fyra tillbaka sina ord, med avslöjandet att de kanadensiska soldaterna hade återvänt till Hiltingbury. Tydligen, rapporterade en ilsken Garbo, hade alltihop bara varit en övning, och hans agent hade varit en fårskalle.

Men varför använda kanadensarna och Fabius III som en del i desinformationskampanjen när den helt uppenbart måste avslöjas som inget mer än en övning? Skulle inte denna ploj snarare ifrågasätta än öka Garbos trovärdighet?

Det var inte vad den listige Tomas Harris och dubbelspelsgruppen menade. Med Juan Pujols hjälp hade de byggt upp bedrägeriet med Garbo så skickligt att agentens trovärdighet i Berlin nu, dagen före Dagen D, var större än någonsin. Harris och Pujol var nu en oskiljaktig duo som arbetade i nästan fulländad samstämdhet; katalanen tillbringade en hel del av sin tid i konsthandlarens hem i Mayfair och på hans kontor på Jermyn Street. Det var på Jermyn Street som Pujol vanligen träffade personal från SHAEF och andra som skötte dubbelspelskampanjen. Han hade helt och hållet gått upp i spelet, och hans listiga sätt att resonera fann ett perfekt motstycke i den tidigare konsthandlarens briljanta uppfinningsrikedom. »Jag hade fattat tycke för Tomas Harris redan från början«, skrev han, »inte bara på grund av hans fasta handslag utan för att han också hade lagt armen om mina axlar som ett tecken på beskydd och vänskap.« Tillsammans försökte de göra Garbo mänsklig. För att vara det, räknade de ut, måste han också verka kunna göra fel.

Tyskarnas underrättelsetjänst trodde att Garbo hade ett nät av underagenter i Storbritannien. De var i själva verket samtliga uppfunna av Pujol och Harris. Förutom Agent Fyra fanns det också »J(5)«, en kvinna som uppgavs arbeta på krigsministeriet. När Fyra i Hiltingbury förutspådde invasion rapporterade Garbo dessutom till Madrid att J(5) hade fnyst åt denna idé, och sagt att de kanadensiska trupperna bara var ute på manöver. Av de två hade Garbo gett sitt stöd åt Fyra, och dragit slutsatsen att J(5) kom med »lögner«. När sedan sanningen hade kommit fram, och trupprörelserna hade avslöjats som bara övning, hade Garbo telegraferat Madrid att man skulle bortse från hans kommentar om henne. »Jag inser nu att hennes information var riktig, och att felet delvis är mitt, genom att jag tog intryck av agenten [Fyra]. Jag inser att jag skulle kunna få korrektare information genom mina vänner på ministeriet.« I sitt svar uppmanade Kühlenthal Garbo att inte vara orolig; Fyra hade uppenbarligen gjort ett ärligt misstag, och borde inte få bakläxa på sin uppgift, eftersom det nästa gång verkligen kunde vara fråga om invasionen.

Med denna invecklade historia hade Harris på ett briljant sätt uppnått två mål. För det första hade han visat att Garbo kunde göra misstag, och därför var mänsklig och mer trovärdig. För det andra hade han inpräntat hos tyskarna att Garbos källa i krigsministeriet troligen var mer tillförlitlig beträffande de allierades avsikter och planer än en agent som gjorde iakttagelser vid ett militärläger. När den tiden kom skulle det enligt Harris' planer vara en liknande källa vid ett ministerium i London som skulle ha nyckelrollen i den slutliga desinformationen om Dagen D. I den skulle Garbos kontakter på Whitehall vara nyckeln.

Men för dagen nöjde sig Garbo med en uppgift som byggde upp hotet om ett angrepp på Norge. Ännu en i hans armé av fiktiva underagenter var »3(3)«, en grek som var baserad nära Glasgow. Klockan 19.56 denna kväll rapporterade Garbo till Madrid att 3(3) hade fått vetskap om att en stor truppavdelning från Irland hade anlänt och nu var placerad nära Lockerbie, i sydvästra Skottland. Av soldaternas emblem slöt sig Garbo till att det var britternas 55:e division. Agent 3(3) hade också observerat en annan stor ansamling av soldater och fordon vid Motherwell. Som en del i sin trovärdighetskampanj uttryckte Garbo tvivel om allt detta. »Jag rekommenderar att ni vidarebefordrar denna information till Berlin med betydande förbehåll«, skrev han till Madrid, »eftersom denne agent, fastän han tänkte sig att dessa trupper kunde vara på väg till Clyde för att embarkera, inte har övertygat mig. Därför håller jag inne med alla råd tills jag är bättre insatt i fakta.«

Detta var ännu en god insats av Harris och Pujol. Genom att utmåla Garbo som ytterst försiktig beträffande de underrättelser som han fick in från sina underagenter höjde de ytterligare det förtroende som Berlin redan hyste för honom, samtidigt som de vidmakthöll det inbillade hotet mot Norge.

I dag var det krigets ettusensjuhundratrettioåttonde dag, och den etthundratjugoandra i Petter Moens inspärrning på Møllergata 19. Sedan han blev gripen i februari hade han varit besatt av döden. Självmordet var aldrig långt borta från hans tankar. Om han hade gett efter för frestelsen hade han varit långt ifrån ensam.

Under nazisternas ockupation tog minst fyrtio av Gestapofångarna i fängelset sina liv. I Moens fall erbjöd självmordet en frestande utväg från den kvalfulla skammen att ha talat under tortyr.

Dagen när han blev arresterad hade han körts raka vägen till Gestapos högkvarter på Victoria Terrasse – eller V.T., som den förkortades – för förhör och tortyr. Där hade han blivit knäckt, och hade gett Gestapo namnen på två av sina kontakter i motståndsrörelsen. Sex veckor senare hade han, frusen och halvt ihjälsvulten i sin ensamcell, slutligen kunnat skriva ned i sin hemliga dagbok vad som hade hänt. Han kunde väl förstå, började han, att hans vänner nu beskrev honom som knäckt.

»*Javel*, det är så det är. När man har stått en hel natt i den iskalla källaren på Victoria Terrasse med dödssvetten i pannan, med ryggen piskad med gummipiskor och kroppen nedsmord av blod och smuts från golvet, och sparkarna från kraftiga kängor – då blir man knäckt. Jag har gjort det, och blev så knäsvag att jag böjde mig och bad: 'Herre, fräls mig – jag förgås.' Jag var fruktansvärt nära självmord då. En trasig glödlampa och ett snitt över handleden skulle ha ordnat saken. Jag var ensam … nej, jag var inte ensam. Något osynligt hejdade min hand.«

Sedan dess hade självförebråelserna och sökandet efter Gud fyllt hans dagar i fängelset. »Jag är inte modig. Jag är ingen hjälte«, skrev han. Gud höll sig undan honom, och han hade inte kunnat finna något fotfäste »för någon tro, eller någon övertygelse att något gudomligt talade till mig eller inom mig«. Att dela cell med de andra hade tvingat honom att tänka på annat, men en dyster inåtvändhet fanns alltid kvar under ytan. Det fanns dagar när han bara ville ha lugn och ro, och ibland saknade han till och med sin ensamcell.

I dag var det en sådan dag. »Det är omöjligt«, skrev han, att finna frid av något slag, vare sig av det religiösa eller av det världsliga slaget.«

När Veronica Owen hade avslutat frukosten hemma hos sin väninna hade vädret blivit värre, och hon måste cykla de femton kilometerna tillbaka till sin inkvartering i Heathfield rakt in i en rytande storm. På sitt pass på Fort Southwick, som varade resten av dagen, fick hon veta att alla permissioner hade blivit indragna. »Illavarslande?!«, skrev hon i sin lilla fickdagbok. Innan hon gick och lade sig tidigt hade hon också tid att skriva in dagens stora händelse: »Rom föll.«

Sådana kortfattade anteckningar var typiska. Bara i hennes brev hem brukade den begeistring hon kände för sitt arbete med lottorna verkligen komma till synes. Hon älskade i stort sett allt i sitt arbete under kriget. Hon skulle gärna ha velat vara underofficer, och två gånger hittills hade hon blivit rekommenderad för en officersfullmakt. Men officerarna måste vara över tjugo och ett halvt år gamla, och hon var fortfarande för ung. I hemlighet kände hon sig ganska lättad, därför att en befordran skulle ha upphöjt henne till den mer sofistikerade stämningen i chifferrummet. Som det nu var tyckte hon om de människor från alla samhällsklasser som hon arbetade ihop med. Hon misstänkte också att en officersuniform skulle inskränka hennes frihet när hon gick ut med väninnorna på kafé eller bio.

Dessutom var hon stolt över att vara menig. Även om hon var traditionell i sina värderingar saknade hon sociala pretentioner. Som många av sina jämnåriga hade hon fått vissa av sina åsikter radikaliserade av tjänstgöringen i försvaret. Hon trodde fullt och fast på lika lön för lika arbete, och hoppades intensivt att en ny och bättre värld skulle komma efter kriget. Hon stödde ivrigt tanken på ett Förenta nationerna, började per korrespondens på en universitetskurs i historia, nationalekonomi och logik, och ansåg att »fler diskussionsgrupper, mer politik och mer lyssnande till de bättre föredragen på BBC osv. var nödvändiga för framtidens kvinnor i Storbritannien«.

Hennes far retade henne ofta för vad han kallade hennes »för om masten-komplex«. Men han förstod. Som ubåtsman hade han själv fått vänja sig vid de trånga mässarna och det påtvingade nära kamratskapet mellan sjömän av alla grader som tjänstgjorde till sjöss.

En ubåt förekom flitigt den här dagen i de farhågor man hyste om sekretessen kring Dagen D. Operationsstyrka 22.3, en ubåtsjakt-styrka bestående av ett hangarfartyg och fem jagare, uppbringade det första fientliga örlogsfartyget som den amerikanska flottan hade tagit på öppna havet sedan kriget mot britterna 1812. Och så fick de inte skryta med det! Den här gången var prisen inte en brittisk örlogsman utan en tysk ubåt, U-505, som opererade från Lorient. Somliga i dess besättning trodde att ubåten var ett olycksfartyg. Sedan 1942 hade åtminstone tolv av dess uppdrag avbrutits, däribland den resa när kaptenen begick självmord under en sjunkbombsattack från ett amerikanskt krigsfartyg. Med en ny kapten hade U-505 patrullerat den västafrikanska kusten utanför Sierra Leone och Liberia, i förhoppning att få sänka allie-rade fartyg. Alla byten hade undgått dem i två veckor, vilket fick en besättningsman att klaga över att förtrollningen fortfarande var över dem. Det var den också, men den kom inte från häxor utan från Ultra. Med information från Bletchley Park hade ameri-kanerna spårat ubåten och sett till att de allierades fartyg höll sig på avstånd.

Eftersom bränslet höll på att ta slut beslöt kaptenen till slut att sätta kurs hem, längs en kortare rutt runt Kap Verde-öarna. Det amerikanska hangarfartyget *Guadalcanal* och dess jagareskort kände till ubåtens väg i stort, men kunde inte hitta den. Även de hade nu ont om bränsle, och styrde mot Casablanca.

Just denna morgon uppfångade jagaren *Chatelain* ubåten med sin sonar, och släppte sjunkbomber. Dessa orsakade visserligen en läcka, men ubåten var inte allvarligt skadad och kaptenen be-ordrade dykning till djupt vatten. I stället hamnade U-505 i en okontrollerad dykning, och kontraorder gavs i rasande fart: »Ta upp oss, ta upp oss, innan det är för sent«, ropade kaptenen, och med rodret ur funktion flög ubåten upp ur vattnet som en kork. På ytan signalerade hans kaptenskollega till de andra fartygen i den amerikanska styrkan: »Jag skulle vilja borda den jäveln, om det går.«

En bordningspatrull på tre man mötte inget väpnat motstånd

och hittade inga försåtsmineringar – bara en öppen ventil som fyllde ubåten med vatten och det funktionsodugliga rodret, som förde den runt i en cirkel. Efter att ha stängt den öppna ventilen lastade patrullen av nio postsäckar med närmare femhundra kilo signalhandböcker, Enigma-maskiner och deras chiffernycklar. Prisen surrades fast vid hangarfartyget. Eftersom man befarade att bränslet skulle ta slut innan man nådde Marocko seglade styrkan triumferande iväg mot Dakar i Senegal, som kontrollerades av de fria franska styrkorna.

Men i Washington och London blev man skräckslagen. Från amiralitetet i London telegraferade den brittiske marinministern till chefen för den amerikanska flottan, amiral King: »Med tanke på hur betydelsefullt det just nu är att hindra tyskarna att misstänka att deras chiffer blivit komprometterat är jag övertygad om att ni instämmer i att alla berörda måste beordras att iaktta fullständig sekretess kring uppbringningen av U-505.« King själv hotade att ställa styrkans befälhavare inför krigsrätt. Kosta vad det kosta ville, Churchills »guldägg« från Ultra fick inte krossas nu när Dagen D stod för dörren.

Dakar vimlade av nazistspioner. Om uppbringningen av U-505 fick tyskarna att ändra sin Enigma-sekretess skulle den allierade invasionen sättas i gång utan hjälp från ett av dess värdefullaste verktyg. *Guadalcanal* och dess nu farliga pris beordrades att ändra kurs och styra mot Bermuda, den brittiska utposten utanför den amerikanska Atlantkusten omkring tretusen kilometer längre västerut. Alla de tre tusen besättningsmännen i operationsstyrkan fick order att iaktta fullständig sekretess.

(»Håll bottenventilen öppen men munnen stängd«, var vad de fick höra.) Den tyska besättningen hölls noga isolerad från andra tyska krigsfångar i ett av amerikanska arméns läger i Louisiana, och inga nyheter om att de tillfångatagits släpptes ut till Internationella Röda korset. Det fick inte finnas någon »lösmynthet« som sänkte Operation Overlord.

Som vanligt tillbringade Albert Grunberg en stor del av dagen med öronen klistrade mot radion för att lyssna till BBC och Radio Paris. Det var en daglig ritual som stördes bara av de strömavbrott som kom allt tätare. Inga *ondes joyeuses* (glada radiovågor), hade han nyligen klagat under ett dagslångt avbrott.

Han var inte ensam i denna förtjusning i radioapparaten. Strax före Dagen D hade ungefär 5,3 miljoner franska hushåll radioapparater, och ett okänt antal hade apparater som de inte deklarerat för myndigheterna. Tidigt under ockupationen hade Vichyregeringen skapat Radiodiffusion Nationale (RDF) för att locka bort lyssnarna från BBC:s franskspråkiga sändningar. Senare hade verksamheten sammanförts till Paris, och försäljningen av radioapparater hade förbjudits. Varje dag öste RDF ut ungefär femton timmar sport, underhållningsprogram och populär och klassisk musik. Radioföljetonger gjorda på Georges Simenons detektivromaner var populära. Från början var det sju, och senare tio, nyhetssändningar varje dag, med en schweizare som populäraste presentatör. Stationen stod under sträng kontroll av tyskarna, och leddes av förre chefen för Radio Stuttgart.

Radio Paris, den andra lokalstationen, stämplades regelbundet av BBC som tysk, och följaktligen »inriktad på att inte sända annat än lögner«. Grunberg slog ofta över till den, och skrev sedan upphetsad kritik i sin dagbok kring de dumheter han just hade hört. Vad beträffade att lyssna till BBC var det en förseelse belagd med ett strängt straff, även om tusentals människor dagligen tog den risken. Mitt bland allvarliga inslag och de senaste krigsnyheterna fanns alltid chansen till ett spydigt leende när man hörde Churchills försök att tala franska. Inte desto mindre lyssnade Grunberg till både legala och illegala sändningar när han försökte få timmarna att gå i sin självpåtagna fångenskap.

Under den senaste veckan hade BBC:s nyhetssändningar, utöver den allierade framryckningen mot Rom, varit fulla av nyheter om Röda armén. Längs den tysk-ryska fronten, som sträckte sig över mer än tretusen kilometer från norr till söder, skulle året 1944 bli känt som »De tio segrarnas år«. Redan före juni hade

Röda armén levererat tre av dem, på bekostnad av mer än en miljon tyskar, stupade eller tillfångatagna. Efter två och ett halvt år hade ryssarna äntligen brutit belägringen av Leningrad och skickat de tyska styrkorna vimmelkantiga tillbaka till den estniska gränsen. Under marskalk Ivan Konev hade de befriat Ukraina och gått över gränsen till Rumänien. I maj hade de stormat den stora fästningen Sevastopol – »Ärans stad«, som varit i nazisternas händer i nästan två år – och återtagit hela Krimhalvön. Därefter hade ett relativt lugn lagt sig över fronten, men den 30 maj hade tyskarna plötsligt slagit till med en desperat motoffensiv från sin enklav vid Iași. Hitler var inte den som gav upp mark utan strid. De senaste dagarna hade tidningarnas rubriker och BBC:s nyhetssändningar rapporterat bittra strider.

Två starka skäl gjorde Grunbergs speciellt uppmärksam på Iași. Det första var att denna stad – som var platsen för ett historiskt fredsavtal mellan Ryssland och Turkiet 1774, under en av deras oändliga strider om kontrollen över Balkan – låg i Rumänien, bara femton mil norr om hans födelsestad, Galați. Sporrad av de fanatiska fascisterna och antisemiterna i Järngardet hade den protyska rumänska regeringen tagit ställning för Hitler och gått med i hans anfall på Ryssland, och Grunberg kände nu en häftig tillfredsställelse när han såg dem få vad de förtjänade. Hans glädje blev mångfalt större genom det andra skälet som höll honom klistrad vid nyheterna – att straffet utmättes av Sovjetunionen och Röda arméns styrkor.

Grunberg var kommunist, han hyste glödande sympatier för det franska kommunistpartiet och i förlängningen för Sovjetunionen, kommunismens hemland. Hans stöd för partiet var ingalunda okritiskt. Han klandrade det häftigt för att det hade vägrat gå med i Léon Blums folkfrontsregering före kriget, han kritiserade att det dröjde att gå med i de Gaulles nationella befrielsefront och han jublade när det äntligen gjorde det, i april. »Kommunistpartiet har visat världen att dess anhängare vet hur man dör för sitt lands självständighet«, skrev han. Grunberg var en patriotisk anhängare till de fria fransmännen. Han missade sällan ett tillfälle att jubla när de Gaulles styrkor vann någon seger på slagfältet. Nyligen hade han stolt noterat den framträdande roll de fria franska styrkorna hade spelat i slaget vid Monte Cassino i Italien. »Franska trupper kan slå preussarna när de inte blir förrådda«, skrev han stolt. Liksom de Gaulle var han också snar att upptäcka varje skymf mot Frankrikes ära, och klaga när stormakten Frankrike utelämnades från allierade konferenser. »Frankrikes ljus är eviga«, skrev han, »och förr eller senare kommer vårt land att behövas.«

Men det var Röda armén som verkligen fascinerade honom; dess heroiska trupper bar med sig hans förhoppningar om en framtid i en skön ny värld. När han märkte lugnet som lagt sig över östfronten efter de stora segrarna i Ukraina hade han – helt korrekt – sagt sig att det berodde på de väldiga sovjetiska förberedelserna för att leverera det slutangrepp mot »monstret« Hitler som skulle sammanfalla med landstigningarna i väst. Grunberg nämnde sällan Hitlers namn utan att lägga till något sådant epitet. Nuförtiden nämnde han för det mesta Röda armén vid sina dagliga pratstunder med madame Oudard. Till slut blev hon lätt förargad på det. »Varenda gång ni ger mig några nyheter«, klagade hon, »så pratar ni alltid om ryssarna.«

De närmaste dagarna skulle hans ögon och öron dock ständigt vara inriktade på nyheter från väster.

Dolt i en skog utanför Smolensk låg högkvarteret för Röda arméns tredje vitryska front. En kommandoplats hade redan upprättats, förbunden med radio och telegrafkablar med Stalin i Kreml och med andra befälhavare längs fronten i den kommande stora offensiven. En noggrant utformad desinformationskampanj som skulle lura tyskarna beträffande plats och tid var redan till nytta. Befälet fördes av general I.D. Tjernjachovskij, och hans arméer hade till uppgift att rycka fram genom Minsk och Vilnius mot Ostpreussen. Klockan fyra på eftermiddagen flög chefen för den sovjetiska generalstaben, Vasilevskij, in från Moskva som Stalins ögon och öron på denna avgörande front. Under resten av dagen lyssnade han uppmärksamt medan Tjernjachovskij framlade sina planer.

Långsamt befäste Sydney Hudson kontrollen över sitt SOE-nät. George Jones var på grund av tyskarnas pejlingsbilar den som oftast riskerade att bli gripen, och hans farliga dagliga radiosändningar hade fört honom nära en nervös kollaps. Men han menade att Hudson var en »verklig ledare«, och kände sig trygg under hans befäl. En del av Hudsons ledaregenskaper kom otvivelaktigt från hans egen personlighet – självförtroendet, förmågan att kontrollera sina känslor och också dölja dem, att hålla ett avstånd, kort eller långt, till dem han ledde, att se händelserna »ovanifrån« och, tillfogade Jones, »förmågan att få sin nattsömn under de mest ogynnsamma förhållanden!«

Till dessa medfödda egenskaper kom de han snabbt hade förvärvat – tron på värdet i hans mål, känslan av en kallelse och förmågan att förmedla den till andra, färdigheten att tydligt uttrycka sina idéer i tal likaväl som i skrift, och förmågan att väcka känslor hos sina agenter och ge dem en målinriktning.

Hudson hade ganska snabbt insett att hans rekryteringsproblem i departementet Sarthe till stor del berodde på tyskarnas infiltrering av SOE-näten föregående år.

Han gav därför högsta prioritet åt sekretessen. Grundläggande var det att bygga på celler. Medlemmarna i nätet skulle ha förbindelse med varandra endast genom honom. Även för Hudson var det bäst att inte veta var de andra bodde. »Använd minsta möjliga grupp för att uppnå målet«, underströk han, »säkra din reträttväg, skriv aldrig ned någonting om det inte är absolut nödvändigt, och förstör det då efteråt, håll dig med en bra täckmantel, håll ut i tjugofyra timmar om du blir gripen. Om du vill dölja något ska du inte ha alla att svära att hålla tyst, utan berätta så många andra historier som möjligt!« Det var särskilt viktigt att nätets ledare skulle undgå att gripas. Vad som än hände de andra kunde då organisationen ombildas.

Detta var anledningen till att Hudson skapade ett geografiskt avstånd från de andra genom att flytta in till Le Mans. Sonia d'Artois förkroppsligade en annan lärdom han skaffat sig genom sina iakttagelser: »Kvinnor kan vara bättre agenter än män, och riskerar helt säkert inte lika mycket att väcka misstankar. En man i sällskap med en kvinna ådrar sig också mindre uppmärksamhet än en man.«

Hudson hade ett falskt identitetskort tillverkat av SOE:s förfalskare. Det påstods vara utfärdat av polisprefekturen i Paris sistlidna december och identifierade honom som Jacques Étienne Laroche, född i Paris den 1 augusti 1910 och boende på nummer 74, Rue de la Faisanderie, Paris 15. En tilläggsanteckning angav att han nyligen ändrat sin adress till Château des Bordeaux. Hans påstådda yrke var handelsresande i kosmetika, vilket stämde väl in med Sonias täckmantel som anställd hos Louis Vuitton. Dokumentet var den vanliga omsorgsfulla blandningen av sanning och lögn. Fotografiet och fingeravtrycken var äkta, liksom Hudsons längd och utmärkande drag – »blå ögon, ovalt ansikte och blek hy«. Allt det andra var falskt, däribland hans civilstånd – *célibataire* (»ogift«). Jacques Laroche var kanske ogift, men Hudson var gift, fast hans äktenskap vid det här laget var vacklande. Han hade gift sig i Schweiz, och hans hustru och deras tvååriga dotter bodde hos hennes föräldrar i England. Sedan han gått in i armén och SOE hade han sett mycket litet av dem. Under de följande dagarna och veckorna inledde han och Sonia, när faran förde dem tätt samman och ingen av dem visste om de skulle vara i livet från ena dagen till den andra, en kärleksaffär som skulle göra klyftan till hans familj därhemma oöverkomlig.

Sonia var också en perfekt täckmantel för honom. Med sin stora förtrogenhet med Frankrike var hon akut medveten om de faror som omgav dem. Risken var inte bara Gestapo utan också de franska tysksympatisörerna. En gång var hon på väg till ett säkert gömställe som ägdes av en universitetsprofessor och hans skotskfödda hustru, som hölls i husarrest. När hon svängde runt hörnet till deras gata kände hon i magen att hon inte borde komma till detta möte utan vänta till ett avtalat reservmöte tre timmar senare på ett annat ställe. Hennes beslut var riktigt. Tyskarna hade tipsats av en angivare och väntade på henne. »Mitt sjätte sinne sade mig att jag inte borde gå dit«, mindes hon, »och min skyddsängel vakade över mig och jag gick till det andra mötet senare.«

Att skicka henne till Frankrike hade varit en satsning som betalade sig. Hon hade fått en del dåliga vitsord från sina instruktörer, som klagade över att hon inte var lämpad för den stränga disciplin en hemlig agent bakom fiendens linjer måste iaktta. Hon hade varit impulsiv, vild och oförutsägbar, en återspegling av hennes pojkflickspersonlighet och en upprorisk barndom som var märkt av att hennes föräldrar var skilda, och av att hon ständigt skickades från plats till plats och från skola till skola. Lyckligtvis var det inte instruktörerna som hade sista ordet, utan den farbroderlige Maurice Buckmaster, mannen som ledde SOE:s franska sektion. Han hade läst hennes vitsord och talat enskilt med henne. »Hör du, Toni«, sade han, »vad du måste göra är att sluta uppföra dig som en tonåring. Övertyga folk om att du är äldre än du är.« Hon hade tagit hans råd till sitt hjärta. På något sätt var det också till hjälp att hon visste att hon var den yngsta kvinnliga agent som någonsin skickats till Frankrike. Det gav henne mod, och gjorde henne fast besluten att visa att hennes instruktörer hade haft fel.

Medan Eisenhower vaknade för att få sin väderinformation i ottan och general de Gaulle landade i London kom en av de båda brittiska dvärgubåtar som var avsedda som navigationsmärken för invasionen fram till sin position omkring en sjömil utanför den normandiska kusten nära mynningen av floden Orne. Genom periskopet kunde dess befälhavare se en ko på stranden, och på avstånd flygplan som landade i Caen. Senare såg han en typisk söndagseftermiddag på stranden, med lastbilslaster av tyska soldater som lekte med badbollar och simmade. Ett par av dem, tänkte han, var duktiga nog att bli olympiska mästare. »Vi tyckte det var lustigt«, mindes han, »eftersom de uppenbarligen inte hade en aning om att vi var där, eller om vad som snart skulle hända.«

Utanför Nantes kunde Walter Schwender ha varit en av dessa be-
kymmerslösa soldater som den brittiske ubåtsbefälhavaren såg,
när han fortsatte med att äta färska jordgubbar och gå till stranden
för att bada och sola sig. Han arbetade fortfarande i arméns re-
parationsverkstad. En stor del av tiden gick åt till att laga cyklar,
vilket knappast var förvånande, med tanke på hur viktiga de var
för den tyska arméns rörlighet i Frankrike.

Trots sin skenbara styrka på papperet var Hitlers styrkor i
Frankrike illa förberedda för att stå mot en invasion, och Walter
Schwenders fortsatta tro på nazistpartiets löften att de allierade
skulle kastas tillbaka i havet var alldeles missriktad. Hans förband
ingick i den 7:e armén i Rommels armégrupp B, som var statio-
nerad norr om Loire och väster om Orne. Här fanns det, i ett om-
råde som var omedelbart hotat av invasion, bara sex pansardivi-
sioner. På andra håll längs den tvåhundra mil långa Atlantfronten
utgjordes armén framför allt av omkring tjugotre »stationära«
divisioner, som Rommels stabschef Hans Speidel beskrev som
mestadels »personal från äldre årsklasser, ofta utan stridserfaren-
het ... materiellt helt otillräckligt utrustade ... nästan oflyttbara
och med usel tillgång till hästar«. Max Pemsel, den 7:e arméns
stabschef, var ännu mer kritisk. Genom att karlar ständigt gall-
rades fram för att skickas till östfronten, anmärkte han, var bara
ett fåtal av dem som lämnades kvar i Frankrike i stridbart skick.

Vad utrustningen beträffade var den 7:e armén till stor del ett
förband med nödlösningar. Dess artilleri utgjordes av en bland-
ning av olika modeller, skiftande kalibrar, och varierande men
ytterst knappt tilltagen ammunition. Pansarvärnskanoner och
motordrivna stormkanoner var inte lätta att hitta. Värre var bris-
ten på bränsle även för de få motorfordon som fanns tillgängliga.
Läget var så uselt att regementscheferna bara fick använda sina bi-
lar en gång i veckan. Annars måste de stiga till häst eller grensla en
cykel. Under sommaren 1944 gjordes inför invasionen energiska
ansträngningar att göra alla förbanden i 7:e armén mera rörliga.
Men det betydde föga mer än att de fick fler cyklar, och att man
samlade ihop franska fordon med franska förare, ännu en nöd-

lösning, med tanke på fransmännens benägenhet att försvinna under flygräder. Trots upprepade anhållanden gjordes inga tyska chaufförer tillgängliga.

Situationen i luften var ännu värre, och Rommel hade rätt att när han kände förtvivlan. De allierade hade elvatusen flygplan för Dagen D, men i hela Västeuropa hade Luftwaffe bara trehundra. Få av de tyska soldaterna i Frankrike hade den minsta aning om att läget var så dåligt. »Vi talade ofta om de allierades landstigning, och var den kunde komma«, var en typisk kommentar från en av dem, en åsikt som utan tvivel delades av Walter Schwender. »Vi tänkte så här – låt dem komma, vi kastar ut dem igen. Vi trodde verkligen på det man alltid sade till oss – att vi var så starka att vi skulle kasta ut dem på nolltid. Men då trodde vi ju också att det fanns många tusen tyska flygplan som stod redo att komma till vårt stöd. Det trodde vi fullt och fast på.«

Till sjöss var det föga bättre. Amiral Theodor Krancke, chef för Flottenkommando West, hade bara några minsvepare, en handfull jagare och en del torpedbåtar och patrullbåtar. Därutöver hade omkring fyrtio av Dönitz' ubåtar avsatts att möta invasionen, fast det i själva verket var färre än hälften som verkligen stack till sjöss, och då visade de sig oförmögna att gå till motattack mot amiral Ramsays väldiga armada. Dönitz själv medgav att alla Hitlers flottstyrkor i väster inte kunde tillfoga fienden annat än »loppbett«. Det var föga förvånande att Rommel ständigt var från sig av oro.

Sju på morgonen steg Ökenräven upp i framsätet på sin chaufförskörda Horch utanför Château La Roche-Guyon och gav sig iväg till Tyskland. Han åtföljdes av sin operationsofficer, överste von Tempelhof, och sin adjutant, Hellmuth Lang. Bredvid honom på sätet låg en låda med det par handgjorda grå mockaskor han dagen innan köpt i Paris för sin hustrus födelsedag.

Under frukosten hade hans stab informerat honom om väderleksförhållandena, och dragit slutsatsen att det ogynnsamma tidvattnet och den påtagliga frånvaron av allierad flygspaning gjorde en invasion ytterst osannolik. För detta hade man inte Luftwaffe att tacka; flygförsvaret hade lyst med sin frånvaro större delen av de senaste månaderna. Gång på gång hade Rommel vädjat om mer flygunderstöd, men Göring kunde helt enkelt inte leverera det.

För säkerhets skull hade Rommel ändå gått igenom larmprocedurerna med Speidel. Han visste att de försvarsåtgärder mot en invasion som han hade begärt under de senaste fem månaderna var långt ifrån fullbordade. I själva verket hade man just börjat anlägga hinder vid strandens lågvattenlinje, minutläggningen pågick fortfarande och pansardivisionerna var fortfarande stationerade alldeles för långt bort från stränderna för att han skulle vara nöjd. Detta var emellertid en sak han hoppades kunna ordna upp ansikte mot ansikte med Hitler under sitt besök på Berghof efter hustruns födelsedag.

I Obersalzberg fortsatte man fira Gretl Brauns bröllop föregående dag uppe på Örnnästet, och också hemma hos Bormann, medan ortsbefolkningen skvallrade om förtäring av otroliga mängder fransk champagne, likörer och delikatesser.

Bland alla festligheter fanns det emellertid ett allvarligare möte, ett mellan Hitler och Albert Speer. Fiaskot med ME-262 – jaktplanet eller attackplanet? – hade satt strålkastarskenet på en långvarig fejd kring flygplansproduktionen mellan Speer som rustningsminister och Hermann Göring som chef för Luftwaffe. Hittills hade Göring haft överhanden, men nu, två dagar före Dagen D, ändrades det plötsligt.

Vid det här laget var riksmarskalken Göring, som Hitler valt till sin efterträdare, en förbrukad kraft. Flygaresset från första världskriget hade stigit till svindlande höjder som ministerpresident i Preussen, chef för den ekonomiska fyraårsplanen, ordförande i Rikets försvarsråd och vetenskapliga forskningsråd, riksmarskalk och chef för Luftwaffe. Han var också lat, korrumperad, drogberoende och föga motståndskraftig mot Hitlers alltmer orealistiska krav. Framför allt hade Luftwaffes oavlåtliga försvagning under den årslånga raden av tyska nederlag efter Stalingrad urholkat all tilltro till hans förmåga att rädda situationen. »Politiskt sett«, noterade en av Goebbels' rådgivare dräpande 1943, »kunde Göring lika gärna vara död.«

Nu, strax före Dagen D, var det ingen av Hitlers generaler som tog hans tilltänkte efterträdare på allvar. Bara Führerns fortsatta lojalitet mot den gamle kamraten från nazisternas gatuslagsmål lät honom behålla sin plats. Men även denna lojalitet hade nått bristningsgränsen. Göring tillbringade sin mesta tid på sitt berömda jaktslott Karinhall, uppkallat efter hans första hustru, strax norr om Berlin, eller på Schloss Veldenstein, ett anskrämligt barockslott utanför Nürnberg, där han hade vuxit upp. Men som alla medlemmar i Hitlers inre krets ägde han också en villa i Obersalzberg, dit han ofta flög för att träffa Hitler på tu man hand. Så sent som föregående dag hade Hitler kommit nedför berget för att gratulera Görings sexåriga dotter Edda på hennes födelsedag. Galant hade han kysst Görings maka på hand och tilltalat henne »*Frau Reichsmarschall*«.

Även Speer höll sig i trakten av Berghof. Han bodde i sin egen villa i Obersalzberg, utrustad med en specialbyggd arkitektatelié och undangömd långt borta i tallskogen. Han hade än en gång kommit för att tala för sin sak, som var att överta flygplansproduktionen från Göring. Efter en kort nedgångsperiod var han nu tillbaka i Hitlers gunst. Speer, hade Hitler nyligen erkänt för sin adjutant Nicolaus von Below, var den ende som verkligen förstod vilken infrastruktur som krävdes för vapenproduktion. Göring fortsatte att domdera om Luftwaffes förmåga, men den hårt arbetande Speer insåg att den senaste tidens attacker mot de rumänska oljefälten, och mot fabrikerna för syntetisk bensin i centrala Tyskland, nu allvarligt hotade Tysklands förmåga att fortsätta kampen.

I dag övergav Hitler slutligen Göring, och såg för en kort stund den bistra sanningen i ögonen. »Flygplansproduktionen måste läggas under ert ministerium«, sade han till Speer, »det är odiskutabelt.« Han gav själv sin gamle vän nyheten, och strax efteråt kom Speer till Görings villa för att diskutera detaljerna i överföringen. Luftwaffechefen klagade bittert över att Hitler ändrat åsikt, men erkände att om det var vad Hitler ville skulle han självfallet lyda. »Men alltihop var ytterst förbryllande«, berättade Speer att han sagt, »eftersom Hitler för bara en kort tid sedan hade menat att jag [Speer] hade för mycket att göra som det var.«

Ändå verkade detta vara en ganska obetydlig sak, med tanke på den förödelse som de allierades bombplan nu dagligen tillfogade Tyskland.

Bill Tucker vaknade på flygfältet vid Cottesmore till häftigt regn och kraftiga vindar. Sedan kom ryktet att operationerna hade uppskjutits tjugofyra timmar. Det var emellertid för sent att inställa den speciella måltid man hade planerat för fallskärmsjägarna den kvällen, och skämten om de dödsdömda som åt en rejäl sista måltid kunde höras över hela flygfältet. För många av fallskärmssoldaterna i 82:a divisionen var det den bästa måltiden de kunde minnas att de ätit sedan de lämnade Staterna.

Medan de andra genomled en lång dag kände sig Tucker mindre orolig för den stora dagen än han hade gjort inför en del av sina övningshopp. Efter genomgången dagen innan hade de fått ett uppmuntringstal från Gavin, som talade om för sina soldater att de i sitt hoppområde skulle vara fler än tyskarna. »Hans röst var väldigt lugn«, sade Tucker. Han använde inga dramatiska betoningar och inga gester, som att vifta med armarna eller något sådant. Han bara talade om vad som skulle göras, och räknade med att allt skulle gå till som han utstakade det ... Det ingav förtroende för hans ledarskap.« Av tradition tränades arméer att inte lägga vikt vid den enskilde, som måste bli en del i en större enhet, en kugge i ett maskineri som ständigt exercerades för att röra sig i tropper och plutoner. Men när fallskärmsförbanden tillkom skedde en revolution i detta. Fallskärmsjägaren, som släpptes ner bakom linjerna mitt bland fienderna, måste tränas att operera långt mer självständigt. Gavins gåva låg i att han visste hur han skulle ingjuta en ny känsla av individuell stolthet och förmåga i sina män. Det var betecknande att Tucker som fallskärmssoldat bar en personlig namnbricka, en nyhet i den amerikanska armén. Den fick honom att känna sig som en del i en verklig elit, en institution, sade han, en del »i odödlighet, som Rommels Afrikakår, eller som Napoleons kejserliga garde.«

När Gavin hade talat följdes han av »Kanonkulan«, major Krause, som uppförde sin vanliga bombastiska föreställning, den som Tucker fann både fascinerande och motbjudande. Bataljonschefen höll upp en amerikansk flagga och berättade för dem att det hade varit den första som vajade över Gela, på Sicilien, första gången de hoppade i strid, och också den första amerikanska flaggan som hissades i Neapel. »I morgon«, tillfogade han, »kommer jag att sitta på borgmästarens tjänsterum i Sainte-Mère-Église, och den här flaggan kommer att vaja utanför det rummet.«

Klockan nio på kvällen träffades Eisenhower och hans befälhavare igen för att diskutera vädret. Utanför tjöt vinden fortfarande och fick fönstren att skallra; tallarna vajade kraftigt. Tidigare hade väderspåmännen haft ett laddat tvåtimmars sammanträde för att diskutera utsikterna med varandra.

När Stagg lämnade sin prognos denna kväll erbjöd han emellertid en skymt av hopp. »Som en nåd, nästan som ett mirakel«, berättade han, »skedde det nästan otroliga ungefär mitt på dagen.« Experterna hade plötsligt upptäckt en lucka mellan två lågtryck som kunde erbjuda en gynnsam period på trettiosex timmar, med början sent på måndagen. På morgonen tisdagen den 6 juni skulle vinden avta, sjön skulle bli lugnare och molntäcket kunde lätta. Förhållandena skulle inte bli idealiska, men inte heller ödesdigra.

Ett jubelrop steg upp från de uttröttade och bekymrade män som sjunkit ner i sina stolar och soffor runt om i biblioteket på Southwick House. Kenneth Strong, Eisenhowers underrättelsechef, hävdade att han aldrig hade hört en skara medelålders män jubla så högt. Mot vanligheten stannade Stagg denna kväll för att lyssna till diskussionen, för den händelse att flera väderfrågor kom upp. Stämningen, skrev han, var »spänd och allvarlig«.

Flyggeneralerna, som oroade sig för sikten som bombplanen och de flygburna trupperna behövde, menade att det fortfarande lät riskabelt. Amiral Ramsay sade emellertid att förhållandena verkade acceptabla för ett flottbombardemang. Viktigare var hans varning att varje vidare försening skulle innebära ett uppskov om fulla två veckor. Hans fartyg måste bunkra på nytt, och kunde inte göra det i tid för ett nytt försök den 7. Därefter uteslöt tidvattnet och månen nya försök före mitten av månaden. Han tillade att tiden höll på att rinna ut. Om armadan skulle avgå mot D-dagen den 6 måste han utfärda ordern mycket snart.

Slutligen vände sig Eisenhower till Montgomery. »Ser du något skäl till att vi inte ska göra det på tisdag«, frågade han. »Nej«, svarade Montgomery med eftertryck. »Jag säger 'Kör!'« »Det är ett helvetes satsning«, anmärkte Bedell Smith, »men det är den bästa möjliga satsningen.« Stagg och hans grupp av meteorologer drog sig tillbaka.

I två kvalfulla minuter gick överbefälhavaren långsamt fram och tillbaka i rummet, med händerna knäppta bakom ryggen, axlarna uppdragna och huvudet lutat ned mot bröstet. Till slut stannade han och såg upp. »Frågan är hur länge man kan låta en sådan här sak bara hänga i luften så där?« Ännu en lång minut följde. Till slut sade han: »Jag är alldeles säker på att vi måste ge ordern. Jag gillar det inte, men så är det. Vi sätter igång.«

Utanför mötte Stagg honom i hallen. Telefonerna var redan i full gång med att skicka ut order till invasionsstyrkorna. »Ja, Stagg, vi sätter upp stycket igen«, sade Ike med ett leende. »För Guds skull se till att vädret blir som ni har sagt oss, och kom inte med fler dåliga nyheter.« Stagg gick tillbaka till sitt arbete. Han skulle ta en sista titt på vädret kvart över fyra nästa morgon, för det fall att något hade ändrats. Framåt midnatt studerade han fortfarande väderkartor och ringde väderstationer över hela landet för att få de senaste uppdateringarna. När han till slut gick till sitt tält för att få några få timmars sömn kunde han se genom träden att himlen var täckt av låga moln. Det regnade häftigt, och vinden fick grenarna att vaja. Vilken paradox, tänkte han. I morse, när vädret var fint, hade Dagen D blivit uppskjuten. I denna piskande storm hade den nu fått klartecken. Alltihop måste verka lite galet, tänkte han.

Vid det här laget hade Churchill kommit tillbaka till London på sitt tåg, gått raka vägen till sin underjordiska bunker och i kartrummet satt sig in i hur kriget gick. Sedan kallade han på sina sekreterare och arbetade till långt efter midnatt, fast han nästan somnade över sina papper. Bland dem fanns hans dagliga portion Ultra. Än en gång utgjordes den framför allt av militära rapporter från Italien, varav en avslöjade att allierade trupper klockan tio den förmiddagen bokstavligen stod vid Roms portar. En annan innehöll tyskarnas instruktioner om att förstöra flygfält på den adriatiska kusten så att inget av dem skulle falla i de allierades händer. Det fanns också ett diplomatbudskap som återgav en konversation den japanske ambassadören hade haft med den avsatte italienske diktatorn Benito Mussolini, som nu styrde en fascistrepublik i Norditalien. Tyskarna hyste fortfarande stor tillförsikt beträffande den andra fronten i Europa, hade Mussolini sagt till ambassadören, och han hoppades att »den skulle öppnas snabbt, eftersom de [tyskarna] då kunde använda sig av ett utmärkt tillfälle att utdela ett avgörande slag mot fienden.«

Medan Churchill satt i kartrummet sände BBC en cellokonsert med Pablo Casals, och amerikanska styrkor nådde centrum i Rom, som övergetts av de retirerande tyskarna. En av stadsborna såg på när de kom in på Piazza di Spagna, vid foten av den historiska Spanska trappan. Bakom några stridsvagnar, berättade hon, »kom soldaterna marscherande i månskenet. De var tysta, mycket trötta, och marscherade nästan som robotar. Folket kom ut ur husen för att hurra för dem, men de bara log, vinkade och marscherade vidare.« I närheten träffade en scripta, som höll på med en filminspelning, på den italienske filmregissören Roberto Rossellini, som rökte en Camel. »Vi måste göra en film«, sade han. »Med en gång! Allt vi behöver göra är att se oss omkring, så finner vi alla de uppslag vi behöver.«

Nyheten om Roms fall sändes med ett ilmeddelande till Churchill. »Så magnifikt dina soldater har kämpat!«, telegraferade han till Roosevelt. »Jag hör att relationerna är förträffliga mellan våra arméer på alla nivåer där, och här råder sannerligen rena broderskapet.« Roosevelt, som tillbringade helgen hemma hos sin stabschef, »Pa« Watson, tömde en mint julep när han fick höra nyheten.

Sent på natten rapporterade amiral Krancke från sitt överkommando i Frankrike till Berlin: »Det råder tvekan om huruvida fienden ännu har församlat sin invasionsflotta i erforderlig styrka.« Men signalerna var blandade. Vid 15:e arméns högkvarter rapporterade en agent att invasionen skulle äga rum följande dag, och full larmberedskap beordrades. Vidare försvann denna natt alla de fransktalande förarna från Alsace-Lorraine i det topptränade tyska 6:e fallskärmsjägarregementet, stationerat nära Sainte-Mère-Église – utom en, som på morgonen påträffades skjuten. Man drog senare slutsatsen att de förmodligen hade hört viskningar om invasionen från den franska motståndsrörelsen. Men i sitt hem i Herrlingen, åtskilliga hundra kilometer från den franska kusten, låg Erwin Rommel och sov gott bredvid sin hustru. Det var hans djupaste sömn på flera veckor.

Måndagen den 5 juni

REGNET VAR nästan horisontellt och vinden stångade mot
Eisenhowers husvagn när han steg upp halv fyra och gav
sig iväg till Southwick House. Stagg hade redan använt
sin kodtelefon för att få de senaste väderleksrapporterna. Efter
en välkommen mugg hett kaffe slog sig Eisenhower och hans
befälhavare ner i sina bekväma stolar och alla var klädda i strids-
uniform utom Monty, som föredrog manchesterbyxor och en
gulbrun tröja. Ingen drog på smilbandet. Detta var det avgöran-
de ögonblicket. Om de inte gick vidare med invasionen måste de
bestämma en ny tidpunkt, en handling som innebar oberäkne-
liga konsekvenser.

Stagg tog dem snabbt ur deras dystra stämning. »Mina herrar«,
började han, »ingen större ändring har ägt rum sedan förra gång-
en, men som jag ser saken ger oss det lilla som ändrats skäl till
optimism.« Bredvid honom hade Eisenhower suttit stram och
spänd. När den allierade överbefälhavaren nu lyssnade till detal-
jerna spred sig ett leende över hans ansikte. »Min gode Stagg«,
sade han, »om den här prognosen slår in lovar jag er att vi ska fira
ordentligt när tiden kommer.« Han hade bara ett fåtal frågor.
Sedan yttrade han de historiska orden: »Okej, vi kör.« Klockan
var fem. Det oåterkalleliga beslutet hade tagits. I morgon, den
6 juni 1944, skulle bli Dagen D.

När gruppen skingrades kom Bedell Smith fram och tog mete-
orologen vid armen. »Ni har gett oss en helvetes bra chans,
Stagg«, sade han. »Håll kvar det här, och sedan kan ni ta en veckas
permission och bli kvitt de där ringarna under ögonen.« Gryning-
en kom, och himlen hade mirakulöst klarnat. När Stagg lade sig i
sitt tält för att få en välförtjänt lur kunde han höra fåglarna sjunga,

och visste att han hade gjort allt han kunde för invasionen. Det enda han nu kunde göra var att hoppas att vädret skulle leva upp till hans prognos.

Även för amiral Ramsay var det värsta över. »Vad tänker du göra nu«, frågade Montgomery när de tillsammans lämnade Southwick House. För befälhavaren över Operation Neptune var svaret enkelt. »Operationen har börjat och nu är det för sent att stoppa den. Det råder radiotystnad, och vi har inga signaler att vänta. Jag går och lägger mig.«

Längs Kanalkusten var det grov sjö och vinden var fortfarande hård. Ombord på en av landningsbåtarna beskrev en ung brittisk kapten i sin dagbok de inledande scenerna i det stora dramat. »Strax efter frukost lättade vi ankar och avseglade. Kalkklipporna lyste upp i solen som vita gardiner längs den grunda gröna kustlinjen. Den vita flottan av båtar för landsättning av stridsvagnar och trängfordon, med sina stora silverfärgade spärrballonger, och motorbåtarna som kastar upp vita ridåer av skum bildar en underbar tavla i blått, vitt och silver. En del av Storbritanniens armada, men det ser snarare ut som en regatta … .«

Klockan sju på morgonen öppnade officerarna slutligen sina förseglade order och fick veta namnen på sina mål för nästa dag. Två timmar senare kastade den väldiga ansamlingen av fartyg i Solentkanalen loss och styrde mot Område Z, det stora samlingsområdet söder om Isle of Wight. Styrka S skulle landa på Sword Beach, Styrka G på Gold Beach och Styrka J på Juno Beach. Från hamnar längre västerut anslöt den armada som transporterade amerikanerna – Styrka U för Utah Beach och Styrka O för Omaha Beach. Bakom dem försvann den engelska kusten i dimman. Två meter höga vågor innebar att de tvåtusen fartygen behövde större delen av dagen för att finna sin position. Mörkret föll när de främsta fartygen passerade bojarna som markerade de omsorgsfullt minsvepta farleder som förde dem till den normandiska kusten. Än så länge hade inte ett enda tyskt flygplan upptäckt dem.

Väntande ombord på en amerikansk stormbåt i en engelsk hamn iakttog en krigskorrespondent de otaliga fartygen runt omkring honom. »Dessa tätt packade fartyg«, skrev han, »utgör bara en av de floder av män och maskiner som längs hela kusten strömmar ut i havet. För nästan på dagen fyra år sedan hade krigets tidvattenvåg strömmat från öster till den franska Kanalhamnarna innan den svängde tillbaka mot Paris, och långt därbortom. Nu hade tidvattnet vänt, och i detta väntans ögonblick i historien växer den första mäktiga vågen fram innan den brakar in över fiendens stränder. Och den som iakttar den från nära håll får endast den flyktiga, skrämmande glimt av den som en ensam simmare skulle få av en väldig störtsjö i ett vredgat hav.«

Ombord på *Llangibby Castle* lärde sig Glenn Dickin nu de verkliga namnen på sina mål på Dagen D. Han och Gordon Brown hade tagit farväl och önskat varandra lycka till för två dagar sedan, och sedan gått åt olika håll. Gordon var regementets transportofficer, ansvarig för att mer än femtio fordon kom säkert i land; bland dem fanns granatkastarbilar, jeepar, tretons lastbilar för förrådstransporter, motorcyklar, fordon för bogsering av kanoner, och en vattentruck. Han hade redan fört sin kolonn ut ur Hiltingbury till en hållplats med numrerade parkeringsplatser dolda under höga träd. »Jag blev förbluffad över effektiviteten, och den noggranna planering som hade gjorts för att ge plats åt dussintals kolonner som min, och se till att fientligt flyg inte skulle kunna se denna aktivitet, mindes han. Nu var han ombord på en stormbåt med tjugo av sina fordon. Instängd i en trång mäss fann han att han inte kunde sova. Oron och spänningen var nästan outhärdliga.

Kanadensarnas strand på Dagen D var Juno, en sjukilometers kuststräcka mellan amerikanerna till höger, på Omaha och Utah, och britterna till vänster på Sword och Gold. Var och en av dessa stränder var indelad i mindre sträckor. Den fyra kilometer långa Nan Beach begränsades i öster av den lilla badorten Bernièressur-Mer och i väster av La Rivière, med dess fyr och radiomast. Nan Beach var i sin tur indelad i sektorer. Glenn och Regina Rifles skulle landstiga i den gröna sektorn framför den lilla hamnen Courseulles-sur-Mer vid mynningen av floden Seulles, en stad berömd för sina ostron. Ett par vågbrytare i trä i dåligt skick skyddade flodmynningen. A- och B-kompanierna skulle bli de första som landsteg. A-kompaniet skulle storma upp på stranden precis vid denna mynning. Glenn och B-kompaniet skulle ta hand om en 700 meter lång sträcka till vänster om dem.

Vid det här laget kände Glenn varje landmärke i Courseulles lika bra som han kände sin hemstad Manor – vattentornet, kyrktornet, skolan, rådhuset, järnvägsstationen. Det hade den intensiva allierade spaningen sett till. Förkrigskartor, kodknäckarnas tålmodiga arbete, tips från ortens motståndsrörelse, intervjuer med flyktingar och till och med med turister från före kriget, men framför allt ständiga överflygningar av plan utrustade med högupplösningskameror, hade byggt upp en detaljerad och helt aktuell bild av stranden, staden och landskapet bortom den. Med nästan knivskarp precision kunde Glenn se vad han skulle mötas av på Dagen D.

Han visste att stranden var flack och sandig, lätt att landstiga på, med bara ett fåtal spridda och isolerade klippsprång vid lågvatten, och knappast någon motström att ha bekymmer med. Längst in på stranden fanns en tre meter hög parapet med sextiofem graders lutning som inte borde erbjuda något större problem när man hade stormstegar. När han väl hade nått toppen måste han korsa en sju meter bred promenad med en låg mur på andra sidan. Sedan skulle han vara i en labyrint av smala gränder och stenhus som strålade ut från Place de la Mairie, och en smal bro över floden som ledde till Bayeux. Före kriget hade stadens befolkning uppgått till tusen personer, men de allierades underrättelsetjänst trodde att upp till 80 procent av dem kunde ha tvångsevakuerats av tyskarna.

Glenn visste att han inte kunde förutsätta att alla stadsborna skulle vara vänligt inställda. När tyskarna drog sig tillbaka skulle de lämna agenter efter sig. »Alla civila ska behandlas med misstänksamhet tills deras status som patrioter är fastställd«, lydde hans underrättelseinstruktion. Många av husen, av vilka inget var mer än två eller tre våningar högt, hade odlingslotter, och runt om i staden fanns det fruktodlingar. När allt kom omkring var Normandie provinsen för äpplen och calvados. Staden kunde skryta med en smalspårig järnväg som löpte parallellt med stranden och förband den med Bernières-sur-Mer och La Rivière, men de allierades plan hade inte upptäckt några lokomotiv, och linjen var sannolikt inte i bruk.

Bortom Courseulles låg öppna odlade fält, runt talrika små byar omgivna av ett flertal fruktodlingar. Regementets samman-fattande topografiska information, som lämnats ut för fyra dagar sedan, upplyste Glenn om att landskapet »erbjöd föga skydd bortsett från enstaka häckar, och snåren som växte längs Seulles' och Mues dalgångar och längs mindre bäckar«. Det kanadensiska målet för midnatt efter Dagen D var huvudjärnvägen från öst till väst, som löpte några kilometer inåt landet och förband Bayeux med Caen.

Glenn visste också precis hur tyskarna skulle försöka hejda ho-nom.

Courseulles hade gjorts till en fast punkt i Rommels Atlantvall, bemannad av ett enskilt regemente i den 716:e infanteridivisionen. Det var på denna divisions högkvarter i Caen som André Heintz spionerade. De allierades underrättelsetjänst värderade divisio-nen som tillhörande den »låga kategorin«, med bara två infanteri- och ett artilleriregemente, och en stort inslag av östtrupper och överåriga värnpliktiga. Ändå kunde den tillfoga dödliga skador. På piren i Courseulles stod en bunker med en kulspruta som kun-de bestryka stranden med kulor, och strax bakom den fanns två kanonkasematter med lätta infanterikanoner. Två bunkrar till stod uppe på parapeten, sannolikt med ytterligare ett halvdussin kulsprutor.

Glenn visste att hans stormbåt, när den under häftig beskjut-ning närmade sig stranden, också skulle möta den uppsättning av undervattenshinder som anlagts på Rommels order – två meter höga tetraedrar i järn och 2,5 gånger 2 meter stora stålhinder som helt enkelt kallades »element C«; dessa var konstruerade för att kopplas ihop, men lyckligtvis för B-kompaniet var de här utspridda med regelbundna mellanrum. Träpålar som stack upp en och en halv meter ur sanden kunde tänkas ha minor i spetsen. Om han landsteg säkert och tog sig över stranden skulle han springa rakt på taggtråden som slingrade sig i två meter höga härvor hundratals meter längs strandpromenaden. Hela tiden skulle kulspruteskyttarna ha honom i siktet när de försökte döda honom innan han hann bort från stranden. Om han kom så långt skulle han på andra sidan promenaden finna tyskt infanteri dolt i smala skyttevärn och stabila hus spridda över hela staden. Bortom Courseulles låg den öppna och oskyddade normandiska landsbygden.

Han fick också veta sitt lösenord för Dagen D. Om han hyste misstankar om någons identitet behövde han bara ropa ut bokstaven »V«. Det rätta svaret var »For Victory«. På D + 1, dagen efter invasionen, var anropet ordet »Handle«. Svaret var: »With Care«.

Medan Llangibby Castle intog sin plats i den väldiga armadan som gav sig av från Solentkanalen förrättades en gudstjänst ombord, och Glenn lyssnade till en läsning av den ryktbara bön som amiral Nelson framburit före slaget vid Trafalgar, Storbritanniens stora sjöseger över Napoleon:

»Må den store Gud jag tillber skänka mitt land, också till hela Europas gagn, en stor och ärorik seger, och må den inte fläckas av någons missgärning. Må när segern vunnits kärleken till nästan vara det mest framträdande kännetecknet för den brittiska flottan. Vad min egen person beträffar anförtror jag mitt liv åt Honom som skapade mig, och må Hans välsignelse lysa över mina mödor för att jag troget tjänat mitt land. Åt Honom överlämnar jag mig, liksom den rättfärdiga sak som blivit uppdragen åt mig att försvara. Amen. Amen. Amen.

André Heintz vaknade i Caen under en klar himmel. Hela dagen hörde han flygplan över sig, och på avstånd ljudet av bombningar. En gång hörde han dock en bomb explodera i närheten, på stadens flygfält, Carpiquet. Roms fall var dagens stora nyhet. Runtom i staden hade tyskarna just satt upp anslag som avbildade de allierade som en snigel som kröp uppför Italien. Den ironiska texten lydde: »När kommer de att nå Rom?« Han hade gått runt och rivit ner dem i smyg. Nyheten var viktig för hans kampvilja.

Än en gång kunde morgontåget från Paris inte komma fram. André gick ideligen ner i källaren för att lyssna till BBC i sina hörlurar. »Du kommer att få oss alla skjutna med den där apparaten«, grälade hans mor. Men han brydde sig inte om det.

Det regnade i La Roche-Guyon när Rommels marine rådgivare gav sig av efter frukost för att trycka på amiral Krannckes stab i Paris att påskynda minutläggningen i Kanalen. Programmet hade blivit allvarligt försenat när en minsveparflottilj på väg mot Le Havre hade decimerats av allierat bombflyg ute till havs. För Rommels stab tydde ingenting på att något var galet, och de arbetade lugnt med sina uppgifter som om det var vilken dag som helst. Rommel själv var nu hemma i Herrlingen och vilade. Den enda arbetsinsats han gjorde var att ringa Berghof och avtala om ett sammanträffande med Hitler på torsdagen den 8 juni.

I Paris vaknade Albert Grunberg som vanligt tidigt, åt frukost, tände dagens första cigarett och tittade ut genom fönstret. I dag hade han, för första gången sedan han hade gömt sig, unnat sig en speciell hårbottenbehandlare som han hade sparat från före kriget. Utanför var vädret dystert och regnigt, och pustar av kall luft från det öppna takfönstret träffade ibland hans ansikte. Fönstret var tillräckligt lågt för att han skulle kunna se ut, men han undvek att bli iakttagen och kikade försiktigt genom springorna i den korg som hans hustru kom med livsmedel i. På taket till grannhuset försökte en man som var blöt in på bara skinnet sota skorstenen. Grunberg studerade honom en bra stund, men sotaren ansträngde sig inte särskilt mycket. En arbetsskygg typ, tänkte Grunberg. Han kunde också se en av sina grannar tvärs över gården, men aktade sig för att bli sedd av honom, och kikade försiktigt fram bakom gardinen.

När han fann det tråkigt att titta ut genom takfönstret tog han till sin senaste bok, en biografi om 1800-talspoeten Charles Baudelaire. Som de flesta andra parisare, även de som hade sin frihet, drog han sig ofta tillbaka till en inre värld genom att läsa. Även om en del böcker hade blivit förbjudna tidigt under ockupationen hade en väldig mängd nya publicerats under de senaste fyra åren. De blev snabbt utsålda, eftersom folk ville ha omväxling från vardagspolitiken, gatuvåldet eller den påtvingade inomhusaktiviteten under utegångsförbuden. De offentliga biblioteken var överfulla, och bouquinisternas stånd längs Seine belägrades av kunder som ville ha något – ja, vad som helst – att läsa. Grunberg, som hade ett permanent utegångsförbud, läste glupskt av det urval hans hustru hade med sig till honom.

Det fanns också en blomstrande underjordisk press, som den berömda *Les Éditions de Minuit* i Paris, som publicerade böcker av författare som skrev under pseudonym; dessa skickades i smyg från hand till hand, och lästes av så många som tjugo personer vardera. Dess största säljsuccé var *Havets tystnad*, av Vercors, men den senast utkomna var en pamflett på sextio sidor med titeln *L'Angleterre* (England), skriven under pseudonymen Argonne. Nu när D-dagen nalkades var dess tema vänskapen mellan England och Frankrike. När Vichyregeringen ständigt frambesvärjde martyren Jeanne d'Arc som en historisk anti-engelsk fosterländsk ikon antydde författaren att viktigare värden nu stod på spel. »Två riken, kanske, men nästan ett enda folk«, argumenterade han. »Våra hjärtan kan med största lugn slå för England, utan att frukta några motsägelser från det förgångna. Det finns band som inget svärdshugg kan skada – de andliga banden. Tankens och civilisationens historia är viktigare än fältslagens; det är de som skapar nationer.«

Men i dag fann Grunberg det svårt att koncentrera sig. På något vis blev han nostalgisk av det dystra vädret, och han fann sig tänka på livet före kriget, och särskilt på hustrun, Marguerite. »Så vacker hon är«, skrev han i sin dagbok. Sedan fanns förstås dagens stora nyhet som också kunde distrahera honom – Rom var befriat, och de allierade ryckte stadigt fram längs Italiens ryggrad. Med feta versaler gjorde han denna uppmuntrande nyhet till dagens sista anteckning i dagboken.

Tidigt denna morgon utfärdade Hitlers överkommando en kommuniké med en trotsig reaktion på Roms fall. Kampen i Italien skulle fortsättas med orubblig beslutsamhet, lovade den. »De åtgärder som krävs för en slutlig tysk seger vidtas nu i nära samarbete med det fascistiska Italien och andra allierade makter. Invasionsåret kommer att för Tysklands fiender att medföra ett förintande nederlag i det mest avgörande ögonblicket.« Senare bevistade Hitler ett sammanträde som skulle diskutera import av wolfram från Portugal, och gick sedan till det sedvanliga mötet vid middagstid med OKW, Wehrmachts överkommando. Detta ägnades nästan helt åt händelser på den italienska fronten.

Trots den tillförsikt han visade utåt förberedde sig Hitler också för ett mörkare scenario. Några dagar tidigare hade Albert Speer plötsligt slagits av tanken att de allierade kunde förstöra alla broar över Rhen och landstiga i själva Tyskland. Eftersom det inte fanns någon armé i hemlandet föreställde sig Hitlers tidigare arkitekt att de till och med kunde inta Berlin och andra större städer, medan de tyska styrkorna i väst kämpade förgäves för att återvända över Rhen. Hitler hade tagit ett så starkt intryck av Speers idé att han i dag beslöt att skapa stommar för divisioner i vilka de trehundratusen soldater som alltid var på hempermission i Tyskland kunde stoppas in. Speer skulle hjälpa till med ett forcerat program för vapenproduktion och en plan att lägga rökridåer vid Rhenbroarna för att skydda dem mot allierade angrepp.

Churchill tillbringade större delen av förmiddagen i sängen med att läsa sitt material från Ultra och komma ifatt med sin korrespondens. Lådan från Menzies innehöll mest rutinmeddelanden från den italienska fronten och inget alls från Normandie. Churchills främsta bekymmer nu var att få Stalin insatt i planen för Dagen D. »I natt sätter vi i gång«, informerade han den sovjetiske

ledaren i ett telegram, efter att ha lagt fram skälen för dagens upp-
skov. »Vi går in med femtusen fartyg och elvatusen fullt rustade
flygplan.« Nu när Rom hade fallit, tillfogade han, måste de allie-
rade bestämma hur de på bästa sätt skulle använda sina styrkor i
Italien för att understödja det »stora vågstycket«.

I denna fråga hade Churchill en mycket bestämd uppfattning.
I stället för att flytta styrkor från Italien för en sekundär landstig-
ning i södra Frankrike efter Dagen D, som man hade avtalat med
amerikanerna, varför kunde man inte, frågade han i ett telegram
han dikterade till Roosevelt, slå till längre norrut mellan Bordeaux
och Saint Nazaire på Atlantkusten, på så vis få flera hamnar och
kunna förena sig med Eisenhowers styrkor i Normandie?

Medan han var upptagen av sitt arbete skickade hans hustru ho-
nom ett kort handskrivet brev. »Min käraste«, skrev Clementine,
»jag känner så starkt för dig i detta kvalfulla ögonblick, så fyllt av
spänning – vilket hindrar en att glädjas över Rom. Jag ser fram
mot att träffa dig vid middagen. Ömmaste kärlek från Clemmie.«
Som vanligt ritade hon en liten katt bredvid sin namnteckning.

Det var nu fyra månader sedan Petter Moen hade haft någon kon-
takt med världen utanför. För en man som var så starkt engagerad
i underjordiska politiska uppgifter var detta svårt nog. Men det
som verkligen tyngde honom i dag var hans hustru Bellas öde.

När Gestapo kom för att gripa honom hade de arresterat även
henne, och kastat henne i det ökända fängelset Grini i utkanten av
Oslo. Det var emellertid oklart om man gjort detta för att hon
hjälpt sin make i motståndsarbetet eller om hon bara var en olyck-
lig och oskyldig hustru till en motståndsman. Hon var trettiosex,
och beskrevs i sina identitetshandlingar som »hemmafru«. Hen-
nes fullständiga namn angavs som Bergliot Svanhilde Fjeld Gun-
dersen. Liksom sin make hade hon fått ett fångnummer – 9720.

När han befann sig i chocktillstånd omedelbart efter arreste-
ringen och tortyren våndades Moen över hennes öde, och kland-
rade sig själv. »I kväll tänker jag på Bella«, skrev han i den allra
första anteckningen i den hemliga dagboken, en vecka efter gri-

pandet. »Jag grät för att jag gjort Bella så mycket ont. Om jag får leva måste Bella och jag skaffa ett barn.« Han talade ofta till henne genom sin dagbok. »God natt, min käraste Bella«, och »Bella, min kära ... god natt. Om jag får leva vill jag tjäna dig. För mors skull kommer du att förlåta min förfärliga svaghet«, hade han skrivit under dessa första dagar. Att tänka på modern var också en stark källa till tröst. Hans tionde dag i fängelset hade varit årsdagen av hennes begravning, liksom hennes födelsedag. »Välsignad vare hon i evighet. I dag tar jag min tillflykt till hennes minne«, skrev han. »Om jag bara hade ett så modigt hjärta som hon.« Han avundades henne den starka gudstro hon hade haft.

Moens vetskap att Bella var kvar på Grini var en källa till ständig skuld och smärta. I dag lovade han sig själv att »vara särskilt god och kärleksfull i *allt* som gäller henne när fängelseportarna äntligen öppnas«. Men sådana tankar bara förvärrade hans känsla av otillräcklighet och fick honom att frukta framtiden. Ibland var hans fruktan så svår att han trodde att det skulle vara bättre för honom att stanna i fängelset. Och som alltid kvarstod alternativet. »I bakgrunden står Döden och vinkar: 'Kom till mig. I mitt hus råder frid.'«, skrev han. Han efterlämnade också en dikt till hustrun, som upptäcktes tillsammans med hans dagbok efter kriget:

> Det borde varit stjärnor att smycka ditt änne
> som länkar och spänne
> och stråldiadem om ditt hår,
> där silverljusa skira och svagt gyllne bleka
> små strimmor sågos leka
> likt strimmor, dem ett norrsken i kvällrymden sår.

Vad än Eisenhower kände i sitt innersta visade han ingen tvekan om Dagen D. Medan premiärministern läste sina Ultra-dokument och formulerade sitt budskap till Stalin visade överbefälhavaren utåt den starkaste tillförsikt. Denna morgon gick han ner till South Parade-piren i Portsmouth och såg på hur brittiska trupper embarkerade stormbåtar; han log glatt och pratade otvunget med karlarna. Efter återkomsten till husvagnen spelade han ett parti bräde med Harry Butcher. »Just när jag hade honom fast med mina två kungar och hans enda återstående kung«, skrev Butcher, »förbanne mig om han inte hoppade över en av mina kungar och fick oavgjort.«

Även tidningarna visade en stillsam tillförsikt om framtiden. I *Times* fanns en annons från Harvey Nichols på Knightsbridge för solglasögon med bågar i olika färger. En »önskas«-annons efterfrågade en vit cricket-tröja och sommarskjortor passande en pojke på nio, och ett företag gjorde reklam för »Framtidens helelektriska hem« med en illustration av ett modernt vardagsrum med eluttag för dammsugare, golvbonare, radiogrammofon, elektrisk uppvärmning och luftkonditionering, och strömbrytare för fönster och jalusier. En notis från Washington D.C. spekulerade kring antalet röstande vid det kommande presidentvalet i november, New York-börsen låg fast, och från Malta kom nyheten att rättegångar med jury, som legat nere sedan 1940, nu återupptogs. På Leicester Square inbjöd filmen *None Shall Escape* publiken att tänka sig att kriget var över och att de fungerade som jury i en krigsförbrytarrättegång.

Den enda verkliga anspelningen på de kommande viktiga händelserna kom med tillkännagivandet att alla sina sjögående eldsläckningsbåtar i National Fireboat Service hade frigjorts för att spela en roll i »kommande operationer«, med tillägget att besättningarna hade fått särskild träning. En vink om försiktighet beträffande Storbritanniens framtid på lång sikt kom i ett reportage från ett tal som flottamiralen Lord Chatfield hade hållit i Plymouth. Kriget hade avslöjat att det brittiska imperiet var sårbart, varnade han, och om det blev ännu ett världskrig skulle Storbritannien inte kunna försvara det på egen hand. »Väpnad styrka måste ligga i händerna på fredsälskande folk«, framhävde han. »Vi har inte råd att än en gång bekvämt dra oss tillbaka till vårt öhem. Vi måste vara starka nog att ta vårt ansvar, och göra vår röst respekterad i världen.«

I Rom visade sig påven på sin balkong inför tusentals människor för att uppsända en tacksägelse för att den Eviga staden hade besparats krigets fasor. I Ottawa förklarade den kanadensiske premiärministern Mackenzie King att befrielsen av Rom var en milstolpe i Europas befrielse, och det tillkännagavs att den kanadensiska flottan hade sänkt ytterligare en ubåt i Atlanten. I Sydafrika frågade Johannesburg Star hur Hitler, om han misslyckats med att rädda Rom, alls kunde göra anspråk på att rädda huvudstäderna på Balkan. »Hur kan han«, tillfogade tidningen, »vid den kommande ödestimman hoppas kunna rädda Berlin?« I Washington tog president Roosevelt emot Australiens premiärminister, John Curtin, beredde sig för ett besvärligt möte med den polske premiärministern Stanisław Mikołajczyk, och vände sig på kvällen till nationen i en av sina farbroderliga »pratstunder vid brasan«. Han välkomnade Roms fall med orden: »En väck och två att knäcka.«

Vid lunchen träffade Churchill sina stabschefer i de underjordiska krigsrummen i London, bara för att finna att de ogillade hans idé om fler landstigningar i Frankrike. De insisterade på att general Alexander inte skulle berövas trupper som »till fullo skulle skänka honom segerns frukter« i Italien. Men stabscheferna hade också sina egna planer, nämligen att använda alla överflödiga trupper i Italien i en framstöt mot nordost, vid Adriatiska havets innersta del. Eftersom även detta till slut skulle innebära en diskussion med Roosevelt och amerikanerna ville de för närvarande hålla krutet torrt. Som en följd av detta blev Churchills telegram till Roosevelt aldrig avsänt.

Lunchen drog också upp tvistigheter på en annan front. Churchill hade kommit tillbaka från Portsmouth på upprymt humör, och både amiral Cunningham, som var både marinminister och chef för marinstaben, och fältmarskalken sir Alan Brooke ansåg att han nu var alldeles för optimistisk om Dagen D. Brooke, som ägnat större delen av helgen i sitt hus på landet åt fridfull fågelskådning, var ytterst illa till mods över hela företaget. »I bästa fall når det inte alls fram till vad flertalet människor förväntar sig, nämligen de som inte vet ett dugg om svårigheterna«, anförtrodde chefen för imperiets generalstab åt sin dagbok. »I värsta fall kan det mycket väl bli den mest fasansfulla katastrofen i hela kriget. Gud give att det vore över.«

Eisenhowers lunch var mer informell. Han åt den privat med Harry Butcher i parken vid Southwick, där de berättade politiska anekdoter för varandra. Efteråt gick Eisenhower till sitt speciella tält för att informera nyhetsbyråerna, däribland BBC, Reuters, NBC och Associated Press, om invasionen. »Som vanligt«, skrev Butcher, »hade han dem sittande längst fram på stolarna. Den oberördhet med vilken han tillkännagav att vi skulle gå till anfall i morgon bitti, och den spelade oberördhet med vilken journalisterna tog emot det, var en studie i undertryckta känslor som skulle intressera alla psykologer.«

När journalisterna hade gått satte sig Eisenhower vid sin reseskrivmaskin och skrev snabbt ner ett pressmeddelande som han hoppades att han aldrig skulle behöva använda. »Våra landstigningar på kusten mellan Cherbourg och Le Havre har inte lyckats ge oss tillräckligt fotfäste«, skrev han, »och jag har dragit tillbaka trupperna. Mitt beslut att gå till angrepp vid denna tidpunkt och på denna plats byggde på bästa tillgängliga information. Armén, flyget och flottan gjorde allt som tapperhet och pliktkänsla kunde göra. Om någon skuld eller något klander vidlåder försöket faller de enbart på mig.« Sedan lade han papperet i sin plånbok och glömde bort det.

Vad han emellertid inte kunde ignorera var den tilltagande vreden mot de Gaulle och den roll som de fria franska styrkornas ledare skulle spela på Dagen D.

När generalen vaknade på Connaught Hotel i London denna morgon kände han sig fortfarande förödmjukad av formuleringarna i Eisenhowers deklaration, och skickade honom därför ett förslag till revision. Ändringarna blev dock förkastade. Det var helt enkelt för sent påtänkt för att Washington skulle ta några ändringar i beaktande. Dessutom hade redan omkring åtta miljoner exemplar tryckts för distribution till soldaterna och folket i det ockuperade Frankrike.

För att göra de Gaulles humör ännu sämre kom en tjänsteman från utrikesdepartementet och upplyste honom om arrangemangen för hans radioutsändning på BBC nästa dag till det franska folket. Först skulle statsöverhuvudena i exil tala – kungen av Norge, drottningen av Nederländerna och storhertiginnan av Luxemburg. Sedan den belgiske premiärminister, följd av general Eisenhower, och efter honom de Gaulle.

de Gaulle tog återigen anstöt. I talens ordningsföljd såg han ett illasinnat försök att utskilja hans ställning från de andra européernas, och också att det innebar att han godtog Eisenhowers uttalande. Han svarade ilsket att han skulle tala i radio, men bara när han ville och inte när han blev tillsagd. Om de allierade inte gillade det var det bara att beklaga. För de Gaulle antydde deras planer att Frankrike förblev ockuperat – liksom den tidigare fienden Italien – i stället för befriat.

Vid middagstid befann sig David Bruce, ombord på USS *Tuscaloosa*, utanför Plymouth med den flottilj av slagskepp och kryssare vars kanoner skulle bombardera de tyska försvarsanläggningarna nästa morgon. Alla ombord bar hjälm, och hade antingen på sig en flytväst eller bar den med sig. Allt av glas hade tagits bort från hytterna, och allt på däck som kunde flytta sig hade surrats ordentligt. Eldkraften hos den flotta på tretusentvåhundra örlogsfartyg som skulle delta i Neptune var imponerande. Enbart *Tuscaloosa* hade nio 23-centimeters- och åtta 13-centimeterskanoner, och var bara en av de tjugosju deltagande kryssarna. Dessutom fanns det sex slagskepp, 124 jagare, 143 minsvepare och otaliga andra hjälpfartyg – alldeles bortsett från de hundratals stormbåtarna av olika typer. Flankerade av jagare passerade flottiljen genom två stora transportkonvojer fullastade med soldater – en av dem hade mer än sextio spärrballonger – och strax därefter en konvoj med landstigningsfartyg, fem sjömil lång med fyra kolonner i bredd. »I vår eldkraft«, noterade Bruce, »ingår också femtusen raketer som skall avfyras från fem raketfartyg i salvor om ettusen.« Allt som allt, tänkte han, var utsikterna att ge och ta emot en bastonad överväldigande.

Beskedet om de Gaulles ställningstagande till radiotalet på Dagen D nådde Churchill efter lunch. Eftersom det ankom lätt förvanskat lät det som om generalen vägrade tala överhuvudtaget. Churchill, som nu var grundligt trött på honom, blev rasande och brännmärkte honom som en »obstruktionspolitiker och sabotör«.

När det var dags för te promenerade Hitler i maklig takt till Tehuset, åtföljd av Goebbels, som hade kommit flygande från Berlin för ett av sina återkommande besök, i vilka det också ingick en pratstund med dr Morell om några av hans egna krämpor. Den nazistiske propagandaministern tyckte att Hitler verkade lugn och avspänd. »Folk på avstånd tror att de skulle finna honom svårt prövad, krökt dubbel under tyngden och med axlar som hotar att knäckas under hans ansvarsbörda«, antecknade Goebbels i sin dagbok, »men i själva verket möter de en aktiv och beslutsam person som inte röjer det minsta tecken på nedstämdhet eller psykisk utmattning.«

Hitler tycktes alldeles opåverkad av nyheten från Rom. I själva verket, sade han till Goebbels, var alltihop i vilket fall som helst de italienska fascisternas fel, och med stadens fall hade fascismen mist sitt politiska och intellektuella centrum. Vad gällde det avgörande slaget i väst hade Rommel fortfarande hans förtroende, och han var säker på att hans styrkor när invasionen kom skulle kasta de allierade tillbaka i havet. Han planerade också en vedergällning med ett intensivt angrepp mot London med tre till fyra hundra flygande bomber, som var nästan klara att sättas in. Han skulle aldrig, sade han till Goebbels, kompromissa med Storbritannien. Det landet och dess regerande plutokrati – folk som Churchill, Eden och sir Robert Vansittart, tidigare permanent statssekreterare på Foreign Office – hade planerat krig mot honom sedan 1936, och var nu till hälften förlorade. Han skulle med glädje utdela dödsstöten mot Storbritannien, och sedan skulle han tvinga landet att betala för kriget. Hitlers planer för framtiden – inklusive utvecklingen av själva kriget – var, erkände Goebbels, med en kanske omedveten ironi, »utformade i stor skala och vittnade om en utomordentligt stark föreställningsförmåga«.

Privat ifrågasatte Goebbels Hitlers omdöme, inte om själva kriget men väl om vissa personer i kretsen kring honom, som utrikesministern Joachim von Ribbentrop och Alfred Rosenberg, en gång nazisternas ideolog och nu minister för de ockuperade territorierna i öst; dem betraktade han som inkompetenta. När de promenerade tillbaka till Berghof anförtrodde Hitler honom att han funderade på att ersätta von Ribbentrop med Rosenberg. Goebbels blev bestört – »ur askan i elden«, tänkte han. På en punkt var emellertid de båda nazistledarna överens. Göring bar hela skulden för Luftwaffes fiasko, och Speer var mannen att förbättra produktionen. Men de var också ense om att det politiskt sett var omöjligt att avlägsna Göring. Hans popularitet var fortfarande alltför stor, och att avlägsna honom skulle ohjälpligt skada nazistpartiets och rikets auktoritet.

Vid nästan exakt samma tid höll flygmarskalken Leigh-Mallory, befälhavaren för flygstyrkorna under Dagen D, en genomgång med informationsstaben vid hans högkvarter i Bentley Priory, i utkanten av London. Utanför de franska fönstren till detta rum, som var rymligt och hade en generös takhöjd, stod rhododendronbuskarna i full blom. Därinne fanns, på spiselhyllan bakom flygmarskalken, fotografier uppradade av de allierade befälhavarna, och också av generalfältmarskalk Sperrle, chefen för Luftwaffes 3:e luftflotta.

Efter att ha föklarat strategin och gått igenom resultaten av de långvariga angreppen mot vägar, järnvägar, kustbatterier och radarstationer anslog den vanligen försiktige Leigh-Mallory en mera positiv ton. »Fienden verkar inte veta vart vi är på väg«, sade han, »och kanske inte heller när vi kommer. I luften kommer, när striden inleds, det tyska flyget, om det verkligen sätts in, att bli besegrat. Det är jag helt säker på.« För en man som så nyligen hade sagt till Eisenhower att han fruktade 70 procents förluster bland D-dagens fallskärmssoldater visade han en anmärkningsvärd optimism.

Sent på eftermiddagen höll general Richter på sitt högkvarter i Caen, på samma gata där André Heintz' familj hade sitt hus, den konferens han varje vecka hade med sina regementschefer. Det fanns mycket att diskutera. Den grova sjön hotade att skölja bort en del av de undervattenshinder för en invasion som soldaterna hade lagt ut längs de normandiska stränderna, och det fanns fortfarande en hel mängd träning som måste organiseras för de soldater som saknade erfarenhet. Nästan i förbigående anmärkte han att han nyss hört från Paris att invasionen kunde komma när som helst mellan den 3 och 5 juni. »Jag ska kanske tillfoga, mina herrar«, sade han sardoniskt, »att vi har fått liknande varningar varje gång månen varit full, och varje gång månen stått i nedan, sedan i april.«

Halv sju på kvällen satt Churchill i de underjordiska krigsrummen som ordförande i krigskabinettets sista möte före Dagen D. Det fanns en hel del fredstidsärenden att ta i betraktande, som sammansättningen av den brittiska delegationen till det möte i Bretton Woods som konstituerade den Internationella valutafonden, och medlemskapet i Förenta nationerna, där Stalin gjorde ett lätt genomskådligt försök att skaffa sig mer än en sovjetisk plats genom att utnämna utrikeskommissarier i de republiker som bildade Sovjetunionen.

Men det var D-dagen och den icke närvarande de Gaulle, som fortfarande sjöd av ilska på Connaught Hotel, som dominerade förhandlingarna. Efter att ha avslöjat att de allierade skulle landstiga i Frankrike nästa morgon kungjorde en alltjämt rasande Churchill att de Gaulle gärna för honom kunde låta bli att tala i radio, och att han med glädje skulle se honom flyga tillbaka till

Alger så snart de allierade trupperna kommit i land. Just som han talade kom en ordonnans in med ett meddelande till Anthony Eden att de Gaulle nu också vägrade låta sina franska förbindelse-officerare följa med invasionsstyrkorna, på grund av att det inte fanns någon överenskommelse om de civila angelägenheterna. Det återstod nu bara några timmar till Dagen D. Denna senaste nyhet fick den upphetsade premiärministern att brista ut i en rasande tirad. »I detta ämne kommer vi långt bort från diplomati, och till och med sunt förnuft«, skrev sir Alexander Cadogan, statssekreteraren på Foreign Office, som blev vittne till scenen vid sammanträdesbordet. »Det är som en flickskola. Roosevelt, premiärministern och – det måste medges – de Gaulle, bär sig allihop åt som flickor på väg in i puberteten. Det är inget att göra åt.«

Churchill avslutade mötet med att säga att de kanske helt enkelt skulle stuva ombord de Gaulle på ett flygplan och skicka honom tillbaka till Nordafrika med en gång. När krigskabinettet bröt upp var det fortfarande riskabelt ovisst vad de Gaulle skulle göra, och vad man skulle göra med de Gaulle.

På La Roche-Guyon var Hans Speidel samtidigt värd för en middagsbjudning. När Rommel nu var hemma i Tyskland hade stabschefen vid Armégrupp B tagit tillfället i akt att bjuda in några av sina närmaste vänner från Paris. Bland dem fanns den framstående författaren Ernst Jünger, som skrivit *I stålorkanen*, en av de mest berömda tyska skildringarna av blodbadet på västfronten under första världskriget. Jünger var också – liksom Speidel själv – inblandad i planerna på att störta Hitler. Övertygade om att Hitler ledde Tyskland i fördärvet hade de båda förenat sig med den snabbt växande sammansvärjningen inom armén att mörda honom. Jünger hade till och med tagit med sig ett fredsmanifest som han hade formulerat för att publiceras så snart Hitler var död. När middagen var över, och den lilla skaran av gäster hade druckit ur sin konjak och tagit en promenad i slottsparken, försvann Speidel och Jünger till en avskild del av slottet för att diskutera dokumentet.

Kvart över nio på kvällen började BBC sända de budskap i skenbart oskyldig klartext som varskodde den franska motståndsrörelsen att vara redo för invasionen inom fyrtioåtta timmar. Efter utsändningen av den första delen av strofen från Verlaine hade de tyska avlyssnarna varit i högsta beredskap. Klockan 23.37 fick en subaltern som tjänstgjorde som underrättelseofficer hos general Alfred Jodl, operationschefen vid OKW, ett ilmeddelande från Oskar Reile i Paris som sade att BBC-budskapen innehöll den andra delen av strofen: »*Bercent mon coeur d'une langueur monotone.*« Det betydde att Dagen D var omedelbart förestående. Reile skickade meddelandet även till Rommels och von Rundstedts högkvarter i La Roche-Guyon och Paris, och till Zossen och 15:e arméns högkvarter.

Ingen tog det på allvar, och man antingen avfärdade eller arkiverade det. Det hade varit för många falska larm tidigare, och i vilket fall som helst gav det ingen som helst vink om *var* invasionen skulle äga rum. Dessutom behövde man bara titta ut genom fönstret för att se att vädret var alldeles för dåligt för att korsa Kanalen. På Jodls överkommando bara arkiverade man rapporten. I Paris togs det viktiga meddelandet emot av överste Bodo Zimmerman, von Rundstedts operationsofficer. Han gick med på att det kanske förebådade en ny intensivare period i sabotaget, men ville inte gärna gå längre än så. »Vi kan inte vänta oss att själva invasionen tillkännages i förväg på radio«, förklarade han i en signal som sändes till alla stationer. Även om 15:e armén var satt i beredskap trodde ingen att det hade någon större betydelse.

På La Roche-Guyon ringde telefonen, och överste Staubwasser, Rommels underrättelsechef, tog samtalet. Det var högkvarteret vid 1:a armén som rapporterade om Verlaines dikt och det beredskapstillstånd som nu gällde över hela Pas de Calais. Staubwasser lade på luren och gick för att leta efter Speidel. »Ring von Rundstedts överkommando i Paris«, svarade stabschefen, »och be om råd.« Men det enda råd Staubwasser fick var Zimmermanns skeptiska svar, och en order att *inte* larma 7:e armén längs den normandiska kusten. Eftersom detta stämde med Staubwassers befästa uppfattning, som var densamma som Rommels, att invasionen skulle komma i 15:e arméns sektor, som låg längre österut och innefattade Pas de Calais, ifrågasatte han inte denna order. Även han kände till BBC:s kodbudskap, men enligt hans resonemang betydde det inte att invasionen snart skulle börja – de sändes ju hela tiden. »Det ökade antalet varselfraser till de franska motståndsgrupperna på fiendens radio efter den 1 juni«, rapporterade han, »skall i ljuset av tidigare erfarenhet inte tolkas som ett tecken på att början av invasionen är omedelbart förestående.«

Inte heller Speidel kände någon oro. Vid midnatt började hans gäster lämna slottet för den nu farliga och besvärliga bilturen tillbaka till Paris, och vid ettiden var han i säng. Den natten fick också amiral Krancke, befälhavaren för Flottenkommando West, rapporter om BBC-budskapen. Van som han var vid falska larm avfärdade även han deras betydelse. Dessutom var vädret i Kanalen vidrigt, med vindstyrkor upp till frisk kuling, täta moln och grov sjö. Det var en osannolik natt för en invasion.

Det menade också general Friedrich Dollman, vars 7:e armé ockuperade Normandie. Han hade beordrat alla sina divisionschefer att tillsammans med utvalda regementschefer delta i ett krigsspel i Rennes i Bretagne; det skulle börja klockan tio nästa morgon. Men trots att de fått order att vänta till efter gryningen innan de började sin resa var minst hälften av dem redan i sina hotellrum i Rennes vid midnatt, eller fortfarande på vägarna och borta från sina högkvarter. Ännu en deltagare, general Edgar Feuchtinger, chef för den 21:a pansardivisionen, var i Paris, där han tillbringade natten med sin älskarinna.

Vid den vanliga tiden ställde André Heintz in sin radio för att lyssna till kvällens poetiska kodbudskap. Han hörde då det ödesdigra meddelande som han hade väntat på ända sedan sitt möte med madame Bergeot: »Tärningarna är på bordet.« Nu visste han att invasionen skulle äga rum inom de närmaste fyrtioåtta timmarna. Men exakt var? Om det hade han ännu ingen aning.

Jag får inte gå och lägga mig, var hans första tanke. Han kom också ihåg att han måste träffa Courtois nästa morgon. Han stannade uppe så länge han orkade, och behöll kläderna på när han slutligen gick och lade sig.

»Allt är hur bra som helst med mig«, skrev Walter Schwender den dagen till sina föräldrar, »och jag hoppas detsamma gäller er. Körsbären och jordgubbarna är fortfarande väldigt goda, och när allt kommer omkring är det det viktigaste. Naturligtvis har de inte kommit lika långt hos er.« Förutom ännu en försenad post-leverans, nu ett normalt inslag i livet för de tyska trupperna i Frankrike, fanns det inget som störde tjugoåringens sinnesfrid.

På Château des Bordeaux uppfångade SOE-telegrafisten George Jones insatsmeddelandena för Sydney Hudsons Headmaster: »*Les couventines sont désespérées*« (Klostersystrarna är förtvivlade) för attacker mot järnvägar; »*On ne les aime pas, on les supporte*« (Vi tycker inte om dem, vi fördrar dem) för attacker mot vägar; och »*La valse fait tourner la tête*« (Valsen får det att gå runt i huvudet) för sabotage mot telefon- och telegraflinjer.

Men Hudson själv gömde sig med Sonia d'Artois i det säkra gömstället i Le Mans. Eftersom utegångsförbudet trätt i kraft var det omöjligt att få fram nyheten till honom. Hur som helst hade Jones och Hudson avtalat om att träffas på slottet klockan elva nästa morgon. Han skulle ge honom nyheten då.

Klockan nio på kvällen mötte *Tuscaloosa*, som under sträng radio-tystnad var på väg till Utah Beach, svår sjögång i Kanalen. På himlen tornade illavarslande molnbankar upp sig. De enda med-delandena man tog emot kom från BBC, och David Bruce lyss-nade till direktrapporter om befrielsen av Rom. Han kunde höra jublande människomassor och stridsvagnar som mullrade i bak-grunden.

En frukost med bacon och ägg hade beställts till halv tio på kvällen, ett tydligt tecken på att en stridsinsats var omedelbart förestående. Från och med nu skulle mat serveras vid oregelbundna och oförutsägbara tider. Männen på den amerikanska kryssaren var på helspänn. Många av dem rökte pipa eller cigaretter och såg glada ut inför utsikten till en insats. Amiral Deyo hade motionstränat med sin sandsäck och tagit ett bad. Han satte sig nu med Donovan och Bruce för att äta en middag bestående av falsk sköldpaddssoppa, biff med grönsaker, och vaniljglass med chokladsås. Donovan själv var prydlig, nyrakad och redo för strid. Han hade knäppt sina byxor ovanför anklarna, tagit på sig skor med gummisula, plockat fram sin olivfärgade yllemössa och åt lugnt på ett äpple – ett säkert tecken, skrev Bruce, på att han var redo för besvärligheter.

En kvart före midnatt hörde Bruce luftvärnseld från land på styrbordssidan. Den varade ungefär femton minuter. Okända fartyg som gjorde omkring tjugofem knop tio sjömil därifrån kom upp på radarskärmen. De identifierades till slut som vänner. Vid midnatt sköts plötsligt, återigen på styrbordssidan i riktning mot den franska kusten, fyra lysgranater högt upp i luften.

Efter att ha kommit ifatt med sömnen skrev amiral Ramsay sent denna dag ner morgonens viktiga händelser på Southwick House i sin dagbok. »Så har alltså det viktig och avgörande beslutet fattats att iscensätta och inleda detta stora företag, som jag hoppas kommer att bli den direkta insats som leder till slutet för Tysklands stridsförmåga och nazisternas förtryck.« Han var väl medveten om att dagen, även om vädret blev bättre, var besvärlig för alla som var ombord på hans armada. Allt hängde nu på de första ögonblicken i de minutiöst planerade landstigningarna. Han visste att framgången i detta kritiska ögonblick skulle hänga på en tråd. För att tråden skulle hålla måste vi, skrev han, »lita till våra osynliga tillgångar«. Han syftade på de allierades utomordentliga underrättelseverksamhet och den strategiska och taktiska överraskning som så grundligt förberetts av desinformationskampanjen.

Detta var en av de viktigaste dagarna i Juan Pujols liv. Kärnpunkten i D-dagens desinformationskampanj var att övertyga tyskarna om att landstigningarna i Normandie bara var en avledningsmanöver som förberedde den »verkliga« invasion som senare skulle äga rum vid Pas de Calais. Denna krigslist hade planerats för att låsa Rommels trupper i den 15:e arméns sektor, så att de inte kunde kastas in som förstärkningar till de tyska trupper som försökte slå tillbaka den verkliga invasionen. Men för att detta skulle lyckas måste desinformationen fortsätta efter den riktiga D-dagen. Garbo skulle vara nyckeln till detta, och därför måste hans trovärdighet vara oangripbar. För att garantera att den förblev det efter Dagen D hade flertalet uppgifter om allierade förband som han skickat till Madrid varit korrekta – bortsett från placeringen av vissa fiktiva formeringar. När tyskarna mötte de verkliga förbanden i Normandie skulle de därför inte ha någon anledning att tvivla på Garbo.

Men enbart detta var inte nog. Insatserna var så höga, och Eisenhower fäste så stor vikt vid desinformationen efter Dagen D, att man måste pröva något mycket djärvare. Det var Tomas Harris som fick snilleblixten. Hur vore det om Garbo lämnade uppgifter *i förväg* om den verkliga Dagen D? När de sedan visade sig riktiga skulle Garbos trovärdighet stiga så högt att tyskarna skulle gå vidare till att svälja betet om den andra, fiktiva landstigningen. Knepet skulle självfallet vara att larma tyskarna i förväg men göra det så sent att de inte hann få användning för informationen. Pujol hade tagit emot idén med entusiasm. Han och Harris hade fått kämpa hårt för den, men segrade till slut. I dag satte de de sista bitarna i den riskabla planen på plats.

Efter intensiva diskussioner med Eisenhowers stab beslöt dubbelspelsgruppen att låta Garbo skicka sin varning om den överhängande invasionen till Madrid tre och en halv timma innan de första allierade trupperna stormade i land den 6 juni. Genom sin kännedom om Abwehrs förbindelselinjer visste Harris och Pujol att rapporten skulle nå Berlin först vid Timmen T, det vill säga just som landstigningarna började.

Det fanns dock ett litet problem. Garbo skickade sina meddelanden till Madrid enligt ett noga avtalat sändningsschema som garanterade att hans kontrollofficer på Abwehr skulle sitta och vänta på dem. Men i det schemat fanns inte klockan 3 brittisk sommartid; Madrid slutade lyssna en halvtimma före midnatt och började inte igen förrän sju på morgonen. De båda männen måste därför koka ihop ett knep för att garantera att Madrid skulle lyssna vid den rätta tiden.

I detta syfte tog de till Garbos fiktive underagent 3(3), greken i Glasgow. När Garbo dagen innan hade vidarebefordrat grekens uppgift om trupper som samlades nära Glasgow hade han också klagat över att den obefintlige underagenten hade varit dåraktig nog att resa ner till London för att rapportera till Garbo personligen. Dåraktigt var det, påpekade Garbo för Madrid, för att han därigenom kunde missa någon betydelsefull utveckling. Han hade därför skickat honom raka vägen tillbaka till Glasgow, med stränga instruktioner att ringa Garbo med ett speciellt kodord om något viktigt hade hänt under hans bortovaro. Om han ringde mitt i natten, varskodde Garbo, skulle det vara viktigt för Madrid att vara där, så att de kunde ta emot nyheten omedelbart.

Klockan sju på kvällen före Dagen D knackade Garbos radiotelegrafist alltså ner ett kritiskt meddelande till Madrid från huset i Hendon. I rummet fanns både Harris och Pujol, och också den högste desinformationsofficeren vid SHAEF och »Tar« Robertson, MI5-tjänstemannen som var chef för dubbelspelsagenterna; han hade kört ut till Hendon enkom för tillfället. Telegrafisten hette Charles Haines. Han var underofficer vid säkerhetstjänstens fältsektion och i fredstid kamrer på Lloyds Bank, och hade varit med Pujol från första början av dennes dubbelspelsliv i Storbritannien. Hans kodnamn var »Almura«. Harris och Pujol berättade för Madrid att han var radioreparatör, en vapenvägrare med vänsteråsikter som hade stött republikanerna under det spanska inbördeskriget. Tyskarna fick veta att Almura hade lurats att tro att även Garbo var republikan, och ivrig att hålla kontakten med den kommunistiska motståndsrörelsen i Spanien. Han skulle aldrig inse sanningen, försäkrade Garbo Madrid, eftersom han alltid fick meddelandena han skulle sända helt chiffrerade. Sändaren han använde var en bärbar hundrawattsapparat som hade tagits från en riktig tysk agent som gripits i Sydamerika.

»Fortfarande inget nytt från 3(3)«, började meddelandet. »Jag har avtalat med Almura att han skall vara tillgänglig för att ta emot ännu ett meddelande därför bör ni lyssna enligt planen av den 2 maj [en sändningsplan för nödsituationer]. Almura rapporterar att er sändare har mycket svagt ljud och att det kan störa kontakten och föreslår att ni rättar till apparaten.«

Klockan 21.47 följde Garbo upp med ett andra meddelande: »Jag har just fått ett telegram från 3(3) som säger att han kommer till London klockan elva i kväll. Det måste ha hänt något som inte kan förklaras i den kod vi kom överens om för att meddela att flottan i Clyde avseglar. Ni bör därför lyssna i kväll klockan ett Greenwich Mean Time [tre på morgonen brittisk sommartid].«

Om planen fungerade, och stationen i Madrid var öppen för att ta emot Garbos meddelande, vad skulle han då säga dem för att befästa sin trovärdighet? Det måste vara något som tyskarna skulle få uppleva i verkligheten nästa morgon. Än en gång tilldelades kanadensarna och lägret i Hiltingbury, så välbekant för Glenn Dickin, en betydelsefull roll.

Garbos fiktiva Agent Fyra var fortfarande på plats i Hiltingbury, efter att – som det hette – ha isolerats där tillsammans med Glenn Dickin sent i maj. Harris och Pujol »ordnade« nu i natt en utbrytning ur lägret för honom, tillsammans med två desertörer från amerikanska arméns signaltrupper, så att han kunde rapportera att kanadensarnas 3:e infanteridivision hade gett sig av till D-dagen, försedda med reservproviant och de så viktiga spypåsarna. Uppgiften skulle nå Berlin i nästan samma ögonblick som Glenn vadade i land på Juno Beach. Och därmed skulle Garbo, en av Ramsays avgörande osynliga tillgångar, ha etablerats bortom varje skymt av tvivel som en förstklassig pålitlig källa beträffande invasionen.

Veronica Owen hade vakt den natten på Fort Southwick. Klockan nio på kvällen kom kommendörkapten Sinker, den högste signalofficeren, till var och en av lottasektionerna och gav dem nyheten. »Vi är i gång«, berättade han för Veronica och hennes lottakamrater, »och innan ni går av ert pass kommer våra trupper att vara i Frankrike. Dagen D är i morgon.« Strax därefter kom amiral Andrew Cunningham för att ge dem sitt stöd. Veronica kunde knappt tygla sin upphetsning. Eftersom radiotystnad rådde med absolut stränghet denna »nätternas natt« hade hon paradoxalt nog inga signaler att tyda före sex på morgonen. Hon drog därför fördel av lugnet och skrev ett långt brev hem, »Låt oss hoppas att det blir så här lugnt hela natten«, skrev hon till sina föräldrar. »Ju mindre arbete här desto bättre går överfarten.«

Sedan april månad hade den stränga sekretesskontrollen inneburit att hon inte kunde åka upp till London. Nu skulle hon kanske kunna träffa sina föräldrar igen. De höll äntligen på att flytta från sitt trånga hotell i London till en egen våning, och var upptagna med att möblera den. Kanske kunde hon nu fara dit och hjälpa dem. Men efter att ha berättat det senaste om sig själv återvände hon till kriget. »Att Rom har fallit är väl inga dåliga nyheter«, skrev hon. »Och jag antar att ryssarna snart kommer i gång på allvar, och att tyskarna snart kommer att se sig så omringade att det blir omöjligt för dem att gräva sig ut.«

Hon hade rätt om ryssarna. Samtidigt som Veronica skrev sitt brev var Stalin, i sin privata våning i Kreml, sysselsatt med att studera planerna för den kommande sovjetiska offensiven. På ena sidan av rummet fanns ett långt bord där hans stab kunde rulla ut sina kartor. På golvet vid bordänden stod en stor jordglob. På väggarna hängde historiska porträtt av de ryktbara generalerna Suvorov och Kutuzov vid ryska segrar. Stalin följde händelserna på slagfältet genom att gå fram och tillbaka längs bordet. Då och då stannade han för att stoppa sin pipa.

Omkring midnatt fick han två telefonsamtal, det ena från marskalk Vasilevskij, den sovjetiske generalstabschefen, och det andra

från marskalk Zjukov. De rapporterade om de senaste förbere-
delserna för det kommande angreppet. Den sovjetiske ledaren
hade redan fått dagens budskap från Churchill, i vilket denne av-
slöjade nyheten att Dagen D i väst hade fastställts till följande dag.
Zjukov bekräftade nu att förberedelserna för den sovjetiska offen-
siven fortsatte oförtrutet.

Medan Hans Speidel var värd vid sin middagsbjudning på Rom-
mels slott hade Hitler en bjudning för Goebbels på Berghof.
Propagandaministern var på ett meddelsamt humör och gav sina
åsikter i en hel del ärenden. Vid bordet fanns också general Kurt
Zeitzler, stabschef med ansvar för operationerna på östfronten.
Han hade en hel mängd nytt att berätta om de bittra slag som ut-
kämpades mot Röda armén.

Efter middagen såg de en journalfilm och pratade om film
och teater i allmänhet. Eva Braun, som nu kände sig säkrare i
sin ställning i Obersalzberg efter systerns giftermål med Fege-
lein, deltog i samtalet. Goebbels var imponerad. Hon visade,
skrev han, »ett enastående omdöme, och kom med relevanta
kritiska kommentarer på detta område«. De satt runt brasan
och pratade om gamla minnen till klockan två på morgonen, då
Hitler till slut gick och lade sig. »På det hela taget«, skrev
Goebbels i sin dagbok, »är stämningen som på den gamla goda
tiden.«

Under hela kvällen pågick en frenetisk skytteltrafik mellan White-
hall och Connaught Hotel i ett desperat försök att få med de
Gaulle före Dagen D. Halv elva kallades hans ambassadör i Lon-
don, Pierre Vienot, till Foreign Office, där han förnekade att de
fria franska styrkornas ledare vägrade att tala i radio men be-
kräftade hans beslut att inte skicka sina förbindelseofficerare med
invasionsflottan. När han kom tillbaka till hotellet fann han de
Gaulle fortfarande rasande, och absolut ovillig att ge efter.
Churchill var rena rama gangstern, skrek generalen, och de allie-
rade hade uppsåtligt föresatt sig att lura honom. »Jag tänker inte

låta mig luras«, envisades han. »Jag förnekar deras rätt att veta om jag ska tala till Frankrike!«

När han återvände till Whitehall med detta budskap fördes den olycklige ambassadören till premiärministern. Det var nu nästan midnatt.

Churchill hade ätit middag ensam med sin hustru i de underjordiska krigsrummen, en sällsynt händelse som avslöjade hur mycket han behövde hennes emotionella stöd under denna ödesdigra natt. Efteråt gick han till kartrummet, där han kastade en sista blick på invasionsplanerna. När han tittade på den väldiga kartan kom Clementine till honom för en kort stund. »Inser du«, frågade han, »att när du vaknar i morgon kan tjugotusen man ha stupat?«

Men för vem var det de stupade? Det Churchill såg av de Gaulles synbarliga likgiltighet för de allierades ansträngningar, och för vad som kunde bli svåra förluster, gjorde honom rasande. Under kvällens lopp sade han till olika personer att Eisenhower borde skicka fransmannen tillbaka till Alger, om så behövdes i bojor, och vid ett tillfälle dikterade han till och med ett brev som beordrade de Gaulle att omedelbart lämna Storbritannien. När generalens ambassadör anlände utsatte Churchill honom för ännu en upphetsad tirad. »Det var ett utbrott av vrede«, skrev fransmannen, »ett utbrott av hat mot de Gaulle, som anklagades för 'förräderi mitt i striden'. Tio gånger sade han till mig att detta var en grotesk brist på förståelse för det offer som unga engelsmän och amerikaner gjorde när de nu skulle dö för Frankrike. 'Det är blod som saknar värde för er.'« Vid ett tillfälle sade Churchill till och med att han, nu när han lärt känna de Gaulle, ansåg att Frankrikes olyckor var både förståeliga och välförtjänta.

När samtalet var över vägrade Churchill både att resa sig och att räcka ut handen till fransmannen. Trots det behöll sändebudet sin värdighet. »Ni har varit orättvis«, sade han till Churchill, »ni har kommit med osanna och brutala yttranden som ni kommer att ångra. Vad jag vill säga er denna historiska natt är att Frankrike trots allt tackar er.« Churchill såg förbluffad på honom, och verkade plötsligt djupt skamsen och rörd.

Medan detta politiska tumult grasserade i London hade Eisenhower lämnat sitt högkvarter. Han åkte norrut i två timmar, åtföljd av journalister och pressfotografer, till ett flygfält utanför Newbury i Berkshire, där han skulle se på när fallskärmsjägare från den amerikanska 101:a flygburna divisionen och den brittiska 50:e infanteridivisionen gav sig iväg. Hundratals fallskärmssoldater, många av dem med ansiktena svärtade, myllrade omkring på startbanorna och packade sin utrustning, kollade sina gevär och gjorde sig redo för hoppet. Ike gav sig in bland dem under muntert småprat för att få dem att känna sig obesvärade. »För fan, general, vi är inte oroliga, det är tyskarna som borde vara det nu«, sade en av dem. En annan, som var från Texas, erbjöd honom skämtsamt ett jobb på sin ranch efter kriget; där var åtminstone käket bra. Eisenhower stannade kvar medan karlarna gick ombord, och såg dem sedan lyfta, en C-47:a i taget, tills flygfältet låg tyst. När han långsamt gick tillbaka till bilen såg hans chaufför, Kay Summersby, tårar i ögonen på honom. »Så där ja«, sade Ike, »nu är det i gång.«

Samtidigt bevittnade en krigskorrespondent hur ett brittiskt fallskärmsförband i 6:e flygburna divisionen gav sig av. »Varenda en av de svartansiktade fallskärmsjägarna verkade nästan lika bred och tjock som han var lång, på grund av den väldiga mängd utrustning han bar med sig«, skrev han. »Brigadgeneralen och överstelöjtnanten höll små tal. 'Vi är historien', sade den senare. Det blev tre hurrarop, en kort bön, och i det tilltagande mörkret åkte de iväg till flygfältet. Karlarna i den första lastbilen sjöng, så otroligt det kan låta, med hög röst melodin till Horst Wessel-sången [nazisternas marschvisa].«

Tillbaka i sin husvagn vid Southwick House satt Eisenhower och pratade med Harry Butcher innan han slutligen gick och lade sig. När han lade huvudet på kudden hade vicekorpralen Bill Tucker redan landat i Frankrike.

Det hade varit en lång dag på flygfältet i Cottesmore. Han hade hört nyheten att invasionen skulle börja igen vid reveljen, och dussintals C-47:or, nu med de tre vita strecken som stod för den flygburna invasionsstyrkan målade på vingarna, stod parkerade runt flygfältet. Allt som allt skulle ungefär trettontusen amerikanska och brittiska fallskärmssoldater hoppa i första omgången, och mer än åttahundra plan, spridda över flygfält i Storbritannien, var redo för strid.

Tucker hade också fått sina sista instruktioner för ilastningen. Han skulle tillhöra en »hoppström« om arton män under ledning av en hoppledare. Efter en sista information om de senaste hoppförhållandena och om målet kollade han för femtioelfte gången sin utrustning och gick igenom alltihop en gång till med sin kompis Larry Leonard. Enligt order hade han låtit klippa håret centimeterkort, för det fall att han fick ett sår i huvudet. Man hade kontrollerat att de båda metallbrickor som visade hans identitet hängde runt halsen på honom. Han hade också svärtat ansiktet med en gräslig smörja som också hamnade i håret, och lärt sig det lösenord han skulle behöva för att skilja vän från fiende när han landade i Frankrike. Ordet var »blixt«, och skulle besvaras med »dunder«, tillsammans med det klickande ljudet från den lilla leksaksgräshoppa av metall som varje man nu hade fått ut.

I norra England var det en vacker dag, till skillnad från längre söderut och över Kanalen. Allteftersom timmarna gick växte föraningarna hos Tucker och karlarna från 82:a flygburna. »En stillhet fyllde luften«, mindes han, »som när alla fåglar och apor i djungeln slutar väsnas för att en tornado är i faggorna.« Många soldater spelade frenetiskt tärning, de lite lugnare spelade kort, men Tucker höll sig hellre tyst för sig själv, och gymnastiserade ibland för att vara säker på att han var avspänd och i form. Han läste ett stycke till i *Det växte ett träd i Brooklyn*, men lade sedan ned boken för att han fann det svårt att koncentrera sig.

Klockan tio, när ljuset tonade bort i en storslagen solnedgång, hörde Tucker ordern »Skärmen på!« Behållarna med utrustning hade redan lastats in på hyllor i planet. Han klev fram för att plocka upp sin huvudskärm och reservskärm från de noggrant utlagda packarna på startbanan, och rättade till sin sele. Han bar nu omkring 70 kilo utrustning, och som alla sina kamrater var han, som någon uttryckte det, »nedtyngd som en medeltida riddare«. Sedan hörde han ordet »ilastning«, och tillsammans med de andra i hans hoppström följde han den hävdvunna ritualen att gå till planets stjärt för att kasta vatten en sista gång före starten – ingen lätt sak med de lager av kläder han hade på sig. Klumpigt klättrade han uppför den korta stegen och in i planet. Längs båda sidorna av flygkroppen fanns en lång metallbänk, och han klämde försiktigt ner sig bredvid Larry. Som alla andra undrade han om han skulle klara sig. När han gick ombord hade fältprästen Woods och katolikernas padre, som båda skulle hoppa tillsammans med soldaterna, läst Fader vår.

Motorerna hostade några gånger, tände sedan, och deras dån steg till det fulla gaspådragets gälla tjutande när piloten testade dem i ett par minuter. Sedan släppte han av på gasen, lossade bromsarna, och den tungt lastade C-47:an intog sin plats i den rad som körde fram till startbanan.

Tucker såg ut genom fönstret. Hundratals människor kantade startbanan, i två eller tre led. Det var amerikansk och brittisk markpersonal, brittiska armélottor, kockar och bagare. De rörde sig inte och hurrade inte, bara tittade stint på den långa imponerande raden av plan. Jösses, tänkte Tucker, det här är verkligen grejer! Det känns som om jag var i det vinnande laget.

Till slut var det hans tur att starta, och när C-47:an ökade farten försvann de väntande leden av människor snabbt i mörkret. Han kände hur planet plötsligt blev lättare när det fick luft under vingarna, på sin väg mot Frankrike och målet Sainte-Mère-Église. Klockan var halv tolv. Han var äntligen på väg.

Dagen D

UTANFÖR VAR det beckmörkt när C-47:an med Tucker
ombord korsade den engelska kusten och styrde mot
Kanalöarna. Där svängde den tvärt mot Cotentin och
Sainte-Mère-Église. Planet flög lågt, och studsade i luftgroparna
så mycket att åtminstone en av hans fallskärmsjägarkamrater
omedelbart blev av med sin frukost. Tucker snurrade runt hela
tiden, och försökte få syn på land, men så snart han tyckte sig se
kusten kom planet in i täta moln och började rycka våldsamt.
Plötsligt upplystes molnet av mynningseld, och planet började
svänga och kasta. Hoppledaren ropade »Stå upp och kroka i«.
Den röda lampan blinkade, och sedan den gröna. Tucker var
nummer fem. Alldeles bakom honom kom Larry. Han kunde se
spårljuslinjer komma rakt emot dem. »Jösses, Tucker«, hörde
han Larry ropa, »det här är lönen för låg för.« Sedan kom ordern
»Hoppa!«, och först ut ur planet var hoppledaren. Det nästa
Tucker var medveten om var att han var i luften med skärmen
öppen. Spårljuset kom fortfarande vinande mot honom. Bakom
sig hörde han ett vrål från en kompis som träffats av en kula en
gång förut, när han hoppade över Sicilien: »Jävlar, jag är träffad
igen.«

Där David Bruce stod och spanade från däcket på *Tuscaloosa* hör-
de han klockan ett på natten amerikanska plan på väg tillbaka.
»Jag tycker synd om fallskärmsjägarna i natt«, skrev han i sin dag-
bok. »Det blåser kraftigt, och de blir nog rejält utspridda vid land-
ningen.« Kryssaren följde en farled som markerats med bojar
utlagda av minsvepare, och åt babord kunde han se en ändlös
kolonn av stormbåtar. Fem i två noterade han att det blåste sexton

meter per sekund, och sjön såg grov ut. Alla var påbyltade med tröjor och stadiga jackor. Klockan 2.35 lät *Tuscaloosa* ankaret gå för en stunds väntan.

Tucker slog i marken med en otäck stöt. Han kom på benen och kollade att hans utrustning inte hade slitits bort av luftströmmen när han hoppade. Det var strax efter ett på natten. Runt omkring sig kunde han höra det metalliska klickandet från gräshopporna, när fallskärmjägarna försökte identifiera varandra i mörkret. Han såg någon springa mot honom, och ropade ut lösenordet, samtidigt som han beredde sig på att skjuta. Men det var bara en man från hans eget kompani. Tre eller fyra soldater från hans plan hittade varandra snabbt, och med en sergeant i spetsen började de sluta sig till andra. Tucker blev glad att finna Larry välbehållen. Snabbt monterade de ihop sin kulspruta.

Än så länge inget motstånd. Den enda eldgivningen de hörde var riktad mot den till synes ändlösa strömmen av plan som dånade förbi ett par hundra meter ovanför dem. Många av de amerikanska fallskärmsjägarna landade den natten vitt spridda, på grund av dålig navigation eller ett molntäcke som hindrade sikten. Tuckers kompani landade emellertid nära den planerade hoppzonen invid kyrkan Sainte-Mère-Église. Han hade ingen möjlighet att veta att detta redan hade visat sig ödesdigert för en del av hans kamrater.

Strax före midnatt hade Alexander Renaud, stadens borgmästare, väckts av ett högljutt och envist bultande på ytterdörren. Det rådde utegångsförbud, så han öppnade försiktigt. Utanför stod brandchefen och pekade mot torget. »Det brinner», sade han brådskande. Bakom honom kunde Renaud se ett starkt rött sken mot vilket kastanjeträden runt kyrkan avtecknade sig. Han sprang till tyskarnas högkvarter och fick tillstånd att kalla ihop frivilliga. Inom några minuter stod två led av halvklädda män och kvinnor och skickade frenetiskt hinkar med vatten från hand till hand, i kampen att rädda madame Pommiers lilla villa vid randen av parken mitt emot kyrkan. Soldater från det enda Wehrmacht-förbandet i staden, ett luftvärnsbatteri bemannat mestadels av över-åriga österrikare från Tyrolen, vaktade dem medan de bekämpade lågorna. När elden spred sig till ett vedskjul fullt med torr ved ringde kyrkklockan enträget och vädjade om mera hjälp.

Plötsligt dök ett stort flygplan upp alldeles ovanför dem. Det flög bara omkring 150 meter ovanför husen, med alla ljus på-slagna, och följdes av ett till, och sedan ett till. De utmattade stadsborna hejdade sig och såg upp mot den månljusa himlen. För Renaud såg det ut som om stora konfettibitar svävade ner mot marken. Sedan insåg han vad det var.

Fallskärmssoldater! Tyskarna började skjuta vilt mot spökena som kom ner på torget under sina vita skärmar. Stadsborna spreds åt alla håll för att ta skydd, och Renaud såg hur en av fallskärms-jägarna, som frenetiskt men förgäves drog i linorna till sin sele för att undvika lågorna, dök genom de brinnande takbjälkarna ner i elden och skickade upp en skur av gnistor. En annan, med grana-ter fästa runt midjan, följde honom och orsakade en kraftig ex-plosion. Borgmästaren såg benen på en tredje rycka till häftigt i luften när han träffades av en kula. En landade på kyrktaket. Förfärad såg Renaud hans skärm fastna på spiran så att han blev hängande där, ett lätt mål för tyskarna och en hjälplös åskådare till paniken och förvirringen där nere. En amerikan landade i ett kastanjeträd. För Renaud såg han ut som en orm när han försik-tigt slingrade sig ner genom grenarna, tills han blev upptäckt av en tysk kulspruteskytt. Då slutade hans händer plötsligt röra sig, och hans kropp blev slapp i selen och snurrade långsamt i mån-skenet. »Han hängde där med ögonen vidöppna«, sade Renaud, »som om han såg på sina egna kulhål.«

Mitt i detta kaos kom en fallskärmsoldat plötsligt ut ur dunklet fram till stadsborna, som frenetiskt arbetade vid vattenpumpen. Han ställde några frågor på engelska, men eftersom ingen av dem förstod ett ord försvann han snabbt in på en sidogata. Vid det här laget hade Wehrmacht-förbandet samlat sig, och beordrade Renaud och stadsborna att gå tillbaka till sina hus. När borg-mästaren gick över torget mot sitt hus mötte han en av de tyska soldaterna. »Tommy-soldater, *alle kaputt*«, sade karlen, och insisterade på att visa honom en död amerikan liggande bredvid sin fallskärm.

Vid det här laget hade Tucker och en handfull andra gett sig iväg från staden, medan de omgrupperade sig för att angripa i större styrka. Det var fortfarande beckmörkt när de långsamt famlade sig fram bland de enorma normandiska häckarna, tvåmeters jordvallar med en djungel av buskar och törne på toppen. De löpte oberäkneligt kors och tvärs över fälten och hejdade deras framfart vart de vände sig. De påminde Tucker om stenmurarna i hans barndoms New England, fast större och elakare. Om dem hade han minsann inte fått någon varning vid genomgångarna.

I sin utmattning somnade han nästan när han tog skydd bakom en häck. Alldeles utsvulten slet han senare desperat upp sin reservproviant. Vid det här laget gjorde de få tyskarna i staden motstånd. En kulspruta började plötslig ge eld någonstans tätt intill på deras vänstra sida. Tucker, som var ivrig att göra en insats, viskade till Larry, »Låt oss slå ut den«, och de började ta sig över häcken tills en ström av spårljusammunition klippte av löven ovanför huvudet på dem. Då kom de kvickt på andra tankar.

Snart började det ljusna. Tucker såg nu att de befann sig på en smal nedsänkt stig nästan täckt av lövverk. Framför sig såg de i dunklet en fransk bonde som hade hamnat mitt i skjutandet. Sergeanten mindes att Tucker hade läst franska i skolan och bad honom ta reda på om de var på väg åt rätt håll. Tucker lyckades få fram ett »*Où est le centre de la cité*?« (Var ligger stadens centrum?) Bonden pekade, och de fortsatte ditåt. Vid det här laget hade Red, kompaniets sjukvårdare, fullt upp att göra med att markera stupade för uppsamling.

De kom nära torget, och Tucker började känna igen byggnader från fotografierna han sett vid genomgångarna. Skjutandet hade nu upphört, och stadsborna kilade omkring och försökte hitta skydd undan tumultet. Tucker tänkte att han skulle ge dem lite uppmuntran. »*Vive la France*«, ropade han, men de tittade inte upp utan sprang för att få skydd. Tucker och Larry kom fram till tyskarnas lastbilsparkering nära stadens centrum. De satte upp sin kulspruta och började skjuta, på vad visste de inte säkert. När deras eld inte returnerades smög de in i parken vid kyrkan. De såg ett stort träd och en stenmur på omkring en och en halv meter.

Allt verkade mycket lugnt, alltför lugnt. Tucker kände att någonting rörde sig bredvid honom och riktade kulsprutan dit. Han såg inget förrän han tittade upp. En död fallskärmssoldat hängde från grenarna och svängde långsamt fram och tillbaka. Hjälmen täckte hans ansikte. Tucker lade märke till att han hade stora händer.

När det blev ljusare upptäckte han ännu en död amerikan som låg i gräset omkring tio meter bort, nära ingången till parken. Tucker lade märke till att hans kängor var borta. När han såg sig om såg han kropparna av ytterligare ett halvdussin fallskärmsjägare hänga i träden. Sedan såg Tucker sin första döda tysk, som låg med ansiktet upp utan för en av kyrkportarna. Hans hud var blåaktig och blod hade sipprat ut ur mungipan. Hans uniform var oklanderlig, och bredvid honom låg hans gevär med bajonetten påsatt. Han skulle ha överlevt, tänkte Tucker, om han hade skjutit i stället för att försöka genomborra sin motståndare med bajonetten.

Tucker höll sig i rörelse. Han lade märke till flera tomma fallskärmar som hängde från tak och skorstenar innan han kom fram till andra sidan av staden, och kompaniet började återsamlas. Klockan var nu omkring fem. Tyskarna hade gett sig av och amerikanerna kontrollerade Sainte-Mère-Église. Framför rådhuset hissade »Kanonkulan« Krause, bataljonschefen, stolt den amerikanska flaggan, precis som han lovat i Cottesmore dagen innan; det var den första som vajade i det befriade Frankrike. Men dessförinnan hade han hittat telekommunikationskabeln som förband Cherbourg med Berlin, och kapat den. När det var gjort skickade han en ordonnans till sin regementschef med budet att staden var tagen.

Under tiden hade borgmästaren, Alexandre Renaud, återvänt hem, som han beordrats av tyskarna. Omkring klockan två på

natten hörde han motorer på gatan utanför, och gissade att luft-
värnsförbandet drog sig tillbaka. Han kikade ut genom fönster-
luckorna och såg motorcyklar fräsa förbi, och några bilar med
släckta strålkastare som var på väg mot söder. Efter en timma eller
så såg han lågor från tända tändstickor och skenet från en fick-
lampa på torget vid kyrkan. Han kunde se män ligga runtomkring
under träden. Tyskar eller britter, undrade han, förvirrad av allt
som hände. Som alla andra hade han varit säker på att de allierade
skulle landstiga vid Pas de Calais, där Engelska kanalen var smalast
och vägen till Berlin kortast. I april hade tyskarna beordrat speci-
ella arbetslag att gräva ner trädstammar på fälten runt staden och
spänna upp taggtråd mellan dem. »Det ligger i ert eget intresse att
arbeta snabbt«, hade en officer sagt till Renaud. »När arbetet väl
är färdigt kommer engelsmännens flygplan och glidplan inte att
kunna landa, och ni går säkra för invasion.« Stadsborna hade fått
sig ett gott skratt vid tanken på att de allierade skulle landa i Nor-
mandie. Fälten med träden, »Rommels ljus« som fransmännen
kallade dem, hade aldrig blivit färdiga.

Mörkret skingrades långsamt, och Renaud insåg att karlarna
under kastanjeträden inte var »tommies« utan amerikaner. Han
hade sett deras runda hjälmar på bilder i tyska veckotidningar.
Några av dem låg på marken, andra stod bakom muren till den lilla
parken. I jämförelse med de oklanderligt klädda tyskar han hade
vant sig vid under de fyra åren av ockupation verkade amerikaner-
nas uniformer sjabbiga och ovårdade. »De hade patronbälten till
kulsprutor hängande över axlarna, med öglor slagna vid midjan«,
mindes han. »De såg högst klumpiga ut i sina vida uniformer ... av
en obestämbar färg någonstans mellan grått, grönt och khaki, och
öppna framtill. Jackan hade en stor ficka fullstoppad med ammuni-
tion och mat, och en annan för bandage; de hade fickor i byxorna
också, längs benen, på sidorna och baktill. Utöver allt detta hade
de en dolk i en slida fastspänd på högra benet.« Deras vilda, ovår-
dade utseende och svärtade ansikten fick Renaud att tänka på film-
gangstrar och seriehjältar snarare än på livslevande befriare.

När solen steg upp hade många av invånarna i Sainte-Mère-

Église samlats på torget. Allt var stilla. Jättestora fallskärmar, vita, röda och blå, svängde sakta i luften från träd eller taktoppar, eller låg egendomligt punkterade på marken. Redan tittade grupper av små barn begärligt på dem. Några döda kroppar låg utspridda, och på ett fält intill fanns ett glidplan utan vingar, men inget tecken på de soldater det hade rymt. Madame Pommiers villa och vedskjulet intill pyrde fortfarande svagt. En av hennes grannar hjälpte en sårad soldat som låg i ett dike att dricka ur en stor skål med mjölk.

Amerikanska soldater patrullerade gatorna, tuggade tuggummi eller rökte cigaretter som de höll mellan tänderna. Vid det här laget hade Tucker och I-kompaniet placerats som reserv, och vilade i en liten äppelodling sydväst om staden, längst från Utah Beach. Det började bli hett. Tucker insåg plötsligt att han var utmattad. Han kände inte för att prata. Så han bara låg där tyst, glad att ha överlevt, och väntade på order.

På *Hilarys* regnpiskade däck tjöt vinden i radiomasterna, och fartyget knakade och knarrade när det stampade och rullade i den grova sjön. Klockan var ett på natten, och Engelska kanalen låg i fullständigt mörker. I mässen ställde en krigskorrespondent upp sin enmans nyhetsredaktion på ett bord. Bredvid honom dukade fartygsläkaren omsorgsfullt fram ett bord med förband. Sjukavdelningen stod redan beredd, men förlusterna kunde bli långt högre än som uppskattats, och mässen skulle fungera som avlastningsyta.

Klockan fem började ett grönt ljus blinka från en av de båda dvärgubåtarna utanför den normandiska kusten. I två dagar hade den legat i undervattensläge för att leda kanadensarna i invasionsflottiljen in till Juno Beach.

Glenn Dickin höll sitt gevär i ett fast grepp och hade sin flytväst på sig när han klättrade nedför äntringsnätet som spänts längs fartygssidan på *Llangibby Castle* och försiktigt hoppade ned i en av de arton stormbåtar, rymmande tre kompanier från Regina Rifles, som hade sänkts ned i den krabba sjön från dävertarna. Inklämd med ytterligare trettio man ingick han i den första angreppsvågen. Tillsammans med dem var regementets fältpräst, kapten Graham Jamieson. När besättningen från marinkåren och eldaren från flottan startade motorn var Glenn fortfarande elva kilometer från stranden vid Courseulles. Det höll just på att ljusna. Framför dem studsade landstigningsfartyg med amfibiestridsvagnar och andra pansarfordon vilt omkring i den grova sjön. De skulle landa först och röja väg för infanteriet.

Strax efteråt inledde de grova kanonerna från de eskorterande slagskeppen, kryssarna och jagarna, med tillskott från artilleri på vissa landstigningsfartyg, en intensiv spärreld som skulle försvaga artilleriställningarna och strandförsvaret. Dånet var öronbedövande. Ombord på *Tuscaloosa*, utanför Omaha Beach mot väster, skallrade tänderna på David Bruce, däcket skälvde under hans fötter och fartyget verkade knaka och sträckas i fogarna när salvorna avfyrades. En vämjelig gul rök bolmade upp från kanonerna, luften var frän av krutet, och stoft föll på däcket som lava från ett vulkanutbrott. Utanför Gold Beach öppnade kryssaren *Ajax* eld mot det tyska batteriet vid Longues-sur-Mer, vars koordinater förut skickats till London av André Heintz' vän i motståndsrörelsen. Etthundrafjorton femtoncentimetersgranater senare, omkring tjugo över sex, tystnade batteriet.

Från sin landstigningsbåt kunde Glenn se granater explodera på stranden, kraftiga ljusblixtar som lyste upp himlen, och rökmoln. När fartygen efter en timma slutligen slutade ge eld varade tystnaden som föll bara några ögonblick. Glenn hörde plötsligt motordån, och våg efter våg av flygplan som doldes av täta moln fällde sina bomber på försvarsanläggningarna på stränderna utanför staden.

För de kanadensiska infanteristerna, som var frusna, genomblöta och rädda, som hade kastats omkring i sin stormbåt i tre timmar och som svalt hela handfullar med sjösjukepiller, var detta en uppmuntrande syn. Alla visste vad som hade hänt två år tidigare vid Dieppe. Där hade bristen på flygunderstöd och bombardemang före landstigningen lett till att soldaterna hade fångats i en mördande eld som dödade eller lemlästade flertalet av dem så snart de nådde stranden. Den här gången skulle det bli annorlunda. När flottans kanoner och flygets bomber hade pucklat på kustbefästningarna skulle de möta föga eller demoraliserat motstånd när de vadade i land. I oändlighet hade »bonnlurkarna« diskuterat eller grunnat på sina utsikter att överleva landstigningen. Glenns kompis Gordon hade rätt så gott hopp. Sedan Dieppe, menade han, hade nazisterna fått ordentligt med stryk i Ryssland och Italien, och de skulle bli överväldigade av eldkraften från de allierades flotta och flyg. Han trodde att de få överlevande tyskarna skulle kapitulera omedelbart.

Denna optimism visade sig sorgligt missriktad. De täta moln som berett Stagg och flygbefälhavarna så svåra bekymmer tvingade bombplanen att använda flygradar i stället för att identifiera målen genom observation. Eftersom besättningarna var rädda att träffa karlarna i stormbåtarna dröjde de åtskilliga sekunder med att fälla sina bomblaster. Följden blev att det mesta av strandförsvaret vid Courseulles förblev intakt.

Det skulle Glenn snart upptäcka. När bombplanen var färdiga var hans stormbåt omkring tre kilometer utanför stranden. Plötsligt vände den och började styra i cirklar. Havet framför dem var så fullt av båtar att deras egen landning hade blivit uppskjuten. Efter att ha kastats omkring på vågorna i tio minuter återtog båten sin färd mot stranden. Glenn kunde tydligt se kustlinjen, och började identifiera de landmärken han hade lärt sig: kyrkspirorna i Courselles och Beurnières, de gräsklädda dynerna, de ofördärvade vita stränderna. Än en gång kollade han sin utrustning och sin ammunition, försäkrade sig om att han hade sina vattenflaskor och sin proviant, och rättade till sin flytväst. En kilometer utanför stranden började kulor från tyska kulsprutor och handeldvapen smattra mot stormbåtens sidor och vina över deras huvuden.

Kvart över åtta fälldes landningsrampen ned. Glenn höll sitt gevär högt för att hålla det ovanför vattnet och sprang ned i det

midjehöga vågsvallet så fort han kunde med sin trettiofemkilos
utrustning, i riktning mot stranden. Det fanns inte tid att bli rädd,
bara att inrikta sig på att överleva. Till höger om sig kunde han
höra intensiv kulspruteeld. A-kompaniet, som landsteg samtidigt,
hade hejdats av eld från den stora kasematten vid piren, som
bombplanen lämnat oskadd. Soldater snubblade i vattnet och
stupade på stranden. Han kunde se att några av stridsvagnarna all-
deles framför redan var satta ur stridbart skick, och varken rörde
sig eller gav eld.

Han var nu på torr sand. Han hukade sig och sprintade över
den femtio meter breda stranden, klättrade upp på och över para-
peten och kravlade sig genom taggtråden utan att bli träffad.

Framför honom låg Courseulles. När B-kompaniet trängde
fram från stranden in i labyrinten av gator började tyska soldater,
som gömde sig i befästa hus, smyga sig tillbaka bakom dem längs
omsorgsfullt konstruerade smala skyttegravar och tunnlar. Men
just nu var det Glenns uppgift att hjälpa sitt kompani att komma
framåt och få kontroll över målen. De infanterister som kom efter
dem fick ta hand om tyskarna.

På hans kartor för Dagen D hade planläggarna noggrant in-
delat staden i sektioner med nummer från 1 till 12, och B-kompa-
niet visste exakt vilka de skulle bege sig till. Från förstoringar av
flygspaningsfoton visste Glenn exakt var tyskarna hade placerat
sina motståndsnästen. Han kunde känna igen omgivningen näs-
tan som om han rörde sig på gatorna i Manor. Han hade också
fått träning i strid i ort.

De ryckte stadigt framåt. De hade anfallit i sektion 2, gjort job-
bet på den anslagna tiden, och medan A-kompaniet fortfarande
kämpade på stranden rensade de också sektionerna 4 och 5. Nära
marknadstorget fanns en stor gammal byggnad som inrymde det
tyska högkvarteret i staden. Bakom det fanns i en fruktodling
kraftigt förstärkta skyddsrum. Kanadensarna kunde ganska lätt
storma och ta sig in i denna byggnad. När de väl gjort det kapi-
tulerade de överlevande tyska officerarna snabbt, eller flydde. Vid
det här laget hade infanteriets reserver och dussintals stridsvagnar

lyckats ta sig i land för att hjälpa till. Regementschefen, överste Foster Matheson, var också i land, liksom bataljonsstaben. Detsamma gällde Gordon Brown.

Glenns kompis hade med knapp nöd överlevt en besvärlig landning med sina fordon. Hans landstigningsfartyg hade gått på två minor och fått sin ramp svårt skadad, så att den inte kunde fällas ned. Han måste hoppa ur sin kulsprutebil och ned i det midjedjupa vattnet för att hjälpa till med att få den i land med handkraft. Sedan måste han vänta på att en schaktmaskin gjorde en ramp innan hans fordon kunde komma över parapeten. När han övervakade urlastningen blev han beskjuten av en prickskytt, som dock missade. Han hittade sin kusin Doug, som hade landstigit med A-kompaniet, liggande sårad på stranden, en av de 85 man, av 120 i kompaniet, som stupade eller sårades. Han kunde se många andra kroppar utsträckta på stranden.

Vid elvatiden på förmiddagen hade Regina Rifles kontroll över Courseulles. Stadsborna började komma ut ur sina hus för att välkomna dem med blommor. Vinflaskor som länge hållits gömda undan tyskarna grävdes upp ur trädgårdarna, eller hämtades ned från vindskupor för att erbjudas till de trötta och törstiga befriarna. Flertalet tyskar var antingen döda eller hade flytt. Ungefär åttio hade tagits tillfånga, och hade marscherats till stranden för att hämta upp stupade ur vattnet och stapla upp dem vid parapeten. Bårbärare förde redan ombord de svårt sårade på tomma stormbåtar som gick i skytteltrafik ut till de större fartygen utanför. Innan dagen var över skulle de vara i säkerhet på sjukhus i Southampton eller Portsmouth. Nästan alla förlusterna hade kommit på stranden. Det hade inte varit mycket till gatustrider i staden. Det värsta problemet hade varit några prickskyttar.

Efter att ha vilat i en timma eller så, och slukat sin proviant, gav sig Glenn och B-kompaniet av i riktning mot Reviers, en liten stad bara ett kort stycke inåt landet. Klockan var nu halv två på eftermiddagen. Så långt var allt väl.

Kort efter midnatt hörde André Heintz flygplan ovanför. Den åtföljande luftvärnselden pågick mycket längre än vanligt. När klockan var halv tre, och han var klarvaken, förstod han plötsligt att det var Normandie och inte Pas de Calais som var invasionsmålet. Han hörde sin mor komma ut ur sängkammaren, och gick ut på trappavsatsen för att möta henne. »Det måste vara landstigningarna«, sade hon, men inte ens då ville han erkänna att han visste. »Varför har du inte klätt av dig«, frågade hon, när hon plötsligt lade märke till hans kläder. Han ryckte på axlarna och gick tillbaka till sitt rum.

När han stirrade ut genom fönstret kunde han se att ingenting hände på tyskarnas högkvarter tvärs över gatan. Kvart i fyra kom en ordonnans dånande på sin motorcykel, och skrek något. Därefter blev allt stilla för en stund. Omkring tre kvart senare såg han ett flertal fordon ge sig iväg. Återigen kom hans mor, som blivit störd av ljudet från motorer som gick på uppvärmning, ut på trappavsatsen, och än en gång låtsades André att han inte visste vad som pågick.

I nästan samma ögonblick började himlen i norr att lysas upp. De allierades grova fartygsartilleri inledde sitt bombardemang av kustbefästningarna. Ett mörkrött sken spred sig längs horisonten. »Det är nog klokt att tappa upp vatten i badkaret«, sade han till slut. »Vem vet vad som kommer att hända nu.« Hon sprang ned till källaren och grävde ner sina smycken, och kontrollerade sedan gasen. Den var fortfarande inkopplad, så hon kokade strax en stor kastrull med potatis. Det var tur det. Klockan åtta på morgonen stängdes alla gas-, elektricitets- och vattenledningar av. Normala leveranser återupptogs inte på flera veckor. André kände medlidande med människorna i de städer längs kusten som blev beskjutna.

Han gick till sitt hemliga morgonmöte på Gare Saint Pierre. Han passerade mängder av folk som skötte sina vanliga angelägenheter; Caens invånare hade nämligen vant sig vid bombningar och flygplan på himlen. Även de som hade hört BBC:s tillkännagivande om landstigningarna, som Andrés far hade gjort, antog att de egentligen ägde rum längre norrut. En del hamstrade livsmedel. När tåget från Ouistreham inte kom, och ingen Courtois dök upp, var det ett bittert slag. André kände sig plötsligt helt avskuren från motståndsrörelsen, strandsatt utan något att göra. Han visste inte ens hur han skulle få tag i ett gevär – bara Courtois kunde ha sagt honom var vapnen var gömda. Efter månader av väntan var det här en förfärlig och nedslående antiklimax.

Till slut tvingades han till en insats. På eftermiddagen blev Caen intensivt attackerat av de allierades bombplan. Gamla korsvirkeshus i stadens centrum sattes i brand, brandkåren var överhopad av arbete och hundratals offer strömmade till hastigt improviserade sjukvårdsenheter och förstahjälpen-stationer. »Jag skulle vara till större nytta om jag hjälpte Röda korset«, tänkte André, och visste sedan plötsligt precis vad han skulle göra. Hans syster Danielle var sjuksköterska, och hittade snabbt en uppgift för honom i ambulanstjänsten. När han skyndade att hjälpa till vid en av dess stationer fastnade han i ett flyganfall och tog skydd i en portgång. Medan han sprang såg han bomberna falla, och kände sig som om han var fångad mellan två järnvägsspår med tåg i full fart på väg mot honom. Plötsligt kom en fruktansvärd explosion, och ett väldigt dammoln steg upp när huset bakom honom fick en direktträff. Han blev förbluffad när ett par flickor oskadda stapplade ut ur ett skåp där de hade sökt skydd.

Senare bombades sjukhuset Bon Sauveur, ett tidigare sinnessjukhus där Danielle arbetade, av ett allierat plan; ett flertal patienter sårades och den handfull tidigare interner som fanns kvar sprang i full panik skrikande omkring i salarna. »Du måste göra något, André«, insisterade Danielle. Den uppenbara lösningen var att måla ett rött kors på byggnadens tak, men hur skulle han hitta röd färg när de flesta butikerna var stängda och stadens transportsystem i kaos? Han tänkte på att försöka med en av kyrkorna i närheten – där brukade man lägga ut röda mattor vid vigslar – men den var låst och ingen kunde hitta någon nyckel. Desperat tog han och Danielle till slut fyra stora vita lakan från sjukhusets linneförråd, blötte dem i hinkar med blod som de hittade i operationssalen, och lade ut dem i form av ett kors i sjukhusets grönsaksträdgård. De arbetade hårt med detta när ett plan kom ut ur molnen rakt mot dem. De skulle just springa och ta skydd när piloten vippade med vingarna. Han hade upptäckt det röda korset, och svängde tvärt bort och försvann in i molnet. Till slut hittade sjukhusets nunnor några gamla röda gardiner som de lade på taket.

När dagen var över var André yr av trötthet, men han hade till slut funnit den aktivitet han hade längtat efter, och stod med sin hjälpinsats till sitt fosterlands tjänst på Dagen D.

Denna morgon blev Alexis Lelièvre, Andrés förra motståndskontakt, mannen han regelbundet hade träffat i kyrkan, skjuten i fängelset i Caen av Gestapo. Han var en av de sjuttio fångar som avrättades vid nazisternas mordiska framfart på Dagen D.

Gestapos order var tydliga. Inga politiska fångar fick falla i de allierades händer, de skulle deporteras till Tyskland. Planer på att evakuera dem som fanns i Caen låg färdiga när de allierade dök upp. Klockan fyra på morgonen, när det första larmet kom, började förberedelserna för att flytta dem till centralstationen i Caen för morgontåget till Belfort, nära den fransk-tyska gränsen. Fångarna fick order att packa sina tillhörigheter. Men en timme senare sattes järnvägsstationen i Caen ur funktion av allierade bomber. Arméofficerare upplyste Harald Heyns, stadens Gestapochef, om att de behövde alla sina lastbilar och inte kunde ge honom någon marktransport. Från sitt tjänsterum på Rue des Jacobin ringde Heyns till Gestapohögkvarteret i Rouen för att få instruktioner.

Klockan åtta, just som Glenn Dickin kämpade sig i land på Juno Beach, anlände Heyns' assistent, Kurt Geissler, till fängelset med tre andra Gestapomän. »Vi är här för att skjuta våra fångar«, kungjorde han, »det måste göras här, och med en gång.« Han tog upp en lista med namn ur fickan.

På en liten gård intill en trädgårdsgång utanför grävdes snabbt

gravar bland blomrabatterna. I korridorerna på fängelsets tredje
våning, där de politiska fångarna hölls, hördes därpå ropet: »Ut!
Ut! Händerna på huvudet. Bry er inte om packningen.« Ett halv-
dussin i taget eskorterades fångarna nedför trapporna och ut
genom den lilla dörren som ledde till gången. En kulspruta smatt-
rade, några pistolskott ljöd, och sedan hämtades nästa omgång
offer ned.

Klockan halv elva upphörde mördandet, och Gestapogruppen
återvände till Rue des Jacobins. Fyra timmar senare kom de till-
baka med en ny lista, och skjutandet började igen. När de var fär-
diga, sent på eftermiddagen, hade alla de politiska fångarna,
kvinnor som män, blivit skjutna. När André i vild fart gjorde ett
rött kors av blodiga lakan för att skydda sin systers sjukhus sköljde
tyska soldater av scenen för massakern i Caens fängelse med hink-
vis med vatten.

Sonia d'Artois sov djupt i det säkra gömstället på Rue Mangeard i
Le Mans när hon väcktes tidigt på morgonen av ljudet av inten-
siva explosioner när de allierades bombplan satte järnvägsstatio-
nen ur funktion. I bottenvåningen sov Sydney Hudson på en soffa
i vardagsrummet. När han hörde bombningarna rusade han upp
till andra våningen för att se hur hon hade det. Men han behövde
inte ha bekymrat sig. Hon låg där helt lugnt och var inte ett dugg
rädd.

Efter frukosten tog Hudson sin cykel och cyklade de femton
kilometerna till slottet i Amné för sitt möte med George Jones
klockan elva. När han kom fram berättade hans radiooperatör för
honom om kodmeddelandena föregående kväll, och om att de al-
lierade hade landstigit denna morgon.

Hudson blev nästan besviken över nyheten om D-dagen.
Radioinstruktionerna till honom och hans grupp följde SOE:s
vanliga mönster. De skulle sätta in omedelbara attacker mot
tyskarnas kommunikationer, som telefon- och telegrafkablar, vä-
gar och järnvägar. Hans främsta mål var telefonkablarna, och med
tiden saboterades de om och om igen. För att hindra att folk från

franska postverket reparerade kablarna spred Hudsons män ut ett rykte att sprängladdningar hade placerats där kablarna blivit kapade. Efter det blev tyskarna tvungna att göra det jobbet själva. Headmaster lyckades också spränga den militära telefonväxeln i Le Mans.

Men på D-dagens morgon kände Hudson att han ännu inte var fullt redo för sin insats. Departementet Sarthe hade redan visat sig vara ofruktbar mark för rekrytering. Paradoxalt nog blev denna uppgift ännu svårare efter nyheten om invasionen. I en rapport till SOE i London beskrev Hudson senare den verkan landstigningarna hade haft. »[De] verkade ha en skadlig effekt på folkets stridsmoral«, skrev han. »En avsevärd mängd människor som såg att möjligheten till en aktiv insats kom närmare, började få kalla fötter och tänka på sitt ansvar för familjen.«

När Hudson gett sig av på sin cykel gick Sonia ut och tog sin sedvanliga paus på ett kafé i närheten. Radion stod på, och hon blev överraskad av nyheten om de allierade landstigningarna. Hon hade inte väntat dem så snart. När de träffades senare på dagen satte sig hon och Hudson att tänka över vad de skulle göra. Deras första tanke var att lämna slottet. Tyska förstärkningar skulle otvivelaktigt snart passera genom Le Mans, och deras säkra gömställe skulle troligen bli rekvirerat. De antog också att de allierades framryckning skulle bli snabb, och bestämde sig för att så snabbt som möjligt rekrytera grupper av unga män till tre motståndsgrupper. Om de gömde sig i skogarna i närheten skulle dessa erbjuda baser för små grupper som utförde sabotage och ansatte tyskarna vart de än vände sig.

I sitt gömställe i Paris väcktes Albert Grunberg klockan fyra av att hans bror snarkade tungt. Han låg kvar en stund och försökte somna om, men gav till slut upp och gick ut i köket, där han prövade radion. Han hittade en amerikansk station och BBC, som båda talade om befrielsen av Rom, men inte mycket annat. När han klockan åtta försökte ställa in Radio Paris hade elektriciteten stängts av. Han tvättade sig och lagade sig en kopp kaffe. Tre kvarts timma senare knackade Lulu tyst på dörren och hade med sig mat från hans hustru.

Klockan tio lämnade Sami äntligen sängen, och Albert föll i en djup sömn med inslag av en del vilda drömmar, tills han en och en halv timma senare väcktes av professor Chabanaud, grannen från våningen under, som kom med nyheten om de allierades landstigningar. Upphetsat knackade Albert på skiljeväggen mellan hans rum och köket för att varsla Sami. Men brodern brydde sig inte om det, och till slut måste Albert klä på sig och gå dit för att berätta nyheten för honom.

I det ögonblicket började flyglarmssirenerna tjuta. Eftersom elektriciteten alltid slogs på för en kort stund under flyglarmen tog Grunberg tillfället i akt att ställa in London, och nu hörde han själv den officiella bekräftelsen om invasionen. Radio Paris hade emellertid fortfarande ingen sändning. Inget skulle ha berett honom större glädje än att höra denna station med »vrede i hjärtat« tillkännage nyheten om de landstigningar den så länge hade avfärdat som fantasier.

Konstigt nog fann han att han inte var överlycklig. Därute var allt tyst. Ingen av de grannar som ibland pratade med honom tittade in, inte heller hans hustru eller madame Oudard. Han och Sami tuggade sig halvhjärtat igenom sin ensamma måltid. Det höll på att bli ännu mer ont om livsmedel i Paris, och han fann det svårt att vara begeistrad över halvkokta morötter, torrt bröd och ostskalkar. Först nästa dag, när nyheten riktigt hade sjunkit in och Marguerite och madame Oudard till slut kom på besök, kände han sig upprymd. Glatt övertygad om att hans egen fångenskap, liksom Frankrikes, snart skulle vara över, omfamnade han och de båda kvinnorna varandra hjärtligt. När de tillsammans lyssnade på nyheterna från BBC slog hans hustru ihop händerna som ett barn.

»Hysch!«, varnade informationsministeriet i en stor annons som infördes i Times på D-dagens morgon. »Tyskarna är desperat angelägna om varje litet stycke av information om våra invasions-

338

planer. Ett enda oförsiktigt yttrat ord kan ge lyssnande öron nyckeln till en hel operation. Nu mer än någonsin är vårdslöst prat farligt. Det kan kosta tusentals liv och fördröja segern med månader. Vad skall jag göra? Jag skall tänka på att vad som för mig verkar vara allmänt känt kan vara värdefulla nyheter för fienden. Jag skall aldrig diskutera truppförflyttningar eller fartyg som avseglar eller konvojer jag har sett på vägen. Jag skall aldrig tala om min insats i kriget, eller om var fabriker är belägna eller när krigsmaterial levereras. Särskilt skall jag vakta min tunga på offentliga platser – i parker, på pubar, på bussar, restauranger, järnvägsstationer och tåg, och när jag talar i telefon. Allt jag ser, får höra eller råkar veta behåller jag för mig själv.«

Tidningen hade kommit från pressarna några timmar innan nyheten om landstigningarna i Normandie kom ut. Dess rubriker utbasunerade fortfarande nyheterna från Rom, och insändarskribenterna debatterade fortfarande ivrigt frågan om Pocahontas' engelska avkomlingar. Det fanns inte en antydan om hur viktig dagen var. Över hela Storbritannien gick folk till sitt arbete som vanligt.

Nyheten om landstigningarna kom officiellt klockan 9.30 i en presskommuniké från SHAEF. Den orsakade inget större jubel, och Albert Grunbergs reaktion till nyheten visade sig vara typisk. Känslan av lättnad över att tiden av väntan var över tävlade med den dystra insikten om att många fler liv skulle gå förlorade innan segern var nådd. Framför allt gick tankarna till männen som kämpade på stränderna, och till sjömännen och flygarna som gav dem sitt stöd.

I London organiserades snabbt en särskild bönegudstjänst i Saint Paul's Cathedral. Församlingen sjöng »O Gud, vår hjälp i gångna år« och »Statt upp, I Kristi stridsmän«. Unga kvinnor som hört om gudstjänsten när de arbetade på sina kontor i City, och som inte hade sina söndagshattar med sig, använde näsdukar som en improviserad huvudbetäckning. I Westminster Abbey bad folk vid den Okände soldatens grav. Flaggförsäljare för Röda korset fick in en bra slant, och folk köade stillsamt vid tidnings-

stånden i väntan på att bilar skulle komma med de senaste upp-
lagorna. Stämningen var sansad och allvarlig. Butikerna hade en
dålig dag, liksom taxibilarna, medan biograferna, teatrarna och
till och med pubarna var halvtomma, som om folk ville vara en-
samma eller hemma med sina tankar. »I den egendomliga tystna-
den«, skrev journalisten Mollie Panter-Downes, »kunde man
känna hur staden strävade att skicka iväg sig själv över frukt-
odlingarna och sädesfälten, över vattnet, till männen som redan
börjat dö i fruktodlingarna och på sädesfälten i Frankrike.«

I New York stängde börsen för två minuters bön; New York
Daily News strök sina ledare för att i stället trycka »Fader vår«.
I Madison Square Park hölls ett bönemöte på eftermiddagen vid
monumentet till de döda i det första världskriget. Vid sin vanliga
presskonferens klockan fyra varnade president Roosevelt för en
alltför stark tillförsikt. »Det är inte bara att promenera till Berlin»,
sade han, »och ju fortare vårt land inser det desto bättre.« Den
kvällen talade han till nationen på radio och uppsände böner. Han
talade till Gud – som en korrespondent uttryckte det – »i en för-
trolig och förklarande samtalston, som om det var ett tal vid bra-
san som sändes upp till himmelen«.

I Kanada höll kyrkor över hela landet sedan länge planerade
gudstjänster, och i underhuset i Ottawa sjöng parlamentsledamö-
terna Marseljäsen, följd av *God Save the King*. Senare talade pre-
miärministern Mackenzie King till nationen på radio. Kampen
skulle säkerligen bli svår, bitter och kostsam, varnade han. Man
skulle inte förvänta sig tidiga resultat, utan bereda sig på bakslag
här och var, liksom på framgångar. Sedan återgav han de känslor
som uttryckts av den kanadensiske arméchefen, general Crerar, i
hans sista budskap till stormtrupperna. Han kände fullständigt
förtroende för sina män, och tyskarna skulle ha ännu mer att fruk-
ta från kanadensarna nu än de haft i det första världskriget. King
slutade med en maning till alla att be för de allierades framgång
och de europeiska folkens snara befrielse. I Sydafrika, som sänt
tusentals stridande soldater till kampen, var dagens lösen en be-
härskad entusiasm. Generalguvernören bevistade vid middagstid

en gudstjänst i St George's Cathedral i Johannesburg, och över hela landet fyllde människor kyrkorna med böner.

Bara i Moskva, där den statliga sovjetiska radiostationen sände nyheten tidigt på eftermiddagen, samlades folk upphetsat på gatorna. När högtalare avslöjade hur väldig D-dagens armada var skakade man hand på gatan med britter och amerikaner, skaror av folk samlade för att diskutera nyheten, och leende främlingar talade med varandra och berättade detaljer. En brittisk krigskorrespondent fann sig snabbt tagen till Hotel Moskva för en ändlös rad av skålar i vodka i sällskap med brittiska och sovjetiska officerare. I hotellfoajén blev hans sekreterare omfamnad av en vilt främmande man när han fick veta att hon arbetade för en engelsman. Den kvällen var gatorna, som månskenet gav en blekt blå färg, »fulla av folk fram till utegångsförbudet [och] luften vibrerade av hopp och glädje, de som så länge undertryckts i väntan på denna dag«. I översvallande sympati för det internationella proletariatet blev den sovjetiske journalisten Ilja Ehrenburg entusiastisk över dagens händelser i Normandie. »Hjältarna från Stalingrad och Dnjepr är stolta över sina allierade«, skrev han hänfört. »Rysslands veteraner hälsar av hela sitt hjärta sina vapenbröder, vävarna från Manchester, studenterna från Oxford, metallarbetarna från Detroit, kontoristerna från New York, bönderna från Manitoba och pälsjägarna från Kanada, som kommit långt bortifrån för att sätta stopp för det nazistiska tyranniet.«

Tidigt på Dagen D besökte den sovjetiske generalstabschefen Alexander Vasilevskij högkvarteret för Röda arméns 5:e armé, som nu var redo att slå till på norra flanken i den kommande sovjetiska offensiven. Efter att noga ha granskat planerna på att samordna infanteri, pansar, artilleri och flyg gav han sig av, fullt viss om att armén var i »fasta, djärva och pålitliga händer«. Samma morgon utförde tunga amerikanska bombplan från Poltava-basen i Ukraina ännu en räd. Denna gång var deras mål Albert Grunbergs rumänska födelsestad, Galaţi.

Först mitt på dagen visade sig Churchill själv i underhuset. Den förväntansfulla kammaren var fullsatt, och stämningen dämpad. Arbetet började som vanligt, med frågor till ministrarna. Sedan utlyste talmannen en tiominuters paus. Den vithårige David Lloyd George, Storbritanniens premiärminister under första världskriget, gjorde en noga beräknad entré i kammaren för att inta sin plats. Åtföljd av sin äldsta dotter Diana intog Churchills hustru Clementine sin plats på talmannens läktare. Slutligen kom Churchill själv in, under högljudda leverop. Efter en ursäkt för att han var sen ägnade han åtskilliga minuter åt att lovorda befrielsen av Rom och general Alexanders sätt att leda de allierade styrkorna i Italien. Sedan gjorde han en paus och trissade upp spänningen, innan han kom med det tillkännagivande som alla väntade på. »Under natten och de tidiga morgontimmarna«, sade han, »har den första av den serie av manstarka landstigningar på den europeiska kontinenten ägt rum. I detta fall ägde befrielseinsatsen rum på Frankrikes kust.« I det ögonblick han talade, fortsatte han, gick landstigningarna bra, och man hade uppnått taktisk överrumpling. Talet hälsades av fler leverop. Men även den kommunistiske parlamentsledamoten Willie Gallacher anslog en ton som gav anklang när han sade att allas hjärtan och tankar måste vara med »dessa pojkar, och deras mödrar här hemma«.

Senare på dagen återvände Churchill för att ge underhuset de senaste nyheterna om dagens vidare händelser i Normandie, och för att lovorda Eisenhower för hans mod när han fattat vissa svåra beslut, särskilt beträffande vädret. Det mest påfallande inslaget i invasionen, hävdade premiärministern, hade varit de flygburna truppernas landning, »i en skala som var långt större än något som hittills skådats i världen«.

Churchills synnerligen offentliga hänsyftning på D-dagen som den första i en serie landstigningar väckte bestörtning hos Tomas Harris och Garbos dubbelspelsgrupp.

Klockan tre denna morgon hade Harris, Pujol och »Tar«

Robertson från MI5 stått i spänd väntan när radiotelegrafisten Charles Haines knackade ned sin anropssignal till Madrid, redo att »avslöja« den överhängande invasionen för tyskarna och därmed styrka det slutliga beviset för Garbos trovärdighet. Men inget svar kom. Haines försökte gång på gång. Snart måste de inse den nedslående sanningen att Madrid, trots vad Garbo begärt dagen innan, inte skulle vara ute i etern.

Först framstod detta som ett svårt bakslag, men när Harris grubblade över konsekvenserna gick det upp för honom att det kunde erbjuda en ny möjlighet. Om tyskarna inte tänkte börja lyssna förrän klockan åtta – deras vanliga sändningstid – då kunde han och Pujol ta med ännu mer korrekt information om invasionen, eftersom landstigningarna vid det laget skulle vara ordentligt i gång, och riskerna för Eisenhowers styrkor nästan obefintliga. Det skulle då gå upp för tyskarna, menade Harris, »att dessa fakta skulle ha varit tillgängliga för dem före Timmen T om de hade varit mindre försumliga och ineffektiva«. På så vis skulle Garbo få ett psykologiskt övertag över Abwehr. Han och Pujol ägnade resten av natten åt att skriva om sina texter.

Klockan åtta, exakt enligt schemat, fick Haines ett svar på sin anropssignal och började sända de förbättrade meddelandena. Genom ett säreget sammanträffande fick Madrid alltså Garbos rapport om spypåsar och kanadensarnas avfärd från Hiltingbury i samma ögonblick som Glenn Dickin och hans kompisar, omedvetna om sin medverkan i Garbos desinformation, kämpade sig i land på Juno Beach.

Sedan saboterade så Churchill dubbelspelet med sina kommentarer i underhuset. Detsamma gjorde Eisenhower, som ivrigt uppmanade fransmännen att inte komma med en förtidig resning utan invänta det rätta tillfället. Innebar detta att det skulle bli vidare landstigningar senare?

Som en del i Garbos täckmantel hade Harris och Pujol beskrivit honom som insatt i de direktiv som utfärdats av kommittén för politisk krigföring om pressens rapportering om Dagen D. När Garbo vidarebefordrade ett av dessa helt fiktiva dokument till

Madrid uppmanade han Abwehr att läsa det »i händelsernas ljus«, för att få fram dess egentliga innebörd och på så vis omintetgöra de allierades bedrägeri. Direktivet inpräntade att »försiktighet måste iakttas för att undvika varje syftning på vidare angrepp och avledningsattacker«. Om tyskarna gjorde som Garbo uppmanade dem skulle de dra slutsatsen att »vidare angrepp och avlednings-attacker« var just vad de allierade hade i tankarna.

Men Churchills tal och Eisenhowers kommentarer gick stick i stäv med det fiktiva kommittédirektivet, genom att i full offentlig-het spekulera om fler landstigningar. Harris fruktade omedelbart att Abwehr skulle ställa besvärliga frågor. Värre än så – de kunde dra slutsatsen att Garbo hade hittat på direktivet, och följaktligen var en bluff, en dubbelagent som kontrollerades av britterna.

På själva Dagen D verkade alltså hela framtiden vara hotad för Fortitude South och dess avgörande plan för att övertyga Hitler om att landstigningarna i Normandie bara var en skenmanöver. Paradoxalt nog orsakades krisen av uttalanden som ytligt sett ver-kade stödja desinformationen, och ironiskt nog skedde alltihop för att både Churchill och Eisenhower trodde att de kunde vara till hjälp för desinformationsplanen. Deras tal hade i förväg läm-nats till SHAEF för säkerhetskontroll, och blivit godkända. Nå-gon på Eisenhowers högkvarter hade gjort ett misstag som kunde bli ödesdigert.

Men nu fanns det inte tid för beskyllningar. För andra gången på tjugofyra timmar stod Harris inför något oväntat. Under resten av Dagen D strävade han, medan de allierades soldater kämpade sig i land, med att reparera skadan. Han beslöt att för-bereda ett kvällsmeddelande till Madrid som på ett trovärdigt sätt kunde förklara alltihop.

Klockan åtta gick Garbo ut i etern och meddelade fräckt sina tyska herrar att både Churchill och Eisenhower hade brutit mot kommitténs direktiv. Han påstod att detta hade orsakat förstäm-ning i kommittén, och han hade känt sig tvungen att själv ta upp saken med dess ordförande, som hade erkänt problemet. Men Garbo menade att premiärministern och överbefälhavaren egentligen inte hade något val. Eisenhower *var tvungen* att avskräcka från resningar i förtid, och i vilket fall som helst var hans ord inte uttryckligt avslöjande. Som den som var i ledningen hade Churchill känt sig tvungen att undvika att förvränga sanningen. Eller som Harris, som bakom scenen drog i Garbos trådar, uttryckte det, »stora män, och ledare för nationer, måste säga sanningen till sitt folk även om sanningen strider mot sekretessen«. Harris och desinformationsgruppen hoppades att denna hisnande uppriktiga bekännelse skulle hålla Garbo kvar på banan.

Men desinformationsgruppen var inte klar med sina uppgifter för D-dagen. Fram emot midnatt avslutade Garbo sina sändningar med att gratulera sig själv; han var glad, sade han, att han hade gett tyskarna en förhandsvarning om invasionen. Men nästan omedelbart blev det annat ljud i skällan. I ett ilsket meddelande en halvtimma senare rapporterade han att han just fått veta att hans radiotelegrafist, Almura, hade misslyckats med att få fram det viktiga meddelandet kvällen innan. Detta var uppenbarligen helt och hållet Madrids fel – de hade inte varit ute i etern. Harris och Pujol bredde på ordentligt med uttryck för spelad harm som perfekt passade den melodramatiske och hetlevrade katalan vars personlighet de så omsorgsfullt hade byggt upp under de föregående två åren. »Jag är fullkomligt äcklad i denna kamp för liv och död«, sade Garbo till Madrid. »Jag kan inte acceptera ursäkter eller försumlighet. Jag kan inte smälta förslaget att utsätta kontakten för fara till ingen nytta. Vore det inte för mina ideal och min tro skulle jag sluta med detta arbete, eftersom jag har visat mig vara misslyckad. Jag skriver dessa meddelanden som sänds redan i natt, trots jag är helt knäckt av trötthet och utmattning, som beror på den omåttliga arbetsbörda jag har haft.«

Med sådana uttryck för klander och självmedlidande avslutade dubbelspelsagenten Garbo sin D-dag.

Inte ens en viskning om dagens händelser nådde fram till Petter Moens cell. Fångvaktarna genomförde den första av dagens båda inspektioner, ropade ut hans namn och nummer och kastade se-

dan upp dörren för att söka genom cellen. Fångarna hade gett en
av dem öknamnet »bestefar«. Han gick alltid in, kikade i alla
hörn, klagade på varje bristande ordning eller trivialt brott mot
reglerna, och gjorde sig obehaglig på allt sätt. »En typisk fängelse-
råtta«, menade Moen.

Ovetande om de landstigningar till vilka han fäste sitt hopp om
sin egen befrielse ägnade Moen dagen åt småprat med cellkamra-
terna, men han längtade efter att lämnas i fred. »Trots allt«, skrev
han i sin dagbok, »fanns det en stämning i ensamcellen som inget
sällskap kan uppväga.« Han hade mist sin tro på Gud, men hans
stränga lutherska uppfostran, med dess betoning av det egna an-
svaret, gjorde sig alltid gällande. Att dela sina olyckor med cell-
kamraterna hjälpte, men ingenting kunde befria honom från hans
egen skuld.

Han oroade sig också för sin hustru och sina vänner. Ironiskt
nog förde vetskapen att hans hustru också satt fången honom när-
mare henne än han hade känt att han var under deras år tillsam-
mans i fredstid. I februari, när han satt i isoleringscell, hade han
en klar vintermorgon vaknat och insett att det var hennes födelse-
dag. »En vacker sommardag när Norge åter är ett fritt land«,
skrev han, »skall Bella och jag vandra i skogen och sjunga 'Vad he-
ter det land där du lever?' – 'Lycka!!' – Min Gud, jag bönfaller dig
om detta. Bella! Ett nytt band leder mellan oss från Møllergata 19
till Grini. Vi lider för vår sak, och är kamrater i vad som för oss är
en ny innebörd av ordet. Kamrat Bella. Vi ska leva, vi skall älska.«

Dagen D tog tyskarna med fullständig överraskning.

I motsats till flertalet av Hitlers hejdukar hade Goebbels inte
något eget hus i Obersalzberg; liksom dr Morell föredrog han att
bo på ett hotell i Berchtesgaden. På väg tillbaka dit efter en sen
kväll med Hitler tittade han in en timma eller så för att diskutera
politik med Martin Bormann i dennes villa, och för att delta i det
vidare firandet av bröllopet mellan Hermann Fegelein och Greta
Braun. När han till slut gick mullrade ett fruktansvärt åskväder
över bergen. Klockan var fyra.

En timma tidigare hade telefonen ringt på Wehrmachts överkommando i Berchtesgaden för att rapportera om fallskärmar och glidplan på Cotentinhalvön. 6.45 telefonerade 7:e arméns högkvarter till 15:e arméns högkvarter med en rapport om beskjutning från fartygsartilleri, men med anmärkningen att inga landstigningar dittills hade ägt rum, och att de var säkra på att klara av situationen på egen hand. »Jaså«, kommenterade chefen för den 15:e armén, general von Salmuth, »fiendens invasion är redan ett fiasko«, varpå han gick och lade sig. Flottenkommando i Paris behövde ytterligare ett par timmar för att dra slutsatsen att landstigningarna utgjorde första omgången i en verklig invasion.

Inte ens då var von Rundstedt eller Wehrmachts överkommando övertygade. »Är ni så säker på att detta är invasionen«, frågade operationschefen Jodl. »Enligt mina rapporter skulle det kunna vara en avledningsattack.« Först ett ytterligare telefonsamtal till Berchtesgaden klockan 8.15, som gav mängder av detaljer om den väldiga fartygsarmadan utanför den normandiska kusten, övertygade till slut överkommandot om att de allierade verkligen hade öppnat sin länge väntade andra front i Europa. En timma senare fick de en officiell bekräftelse genom Eisenhowers radiotal på BBC.

»Har Führern blivit väckt«, frågade Albert Speer när han kom till Berghof för ett sammanträde klockan tio. »Nej«, svarade en adjutant, »han får nyheten när han har ätit frukost.« Lurad av Garbo och de allierades desinformation hade Hitler i flera dagar förutspått att de första landstigningarna bara skulle vara en skenmanöver. Ingen vågade nu väcka honom för att bara berätta om ett bedrägeri.

När han slutligen steg upp, tog på sin morgonrock och hörde nyheten var han påtagligt obekymrad, som om en tyngd plötsligt fallit från hans axlar. »Nyheten kunde inte varit bättre«, sade han jublande till Keitel. »Så länge de höll sig i Storbritannien kunde vi inte komma åt dem. Nu har vi dem där vi kan komma åt dem.« Wehrmachts överkommando var spritt över olika byggnader i Berchtesgaden. Hela morgonen ringde telefonerna vilt i hela staden när den utspridda staben försökte skapa en sammanhängande bild av det som hände på Normandies stränder.

Hitlers sedvanliga krigsråd vid middagstid ägde i dag rum på Schloss Klessheim, en timmas bilfärd bort, där ett officiellt ungerskt besök ägde rum med en speciell lunch för general Sztojay, den ungerske premiärministern. När Führern anlände fanns medlemmarna i hans överkommando högtidligt samlade i ett sidorum, stående runt kartor och sjökort. Hitler såg på dem och skrockade. »Så där ja, vi är i gång«, sade han på sin breda österrikiska dialekt, för att sedan upprepa sin åsikt att de nu hade fått chansen att göra upp räkningen med fienden. Ingen sade emot honom. Göring utstrålade sin vanliga optimism, von Ribbentrop kom inte med några invändningar, och Jodl lät självsäker.

Men samtidigt var Hitler försiktig. »Kommer ni ihåg«, frågade han retoriskt, och glömde behändigt sin egen tidigare förutsägelse att Normandie skulle bli det verkliga invasionsmålet, »att vi nyligen fick en rapport som exakt förutsade tiden och platsen. Det bevisar just att detta ännu inte är den verkliga invasionen.« Efter att under större delen av förmiddagen ha fått allt mer desperata vädjanden från Paris gick han först halv tre på eftermiddagen med på att frigöra de båda pansardivisioner som fanns i reserv nära Paris för strid. Han gav också order att den länge planerade offensiven mot London med flygande bomber skulle inledas.

När sällskapet lämnade Schloss Klessheim var Hitler hoppfull, och förutsade att de allierades trupper snabbt skulle drivas bort och de allierade flygburna styrkorna förintas. »Führern är djupt rörd när vi säger farväl«, skrev en mer skeptisk Goebbels i sin dagbok. »Han uttrycker sin orubbliga övertygelse att vi ska lyckas driva ut fienden från europeisk mark inom ganska kort tid. Det är imponerande att se den höggradiga visshet med vilken Führern tror på sin uppgift.« Regnet föll i floder, och över Salzburgdalen hängde en tät dimma. Det skulle vara bra, tänkte Goebbels, om vädret var sådant över hela Frankrike – det skulle vara ett dråpslag för Churchills och Roosevelts planer. Den kvällen drack sig propagandaministern berusad på en fest i Obersalzberg, sade sitt hjärtas mening om kulturen och försvann bakom ett piano för att spela en duett med en grevinna.

Tillbaka på Berghof träffade Hitler en delegation av potentater från nazistpartiet och deras fruar, och tog tillfället i akt att undervisa dem om den vegetariska kostens företräden, »Elefanten är det starkaste djuret«, förklarade han, och tillämpade sin egen variant av logik. »Han kan inte heller fördra kött.« Han tog sin vanliga promenad till Tehuset, tog en tupplur, och upprepade sedan med tillförsikt sin övertygelse att landstigningarna bara var en skenmanöver.

Vid lunchen på Schloss Klessheim satt Goebbels intill den ungerske premiärministerns stabschef, som upplyste honom om att Ungerns riksföreståndare, amiral Horthy, var i klorna på ett judiskt kotteri. Detta bevisade, sade Goebbels' informant, att »de antisemitiska åtgärderna i landet inte hade framgång«.

I samma ögonblick som han sade detta ankom ännu en sändning av ungerska judar med tåg till Auschwitz, och skickades till gaskamrarna. Två par tvillingsystrar sparades för medicinska experiment, etthundra ungerska judar som redan fanns på Auschwitz I överfördes till Monowitz, Auschwitz III, för att arbeta på lägrets fabriksanläggning i Buna, och ytterligare tvåtusen som bedömdes som fortfarande arbetsdugliga skickades till koncentrationslägret Mauthausen i Österrike för att arbeta tills de dog.

Hitlers tillförsikt att de nazistiska styrkorna snabbt skulle driva de allierade tillbaka i havet delades av unge Walter Schwender. På Dagen D passade han telefonen på sin post i Nantes. Med tid till sitt förfogande och tillgång till en kontorsskrivmaskin skrev han ett nytt brev till sina föräldrar i deras hem nära Auschwitz. »Posten är nu ett verkligt problem, eller vad tycker ni«, anmärkte han, eftersom han inte hört av dem på åtskilliga dagar. »Saker kommer inte fram längre.« Han undrade om blommorna slagit ut än i deras trädgård. Han nämnde att han nyligen hade skrivit till sin farbror Hans, som hade blivit befordrad till korpral, och att

Hans hade svarat att han hade föredragit ett annat slags befordran, den som – gissade Walter – skickar en tillbaka hem. Han hade tillfogat: »Det är vad alla helst skulle vilja.« Hans hade också berättat för honom att de hade haft »en massa besökare från England«, varmed han menade RAF:s bombplan. Annars var han glad att kunna säga att allt stod väl till med hans farbror.

I själva verket, skrev Walter, stod allt väl till även i Nantes. Han åt fortfarande ibland på stadens bästa hotell. Han hade hört att engelsmännen under natten hade landstigit uppe på Kanalkusten, och han skulle säkert få höra mycket mer om det under de närmaste dagarna. »Men de blir slagna med en gång«, lovade han. »De kommer minsann inte att ha något att skriva hem om.«

Walters sorglösa reaktion till Dagen D delades inte nödvändigtvis av hans vapenbröder vid fronten i Normandie. En tysk artilleriofficer, som stod på vakt och blickade ut över Sword Beach, tog upp sin kikare, kisade genom det grå gryningsljuset och såg horisonten bokstavligen fyllas av hundratals fartyg. »Det var en oförglömlig syn. Jag hade aldrig sett något så välorganiserat och disciplinerat«, erinrade han sig. »Alldeles förstenade såg vi på när armadan stadigt och obevekligt kom närmare.«

Rommel var fortfarande i morgonrock, och sysselsatt med att ordna sin hustrus födelsedagspresenter i familjens blomstersmyckade vardagsrum, när telefonen ringde. Det var Speidel, som rapporterade landstigningar på den normandiska kusten. Efter ett andra samtal från stabschefen klockan halv elva, som bekräftade att detta faktiskt var invasionen, lämnade Rommel hastigt firandet och åkte tillbaka till La Roche-Guyon. Färden krävde större delen av dagen; han uppmanade ständigt sin chaufför att köra fortare, slog otåligt sin ena behandskade hand mot den andra och svor högt att alltihop bara bevisade att han skulle ha haft kontroll över pansardivisionerna nära brohuvudet.

Klockan var kvart över nio innan han äntligen kom fram. Hans adjutant, Lang, hoppade ut ur deras Horch och skyndade före uppför trappan till slottet. Från Speidels tjänsterum intill hallen kunde han höra tonerna i en opera. »General, invasionen har börjat, och ni kan lyssna till Wagner«, sade han förvånat. »Min käre Lang«, svarade Speidel, »tror ni verkligen att det gör någon som helst skillnad för invasionens förlopp att jag lyssnar till Wagner?«

Tyskarnas underrättelseläge var dåligt, deras generaler förvirrade och deras Führer nu mer än någonsin innesluten i sin egen värld. Wehrmachts svar på landstigningarna avslöjade nu gapande sprickor i den utåt imponerande krigsmaskinen. Trupperna på marken bjöd bara sporadiskt framgångsrikt motstånd – särskilt på Omaha Beach – och Luftwaffe sände bara ut en enda bombplansgrupp mot stränderna; den utgjordes av fyra tvåmotoriga Junkersplan. I övrigt lämnade de de allierade totalt luftherravälde under de avgörande första fyrtioåtta timmarna av invasionen. Detta var otvivelaktigt, som journalisten Chester Wilmot skrev om Dagen D för mer än femtio år sedan i sin klassiska skildring *The Struggle for Europe*, »den mest betydelsefulla enskilda faktorn för invasionens framgång«.

Vad flottan beträffade misslyckades även de ubåtar som Hitler var så envetet besatt av. När det blev klart hur stor D-dagens armada var riktade amiral Dönitz, som själv varit ubåtsman och som mist två söner i kriget, en desperat vädjan till sina ubåtsbefälhavare i Brest, Lorient och Saint-Nazaire. Hans uppmaning var en god sammanfattning av vad han ansåg stod på spel:

»Fienden har inlett sin invasion av Europa. Kriget har därmed inträtt i ett avgörande skede. Om den engelsk-amerikanska landstigningen lyckas innebär detta för oss att vi förlorar stora områden som är väsentliga för vår krigsekonomi, och därtill ett omedelbart hot mot våra viktigaste industriområden, utan vilka kriget inte kan fortsättas. Fienden är som svagast i själva landstigningsögonblicket. Allt måste göras för att träffa honom i detta ögonblick och tillfoga honom sådana förluster att han inte har någon önskan att någonsin pröva en ny landstigning. Dessutom kan först då de styrkor som saknas på östfronten skickas dit. Män i ubåtsvapnet! Även på er beror vårt tyska folks framtid, nu mer än någonsin. Jag begär därför av er den mest förbehållslösa insats, utan hänsyn till annars rimliga försiktighetsåtgärder. Alla de fiende-fartyg som kan användas för landstigningen skall vara mål för oin-skränkt attack, även när ni riskerar att förlora er egen ubåt. Varje fientlig soldat och varje vapen som förstörs före landstigningen minskar fiendens utsikter till framgång. I denna kris vet jag att ni män i ubåtsvapnet – som har prövats i de hårdaste strider – är män jag kan lita på.«

Nio ubåtar med snorkel skulle angripa invasionsstyrkan utan-för Isle of Wight. En mindre styrka på sju ubåtar, som ännu inte utrustats med snorklar, skulle stationeras vid infartslederna till Kanalen. För att hindra en allierad landstigning längre söderut skulle de sista nitton ubåtarna läggas på en linje tvärs över Biscayabukten. Men när allt kom till kritan sänkte inte en enda tysk ubåt – Hitlers första försvarslinje mot Operation Neptune – ett enda fartyg i den allierade invasionsflottan på Dagen D.

På eftermiddagen hade vägen för Glenn Dickins kompani till Reviers, tre kilometer söder om Courseulles, redan rensats av C-kompaniet. Vägen hade varit spärrad av ett virrvarr av taggtråd och dödskallemärkta anslag som varnade för minor. Men dessa vi-sade sig vara bara för syns skull, och framryckningen till Reviers visade sig gå ganska enkelt. Reviers – som hade kodnamnet ADEN i den topphemliga Bigot-information som Glenn fått i Hiltingbury – var det första målet Regina Rifles hade i inlandet. De få fiendesoldater de mötte, mestadels från Östeuropa, bjöd föga motstånd och kapitulerade snabbt.

När Glenn i utkanten av staden kom ut på öppna landet stötte han på Gordon Brown. Hans kompis kom fräsande tillbaka från Reviers på sin Norton-motorcykel efter ha lotsat fram en konvoj med kulsprutebilar och pansarvärnskanoner till fronten. Gordon for fram i cirka 150 kilometer i timmen med ett meddelande till re-gementschefen, Foster Matheson, som var kvar i Courseulles, när han plötsligt upptäckte Glenn på vägen. Han stannade med en sladd och gav honom en björnkram, lättad att se honom efter deras farväl i Hiltingbury. Eftersom Glenn hade tagits ut att landstiga i den första anfallsvågen hade han bara haft femtio procents chans att ta sig över stranden oskadd. Efter att ivrigt ha berättat de senaste nyheterna för varandra skildes de båda vännerna.

Glenns rutt tog honom nu längs den smala landsvägen som följde en bäck som kallades Mue, ett knappt tre meter brett vattendrag som slingrade sig fram över Normandies gräsängar. Han mötte inga svårare hinder. Vid tretiden hade han nått Reviers, och strax därefter bataljonsstaben. Hans kompani vilade än en gång. Tre timmar senare gav han sig i väg i riktning mot Fontaine-Henry, den närmaste byn åt söder. Dess kodnamn var BOLIVIA.

I England hade Eisenhower inte mycket att göra denna dag mer än att vänta och hoppas att det stora korståget fått en lyckosam start. Klockan sju på morgonen ringde amiral Ramsay för att rapportera att allt gick väl än så länge. När Harry Butcher kom in i husvagnen några minuter senare fann han överbefälhavaren sittande i sängen med en västernroman, medan han rökte en cigarett. Sedan dikterade Ike ett meddelande till general Marshall i Washington som återgav Ramsays uppmuntrande nyheter, och berättade om hans besök föregående kväll för att se de flygburna trupperna ge sig iväg. Männen, skrev han till Marshall, hade haft »stridsglimten i ögonen«. Meddelandet avsändes just som Bill Tucker och männen från 82:a flygburna vilade efter att ha intagit Sainte-Mère-Église.

Under resten av Dagen D stannade Eisenhower huvudsakligen i Southwick Park. Han gick i oändlighet fram och tillbaka, kedjerökte, och studerade de fragmentariska och ibland motstridiga rapporterna så snart de strömmade in från Frankrike. Han talade än en gång med Ramsay, gjorde ett kort besök hos Montgomery, åt en tidig middag och gick sedan och lade sig. Tidigare på dagen hade hans son John gått ut från West Point, och skolans kommendant läste upp ett budskap till avgångsklassen från hans stolte fader, de allierades överbefälhavare.

Churchill hade en hektisk dag. Den började på småtimmarna. Fortfarande rasande på de Gaulle gav han Desmond Morton, sin personlige underrättelserådgivare och högra hand i franska ärenden, order att låta deportera generalen till Alger så snart som möjligt, och om nödvändigt i bojor. Efter en kort tupplur grep han klockan tre på morgonen den telefon som förband honom direkt med kodknäckarna på Bletchley Park. Den ledde till chefens tjänsterum. Chefens, Edward Travis, tjugofemårige assistent Harry Hinsley hade vakten, och väntade på att till de allierades befälhavare vidarebefordra rapporter om de första uppsnappade tyska meddelandena om invasionen. »Har fienden fått höra att vi är på väg än«, frågade Churchill direkt. Hinsley svarade att den första tyska marinsignalen redan var på väg till London på teleprinter, och att premiärministern skulle få den inom kort. En och en halv timma senare ringde Churchill igen. »Hur går det«, frågade han. »Har något gått galet än?« Den här gången kunde Hinsley svara att tyskarnas 5:e torpedbåtsflottilj kort före klockan fyra hade fått order att angripa stormbåtar utanför Normandies kust. Det dechiffrerade meddelandet var redan på väg till de allierades befälhavare. Churchill grymtade och lade på.

Vid det här laget var Churchill klarvaken, och nu när trupperna skulle landstiga på fransk mark tänkte han om vad gällde de Gaulle och återkallade sin deportationsorder. Under resten av förmiddagen, fram till sitt uttalande i underhuset, följde han förloppet på stränderna i kartrummet. Därefter åt han lunch med kungen på Buckingham Palace. Efter att ha telegraferat Stalin för att meddela honom att allt hade börjat bra besökte han på eftermiddagen de allierade flygstyrkornas högkvarter på St James's Square, tillsammans med kungen och general Smuts. Därefter gjorde han sitt andra uttalande i underhuset, och återvände till de underjordiska krigsrummen för att studera de meddelanden som nu strömmade in.

De flesta av dem gav åskådliga detaljer om det skärrade tyska svaret på invasionen, på fallskärmslandsättningarna, glidplanslandningarna och de första attackerna på stränderna. Alla gav de honom glädjande tecken på det kaos och den förvirring som bredde ut sig i hela den tyska ledningen. De gav också positiva nyheter från Italien. Italienska partisaner ansatte allvarligt tyskarna i deras återtåg, och uppmuntrade italienare som fortfarande kämpade på deras sida att desertera. Kesselring var faktiskt så uppskärrad att han hade meddelat ss att han väntade en omedelbar allierad landstigning som skulle förena sig med gerillan.

Trött men belåten gick Churchill och lade sig, åt middag i sängen och tog itu med en ny bunt meddelanden.

Men frågan om de Gaulle gnagde fortfarande. Vid midnatt hade han på telefon ett förfärligt gräl med Eden. de Gaulle hade tidigare visat sig vara magnifikt vuxen dagens händelser, och hade hållit ett eldande radiotal till det franska folket. Ett anfall i väldig skala, hade han berättat, hade inletts från »gamla Englands« kuster. Den stora kampen för Frankrike, som också var Frankrikes kamp, var nu i gång. Fransmännen skulle vara förvissade om att insatser bakom fiendens linjer var samordnade med de allierades och de franska truppernas framryckning. »Bakom det tunga moln som utgörs av vårt blod och våra tårar«, slutade han, »lyser åter vår glanstids sol.«

Churchill hade lyssnat till talet. När han hörde hänsyftningen till »gamla England« brast han i gråt. När han märkte att Ismay stirrade på honom fnös han »Din stora isterbuk, har du inga känslor?« Trots allt var han arg på uttrycket »Frankrikes regering«, och han ville fortfarande se de Gaulle ge sig av. Trots att Eden i telefonsamtalet vid midnatt yrkade på något slags överenskommelse med den man som fransmännen så tydligt ville ha till ledare var han alltjämt benhård. I denna fråga sade han rent ut till sin utrikesminister att FDR och han själv skulle stå mot världen.

Glenn Dickin nådde utkanten av Fontaine-Henry omkring klockan sju på kvällen. Försiktigt ryckte hans kompani fram längs huvudgatan, höll sig nära de låga husen och använde all den betäckning som stod att få. Detta var vad Glenn hade blivit tränad för. Han hade gått ut som tvåa från officersskolan i Kanada, och i stridsutbildningen i England hade han klarat sig bra; i den hemligstämplade betygsättningen hade han fått A för Pålitlighet, Ledarskap, Ansvarskänsla och Betydelse för gruppen. Husens fönsterluckor var stängda, gatorna var övergivna. Bakom sig hörde de det avlägsna dundret från det tunga fartygsartilleriet utanför kusten, men här var de enda ljuden knastrandet av deras kängor i gruset, en hund som skällde emellanåt och hönornas kacklande. De hade inte sett en skymt av några tyskar när de kom runt ett hörn i utkanten av byn. Framför dem, högst upp på en svag sluttning, låg kyrkan, med en kort grå spira som avtecknade sig mot kvällshimlen.

Byborna hade upplyst dem om att tyska soldater gömde sig i tornet. Det var sent på våren, träden var fullt utslagna, och vid det här laget hade himlen klarnat upp. Glenn älskade landsbygden. För bara tre veckor sedan hade han, en söndagskväll i Hiltingbury, tagit sig en promenad, och han blev lyrisk när han skrev till sin mor om dikena och häckarna som exploderade i blommor. Han hade till och med ordnat med att blommor skulle levereras till henne på Mors dag, och skickade henne ett särskilt brev. »Jag hoppas du förstår«, skrev han, »att jag tycker du är den bästa mor en man kan ha. Oroa dig inte för mycket, mor, och oroa dig inte för mig. Jag är rätt bra på att ta hand om mig själv.« Våren var alltid en speciell tid på prärien. Snön smälte till slut, och det var dags att komma ut, reparera skadorna från vinterstormarna och få utsädet i jorden. Han visste hur mycket hans hjälp betydde för hans mor. För i år var det dock för sent. Nästa år, lovade han, skulle han försöka vara tillbaka till vårrengöringen.

Till höger om sig hade han nu byns allmänning, en lätt kuperad gräsmatta med spridda kastanjeträd. Bortom den stod monumentet över bybor som stupat i första världskriget. Vägen framför honom svängde brant uppåt och försvann bakom kyrkan i riktning mot Le Fresnay-Camilly, ännu en av de små städer i honungsfärgad sten som låg utspridda i det böljande landskapet. Den hade kodnamnet AMAZON, och var bataljonens planerade högkvarter för natten som följde på Dagen D.

Glenn passerade de höga smidesjärnsgrindarna framför Château de Fontaine-Henry, vars brant sluttande skiffertak täckte en invecklad ornamentik av stenhuggeriarbeten, friser och balustrader. Under den massiva byggnaden fungerade en labyrint av medeltida källare också som skyddsrum för byborna. Kompaniet höll sig tätt intill järnstaketet, kröp sedan längs kyrkogårdens låga stenmur och nådde efter femtio meter kyrkporten.

Här kunde de fortsätta åt båda hållen. Till höger låg kyrkogårdens huvuddel med sin labyrint av gamla gravstenar. En barriär av träd därbortom höll snabbt på att insvepas i skuggor. Till vänster fanns en gammal idegran och den bakre muren till slottsområdet. De tog till vänster, på stenläggningen under kyrktornet.

Det var då en granat slog ner, slungade sitt dödsbringande splitter mot stenmuren, holkade ur idegranens stam och dödade Glenn på fläcken, tillsammans med Frank Peters och Alan Kennedy. De dog hopkurade intill muren vid kyrkporten.

En djup tystnad föll. Kvällen övergick sakta i dunkel. Ingenting rörde sig, och fönsterluckorna på husen vid allmänningen var fortfarande stängda. När mörkret föll flackade skuggor bland träden och klättrade uppför trappan till kyrkan. Byborna kom med stora fång rosor i famnen och täckte försiktigt och kärleksfullt Glenn och hans vänners kroppar med blommor.

De tre kamraterna låg där hela natten. Nästa morgon gjorde byborna kistor av trä, grävde en grav med plats för tre och kom med vita linnelakan som svepningar. Efter en kort jordfästningsceremoni lade de på graven tre blomsterbuketter omknutna med ett band i de franska färgerna.

»Det är nu tisdag kväll och vilken dag det har varit«, skrev Veronica Owen till sina föräldrar, utan att i sin upphetsning ta någon notis om interpunktionen. »Jag kan fortfarande inte tro att vi faktiskt har landstigit i Frankrike att det vi alla har väntat och väntat på så länge till sist har hänt och hittills av allt att döma framgångsrikt.« De sista två timmarna av hennes nattpass, när invasionsflottan äntligen bröt sin radiotystnad, hade varit hektiska, när

meddelandena började strömma in i Neptunes underjordiska
nervcentrum. När hon gått av sitt pass begav hon sig till Fareham
för att handla, lyssnade till den officiella kommunikén om land-
stigningarna på BBC, somnade sedan och sov djupt till klockan
fyra på eftermiddagen. Då skrev hon sitt långa brev hem, lagade
några klädesplagg, och klev på sin cykel och gav sig iväg till
Titchfield. Här hjälpte hon familjen Spurway att plocka och ar-
rangera rosor från prästgårdens trädgård. Efter middagen satt de
tre ensamma runt radion och lyssnade till kungens tal klockan nio.
»Verkligen mycket bra«, antecknade Veronica i sin dagbok. Sedan
cyklade hon tillbaka till Heathfield för att sova en hel natt före sitt
eftermiddagspass nästa dag. Dagens händelser var en föraning om
veckor av intensivt arbete och lite sömn för alla. »Men ett kul
jobb«, skrev Veronica förnöjt.

I Paris försökte von Rundstedts överkommando få ordning och
reda i det hela. Än så länge verkade det som om bara en liten del av
de trupper som fanns till hands i södra Storbritannien hade satts
in i anfallet. Enligt en tillförlitlig Abwehr-rapport som nyligen
anlänt, sade von Rundstedts analytiker i en lägesrapport om da-
gens händelser, var de indelade i två armégrupper – den brittiska
21:a armégruppen under Montgomery, och den amerikanska 1:a
armégruppen under Patton. Egendomligt nog hade man inte
upptäckt ett enda förband från Pattons grupp. Av detta kunde
man bara dra en enda slutsats – fienden planerade ytterligare en
storskalig landstigning på Kanalkusten. Och den uppenbara plat-
sen för den skulle vara Pas de Calais.

De allierades desinformationskampanj, och det grundliga ar-
bete och den stora påhittighet som Tomas Harris och Juan Pujol
ägnat åt att skapa en trovärdig Garbo, åstadkom uppenbarligen
underverk.

Bill Tucker, som vilade sig i en äppelodling vid Sainte-Mère-Église,
hade tur som ens hade klarat sig till lunch.

En tysk soldat kröp längs en häck och öppnade plötsligt eld

mot de uttröttade karlarna i I-kompaniet, som han höll liggande i skydd under träden utan att kunna nå några vapen. Lyckligtvis hade en av fallskärmssoldaterna gått bort till en brunn i närheten för att hämta vatten, och tagit sitt granatgevär med sig. På vägen tillbaka fick han syn på tysken som sköt in i fruktodlingen, och sprängde honom i luften med ett enda skott.

Vid det här laget hade tyskarna börjat beskjuta staden med haubitsar och granatkastare från nedgrävda ställningar i norr och söder. Eftersom »Kanonkulan« Krause visste att utgången för hela brohuvudet på Utah Beach hängde på att han höll sina ställningar beordrade han klockan tio I-kompaniet att angripa de tyskar som gav eld från den lilla byn Fauville, som låg ett par kilometer längre söderut tvärs på ömse sidor om N13, den nord-sydliga huvudvägen. Tucker gick runt stadens västra utkanter och fanns sig vilse i labyrinten av häckar. Inte ens på fältövningarna hade han blivit tränad för känslan att han, när han och Larry släpade de olika delarna av sin kulspruta genom snåren, gick runt i cirkel till ingen nytta. Till slut kom de varma och trötta fram till N13 strax söder om staden.

Mindre än en och en halv kilometer framför sig kunde de längs den spikraka vägen se de spridda husen och ekonomibyggnaderna i Fauville, högst upp på en liten kulle. Diken längs sidorna av vägen erbjöd obetydlig betäckning, men de tog den. När de kämpade med att sätta ihop kulsprutan råkade de under intensiv beskjutning. Bara tjugo meter från dem kastade tyskar handgranater mot dem från andra sidan vägen. Sedan kom kompaniet under beskjutning från ett fält till vänster, och beslöt att dra sig tillbaka. Tucker började kravla sig bakåt längs diket, bara för att falla i ett hål som den franska civilbefolkningen hade grävt som skydd mot de allierades bombningar. Mannen bakom Tucker skrek åt honom att fortsätta, och när han desperat tog sig upp ur hålet var han tvungen att lämna kvar eldröret till kulsprutan.

Vid det här laget var hans packning med proviant genomborrad av kulhål, hans cigaretter hade trasats sönder till lös tobak, och hans ena byxben hade slitits av. Han var glad att hitta skydd tillsammans med Larry i en liten nedsänkt fruktträdgård. Han hade knappt hunnit andas innan en kulspruta öppnade eld och han dök för betäckning över första bästa häck, rakt ner i en ho med grismat.

Täckt med stinkande svart smörja lyckades han ta sig tillbaka till stadens centrum strax efter klockan tolv.

Krause satte nu I-kompaniet som reserv. Tucker och Larry ägnade större delen av eftermiddagen åt att gräva en skyddsgrop på bakgården till ett hus i Sainte-Mère-Église, medan granaterna susade ovanför dem.

Över hela staden sökte stadsborna fortfarande förtvivlat efter skydd. På grund av den höga grundvattennivån hade inget av deras hus något nedgrävt skyddsrum. Därför återvände de flesta stadsborna till skyddsgropar som de redan hade grävt som skydd mot de allierades bombningar. Borgmästare Renaud och han familj tog sig till ett dike invid en fontän nära deras hus, och fodrade det mot vätan med fallskärmar som de hämtat från ett fält i närheten. När natten föll kunde borgmästaren höra divisioner av flygplan över sig, granater som föll tätt intill och kulsprutor som gav eld på avstånd. I skuggorna såg han två tyska soldater som sprang förbi hans gömställe på flykt undan några tysta gestalter.

»Gräv ner er djupt«, beordrade sergeanten, och under resten av dagen var det enda Tucker kunde tänka på de tyskar han hade mött utanför Fauville, de som skulle gå till anfall under natten. Han hade blivit tillsagd att hämta eldröret till kulsprutan, men detta var alldeles uppenbart en enfaldig order som han helt enkelt struntade i. När mörkret föll började en ny intensiv artilleribeskjutning. G-kompaniet, som sökt skydd alldeles i närheten, blev illa tilltygat. Tucker höll ned huvudet och hoppades på det bästa.

Plötsligt var det någon som sköt på gatan bara några meter bort. Tucker kikade försiktigt ur från sin grop. Till höger om honom fanns ett litet uthus, och han kunde vagt se en man som kröp längs sidan på det. Det var en tysk soldat, som efter att ha rundat hörnet kom rakt mot Tucker. Fallskärmssoldaten höjde sin karbin och drog i avtryckaren. Slutstycket rörde sig framåt men stannade halvvägs. Tuckers desperata krypande i jord och diken hade täppt till magasinet. Vettskrämd bearbetade han slutstycket i full förtvivlan. Sedan försvann hans rädsla lika snabbt som den kommit. Tysken hade försvunnit i mörkret när han hörde ljudet från slutstycket.

När midnatt kom och »den längsta dagen« var över flög stjärnbaneret fortfarande över Sainte-Mère-Église, och brohuvudet på Utah Beach hade nått samband med fallskärmsjägarna från den 82:a och den 101:a flygburna divisionen. Längs hela den åtta mil långa normandiska kusten grävde uttröttade karlar, britter, kanadensare och amerikaner, ned sig för natten. Ingenstans hade de trängt fram mer än omkring femton kilometer inåt land, och på Omaha Beach höll de sig med knapp nöd kvar. Bortsett från Gold och Sword hade inga av de enskilda brohuvudena ännu nått samband, och få av de ambitiösa mål som uppsatts för dagen hade verkligen uppnåtts. Men etthundrasjuttiofemtusen man var tryggt i land, tillsammans med otaliga stridsvagnar, fordon och artilleripjäser. När gryningen kom några timmar senare skulle ännu en väldig oemotståndlig våg av invasionsstyrkorna komma i land. Och även om förlusterna på sina håll hade varit mycket höga var de i det stora hela betydligt lägre än väntat. Under tiden vägrade Hitler, framför allt tack vare Garbos skickliga dubbelspel, att kasta in sin 15:e armé i striden, så länge han väntade på att den »riktiga« invasionen skulle äga rum längre norrut. Motståndsmän hade mobiliserats, och ställde redan till kaos bakom de tyska linjerna.

På den ettusensjuhundrafyrtioförsta dagen av det andra världskriget skymtade nu befrielsen för Västeuropa. Den långa vägen till Berlin låg öppen.

Vad blev det av dem?

UNDER sex veckor efter DAGEN D utförde SONIA D'AR-
TOIS, SYDNEY HUDSON och andra medlemmar av
SOE:s Headmaster-grupp talrika sabotageuppdrag, i
synnerhet mot tyska telefonlinjer och kablar. De led också ett
allvarligt bakslag när en motståndsgrupp som de upprättat i sko-
gen vid Charny sprängdes av tyskarna, och ett antal av deras
medhjälpare blev dödade. De hämtade sig emellertid snabbt,
och efter den allierade utbrytningen från Normandie evakuerade
tyskarna Le Mans den 8 augusti. De båda SOE-agenterna för-
enade sig sedan med de amerikanska styrkorna i Pattons 3:e armé
och utförde, under täckmanteln att de var ett tysksympatiseran-
de äkta par, ett flertal rekognosceringsuppdrag bakom de tyska
linjerna för den amerikanska arméns underrättelsetjänst. Vid ett
av dessa uppdrag hölls de en kortare tid som gisslan, och Sonia
d'Artois blev våldtagen under vapenhot av två tyska soldater.

När de avslutat sitt arbete med Pattons armé träffade de i Paris
andra medlemmar av SOE:s franska sektion, bland dem Guy
d'Artois, Sonias make, som hade lett en motståndsgrupp i Bour-
gogne. Ett kort tid därefter avseglade Sonia till Kanada för att
börja sitt äktenskapliga liv med Guy, med vilken hon fick sex barn.
Han dog 1998, och hon bor nu i Hudson, provinsen Quebec. När
Sydney Hudson återkom till London var han, eftersom hans
äktenskap nu var över, besluten att hitta något slags ny mening i
livet, och han anmälde sig som frivillig hos SOE:s Fjärranöstern-
sektion, känd som Styrka 136. Han tillbringade resten av kriget
bakom japanernas linjer, först i Thailand och sedan i Vietnam. För
sina insatser i SOE tilldelades han Distinguished Service Order.
Efter kriget arbetade han med omskolningsprogram i Tyskland

för den brittiska ockupationsmyndigheten. Senare var han personalchef på oljebolaget Shell och på Bank of Scotland. Han bor nu nära Edinburgh med sin andra hustru, Ruth. År 2001 återförenades han för första gången sedan kriget med Sonia d'Artois, för att göra en TV-dokumentär om SOE.

I sin fängelsecell i Oslo fick PETTER MOEN höra om D-dagen elva dagar efter landstigningarna i Normandie. »Vet inte hur det går. Kommer det att vara över i år, och kommer jag att vara i livet då? Jag blir yr när jag tänker på det«, skrev han i sin dagbok lördagen den 17 juni. Tragiskt nog skulle han inte vara det, och Moen återförenades aldrig med sin älskade hustru Bella. Den 6 september, efter befrielsen av Paris och Bryssel, fördes han, tillsammans med femtio landsmän, ombord på fartyget *Westfalen* för överföring till ett koncentrationsläger i Tyskland. Fartyget sänktes av en torpedattack i Skagerak, och Moen och de flesta av fångarna drunknade. Men han hade haft tid att berätta hemligheten om sin dagbok för en som överlevde, och efter kriget hämtades den fram den ur ventilationstrumman i hans tidigare cell och publicerades. Hans hustru befriades från Grini vid krigsslutet. De hade inga barn.

VERONICA OWEN lämnade marinlottorna vid krigsslutet och tog en examen i historia vid University of London. Hon var där kapten för damernas cricketlag, med långsam bowling som sin specialitet. Hon undervisade i historia vid privata och statliga läroverk, och från 1960 till 1968 var hon rektor för flickskolan i Limuru i Kenya. Därifrån tog hon en gång en grupp flickor upp på toppen av Kilimanjaro. Hon återvände sedan till Storbritannien och blev rektor för Malvern Girls' College, varifrån hon gick i pension 1983. Hon författade en bönbok, *Fire of Love*, och gjorde aktiva insatser i den anglikanska kyrkan. Som pensionär tyckte hon om att göra vandringsturer i Malvern Hills. Hon gifte sig aldrig, och gick bort i juli 1999.

Den åttahörniga dopfunten i St Peter's Church i Titchfield, där

Frank Spurway var kyrkoherde och Veronica under kriget ofta deltog i gudstjänsterna, byggdes som ett minnesmärke över de soldater som passerade genom staden på sin väg till landstigningarna på Dagen D.

ANDRÉ HEINTZ bor fortfarande i Caen. Efter att först ha arbetat för Röda korset och sedan, efter Caens befrielse den 9 juli 1944, ha varit medhjälpare till de allierade ockupationsstyrkorna, tillbringade han de två första fredsåren vid universitetet i Edinburgh som lektor i franska. Under de följande trettiosex åren var han lärare i franska som främmande språk för utländska studenter vid den tekniska fakulteten vid universitetet i Caen. 1948 gifte han sig med Marie-Françoise, och har fem barn med henne. Han är nu en aktiv stöttepelare för Musée de Mémorial i Caen, och fungerar som guide och tolk för rundturer på de normandiska krigsskådeplatserna.

För André betydde Dagen D befrielse och framtidshopp. »Vi befann oss i en sådan situation att vi visste vad frihet innebär«, berättade han för författaren. »Dagen då Caen befriades var den mest underbara i hela mitt liv. Det finns minnen av avsaknaden av frihet, och av nazistiska förbrytelser som jag inte kan glömma – som avrättningen av motståndsmännen i Caen på D-dagens morgon, bland dem min chef, Alexis Lelièvre. Men, som de Gaulle sade åtskilliga år efter kriget: 'Det är hög tid att vi försonas med Tyskland.' Jag gjorde mitt bästa för att mina barn inte skulle känna detsamma som jag.«

ALBERT GRUNBERG stannade i sitt gömställe till Paris' befrielse, och återvände till sin egen våning onsdagen den 23 augusti 1944. Nästa dag förenade han sig med hemlandets fria franska styrkor på barrikaderna utanför polisprefekturen, för de sista timmarna av kamp mot de hatade preussarna. Han återgick sedan till att sköta sina frisersalonger. Den sista anteckningen i hans dagbok gjordes i oktober 1944, när han skrev om sitt stöd för kommunistpartiet och sina förhoppningar om skapandet av en fransk sovjetrepublik som skulle ge rättvisa åt det franska folket. »Men min glädje skulle vara fullständig«, skrev han, »om jag fick nyheter om mina barn i Chambéry.« Grunberg dog i Paris 1976, vid sjuttioåtta års ålder. Hans dagbok deponerades 1998 i nationalarkivet i Paris av hans son Roger. Grunbergs bror Sami dog strax efter kriget, delvis till följd av den misshandel han utsatts för i fånglägret Drancy. Madame Hélène Oudard, portvakten som skyddade honom och som han hade att tacka för sitt liv, dog i Paris i juni 1999, nittioåtta år gammal.

WALTER SCHWENDER överlevde inte kriget. Amerikanska trupper befriade Nantes den 11 augusti 1944, och någon gång under den följande månaden blev Walter, som fortfarande var stationerad i Frankrike, skjuten i höger arm och axel, troligen av ett allierat flygplan. Han fördes till ett militärsjukhus i Menge i Tyskland, nära den franska gränsen, där hans arm amputerades, men dog och begravdes där. Efter kriget gravsattes han i familjegraven i Altstadt i Saar. Tillsammans med sin bror Karl och alla de andra unga män från byn som stupade i Hitlers krig har han fått sitt namn inristat på den stora porten som för till kyrkogården.

Efter trettioåtta dagar i strid i Normandie återvände BILL TUCKER med återstoden av sitt regemente till basen i Quorn i Leicestershire. Av de strax över tvåtusen män som hoppat över Frankrike kom bara hälften tillbaka. 186 hade stupat, 60 saknades, 656 hade blivit sårade och 51 tillfångatagna. Av de 144 soldaterna i Tuckers I-kompani återvände bara 45 till England. »När mannarna kom av fartygen i England«, skrev fältprästen »Chappie« Woods, »knäböjde de och kysste marken. För dem var detta helgad mark.« Tucker kände sig nu mer hemma i Storbritannien än i Amerika. På resan tillbaka till Quorn, skrev han, »hände något mycket konstigt«. Någonstans på ett tåg eller en järnvägsstation hittade han ännu ett exemplar av *Det växte ett träd i Brooklyn*, »så jag kunde trots allt avsluta den«. Tucker fortsatte att slåss i den 82:a flygburna divisionen under hela resten av kriget, och deltog i attacken mot Arnhem och i slaget i Ardennerna, där han blev sårad.

Efter kriget återvände han till Boston och blev jurist. Han har senare varit ordförande i United States Interstate Commerce Commission, vicepresident i Penn Central Railroad och speciell konsult vid Eastern Airlines. Han bor i Massachusetts, är gift och har två döttrar.

»I sitt innersta«, har han skrivit, »har ingen som tjänstgjorde i 82:a flygburna från Afrika till Berlin någonsin lämnat detta förband. Ingen annan utbildning eller mognadsprocess har någonsin kunnat mäta sig med det intryck vi fick av att vara fallskärmsjägare i 82:a. Vi kom alltid ihåg orden: 'Vik aldrig tillbaka. Acceptera aldrig ett nederlag.' Min fostran i 82:a flygburna har varit ovärderlig för mig när det har gällt att ställa upp på ett tufft jobb – och få det gjort.«

Dubbelspelsduon JUAN PUJOL och TOMAS HARRIS överlevde kriget och förblev vänner. »Garbo« tilldelade Brittiska imperieorden i december 1944 (efter att förut ha fått järnkorset av tyskarna för sina förment tillförlitliga underrättelserapporter som »Arabel«), och 1945 slog han sig ned i Caracas i Venezuela, där han i många år arbetade som språklärare för Shell Oil. För att skydda honom spred MI5 ut ett rykte att han hade emigrerat till Angola och där dött i malaria. Först 1984 avslöjades hans täckmantel, när han återvände till Storbritannien för att motta ett personligt tack från hertigen av Edinburgh för sitt arbete under kriget. Han avled i Caracas 1988.

Harris återupptog sin verksamhet som konsthandlare, flyttade till Mallorca med sin hustru Hilda, och omkom i en bilolycka 1964. Spekulationer efter kriget om hans eventuella förbindelser med den sovjetiska underrättelsetjänsten genom sin vänskap med Philby och Blunt har aldrig blivit bekräftade.

ERWIN ROMMEL gjorde sitt bästa med de styrkor han hade tillgängliga i Normandie, men förlorade kampanjen, och sitt liv.

Indirekt inblandad i den misslyckade sammansvärjningen mot Hitler i juli 1944 fick han välja mellan en rättegång som skulle ha fört med sig vanära för hans hustru och hans barn, och ett hedersamt självmord som skulle möjliggöra en begravning med fulla militära hedersbetygelser. Han valde det senare, och svalde gift i oktober 1944. Han ligger begravd i Herrlingen, nära Ulm. Hans son Manfred blev senare borgmästare i Stuttgart.

ADOLF HITLER ledde sitt land i fördärvet, och dödade sig själv och sin älskarinna Eva Braun, som han gifte sig med dagen före deras självmord i ruinerna av Rikskansliet i Berlin, medan Röda arméns soldater intog staden. Hans kropp brändes, men kvarlevorna upptäcktes och avlägsnades av ryssarna, för att sedan gömmas undan eller skingras.

Efter att ha fått uppleva de allierades seger i Europa besegrades WINSTON CHURCHILL i de allmänna valen i Storbritannien i juli 1945. Som ledare för oppositionen, och som en i hela världen vördad statsman, varnade han vältaligt för det sovjetiska hotet, manade till en stark engelsk-amerikansk allians, och gav kraftfullt stöd åt kampanjen för europeisk enighet. 1951 blev han på nytt premiärminister, och avgick först 1955. Han stannade kvar som parlamentsledamot till 1964 och dog följande år, nittio år gammal. Han ligger begravd på kyrkogården i Bladon i Oxfordshire, nära sin födelseplats på Blenheim Palace.

DWIGHT D. EISENHOWER stannade som de allierades överbefälhavare tills Tyskland var besegrat, var överbefälhavare för de allierade styrkorna i Europa under NATO 1950 till 1952, och valdes som republikan till Förenta staternas trettiofjärde president. Detta ämbete innehade han i två perioder (1953–1961). Han bodde med sin hustru Mamie i Gettysburg, Pennsylvania, och dog på Walter Reed Army Hospital i Washington DC i mars 1969. Hans sista ord var: »Jag har alltid älskat min hustru. Jag har alltid älskat mina barn. Jag har alltid älskat mina barnbarn. Jag har alltid älskat mitt land.« Efter en militär jordfästning begravdes han i sin barndoms hemstad, Abilene i Kansas.

DAVID BRUCE, som av sin levnadstecknare beskrevs som »den siste amerikanske aristokraten«, hade efter kriget en lysande diplomatkarriär. Han blev USA:s ambassadör i Frankrike (1949–1952), i Förbundsrepubliken Tyskland (1957–1958) och i Storbritannien (1961–1969). Han var chefsförhandlare vid fredssamtalen om Vietnam i Paris 1970, tjänstgjorde som USA:s högste representant i Folkrepubliken Kina 1973–1974, och var USA:s permanente representant vid NATO 1974–1976. Han avled 1977.

CHARLES DE GAULLE, de fria franska styrkornas ledare, landsteg på fransk mark den 14 juni vid Courseulles-sur-Mer – som befriats på Dagen D av Glenn Dickin och hans Regina Rifles – gick i triumf in i Paris den 25 augusti, dagen då Albert Grunberg lämnade sitt gömställe, och valdes till chef för Frankrikes interimsregering i oktober 1945. Efter att plötsligt ha tagit avsked några månader senare tillbringade han åtskilliga år i tillbakadragenhet, tills han kom tillbaka för att rädda sitt land från krisen kring det algeriska kriget. 1958 blev han med överväldigande majoritet vald till president för den nya Femte republiken, som han dominerade till sin avgång 1969. Han avled ett år senare i sitt hem i Colombey-les-deux-Églises.

Efter att ha varit hjärnan bakom Operation Neptune fortsatte amiralen sir BERTRAM RAMSAY som de allierades marine överbefälhavare, i slutet av 1944« med högkvarter i Saint-Germain-en-Laye utanför Paris. Den 2 januari 1945 startade han sin RAF Hudson från flygfältet vid Toussy-le-Noble för att sammanträffa med fältmarskalk Montgomery i Bryssel, men planet kraschade vid starten och han dödades omedelbart. Han är begravd i St-Germain-en-Laye.

GLENN DICKINS kropp förblev begravd på kyrkogården i Fontaine-Henry till efter kriget, när hans kvarlevor, liksom Frank

Peters' och Alan Kennedys, gravsattes på den kanadensiska krigskyrkogården i Bretteville-sur-Laize i Calvados. På denna kyrkogård finns 2 957 krigsgravar från andra världskriget, de flesta av dem kanadensiska. En minnesgudstjänst för Glenn hölls i den anglikanska St Margaret's Church i Manor fredagen den 17 juni 1944. De första sönerna som hans bröder fick efter hans död döptes alla till Glenn. Dickin Lake i Saskatchewan har fått sitt namn till hans minne.

General Eisenhowers Dagorder, distribuerad av SHAEF *till alla de allierades soldater på Dagen D*

Soldater, sjömän och flygare i de allierades expeditionsstyrkor! Ni skall nu snart ge er ut på det stora korståget, det vi har strävat mot så många månader. Världens ögon är riktade mot er. Frihetsälskande människor överallt sänder sina böner och förhoppningar att marschera med er. Tillsammans med våra tappra allierade och vapenbröder på andra fronter kommer ni att se till att den tyska krigsmaskinen förstörs, att det nazistiska tyranniet över Europas förtryckta folk undanröjs, och att vi själva kan leva i trygghet i en fri värld.

Er uppgift kommer inte att bli lätt. Er fiende är väl tränad, väl utrustad, och härdad i strid. Han kommer att kämpa hänsynslöst.

Men i år är det 1944! Mycket har skett sedan de nazistiska triumferna under 1940 och 1941. De allierade nationerna har tillfogat tyskarna svåra nederlag, i öppen strid, man mot man. Vår flygoffensiv har allvarligt reducerat deras stridskrafter i luften och deras förmåga att föra krig på marken. Våra hemmafronter har gett oss en överväldigande överlägsenhet i vapen och krigsmateriel, och ställt till vårt förfogande väldiga reserver av tränade soldater. Tidvattnet har vänt! Världens fria män marscherar tillsammans mot segern!

Jag hyser fullt förtroende för ert mod, er pliktkänsla och er stridsförmåga. Vi kommer inte att godta något annat än fullständig seger!

Lycka till! Och låt oss alla bedja om den allsmäktige Gudens välsignelse över detta stora och ädla företag.

General Eisenhowers budskap om soldaternas uppträdande i de be-
friade länderna, distribuerat tillsammans med hans Dagorder på
Dagen D

Ni kommer snart att sättas in i ett stort företag – invasionen av
Europa. Vårt syfte är att tillsammans med våra allierade, och våra
kamrater på andra fronter, åvägabringa Tysklands fullständiga
nederlag. Endast genom en sådan fullständig seger kan vi befria
oss själva och våra hemländer från rädslan för och hotet från det
nazistiska tyranniet.

Ännu en del i vårt uppdrag är befrielsen av de folk i Västeuropa
som nu lider under det tyska förtrycket.

Innan ni ger er ut i denna operation har jag ett personligt bud-
skap till er om ert eget individuella ansvar gentemot invånarna
i de länder som är allierade med oss.

Som representanter för era länder kommer ni att välkomnas
med djup tacksamhet av de befriade folk som i åratal har längtat
efter denna befrielse. Det är av yttersta vikt att denna känsla av vän-
skap och god vilja inte på något vis riskeras av vårdslöst eller likgil-
tigt uppträdande från er sida. Med ett artigt och hänsynsfullt upp-
trädande kan ni i stället göra mycket för att stärka denna känsla.

Invånarna i det nazistockuperade Frankrike har undergått svåra
försakelser, och ni kommer att finna att många av dem saknar till
och med den enklaste nödtorft. Ni har å andra sidan varit försed-
da med tillräckligt med föda, kläder och andra nödvändigheter,
och kommer att fortsätta att vara det. Ni får inte tömma de redan
knappa lokala lagren av livsmedel och andra förråd genom om-
dömeslösa köp, och därmed skapa en svart börs som bara kan för-
svåra invånarnas prövningar.

Enskilda människors rättigheter beträffande liv och egendom
måste ni skrupulöst respektera, som om ni befann er i ert eget
land. Ni måste alltid tänka på att dessa människor är våra vänner
och allierade.

Jag uppmanar var och en av er att ständigt betänka att inte bara
ni själva som individer, utan också ert land, kommer att dömas

efter era handlingar. Genom att med de befriade folken upprätta ett förhållande som bygger på ömsesidig förståelse och respekt kommer vi att vinna deras helhjärtade bistånd i besegrandet av vår gemensamma fiende. På så vis kommer vi att lägga grunden till en varaktig fred, och utan den kommer vår stora strävan att ha varit förgäves.

Min djupaste tacksamhet går till alla de vars personliga berättelser fyller sidorna i denna bok, och till deras familjer och släktingar. Där det har varit möjligt har jag försökt rekonstruera händelserna utifrån dagböcker, brev och samtida dokument. När detta inte har gått har jag förlitat mig på källor som legat så nära Dagen D som möjligt, eller till muntligt framställda skildringar som har kunnat verifieras med samtida dokumentation och intervjuer med de som varit med i händelserna.

I juni 2002 på Special Forces Club i London hjälpte Sonia d'Artois och Sydney Hudson, ledare för soe:s Headmaster-grupp, mig med att rekonstruera deras förflyttningar och aktiviteter dag för dag under denna period. Dessa har jag har dubbelkollat med postoperativa rapporter i de nyligen offentliggjorda soe-handlingarna i Public Record Office (hs 6/566, »Blanche's [d'Artois] Report« och hs 6/572, »Albin's [Hudsons] Report«). Sydney Hudson har också låtit mig läsa manuskriptet till hans memoarer om soe, *Undercover Operator* som publicerats av Pen and Sword Books i april 2003. Sonia d'Artois har mycket generöst gett mig tillåtelse att läsa en utskrift av den intervju som bbc gjorde med henne för ett program om soe:s kvinnliga agenter, *The Real Charlotte Grays*, producerat 2001 av Darlow Smithson Production. Båda har också personligen eller per telefon närmare förklarat flera händelser och har tålmodigt gjort sitt bästa för att besvara alla mina frågor. Alla eventuella fel beror på mig. Sonia d'Artois har även varit vänlig att låta mig använda bröllopsfotografiet av henne och hennes framlidne make, Guy, som finns i bildarket.

För allt material om Glenn Dickin står jag i stor tacksamhetsskuld till familjen Dickin i Canada, som entusiastiskt tillhandahållit brev, fotografier och minnen. Så även till Terry Dickin, och framför allt till hans systerdotter, Dolores Hatch, från London i Ontario, som välvilligt låtit mig läsa kopior av Glenns brev hem, samt försett mig med mycket information om familjen Dickin, skickat mig fotografier och Glenns officiella militärtjänstehandlingar. Glenns vän under militärtjänstgöringen, Gordon Brown, från Red Deer i Alberta, har delat med sig av sina minnen till mig. Det har även Glenns gamla skolkamrat och vän »Dutchy« Doerr, från London i Ontario. Jag är mycket tacksam för all deras hjälp, särskilt som deras kära minne av Glenn också förlöser en del av smärtan och sorgen. Inga av mina berättelser om Glenn skulle ha varit möjliga utan den oerhört generösa hjälp jag fått från min vän professor Terry Copp vid Wilfrid Laurier University i Waterloo i Ontario. Han öppnade dörrar och bidrog med en omfattande mängd värdefullt bakgrundsmaterial angående regementet Regina Rifles krigserfarenheter; såsom utdrag ur dagböcker och dokument innehållande lägesrapporter inför D-dagen. Jag har också haft stor användning av den ovärderliga bok som Terry Copp skrivit tillsammans med Gordon Brown, *Look to your front … Regina Rifles. A Regiement at War,* 1944–45.

Ett av de mer minnesvärda ögonblicken i min research var ett möte med Guy Chrétien i Fontaine-Henry i Frankrike, Han har gjort till sin livsuppgift att förmedla kanadensarnas erfarenheter i Normandie till omvärlden. Han visade mig runt på krigsskådeplatsen och beskrev hur det såg ut på kvällen D-dagen då Glenn mötte döden. Jag sänder också tacksamhet till madam La Comtesse d'Ouilliamson i Château Fontaine-Henry, som vänligt bemötte mitt oväntade önskemål om assistans under ett besök i hennes hem. Den journalist vars memoarer jag ibland har använt som källa var den kanadensiske krigskorrespondenten Ross Munro, vars bok finns med i litteraturförteckningen; tillika den av den australiensiske journalisten Alan Moorehead; två källor som visade sig vara värdefulla.

Peter Moens dagbok som olyckligtvis kommit i skymundan publicerades ursprungligen i England 1951, och senare rön om hans roll i den norska motståndsrörelsen har jag fått av dr Ivar Kraglund och dr Arnfinn Moland från Norges Hjemmefrontmuseum i Oslo. Jag riktar särskilt tack till Ivar Kraglund och museet för att ha fått tillåtelse att använda de fotografier av Peter Moen som finns i museets ägo, och till Ian Herrington för att ha besvarat många av mina frågor rörande norska motståndsrörelsen och i synnerhet händelserna kring eldsvådan i universitetsaulan i Oslo.

Albert Grunbergs dagbok deponerades till nationalarkivet i Paris 1998 och en förkortad version publicerades på franska 2001. Att jag fick upp ögonen för denna dagbok är professor Renée Poznanzkis vid Ben-Gurion Universitetet i Israel, och min vän och före detta kollega Michael Marrus professor vid University of Toronto, förtjänst. Båda har även skrivit utförligt om den judiska erfarenheten i andra världskrigets Frankrike och mycket av mitt källmaterial har jag hämtat ur deras publicerade verk.

För avsnitten om Bill Tucker har jag använt originalkopian av den kronologiska uppställning av hans krigserfarenheter i 82:a flygburna divisionen som nedtecknades 1946 och som återfinns i arkiven i krigsmuseet Le Mémorial i Caen. En annan version dök upp i Deryk Wills på egen hand publicerade redogörelse, *Put on Your Boots and Parachutes!*. Tucker kom senare att själv återge en mer nyanserad och fullständig beskrivning i *Parachute Soldier* (1994). Under arbetet med denna bok hjälpte han mig med de frågor som dök upp när jag läste hans redogörelse, han bidrog även generöst med fotografier. Deryk Wills förtjänar även han ett tack för att han har svarat på mina frågor och för att han hänvisade mig till Bill Tucker i Massachusetts samt att han håller den 82:a flygburna divisionens minnesfackla lysande över Storbritannien.

Walter Schwenders brev kan man hitta i Feldpost-Archiv i Berlin, till vilket jag står i tacksamhetsskuld för att ha fått tillstånd att citera ur breven. Dr Clemens Schwender och hans familj har bidragit med mycket källmaterial, och jag är djupt tacksam för att Clemens så beredvilligt och uppriktigt har svarat på mina frågor om Walter och hans familj. Även han har bidragit med fotografier som jag har använt i boken. Här är det också på sin plats att tacka min outröttlige vän i Berlin, Willie Durie, för att han har gjorde det möjligt för mig att över huvud taget träffa få träffa familjen Schwender.

André Heintz i Caen var en väldigt generös värd, han ägnade mycken tid med mig för att gå igenom sin insats i den franska motståndsrörelsen innan Dagen D, han bidrog också med mycket värdefullt bakgrundsmaterial, samt fotografier. Han introducerade mig även för två av hans vänner som var med i Saint Clairs legendariska *maquis* (motståndsrörelse); Philippe Durel och André Héricy, det var en stor ära att få träffa dem. André hjälpte mig även *en route*, när han skjutsade mig till den kanadensiska kyrkogården i Bretteville-sur-Laize, där Glenn Dickin och hans kamrater ligger begravda. Jag har Duncan Stuart, före detta soe-rådgivare på Foreign and Commonwealth Office, att tacka för att jag kom i kontakt med André.

Breven från Veronica Owen till hennes föräldrar finns på Imperial War Museum i London, och jag tackar dess styrelse för att ha låtit mig ta del av dessa brev. Veronicas bror, kapten Hugh Owen, har också vänligen låtit mig läsa hennes dagbok, som är i hans ägo och som innehåller många detaljer rörande familjen Owen. Han gav mig även ett fotografi av henne och besvarade också några viktiga sjömilitära frågor. För all hans hjälp och för Sam Heskeths på Malverns Girl's College, är jag djupt tacksam.

Juan Pujols Garbo-filer har nyligen blivit offentliga i Public Record Office: se särskilt kv 2/39, 2/40, 2/41 och 2/63–71. En sammanfattning av Garbo-fallet författad av Tomás Harris och publicerad av Public Record Office, utkom år 2000 med titeln: *Garbo –: The Spy Who Saved D-Day*. Den utgör ett bra korrektiv till de matnyttiga men ibland missvisande erinringar från Juan Pujol själv, som de framkommer i hans memoarer, *Garbo*, som han skrev tillsammans med Nigel West. För episoden om korpralen som rymde, som jag beskriver i kapitel fem och sex, och den säkerhetspanik som uppstod har jag haft hjälp av de memoarer som major H.R.V. Jordan i Military Security Intelligence har skrivit och som finns i Imperial War Museums arkiv i London.

För de stora historiska personerna har jag funnit följande källor mest användbara: för Churchill är Martin Gilberts officiella biografi ovärderlig, mycket värdefulla är även de många volymer av den officiella historiebeskrivningen av brittisk underrättelsetjänst under andra världskriget, redigerad av F.H. Hinsley. Givetvis har också Churchills beskrivning av andra världskriget varit till nytta. Utöver dessa har jag kompletterat med dokument huvudsakligen från prem-, hs-, hw-, kv-, wo- och cab-serierna i Public Record Office i Kew, där finns även mi5-rapporterna till Churchill och kan hittas på kv 4/83, och lord Selbornes korrespondens med Churchill rörande soe finns i hs8-filerna.

Eisenhower har blivit utförligt beskriven i biografier av Stephen Ambrose, Carlo d'Este och David S. Eisenhower. De publicerade minnesanteckningarna från hans sjömilitära adjutant, Harry S. Butcher, har varit till stor nytta även om de blev kraftigt censurerade efter kriget. Ikes samlade handlingar under kriget, redigerade av Alfred D. Chandler, är ovärderliga. Rörande David Bruce och Office of Strategic Services (oss), har jag haft stor nytta av hans publicerade anteckningar, redigerad av Nelson D. Lankford, likaledes gäller Francis P. Millers anteckningar som finns på George C. Marshall Foundation i Lexington, Virginia och som ger intressanta inblickar i oss:s Operation Sussex.

Av de många böcker som finns om Hitler så har Ian Kershaws biografi varit av stor betydelse, därutöver har Albert Speers memoarer och Joseph Goebbels dagböcker hjälpt till att beskriva Hitlers liv dag för dag i Berghof. Rommel har blivit utförligt beskriven, framför allt har jag använt David Irvings *The Trail of the Fox* och David Frasers *Knight's Cross*. När det gäller Charles de Gaulle har jag hämtat det mesta av mitt material från arbeten av François Kersaudy, Charles Williams och Jacques Lacouture, men även av de Gaulles egna memoarer. För att få kunskap om Auschwitz fann jag Danuta Czechs *Auschwitz Chronicle* 1939–1945 väldigt informativ, och jag riktar tacksamhet till sir Martin Gilbert som gjorde mig uppmärksam på boken.

Alltför många böcker rörande dessa händelser i allmänhet och

Dagen D i synnerhet får inte plats att omnämnas här, jag har tagit med de mest användbara i litteraturförteckningen. Till extra god hjälp för att rekapitulera dag för dag-händelserna var dagstidningarna, och jag har regelbundet använt mig av Londontidningarna, särskilt *The Times*, *Sunday Times* och *Daily Telegraph*.

För att inte störa läsarens koncentration med en massa fotnoter har jag avstått från att återge från var vissa dokument, citat, etcetera är tagna. Men om någon vill ha en sådan lista ska jag gladeligen framställa en sådan.

Jag har på många sätt lutat mig tungt på mina vänners och kollegers hjälp över hela världen. Mitt stora tack till er alla, samtidigt som jag ber om ursäkt för om jag oavsiktligt råkar utelämna någon,: dr Paul Addison, dr Sarah Colvin, dr Jeremy Crang, Marianne Czisnik, Bill Day kyrkoherde i St Peter's i Titchfield, dr Hilary Footit, professor Jürgen Förster, professor Arthur Layton Funk, sir Martin Gilbert, professor Jack Granatstein, Fanny Hugill, Madeleine Haag, överstelöjtnant dr Winfried Heinemann på Militärgeschichtliches Forschungsamt i Berlin, professor dr Gerhard Hirschfeld, Oliver Hoare, Bob Hunt, professor Roderick Kedward, Robert McCormick, professor Jim McMillan, Russel Miller, Esther Poznansky, David Ramsay, dr Olav Riste, Bob Steers och Dominic Sutherland.

Ingen forskare kan uträtta sina efterforskningar utan hjälp av de kunniga människor som finns på alla bibliotek och arkiv, jag skulle särskilt vilja tacka personalen på följande institutioner, vars expertkunskap kring de egna samlingarna betydligt underlättat mitt arbete: The Imperial War Museum i London; Skottlands nationalbibliotek; The Public Record Office i Kew; Portsmouth City Museums and Record Service där Andrew Whitmarsh visade mig deras Dagen D-samling; Dawn Bowen vid Hampshire Record Office; Dorothy Sheridan och Mass Observation Archive vid Sussex Universitet; Irina Renz vid Bibliothek für Zeitgeschichte i Stuttgart, Tyskland; Mike Timoin vid Marshall Research Archives i Lexington, Virginia; Alan Edwards obe som hjälpte mig med handlingar från Intelligence Corps Museum Archive som finns på Defence Intelligence and Security Centre vid Chicksands; Stéphane Simonnet, Franck Marie och Marie-Claude Berthelot på arkivavdelningen på Le Mémorial i Caen. Som alltid är jag skyldig Anthea Taylor och personalen vid Institute for Advanced Studies vid Edingburghs universitet ett stort tack för att ha underlättat mitt arbete och till professor John Frew, chef på institutet, för att ha lånat ut ett arbetsrum åt mig där jag kunde gallra och sammanställa den stora mängd information mina första efterforskningar inbringade. Ett tack ska även David Darlow, Sam Organ och Nion Hazell vid Darlow Smithson Productions ha för att ha gett mig tillgång till transkriptionen av de intervjuer som gjordes med Lise de Baissac och Sonia d'Artois tv-programmet *The Real Charlotte Grays*.

Uppslaget till denna bok kom från min agent, Andrew Lownie, och även om boken under tidens gång har ändrat form är jag honom djupt tacksam för denna idé och för all tålmodig hjälp. På Time Warner har min redaktör Alan Samson alltid varit beredd med lyhört öra och skarpt intellekt och det faktum att boken landsattes lyckligt på dess egna Dagen D-uppdrag är mycket tack vare hans säkra ledsagning. Tack även till Linda Silverman för tålmodigt och uppslagsrik fotografiresearch, och till Stephen Guise för många värdefulla förslag och för att ha väglett boken genom dess olika stadier. Tack till Richard Dawes för att med hökögon ha korrekturläst manuset och för hjälp med översättning från franska.

Till slut vill jag på denna tack-lista även placera Walter och Bettye Cannizzo, mina svärföräldrar, vars sedvanliga generositet och hjälpsamhet bidrog till att jag kunde resa till USA för att skriva denna bok. Ett tack till Collier Countys bibliotek i Naples i Florida vars tjänstvillighet och förstklassiga boksamling ger en uppiggande motbild till föreställningen att Florida är en intellektuell öken och att usa är ett land utan livaktig statsunderstödd kultur. Ett tack till Barry Weisler och personalen på Computer Connection i Naples som tålmodigt styrde mig runt ett par svåra ordbehandlingsproblem och som skrev ut de första utkasten av manuskriptet. Till Darlene Plog, som hjälpte mig med logi; till min syster Margaret Crowe för hjälp med den bibliografiska researchen, och till Michael Conroy, och till min kusin Elizabeth Wilde McCormick för hennes gästfrihet när jag har varit i London för att göra delar av min research. Och, som alltid, tack till min fru Jeanne: orädd researcher, idérik redaktör av första rang, klok kritiker och stödjande kompanjon på ännu ett skriväventyr.

Edinburgh, Skottland april 2003

Alanbrooke, Field Marshal Lord, *War Diaries 1939–1945* (eds. Alex Danchev & Daniel Todman), London, Weidenfeld and Nicolson, 2001

Ambrose, Stephen, *Citizen Soldiers*, New York, Simon and Schuster, 1997

– *D-Day*, New York, Touchstone, 1994

– *Eisenhower, Soldier and President*, New York, Simon and Schuster, 1990

– *Ike's Spies. Eisenhower and the Espionage Establishment*, New York, Doubleday, 1981

– *The Supreme Commander*, London, Cassell, 1971

Astley, Joan Bright, *The Inner Circle*, London, Quality Book Club, 1972

Barnouw, David & Van Der Stroom, Gerrold (eds.), *The Diary of Anne Frank. The Critical Edition*, New York, Doubleday, 1989

Baudot, Marcel, *Libération de la Normandie*, Paris, Hachette, 1974

Below, Nicolaus von, *At Hitler's Side*, London, Greenhill Press, 2001

Bennett, Ralph, *Behind the Battle. Intelligence in the War against Germany*, London, Sinclair-Stevenson, 1994

– *Ultra in the West. The Normandy Campaign of 1944–45*, New York, Scribners, 1979

Berthon, Simon, *Allies at War*, London, HarperCollins, 2001

Bialer, Seweryn (ed.), *Stalin and His Generals*, London, Westview, 1984

Blair, Clay, *Hitler's U-Boat War. The Hunters 1939–1942*, New York, Random House, 1996

– *Ridgway's Paratroopers. The American Airborne Forces in World War II*, New York, The Dial Press, 1985

Blandford, Edmund, *Two Sides of the Beach*, Shrewsbury, Airlife, 1999

Bleicher, Hugo, *Colonel Henri's Story*, London, Kimber, 1954

Botting, Douglas, *The U-Boats*, Alexandria, VA, Time-Life Books, 1979

Bradley, Omar, *A Soldier's Story*, New York, Henry Holt, 1951

Breuer, William, *Hoodwinking Hitler. The Normandy Deception*, Westport, CT, Praeger, 1993

– *The Secret War with Germany*, Shrewsbury, Airlife, 1988

Bristow, Desmond, *A Game of Moles*, London, Warner, 1994

Broadfoot, Barry, *Six War Years 1939–1945. Memories of*

Canadians at Home and Abroad, Don Mills, Ontario, Paper Jacks, 1976

Brown, Gordon & Copp, Terry, Look To Your Front ... Regina Rifles. A Regiment at War, 1944–45, Waterloo, Ontario, Laurier Centre for Military, Strategic, and Disarmament Studies, Wilfrid Laurier University, 2001

Brusselmans, Anne, Rendez-Vous 127, London, Edward Benn, 1954

Buchheim, Lothar-Günther, U-Boat War, New York, Alfred Knopf, 1978

Buffetaut, Yves, The Allied Invasion Fleet, June 1944, Annapolis, MD, Naval Institute Press, 1994

Butcher, Harry, Three Years with Eisenhower [sv. titel Tre år med Eisenhower], London, Heinemann, 1946

Carell, Paul, Invasion, They're Coming!, London, Corgi, 1962

Carter, Miranda, Anthony Blunt. His Lives, London, Macmillan, 2001

Casey, William J., The Secret War Against Hitler, Washington DC, Regnery Gateway, 1988

Cave Brown, Anthony, Wild Bill Donovan. The Last Hero, New York, Times Books, 1981

Chalmers, W.S., Full Cycle. The Biography of Admiral Sir Bertram Home Ramsay KCB, KBE, MVO, London, Hodder and Stoughton, 1959

Chandler, Alfred D., The Papers of Dwight D. Eisenhower, vol. 3, The War Years, Baltimore, MD, Johns Hopkins Press, 1970

Churchill, Winston S., The Second World War, 6 vols. [sv. titel Andra världskriget. Minnen], New York, Bantam Books, 1948–1953

– Thoughts and Adventures [sv. titel Tankar och äventyr], New York, Weidenfeld and Nicolson, 1989

Collier, Richard, D-Day, London, Cassell, 1992

– Ten Thousand Eyes, London, Collins, 1958

Cooper, Lady Diana, Autobiography, London, Michael Russell, 1979

Cooper, Duff, Old Men Forget [sv. titel Gamla män glömmer], London, Rupert Hart-Davis, 1953

Cowley, Robert (ed.), What If? The World's Foremost Military Historians Imagine What Might Have Been, London, Macmillan, 2000

Czech, Danuta, Auschwitz Chronicle 1939–1945, New York, Henry Holt, 1990

Dahla, Hans Fredrik, m.fl., Norsk Krigsleksikon 1940–1945, Oslo, J.W. Cappelens Forlag, 1995

Deane, John R., The Strange Alliance, London, John Murray, 1947

Dear, I.C.B. (ed.), The Oxford Companion to World War II, New York, Oxford University Press, 1995

D'Este, Carlo, Fatal Decision. Anzio and the Battle for Rome, London, HarperCollins, 1991

– Decision in Normandy, London, HarperCollins, 1994

– Eisenhower. A Soldier's Life, New York, Henry Holt, 2002

De Gaulle, Charles, War Memoirs.

Unity 1942–1944, London, Weidenfeld and Nicolson, 1959

De Guingand, Francis, *Operation Victory*, London, Hodder and Stoughton, 1947

Dixon, Piers, *Double Diploma*, London, Hutchinson, 1968

Doughty, Martin (ed.), *Hampshire and D-Day*, Crediton, Hampshire Books, 1994

Eden, Sir Anthony, *Memoirs*, vol. 2, *The Reckoning*, London, Cassell, 1965

Eisenhower, David, *Eisenhower. At War 1943–1945*, London, Collins, 1986

Eisenhower, Dwight D., *Crusade in Europe*, London, Heinemann, 1948

– *The Eisenhower Diaries* (ed. Robert E. Ferrell), New York, Norton, 1981

Ellis, Major L.F., *Victory in the West*, vol. 1, *The Battle of Normandy*, London, HMSO, 1962

Erickson, John, *The Road to Berlin*, London, Weidenfeld and Nicolson, 1983

Farago, Ladislas, *The Game of the Foxes*, London, Hodder and Stoughton, 1971

Fest, Joachim, *Hitler*, New York, Harcourt Brace Jovanovich, 1974

Fischer, Klaus P., *Nazi Germany. A New History*, New York, Continuum, 1995

Fletcher, M.H., *The WRNS. A History of the Women's Royal Naval Service*, London, Batsford, 1989

Fourcade, Marie-Madeleine, *Noah's Ark*, London, George Allen and Unwin, 1973

Frank, Wolfgang, *The Sea Wolves*, New York, Rinehart, 1956

Fraser, David, *Knight's Cross*, New York, Harper, 1995

Fritz, Stephen G., *Frontsoldaten. The German Soldier in World War Two*, Lexington, KY, University of Kentucky Press, 1995

Gallagher, Tag, *The Adventures of Roberto Rossellini*, New York, Da Capo Press, 1998

Gavin, James M., *On To Berlin*, New York, Viking, 1978

Gilbert, Martin, *The Second World War*, London, Phoenix, 1995

– *Winston S. Churchill*, vol. 7, *Road to Victory*, Boston, MA, Houghton Mifflin, 1986

Glantz, David, *Soviet Military Deception in the Second World War*, London, Cass, 1989

Granatstein, J.L., *The Generals*, Toronto, Stoddart, 1993

Granatstein, J.L. & Morton, Desmond, *Bloody Victory. Canadians and the D-Day Campaign*, Toronto, Lester and Orpen Dennys, 1984

Grunberg, Albert, *Journal d'un coiffeur juif à Paris, sous l'Occupation*, Paris, Les Éditions de l'Atelier, 2001

Gutman, Yisrael & Berenbaum, Michael, *Anatomy of the Auschwitz Death Camp*, Bloomington, IN, Indiana University Press, 1994

Hamilton, Nigel, *Monty. Master of the Battlefield 1942–1944*, London, Hamish Hamilton, 1983

Harriman, A. & Abel, E., *Special Envoy to Churchill and Stalin*

1941–46, New York, Random House, 1975

Harris, Brayton, *Submarines*, New York, Berkley Books, 1997

Harrison, Gordon A., *Cross-Channel Attack*, Washington DC, Department of the Army, 1951

Harvey, John (ed.), *The War Diaries of Oliver Harvey*, London, Collins, 1978

Hastings, Max, *Overlord. D-Day and the Battle for Normandy*, London, Michael Joseph, 1984

Haswell, Jock, *The Intelligence and Deception of the D-Day Landings*, London, Batsford, 1979

Hinsley, F.H. (ed.), *British Intelligence in the Second World War*, vol. 3, part II, London, HMSO, 1988

Höhne, Heinz, *The Order of the Death's Head*, London, Penguin, 2000

Howard, Michael, *British Intelligence in the Second World War*, vol. 5, *Strategic Deception*, (ed. F.H. Hinsley), New York, Cambridge University Press, 1990

Howarth, David, *Dawn of D-Day*, London, Collins, 1959

Hudson, Sydney, *Undercover Operator*, Barnsley, Pen and Sword, 2003

Irving, David, *Göring. A Biography* [sv. titel *Göring. En biografi*], New York, William Morrow, 1989

– *Hitler's War 1942-5*, London, Macmillan, 1983

– *The Secret Diaries of Hitler's Doctor*, New York, Macmillan, 1983

– *The Trail of the Fox*, London, Macmillan, 1985

Jacob, Alaric, *A Window in Moscow, 1944–1945*, London, Collins, 1946

James, M.E. Clifton, *I Was Monty's Double*, London, Rider, 1954

Joachimstaler, Anton, *The Last Days of Hitler*, London, Arms and Armour, 1998

Jutras, Philippe, *Sainte-Mère-Église*, Bayeux, Éditions Heimdal, 1994

Kahn, David, *Hitler's Spies*, London, Hodder and Stoughton, 1978

Kardorff, Ursula von, *Diary of a Nightmare*, London, Rupert Hart-Davis, 1965

Keegan, John, *Six Armies in Normandy*, Harmondsworth, Penguin, 1982

Kersaudy, François, *Churchill and De Gaulle*, London, Collins, 1981

Kershaw, Ian, *Hitler*, vol. 2, *1936–1945. Nemesis*, London, Allen Lane, The Penguin Press, 2000

Kershaw, Robert J., *D-Day. Piercing the Atlantic Wall*, London, Ian Allan, 1993

Kharlamov, N.M., *Difficult Mission*, Moscow, Progress Publishers, 1986

Kimball, Warren (ed.), *Churchill and Roosevelt. The Complete Correspondence*, vol. 3, *Alliance Declining. February 1944–April 1945*, Princeton, Princeton University Press, 1984

Lacouture, Jean, *De Gaulle*, vol. 1, *The Rebel*, New York, W.W. Norton, 1990

Lang, Jochen von, *The Secretary. Martin Bormann*, New York, Random House, 1979

Lankford, Nelson D., *The Last American Aristocrat*, Boston, MA, Little, Brown, 1996

– (ed.), *OSS Against the Reich*, Kent, OH, Kent State University Press, 1991

Latimer, Jon, *Deception in War*, London, John Murray, 2001

Levi, Primo, *If This Is A Man. Remembering Auschwitz* [sv. titlar *Är detta en människa?, Fristen*], New York, Summit Books, 1986

Lewis, Adrian R., *Omaha Beach. A Flawed Victory*, Chapel Hill, NC, University of North Carolina Press, 2001

Longmate, Norman, *The GIs in Britain*, London, Hutchinson, 1975

Manvell, Roger & Fraenkel, Heinrich, *Goering* [sv. titel *Hermann Göring*], New York, Simon and Schuster, 1962

Marrus, Michael, and Paxton, Robert, *Vichy France and the Jews*, New York, Basic Books, 1981

Mason, Ursula, *Britannia's Daughters. The Story of the WRNS*, London, Leo Cooper, 1992

Masterman, J.C., *The Double-Cross System*, New Haven, CT, Yale University Press, 1972

Mein, Stewart A.G., *Up The Johns! The Story of the Royal Regina Rifles*, North Battleford, Saskatchewan, Turner-Warwick, 1992

Miller, Francis Pickens, *Man From The Valley*, Chapel Hill, NC, University of North Carolina Press, 1971

Miller, Russell, *Nothing Less Than Victory*, London, Penguin, 1994

Moen, Petter, *Petter Moen's Diary* [sv. titel *Petter Moens dagbok*], London, Faber and Faber, 1951

Moorehead, Alan, *Eclipse*, London, Hamish Hamilton, 1945

Morgan, Lieutenant-General Sir Frederick, *Overture to Overlord*, London, Hodder and Stoughton, 1950

Morison, Samuel Eliot, *The Invasion of France and Germany 1944–1945*, Boston, MA, Little, Brown, 1984

Müller, Melissa, *Anne Frank. The Biography*, London, Bloomsbury, 1998

Müller, Rolf Dieter & Volkmann, Hans-Erich (Hrsg.), *Die Wehrmacht. Mythos und Realität*, Munich, Oldenbourg, 1999

Munro, Ross, *Gauntlet to Overlord*, Toronto, Macmillan, 1945

Murphy, Robert M., *Le Meilleur Endroit Pour Mourir*, South Dennis, MA, Robert Murphy, 1998

Nansen, Odd, *Day After Day*, London, Putnam, 1949

Neillands, Robin & De Normann, Roderick, *D-Day 1944*, London, Cassell, 2001

Neufeld, Michael J. & Berenbaum, Michael, *The Bombing of Auschwitz*, New York, St Martin's Press, 2000

Newton, Verne E., *FDR and the Holocaust*, New York, St Martin's Press, 1996

– *The New Yorker Book of War Pieces. London, 1939 to Hiroshima, 1945*, New York, Schocken Books, 1947

Noli, Jean, *The Admiral's Wolf Pack*, New York, Doubleday, 1974

O'Connell, Geoffrey, *Southwick. The D-Day Village That Went to War*, Ashford, Buchan and Enright, 1994

Origo, Iris, *War in Val d'Orcia*, London, Jonathan Cape, 1951

Ose, Dieter, *Entscheidung in Westen 1994. Der Oberbefehlshaber West und die Abwehr der alliierten Invasion*, Stuttgart, Deutsche Verlags-Anstalt, 1982

O'Toole, G.J.A., *Honorable Treachery*, New York, Atlantic Monthly Press, 1991

Padfield, Peter, *Himmler*, New York, Henry Holt, 1990

'Passy' (André Dewaurin), *Mémoires du Chef des Services Secrètes de la France Libre*, Paris, Odile Jacob, 2000

Pawle, Gerald, *The War and Colonel Warden*, London, Harrap, 1963

Perrault, Gilles, *The Secrets of D-Day*, London, Arthur Barker, 1965

Petrow, Richard, *The Bitter Years. The Invasion and Occupation of Denmark and Norway – April 1940–May 1945*, New York, William Morrow, 1974

Philby, Kim, *My Silent War*, London, MacGibbon and Kee, 1968

Pogue, Forrest Carlisle, *The Supreme Command*, Washington DC, Department of the Army, 1954

Polmar, Norman & Allen, Thomas B., *World War II*, New York, Random House, 1996

Poznanski, Renée, *Être Juif en France pendant la Seconde Guerre Mondiale*, Paris, Hachette, 1994

Pujol, Juan tills. med Nigel West, *Garbo*, London, Weidenfeld and Nicolson, 1985

Quellien, Jean & Vico, Jacques, *Massacres Nazi en Normandie*, Condé-sur-Noireau, Éditions Charles Corlet, 1994

Ramsay, Admiral Sir Bertram, *The Year of D-Day*, Hull, University of Hull Press, 1994

Raczynski, Count Edward, *In Allied London*, London, Weidenfeld and Nicolson, 1962

Reile, Oskar, *Der Deutsche Geheimdienst im II Weltkrieg Westfront*, Augsburg, Weltbild Verlag, 1990

Reit, Seymour, *Masquerade. The Amazing Camouflage Deceptions of World War Two*, London, Robert Hale, 1979

Renaud, Alexandre, *Sainte Mère-Église*, Paris, Juilliard, 1986

Reuth, Ralf Georg (Hrsg.), *Joseph Goebbels Tagebücher 1924–1945*, Band 5, 1943–1945, München, Piper, 1999

Reynolds, David, *Rich Relations. The American Occupation of Britain 1942–1945*, London, HarperCollins, 1996

Richards, Sir Francis Brooks, *Secret Flotillas*, London, HMSO, 1996

Ruffin, Raymond, *Résistance*

Normande et Jour 'J', Paris, Presses de la Cité, 1994

Ruge, Friedrich, *Rommel in Normandy*, London, Macdonald and Jane's, 1979

Ryan, Cornelius, *The Longest Day*, Sevenoaks, New English Library, 1982

Scheid, Michel, *Nantes 1940–1944*, Éditions Ouest-France, Caen, 1994

Schoenbrunn, David, *Soldiers of the Night*, New York, E.P. Dutton, 1980

Seaman, Mark (introduction) *Garbo. The Spy Who Saved D-Day*, London, Public Record Office, 2000

Seaton, Albert, *The Russo-German War 1941–45*, London, Arthur Barker, 1971

Sebag-Montefiore, Hugh, *Enigma. The Battle for the Code*, London, Phoenix, 2000

Smith, Bradley, *Sharing Secrets with Stalin*, Lawrence, KS, University Press of Kansas, 1996

Smith, Sally Bedell, *In All His Glory. The Life of William S. Paley*, New York, Simon and Schuster, 1990

Soames, Mary, *Clementine Churchill*, London, Cassell, 1979

Speer, Albert, *Inside The Third Reich* [sv. titel *Albert Speers memoarer. Tredje riket inifrån*], London, Weidenfeld and Nicolson, 1970

Speidel, Hans, *Invasion 1944. Rommel and the Normandy Campaign*, Chicago, Henry Regnery, 1950

Stacey, C.P. & Wilson, Barbara M., *The Half Million. The*

Canadians in Britain, 1939–1946, Toronto, University of Toronto Press, 1987

Stafford, David, *Churchill and Secret Service*, London, John Murray, 1997

– *Camp 'X'. Canada's School for Secret Agents*, Toronto, Lester and Orpen Dennys, 1986

– *Roosevelt and Churchill. Men of Secrets*, London, Little, Brown, 1999

– *Secret Agent*, London, BBC Worldwide, 2000

Stagg, James, *Forecast for Overlord*, London, Ian Allen, 1971

Steen, Sverre (red.), *Norges krig 1940–1945*, vol. 3, Oslo, Gyldendal Norsk Forlag, 1950

Strong, Kenneth, *Intelligence at the Top*, London, Cassell, 1968

Tedder, Arthur William, *With Prejudice*, London, Cassell, 1966

Thompson, Julian, *The Imperial War Museum Book of Victory in Europe*, London, 1995

Thompson, Kate (ed.), *Fareham. D-Day. Fifty Years On*, Fareham, Fareham Borough Council, 1994

Toland, John, *Adolf Hitler*, New York, Doubleday, 1976

Tucker, William H., *Parachute Soldier*, Harwichport, MA, International Airborne Books, 1994

USSR Departments of State and Public Institutions, *Stalin's Correspondence with Churchill, Attlee, Roosevelt and Truman 1941–45*, London, Lawrence and Wishart, 1958

Vasilevsky, A., *A Lifelong Cause*,

386

Moscow, Progress Publishers, 1981

Wadge, D. Collett, *Women in Uniform*, London, Sampson Low, Marston, 1946

Wallace, Robert, *The Italian Campaign* [sv. titel *Kampen om Italien*], Alexandria, VA, Time-Life Books, 1981

Warlimont, Walter, *Inside Hitler's Headquarters 1939–45*, London, Weidenfeld and Nicolson 1964

Weitz, Margaret, *Sisters in the Resistance*, New York, John Wiley and Sons, 1995

Werner, Herbert, *Iron Coffins*, New York, Holt, Rinehart and Winston, 1969

Werth, Alexander, *Russia at War* [sv. titel *Ryssland i krig*], London, Pan, 1964

Williams, Charles, *The Last Great Frenchman*, London, Little, Brown, 1993

Wills, Deryk, *Put On Your Boots and Parachutes!*, Oadby, Deryk Wills, 1992

Wilmot, Chester, *The Struggle for Europe*, London, Collins, 1952

Wilson, Theodore (ed.), *D-Day 1944*, Lawrence, KS, University Press of Kansas, 1994

– *The World At Arms*, New York, Reader's Digest, 1989

Young, Martin & Stamp, Robbie, *Trojan Horses. Deception Operations of the Second World War*, London, Mandarin, 1991

Ziegler, Philip, *London at War*, New York, Alfred Knopf, 1995

Zucotti, Susan, *The Holocaust, the French, and the Jews*, New York, Basic Books, 1993

Register